シュミットとハーバーマスにおける議会主義批判

ハルトムート・ベッカー著
永井健晴訳

風行社

Hartmuth Becker

Die Parlamentarismuskritik bei Carl Schmitt und Jürgen Habermas

Zweite Auflage

mit einer neuen Vorbemerkung

〔目次〕

日本語版へのまえがき……1
第二版へのまえがき……10

A　序論……17
Ⅰ　叙述方法……17
Ⅱ　問題設定……19

B　議会主義批判Ⅰ――カール・シュミットによる否定……23
Ⅰ　はじめに……23
Ⅱ　カール・シュミットの同時代診断……26
1. 決断主義的国家哲学――例外状態と主権概念　26
2. 民主制理解　29
a　概念規定　29
b　平等概念　31
c　自己同一性諸表象　34

d　民主制の諸限界　37
3．代表（再現前）の本質　38
a　付説：ローマ・カトリック教会と政治的形態（形相）　38
b　再現前（代表）という形相原理　41
c　形相原理の没落　42
4．議会制システム　44
a　議会主義の理念型的な基礎　44
b　議会制的な立法国家の分析　48
(aa)　正当性概念への諸注　48
(bb)　議会制的立法国家の法律概念　50
(cc)　合法性の概念と政治的権力獲得への平等の機会という概念に寄せて　53
(dd)　ヴァイマール憲法の三つの特別立法者　56
(α)　実質性に基づく（ratione materiae）〔特別立法者〕　56
(β)　優越性（主権性）に基づく（ratione supremitatis）〔特別立法者〕　58
(γ)　必要性（緊急性）に基づく（ratione necessitates）〔特別立法者〕　59
c　議会制システムの衰退過程　60
5．議会主義への諸々の対案　64
a　憲法（憲政秩序）の此岸――憲法（憲政秩序）の番人（Der Hüter der Konstitution）　64
b　憲法（憲政秩序）の彼岸――直接的暴力行使の非合理主義的な諸理論　68
Ⅲ　シュミットの国家理論的構想の諸限界……………………………71
1．批判の観点における決断主義的国家哲学　71
2．民主制概念への諸注　75

3．代表（再現前）の本質に寄せて　79
4．議会制システムのシュミット的分析についての諸注　82
a　諸々の精神史的基礎に寄せて　82
b　合法性と正当性の対立に寄せて　88
c　全体国家への転換　95
5．諸対案の検討　97
a　憲法の番人への諸注　97
b　神話に寄せて　99
C　議会主義批判Ⅱ――ユルゲン・ハーバーマスによる肯定……101
Ⅰ　はじめに……101
Ⅱ　政治システムの発展と変容の過程……104
1．公共性（公開性）の概念　104
2．再現前（代表）的な公共性（公開性）の本質　106
3．自由主義的・ブルジョア的国家における公共性（公開性）の課題　109
a　公共性（公開性）の政治的機能のための保障と表現としての議会主義　109
b　ブルジョア的公共性（公開性）の理念とイデオロギー（虚偽意識）　113
4．公共性（公開性）の社会的構造転換　117
5．公共性（公開性）の政治的機能転換　119
a　マス・メディアの役割　119

b　公論（公共的論議・公開討論）原理の機能転換　121
c　住民の選挙行動の変化　125
d　社会的法治国家への形態転換過程とこの過程が政治的に機能する公共性（公開性）へと諸作用を及ぼす可能性　127
e　新たな発展――現代的福祉国家の危機　129
6. 現代法治国家の批判と形象転換　133
a　正当化の危機　133
b　法治国家と権力独占　136
c　システムに合致する危機克服の諸々のアプローチ　139
(aa)　多元主義的社会における公共性（公開性）の原理　139
(bb)　市民的不服従――正当性の番人　140
7. 付説：議会主義の護教論――ひとつのシュミット論評　143

Ⅲ　ハーバーマスの立場の問題構制に寄せて……………………148
1. 批判的社会理論の諸含意とそれを越えるアプローチ　148
2. 公共性（公開性）の類型に寄せて　153
3. 政治的公共性の変容に寄せて　160
4. 正当性概念　169
5. 非暴力的抵抗と市民的不服従　175

D　対置：親近性と差異性
――ユルゲン・ハーバーマスにおけるシュミット思想（思惟カテゴリー）の受容に寄せて……………182

Ⅰ　諸注……182
Ⅱ　哲学的基礎づけ……185
Ⅲ　再現前（代表）の理念……190
Ⅳ　公共性（公開性）の概念に寄せて……193
Ⅴ　民主制理解……197
Ⅵ　議会主義の誤って思い込まれた没落……203
Ⅶ　法治国家における合法性と正当性の間の緊張関係に寄せて……207
Ⅷ　現代的福祉国家への転回……212

E　結語……219

注……223
解題にかえて――理性（ratio）と意思（voluntas）の相互限定……永井健晴　301
事項索引……*xv*
文献表・人名索引……*i*

【凡例】

1 本訳書では、煩瑣になるのを厭わず、重要と思われる用語の訳語にできるだけ原語を付した。定訳がある場合でも、原語は両義的、多義的、あるいは含意が入り組んでいることが多いからである。

2 原本の目次はかなり詳細なものであるが、さらにパラグラフごとに原本にはない訳者による見出し語ないし要点を付した。【 】の中がそれである。さしあたり、目次の項目を見わたし、【 】内の記述を辿っていただければ、論証の輪郭と要諦を把捉していただけると思われる。

3 書名と著者名については、底本では書名が立体、著者名がイタリックになっているが、本訳書では、日本での慣行にしたがって、書名をイタリック、著者名は立体とした。訳文では、公刊書には『 』を、論文などには「 」を付した。

4 〔 〕内は訳者のコメントなどであり、( )内は訳語の言い換えなどを示す。

5 底本に付された文献表に挙げられているのは、C・シュミットとJ・ハーバーマスの議会主義批判に関する文献と、これらに係わる他の著者たちの第二次文献である。したがって、この文献表は人名索引を兼ねてはいるが、人名は古典的な著者名を含めて全てを網羅してはいない。

6 原著者の明らかな誤記と思われる僅かな個所は、気づいたかぎりで、訳者の判断で訂正した。

7 当初、安章浩教授に訳出していただいたエレン・ケネディの論文「カール・シュミットとフランクフルト学派」を、参考資料として本訳書に付する予定であったが、再三のアプローチにもかかわらず、当該雑誌社との連絡が取れず版権が取得できなかったので、残念ながら断念せざるをえなかった。

日本語版へのまえがき

I

ドイツと日本のさまざまな文化的な絆は、日本研究者フィリップ・フランツ・ジーボルトの〔幕末の〕諸活動を嚆矢とし、以来、長きにわたっている。[1] こうした伝統は、多くの専門分野において、国法学のそれにおいてさえ、発展してきた。忘れるわけにはいかないのは、一八八九年の大日本帝国憲法（明治憲法）の成立に対して果たしたドイツ〔語圏〕から〔とりわけ、ヘルマン・ヘラー、ルドルフ・フォン・グナイスト、ローレンツ・フォン・シュタインなど〕の影響である。[2] その間に〔第一次大戦以後〕、国法学者カール・シュミット（一八八八―一九八五）は〔ドイツの思想や〕文化を媒介する役割を演じた。日本におけるシュミット研究は、一九二〇年代にシュミットの政治理論の研究者たち、サトル・クロダ〔黒田覚（教授）〕などが開始し、戦後期に継続されて、数十年にわたる伝統を閲してきた。――このことを、すでに一九八〇年代に、マサノリ・シヤケ〔初宿正典（教授）〕は詳説しえた。[3] 数年前のリュウイチロウ・ウスイ〔臼井隆一郎（教授）〕によるレジュメー〔報告要旨〕によれば、カール・シュミットは日本において――かれに対して徹底的に遂行された批判にもかかわらず――すでに今日では数少ない古典的な著述家とされている、ということである。[4] カール・シュミットの数多《あまた》の著作は邦訳されている。枚挙してみるならば、とりわけ、『政治的なものの概念』(1970)〔邦訳刊行年、以下同じ〕、『政治神学』(1971)、『現代議会主義の精神史的状況』(1972)、『憲法の番人』(1974)、『憲法論』(1974)、『〔ヨーロッパ公法である国際法における〕大地のノモス』(1976)、『合法性と正当性』(1983)などがそれである。[5] 主要な文献の充実ぶりに鑑みるならば、〔本著のような〕第二次文献の領域からの書物の邦訳が試みられることも、げに宜《む》べなるかな、といったところである。

ユルゲン・ハーバーマスの教授資格論文『公共性の構造転換』(1962)〔の第二版〕は一九九四年に邦訳された[6]〔邦訳の初版は一九七三年に公刊された〕。この社会史的な労作――ここでの〔理論的〕展望においてはシュミットからの示唆〔諸概念の借用〕が眼につくのであるが――を以て、この一九二九年に生まれたドイツの社会哲学者〔ハーバーマス〕は、日本においては「批判理論」の代表者として受けとめられている。しかしながら、ハーバーマスは、西欧的自由主義の価値システムへの適応過程において、ジョン・ロールズ、ロナルド・ドゥオーキン、リチャード・ローティといったアングロ・サクソン的、アングロアメリカ的な思想家たちに依存してもいた。かれらの諸理論を、ハーバーマスは、かれがドイツの思想家カール・シュミットから決定的に訣別していった程度に応じて、折衷する形で体現していったのである。[7] このことに結びつけられた諸々の含意は、アメリカの〔アメリカで活躍するイギリス人〕社会科学者エレン・ケネディ女史によって、はじめて主題化された。彼女の諸テーゼに関する学問的論争は、「ケネディ論争」として学問史の一駒となっている。

一九九四年に初版が公刊された本著は、この「ケネディ論争」を扱っている。さらに、二〇〇三年に公刊された第二版においては、「第二版へのまえがき」において記《しる》されているような、〔本著に関する〕小さな影響史に関する問題もまた、取り上げられている。[8] 回顧してみるならば、〔本著〕『カール・シュミットとユルゲン・ハーバーマスにおける議会主義批判』は、ドイツ語圏と、そしてこれを越えたところで、議論の的《まと》であり続けたのであるが、そうしたことは、第二次文献の著作にとっては、必ずしもそうあることではない。どうして本著がかくのごとく扱われたのかといえば、本著はそのタイトルにおいて論証されたもとの主題に鑑みて成果をもたらしていたのみならず、オリジナルのシュミット批判そのものとして価値づけられた諸著作に属していたからであろう。(9)〔かくして〕『カール・シュミットとユルゲン・ハーバーマスにおける議会主義批判』は、「ドイツ国民図書（*Deutsche Nationalbibliographie*）」(10)とブノアの「シュミット図書（Benoists *Schmitt-Bibliographie*）」(11)において言及されている。ここで補完しうるのは、第二版への諸々の書評である。(12)初版への書評は、「第二版へのまえがき」から窺うことができる。

Ⅱ

本著において詳説されたシュミット批判の受容は、ホフマン（Hofmann, Hasso）の著作『合法性に対する正当性』〔1964〕〔の第三版に一九九五年に付された〈まえがき〉〕から始まった。かれによって認《したた》められた〔この〈まえがき〉の〕要旨は、今日においてもなお、時宜に適している。〔この〈まえがき〉によれば〕「カール・シュミットの人格と著作についての議論は、近年、驚くべき範囲に広がった。ディルク・ファン・ラーク（Dirk van Laak）は、〈〔ドイツ〕連邦共和国の政治的精神史〉におけるシュミットの役割を、賞賛に値する研究書（*Gespräch in der Sicherheit des Schweigens*, 1993）において、なお単独で研究しえたであろうが、カール・シュミット・ルネサンスの測定は、おそらく国際的なチームを必要とするであろう。たしかに、こうした現象の諸々の理由の分析は多くの認識をもたらしてはいるであろうが、もたらされているのは、多分に、シュミットの著作についてよりも、むしろ現在の政治的かつ学問的な情況と現状とについての認識であろう。例えば、ハルトムート・ベッカーの労作、『カール・シュミットとユルゲン・ハーバーマスにおける議会主義批判』は、当該の寄与を提供している……」[13]。

しかしながら、本著はこの点〔状況分析〕に該当していたばかりでなく、そのことを越えて、すでに言及したように、多くの細部の問題において、それらの固有性（独自性）の点でシュミット批判として参照された。ソメックとフォルゴ（Somek und Forgó）のモノグラフィーにおいては、本著は実証主義以後の法学的思惟の証拠として引き合いに出された[14]。周知のように、シュミットは、法実証主義の特異な敵対者であった。エルナンデス・アリアス（Hernández Arias）は、シュミットの国家哲学の予め解明されているカトリック的根源へと遡及するために、本著を利用した[15]。ブロドッチ（Brodocz）は、シュミットの決断主義を文献で証明するために、本著を引き合いに出した[16]。これに加えて、国家の正当化（staatliche Legitimation）[17]、再現前（代表）（Repräsentation）[18]、シュミット的民主制理論（Demokratietheorie）[19]と関連する問題設定が説明された。

〔本著〕『カール・シュミットとユルゲン・ハーバーマスにおける議会主義批判』は、かれらの判断においては、あくまでもバランスのとれたものであった。一面で、ケペラー（Kepeler）は、本著を、そこで述べられているように「きわめて論争的に論議されたシュミット[20]」に関する引証基準（参考文献）として引用することができたし、他面で、ランドア（Landois）は、本書の諸テーゼの受容に際して、シュミットの議会主義文書〔『現代議会主義の精神史的状況』〕（1923）を以て、はじめてドイツ文化圏において一つの原理的・理論的な議会主義批判が表明された、ということ〔という指摘〕を、同じ著者に〔負っていることを〕正当にも認《みと》めた[21]。

現在きわめて名をなしているシュミット研究者の一人である、リュディガー・フォイクト（Rüdiger Voigt）は、初版から一〇年の歳月を隔てて認《したた》められた〔本著〕「第二版へのまえがき」を引用し、コメントを付した。この「まえがき」はシュミットの新しい価値づけを含んでいたからである。「このシュミット・ルネサンスは、その評価において多様を極めているのであるが、〈シュミットにおいて歴史的に偉大な数少ない傑出した国法学的かつ政治的な思想家を有したことを、ひとがますます認識するようになっていること、このことと関連しているように思われる。ひとは、あらゆる重要な問題領域に臨在しているシュミットとの知的な論争の中に、われわれの現代的諸国家の将来的諸問題を概念的に把握するためのひとつの鍵があることを、予感しはじめているのである〉〔本著第二版へのまえがきからの引用〕。たしかに、カール・シュミットのこうした熱狂的評価は、すべての観察者から正当化されたものと見なされてはいないし、あるいはそれどころか共有されてもいない〔のではあるが〕[22]。実際には、「第二版へのまえがき」におけるわたしの言明は、その著者〔シュミット〕の〔公法学者としての〕専門的資質への視線を逸らしている、そうした広く行きわたったシュミットについての〔予断された〕道徳的断罪に対して、向けられていた。道徳的な有罪宣告などというものは〔シュミットの著作の〕分析の前提条件であることは許されないし、そうであることが許されるのは分析の対象である。このことが断固主張されなければならない。

Ⅲ

〔本著〕『カール・シュミットとユルゲン・ハーバーマスにおける議会主義批判』は、さらにいえば、一九八八年にカール・シュミットとレオ・シュトラオスについてのハインリヒ・マイヤー（Heinrich Meier）の著作から始まった、いわゆる「シュミットと……〔誰それ〕」という文献の一部である[23]。この特殊な第二次文献は、カール・シュミットと他の時代史的に重要な著述家たちとの関係を明らかにしている。完璧に枚挙するつもりはないが、例えば――ここでは個々にリスト・アップするつもりもないが――「シュミットと……〔誰それ〕」、マックス・ヴェーバー、ハンス・ケルゼン、ヘルムート・プレスナー、ヴァルター・ベンヤミン、カール・バルト、カール・ヤスパース、〔等々〕についての目立った研究を、挙げることができる[24]。これに加えて、同じく、その間に編集された往復書簡、とりわけ、

『シュミットと……〔誰それ〕』、ハンス・ブルーメンベルク（2007）、ルートヴィッヒ・フォイヒトヴァンガー（2007）、エルンスト・フォルストホフ（2007）、エルンスト・ユンガー（2012）、グレタ・ユンガー（2007）、エルンスト・ルドルフ・フーバー（2014）、ルドルフ・スメント（2010）、ニコラウス、コリナ、ヴェルナー・ゾムバルト（2015）、ヤーコブ・タオベス（2012）、同じく、「カール・シュミットと公共性（公開性）」〔シュミットの公開書簡〕——ここにはさまざまなジャーナリスト、公法学者、出版者と交わされた書簡が含まれている——が数えられる。〔それどころか〕、〔シュミットが生きた〕時代とは異なる〔人物との〕類比さえ存在した。例えば、「シュミットと……〔誰それ〕」、アレックス・ド・トクヴィル（2007）がそれである。そこでは、ハーバーマスとトクヴィルの比較可能性が、自由主義をテーマとしたカンパーニャとイダルゴ（Campagna und Hidalgo）の仕事において、まさに無理矢理ひねり出されているような始末である。[25]

Ⅳ

本来の主題である、カール・シュミットとハーバーマスの比較、より厳密にいえば、ハーバーマスにおけるシュミット受容、これについていえば、この主題は本著において決着がつけられた、と誇張なしに言うことが許されるであろう。シュミットの伝記作者、ラインハルト・メーリングの見解に従えば、「ケネディ論争」はもう歴史的なものと見なされるべきである。[26]けれども、受容者ハーバーマスの判断についてのこの論争に結びつけられている論議は、さらに続いている。これは、時間の経過の中で、活気を失っていないからである。

発端を新たに提供したのはホフマンである。かれの著作『合法性に対する正当性』の「第三版へのまえがき」において、次の箇所が読み返されるべきである。〔ホフマンによれば〕「ハーバーマスは、かれがシュミットを知的に高く評価していることを何ら隠し立てしなかったし、そして、〈公共性の構造転換〉(1962)についてのかれの実践的・政治的に非常に影響力のあった書物において、まったく囚われるところなく、シュミットを学問的権威として扱い、それどころか、リベラル・デモクラシー的な代表制システムの精神史的・政治的な死亡宣告を伴うシュミットの議会主義文書〔『現代議会主義の精神史的状況』〕を、リアリストの観察の証拠として受け取っていた[27]。その後の「一九四五年以後の法哲学」についての精神史的研究において、〔当然のことながら〕ホフマンは再度かれの〔こうした〕言明を強化することになるであろう。「〔『公共性の構造転換』についていえば、皮肉なことに、〕このハーバーマスの教授資格論文は、それがカール・シュミットのヴァイマール議会主義批判を無批判に継受しているゆえに、たちまち、もっぱら〈議会外反対運動(Außerparlametarische Opposition)〉のカルト〔熱狂的に礼賛された〕本となった、ということを想起しておくべきであろう[28]」。

ホフマンと時を同じくして、ドゥルナー(Durner, Wolfgang)は、ドイツにおける反議会主義に関する先駆的な博士論文(1995)において、本著〔『カール・シュミットとユルゲン・ハーバーマスにおける議会主義批判』〕を引用しながら、ハーバーマスにおけるシュミット受容を回顧してみせた[29]。(例えば、友・敵―関係といった)用語の選択における言語分析的な親近性に注目したシュテーバー(Stöber)においては、一モノグラフィーないし後続する一論文において、ハーバーマスにおけるシュミット受容が肯定的に引き合いに出されている[30]。『ドイツ連邦共和国の国法学ハンドブック(*Handbuch des Staatsrechts der Bundesrepblik Deutschland*)』におけるブレナー(Brenner)の基礎的論説においてもまた、本著を評価しながら、ハーバーマスは「議会主義の諸々の危機的症候を、カール・シュミットを時に想起させるような物事の見方において記述した……[31]」という箇所を引き合いに出した記述が見られる。いくらか後には、バヴァイ(Bawaj i.d.S.)は、一面での「カール・シュミットによる、…… そして他面でのハーバーマスによる、思惟範疇の使い方における、近似性と交差」を指摘した[32]。政治的な左翼によるシュミットの諸テーゼの適用は、今日、「予断された偽りの道徳的断罪」のもとにあるにしても、こうした適用を否認するわけにもいかない[33]。お馴染みの政治学者オーバーロイター（Oberreuther）は、〔本著〕『カール・シュミットとユルゲン・ハーバーマスにおける議会主義批判』を十分評価しながら、〔ハーバーマスが用いている諸語とシュミットが用いている〕諸語との関連を明らかにした。「これらの〔シュミットの〕テーゼに正面切って訴え（引用し）ながら、そして、それらにはっきり依存しながら、〔一九〕六〇年代に、ハーバーマスは、新左翼にかれらの批判的な見出し語をこっそり教えたのである。それらは、新左翼においては、きわめて雑な形で受け入れられていたであろうが[34]」。ミュラー＝ドーム（Müller-Doohm）は、かれのハーバーマスについての大きな伝記において、幾分距離をとりながら、〔本著の〕要点を次のように纏めている。すなわち、「著者〔ベッカー〕は、かれの〔シュミットとハーバーマスを比較する〕考察において、次のような結論に至っている。すなわち、『公共性の構造転換』における諸々の議会主義分析は、シュミットの批判とかれの弟子のエルンスト・フォルストホフ並びにヴェルナー・ヴェーバーによって、部分的に影響を受けていた、という結論に。しかしながら、ケネディの主張とは対立して、民主制理解に係わるかぎり、ハーバーマスとシュミットの間には、如何なる共通性も存在しないであろう。〈〔シュミットとハーバーマスの間で〕分岐している公共性（公開性）概念は、異なる精神態度を示している〉……[35]」。

英語圏においては、共通性と差異性を明らかにした、ハーバーマスによるシュミット受容についての論議は、興味深いものとして感じ取られた[36]。これに対して、フランス語圏では、同じ出来事が奇異なこととして感じられ、かつ破棄された[37]。この点は日本の読者にとっても同様であろう。シュミット＝アーベントロート＝ハーバーマスの間の込み入った関連をめぐる知識なしには、具体的な観察は完全には解明されえない。したがって、ハーバーマスがマルクス主義的な左翼から身を捥ぎ離した時点に背景に退いてしまった、この〔シュミットとハーバーマスの〕知的結合に、順を追って〔読者の〕注意の眼を向けていただくよう、願う次第である[38]。『シュミットとハーバーマスにおける議会主義批判』は、今日、スタンダードな作品として見なされている。いまや、この著作の日本語版が公刊されることになった所以であろう。(39)

ハルトムート・ベッカー
ベルリン、二〇一五年八月一六日

第二版へのまえがき

【主題としての議会主義批判に関するシュミットとハーバーマスの理論的な継受関係：本著への書評から窺える特殊現代ドイツ的なイデオロギー的対立状況】

議会主義批判に関するシュミットとハーバーマスの理論的な継受関係を主題とするエレン・ケネディの論文を契機として、一九八〇年代後半以降に、この主題をめぐりいわゆるケネディ論争が展開された。本著の第一版（一九九四年）は、この論争に一つの暫定的な総括を与えようとしたのであるが、専門家たちの間で強い関心が示されただけでなく、望外なことに、さまざまな検討の対象にもなった。奇貨おくべし。第二版へのまえがきにおいて、第一版の僅かな影響史について触れておきたい。とはいえ、わたしはこの研究書《モノグラフィー》を大幅に書き改めることも考えないでもなかったが、さりとて、そうしていたとしても、さしたる意味はなかったであろう。というのも、この主題〔議会主義批判に関するシュミットとハーバーマスの理論的な継受関係〕に係わる最近の文献は、もはや基本的には何ら新しいことを提示していないからである。このことは、ハーバーマスの著作、『事実性と妥当（*Faktizität und Geltung*）』（1992）を考慮しても、言えるであろう。この主題はドイツ文化圏を越えて外国でのいくつかの論評（Besprechungen）[1]に明らかに一定の影響力を及ぼしているのであるが、これらの論評と並んで、ドイツの学術雑誌に掲載された〔この主題に関する〕いくつかの書評（Rezensionen）に立ち入ることは、とりわけ価値のあることであろう。なぜなら、ドイツにおけるこれらの書評は、ホフマン（Hofmann, Hasso）によって指摘された〔現代ドイツにおける〕特殊な情勢や精神状況〔左右の精神的・イデオロギー的な対立状況〕に関連しているからである。本著の第一版は、かれ〔ホフマン〕によって、こうした問題提起〔現代ドイツにおける不毛な左右の精神的・イデオロギー的な対立状況の指摘〕への然るべき寄与と見なされている。[2] そして、〔本著が〕如何に補完されうるにしても、こうした〔ホフマンの〕評価はまた、この本著の第一版の小さな影響史についても妥当する。

【問題となるのは、シュミットとハーバーマスの立場・価値観（目的因）（左右のイデオロギー）の対立というよりも、むしろ事柄に即した事実（作用因）（理論的な継受関係）の分析（概念的思惟）である】

ヴィーガント（Wiegandt, Manfred H.）は、〔いわゆるフランクフルト学派における〕「批判理論（Kritische Theorie）」にとっての友と敵を名指した。そこでもまた、皮肉なことに、次のようなことが例証された。すなわち、いったいどういうわけで、『政治的なるものの概念（*Begriff des Politischen*）』（1927）で提示されているシュミットのお馴染みの〔友・敵の〕区別は、同時に、〔一方では〕異論の余地のある〔疑わしい〕もの（umstritten）と見なされながら、〔他方では〕まさにこれ〔シュミットとハーバーマスの見解の友・敵としての区別〕が問題になるとき、やはり異論の余地のない〔不可疑の〕もの（unstreitig）であるのか、このこと〔一種のパフォーマンスの矛盾〕が例証的に示されたのである。〔要するに、シュミットの主張を激しく批判するという行為そのものが、当のシュミットの主張〈友・敵概念〉の妥当性を実証してしまっている、という一種のパフォーマンスの矛盾（perfomative Widersprüche）が示されている。〕ヴィーガントは、いわゆる左派の議会主義批判と右派のそれとの間には如何なる共通項も存在しない、という主張をはっきりと提起した。[3]〔けれども〕何故にこれ〔ヴィーガントの主張〕が正鵠を射ていることになるのか、このことは事柄に即して依然として根拠づけられていないままである。――とりわけ左派は、例えばアグノーリ（Agnoli）[4]は、まさしくこうした理論的な問題において、諸々の借用（剽窃）（Anleihen）に頼ってきたし、現に頼っているのであるから、なおさらのことである。なるほど、例えばヒューズ（Hughes, Robert）が或る書評の中でわたしの論説を示唆して（S. 159、邦訳二一五頁）それらを明らかにしているように、〔左右〕両陣営の間には道徳志向や目標志向（目的因 Finalursache）において諸々の乖離（Divergenzen）〔要するに、価値観ないしイデオロギーの相違〕が現存する、ということは当を得ている。[5] しかしながら、このことは、〔左右両陣営間の〕諸々のしかるべき〔理論的・概念的〕受容を――少なくとも、パラレル性（共通性・類似性）（作用因 Wirkursache）を――否定しうるには十分なことではない。戦術的（taktisch）な観点において、ヴィーガントは、ケネディ論争がひき起こした〔いわゆる右派における〕騒ぎ（興奮）を遺憾とし、そして、――かれの見解によれば――ケネディの諸テーゼに対する大げさな反応を、文化政治的状況の、ないし歴史家論争（Historikerstreit）においてハーバーマスが暴露して見せたこと（Exponiertheit）を以て、すなわちその諸々の〔戦後ドイツのいわゆる右派の〕特殊性を以て、根拠づけている。[6] そして、こうしたことを指摘しておけば、この〔ヴィーガントの〕書評〔そのもの〕が如何なる類のものなのか、そして、その用語法（*Diktion*）が、明らかになる。それゆえに、〔この点については〕歴史家論争（Historikerstreit）において実証されているさまざまな〔戦術的〕手練手管《テクニック》――これらは他の箇所でも検証しうるが――について、ぜひ参照してみていただきたいところである。[7] 言及された関連において、ティーレ（Thiele, Willi）の書評は教えるところが多い。[8] ティーレが著者〔ケネディ〕において確認しているのは、悪魔祓いの儀式（Exorzismus）〔論争相手へのイデオロギー的レッテル貼り〕ではなく、〔それぞれのテクストにおける内在的論理の〕分析（Analyse）であるからである。この点で、他の人びとも指摘したことであるが、[10] ケネディは三つのあらかじめ用意された一連の論文〔ジェイ（Jay, Martin）、ゼルナー（Söllner, Alfons）、プロイス（Preus, Ulrich）の三人によるケネディ批判論文〕に対して、同じ個所で、

〔これらに対するケネディ自身の〕再抗弁（Replik）〔再反論〕を公刊することは許されなかった〔拒否された〕ことを、ひとがなお具体的に想像してみるならば、よくもまあぬけぬけと、いわゆる〈支配から自由な討議〉の要求と現実などと言えたものだ〔とひとは思わざるをえないであろう〕＊もちろん、〔三人のケネディ批判に当たっているところがあるとしても〕「ハーバーマスはかれの以前のよりラディカルな立場から距離をとった(11)」という〔事実分析そのものの〕結論においては、ケネディは正しかったのである。

＊**訳者注**　著者ベッカーは訳者への私信で次のようにコメントしている。〔この箇所は〕「〈ケネディ批判者たちがぬけぬけと語っている〉〈支配から自由な討議〉に対する当てこすりです。著者エレン・ケネディが、『歴史と社会（*Geschichte und Gesellschaft*）』という雑誌で彼女に対して行われた批判に対して〔彼女がそこで〕応答する機会を与えられなかったことは、アンフェアーなことでした。彼女はそれを望んでいたし、反論を用意してもいましたが、それは『歴史と社会』という雑誌の編集部によって受け入れられませんでした。しかし、このことは、わたしの見るところ、〈支配から自由な討議〉どころではなく、〈討議から自由な支配〉です。したがって、ケネディは〔『歴史と社会』への投稿を〕回避して、『テロス（*TELOS*）』という〔他の〕雑誌で自分の再反論を公刊せざるをえなかったわけです」。

【ハーバーマスにおけるアーベントロートの受容・訣別を介した立場転換】

さらにいえば、〔本著の〕受容史に属することであるが、数年後に〔本著と〕同じタイトルの〔つまり、「カール・シュミットとユルゲン・ハーバーマスにおける議会主義批判」〕シューレ（Schüle, Christian）による著作が公刊された〔一九九八年〕。シュミットとハーバーマスは「基本的に一致しえない(12)」という、紋切型の、おそらく予断された、そのライト・モティーフが、その〔シューレの〕著作全体を通じて展開されている。シュミットから一線を画そうとするハーバーマスの試みは、その〔シューレの〕労作によれば（S. 134）、かれ〔ハーバーマス〕の初期作品〔『公共性の構造転換（*Strukturwandel der Öffentlichkeit*）』（1961）、『理論と実践（*Theorie und Praxis*）』（1963）〕からの訣別として、正確に価値づけられてはいる。「シュミットに反対するハーバーマスの一歩一歩の歩みに伴って、かれ〔ハーバーマス〕は、この〔シューレの〕労作の諸帰結に従えば、かれ〔ハーバーマス〕自身の初期の理論をもまた、不条理なものへと、そして、奈落の中へと、導いている[13]」と。マシュケ（Maschke, Günther）は、〔ハーバーマスが〕自分の仕事（Œuvre）から距離をとっていることのひとつのありうべき理由を名指した。かれ〔マシュケ〕は、ハーバーマスが自分の初期の議会主義批判から言外に遠ざかっていることを、かれが現存するもの（現体制）に広範にわたって順応していることを以て説明している。「〔後期のハーバーマスが〕憤激にまかせてシュミットから距離をとっていることは、かれ〔後期のハーバーマスが〕が暗黙裡にマルクスから距離をとっていることの裏返しにすぎない[14]」。〔後期のハーバーマスが〕マルクス主義的な立場からひそやかに訣別していることは、事実上、アーベントロート（Abendroth, Wolfgang）〔の民主制的社会（主義）的法治国家構想〕から決然として遠ざかっていることにおいて、示されている[15]。アーベントロートにとっては、かれの弟子と教授資格論文〔『公共性の構造転換』〕に――したがって、ハーバーマスに――引き継がれていた、シュミットとの停戦協定（Nichtangriffspakt）が、存在していたに違いないのである[16]。こうして、この停戦協定のハーバーマスによる一方的な破棄通告において、アーベントロート及びシュミットから〔ハーバーマスが〕その身をもぎ離すこと（Abrücken）において現れるパラレルなこと〔民主制や独裁制の理解に関するシュミットとアーベントロートの親近性〕の一つが顕現される。社会や学問・科学が確立〔体制内化（Etablierung）〕する度合いが増大化するにつれ、かれ〔後期のハーバーマス〕にとっては、アーベントロートが「〈左翼〉にいつも判で押したように付きまとっている危惧（"die üblichen clichéhaften Berührungsängsten der 'Linken'"）」〔公共的討議を欠くプロレタリアート独裁制の危険[17]〕を見極めていなかったこと、このことが愉快ならざることになるのである。というのも、シュミットが政治的理論家としてではなく、国法学者として現れるところでは、シュミットはアーベントロートにとって、いつも受け入れ可能なものであったからである。このコンテクストの中に、アーベントロートによる〈委任的なもの〉かつ〈民主制的なもの〉としてのプロレタリアート独裁制の解明だけでなく、形式的な民主制から社会主義的な民主制への更なる発展というかれのコンセプト〔社会主義的民主制＝委任独裁制〕もまた、あったのである。こうした思惟形象は初期のハーバーマスの中に見出せるし、シュミットの置き道具（Versatzstück）を内容としている。これは当の著者〔ハーバーマス〕もまた、他の箇所で強調しているところである（S. 160）。この文脈において、さらに次のことが注記されるべきである。すなわち、アーベントロートは――きわめて異例なことに――プーフェンドルフ（Pufendorf, Samuel von, 1628-1689）を介して、かれの自己同一性的な〔統治者と被治者の自己同一性という〕民主制概念（der identitäre Demokratiebegriff）を導き出しているのであるが、この民主制概念は、フォルラート（Vollrath, Ernst）によれば、もともとシュミットに由来し[18]、そして、こうした媒介を経てハーバーマスにおいて再び見出されることになるのである。そのかぎりで、アーベントロートにおける明らかなシュミット受容に基づく以上、ハーバーマスにおけるアーベントロート受容の指摘を介して、ハーバーマスのシュミット受容を、見ないことにしておく〔問題の焦点にしない〕わけにはいかないのである。

【シュミットにおける概念的思惟と「政治的なるもの」の概念の意義】

なお、結びとして、シュミットの著作の意義について、コメントをしておきたい。この間、第二次的文献は信じがたいほどの量となった。このシュミット・ルネサンスは、注目すべきことではあろうが、その評価はまるで異なった形でなされている。いずれにしても、このシュミット・ルネサンスは、ひとがシュミットにおいて歴史的に偉大な数少ない傑出した国法学的かつ政治学的な思想家の一人を保有したことを、ひとがますます認識するようになっているということ、このことと関連しているように思われる。ひとは、あらゆる重要な問題領域に臨在しているシュミットとの知的な論争の中に、われわれの現代的諸国家の将来の諸問題を概念的に把握（begrifflich machen）するためのひとつの鍵があることを、予感しはじめている。というのは、シュミットを研究することは、すなわち、諸々の概念性において思惟すること（in Begrifflichkeiten denken）を学習することであり、この数世紀における国家と社会の領域における意義深い概念的な価値転換（begriffliche Umwertung）を自覚することであるからである。そして、ひとが根を下ろした過去の諸儀礼（Rituale）〔形骸化した左右のイデオロギー〕に囚われ続けていれば、こうした可能性が塞がれてしまうことは確認しうることである。まさしくケネディ論争が示したように、さしあたり単に記述的に確認（deskriptiv feststellen）されたシュミット受容について指摘することによって、しばしば、戦線離脱〔討論からの撤退（Absetzbewegungen）〕が誘発され、実りある討論が妨げられてしまうのである(19)。こうした誤導の向きを変えることは望ましいことであろうが、そのためにはやはり、ひとは、シュミットとの然るべき距離を、それ自身あるいはそれ以外のことのために求めることではなく、その距離を事柄に即して根拠づける（sachlich begründen）ことができなければならないであろうし、そして、そのように意思しなければならないであろう。しかしながら、こうしたことはおそらく、政治的なこと（Politikum）においては、要求過剰（zuviel verlangt）ではあろうが。

ヴァイルミュンスター（Weilmünster i. Ts.）二〇〇二年

ハルトムート・ベッカー（Hartmuth Becker）

A 序論

Ⅰ 叙述方法

【ドイツにおける紛争解決メカニズムとしての議会主義：議会主義批判の伝統の端緒としてのシュミットの一九二三年の著作『現代議会主義の精神史的状況』：フランクフルト学派における（とりわけハーバーマスの『公共性の構造転換』における）シュミットの議会主義批判の受容についてのケネディによる指摘：ケネディ論争】

議会制的な統治システムは時代の現実に適合的であるか。この問いは政治理論のきわめて興味深い諸領域において呈示されている。議会主義は今日きわめて意義深い統治システムと見なされている。それはおそらく、この統治システムにはまさしく紛争解決メカニズムが内在しているからであるが、このメカニズムは錯綜し不安定であり、いつも繰り返し諸々の敵対に晒されているように思われる。その際、議会主義に対する批判は、ドイツにおいては、なお本質的にこの議会主義そのものよりも古いのである(1)。しかし、誇張することなしに言えることであるが、一九二三年に出版された『現代議会主義の精神史的状況（*Die geistesgeschichtliche Lage des heutigen Parlamentarismus*）』についてのカール・シュミットの著作を以て、ようやくはじめてドイツ語圏において実際に根拠づけを与える理論的な批判がもたらされたのである。シュミットの概念形成の含蓄に富む簡潔さ、そしてかれのしばしば驚倒させるような議論の外見的な厳格さ――こうしたかれの眩いばかりの文体によって、この著書はヴァイマール共和国において議会主義批判に関する諸著書の「古典」となった。その影響力と暗示力から逃れるのは、およそ困難なことであった。とくに注目されるのは、現代の左翼におけるその受容である。なにしろ、マルクス主義にはやはり民主制理論なるものは不在であるから、[2]こうした受容は一見してそう思われるにしても、さほど驚くべきことではない。〔一九〕八〇年代の中葉に、エレン・ケネディ（Ellen Kennedy）によって、「フランクフルト学派」の代表者たちにおけるシュミット受容が明示的に非難された。キルヒハイマーやベンヤミンと並んで、ハーバーマスもまたシュミットの議論を継受したとされる。ケネディの諸テーゼは激しく論議され、ハーバーマスに関しては、ほとんど一つの学問的スキャンダルを喚起した。ケネディはとりわけハーバーマスの教授資格論文『公共性の構造転換（*Strukturwandel der Öffentlichkeit*）』（1962）に対して非難を投げかけたが、ハーバーマスはこの論文でドイツにおける議会主義批判の伝統を続行していたのである。この伝統は〔一九〕六〇年代の後半〔の学生反乱の時期〕に一つの重要な政治的な問題となった。ハーバーマスは、もちろんまったく異なる精神的な環境に分類されうるから、「左派シュミット主義」という非難を決然と退けた。

【シュミットとハーバーマスの議会主義批判と両者の関係についての包括的・批判的な省察（記述と評価）：B章におけるシュミットの議会主義批判の性格づけ】

議会主義についてのシュミットやハーバーマスの著作や見解が考察に値する理由は、かれらの影響史だけではない。かれらの著作は批判的な省察に付されるべきであり、そして両著者の相互の関係は明らかにされるべきである。個々の点についていえば、さしあたり、B章においてシュミットの議会主義批判の性格づけが解明される。その際に価値が置かれるのは、一つの包括的かつ批判的な叙述である。記述的部分の後で、一つの評価的部分が呈示されるが、そこではシュミットの国家理論的な企図の諸限界が概括される。

【C章におけるハーバーマスの議会主義批判とその立場の問題構制：D章におけるシュミットとハーバーマスの親近性と差異性】

ハーバーマスの議会主義批判の性格づけを扱うために、C章では類比的な叙述方法が選ばれる。[3] 叙述的部分には、そこでかれの立場の問題構制（Problematik）が言及されなければならない一つの分析的部分が結びつけられる。D章では、シュミットとハーバーマスとの間の親近性と区別（Affinitäten und Distinktionen）とが明らかにされ、ユルゲン・ハーバーマスにおけるシュミット的な議会主義批判のありうべき受容が指摘される。[4] この目的のために、諸々の批判基準のひとつのカタログを支えにして、事態の解明に役立ちうると思われる系統的な諸点（Gliederungspunkten）が、D. I-VIII において定式化される。

Ⅱ　問題設定

【広義の議会主義批判の体系的叙述】

この拙論執筆に際しては、主題に答えるために関連するであろう――そして手短な説明が必要な――諸問題が提示された。さしあたり、本来的ないくつかの議会主義文書だけに扱いを限定していないのは、両著者の政治的著作を包括的に判断することに関心があったからである。[5]〔議会主義批判の問題を超える〕さらなる諸問題を解明しうるために、あるいは著者たちの基本的モティーフや立場を内容的に具体化しうるために、系統的叙述は広げられなければならなかった。そのかぎりで、拙論は——本来的な議会主義文書に重点を置いているにもかかわらず——広義における両著者の議会主義批判（「システム批判」）についての研究として叙述されている。

【国法学者シュミットと社会学者ハーバーマスについての叙述技法の差異】

B章とC章の事柄に即した系統的叙述は互いに異なっている。このことは著者たちのそれぞれ専門的に特殊な立場にともなって根拠づけられなければならない。扱われるべき主題設定に関して、国法学者カール・シュミットの諸論説は、社会学者ユルゲン・ハーバーマスのそれらよりも、よりよく体系化されうる。ユルゲン・ハーバーマスに献呈されているC章の系統的叙述は、社会学的な批判基準において方向づけられた。その際、系統的叙述の技法が相違したのは不可避なことである。B章の記述的部分の事柄に即したもう一つの系統的叙述は、過剰な解釈の先取りをしたことになろう。

【後期ハーバーマスにおける左翼からの変移：二〇年代におけるシュミットの実存主義的左翼受容：中期シュミットにおける決断主義的思惟の位相変換：戦間期ヴァイマール共和国と戦後ドイツ連邦共和国という時代背景（憲政秩序）】

ハーバーマスの諸見解の変移（Wandel）は、両著者の間の比較にとって、まったく同じく、ハーバーマスの立場の叙述にとって、見逃せない問題（nicht unproblematisch）と見なされなければならない。一九六二年に出版された『公共性の構造転換』という著作の著者〔初期ハーバーマス〕は、いまだ殆どマルクス主義者（Beinahe-Marxist）として、そして現存の議会制システムの敵対者として標識づけられうるとすれば、かれは八〇年代には自分の諸見解を一定程度修正したのである。そのかぎりで、ハーバーマスの立場を判断するに際して、慎重な態度が勧められている。拙論のいくつかの箇所では、異なる時代地平が指摘されなければならないであろう。カール・シュミットの諸見解もまた数十年の経過において一定程度修正された。[6] かれの諸著作における、わたしが見極めうる決断主義的（dezisionistisch）な基本的特徴は、一九三二／三三年から一九三六年の時代空間において、具体的秩序思惟（konkretes Ordnungsdenken）の位相と交替される。[7] われわれの分析にとっては、こうした構成要件は、そこで変移がすでに端緒的に見極めうる『合法性と正当性（*Legalität und Legitimität*）』（1932）という著作に対してのみ重要である。[8] 諸考察の焦点になるのは、〔一九〕二〇年代の才気煌めく議会主義批判家である。シュミット自身が左翼を受容する者であったことは、幾人かの著者たちにとっては、シュミットとハーバーマスの諸見解の間の比較をするためには――D章においてはっきり提示されているように――見逃せない重要なことと見られている。[9] 実際、両著者の間にきわめて僅かながらパラレルなものが見出されうるであろう。シュミットはかれの決断主義的な政治的思惟を左翼の種々の実存主義的な批判基準において先鋭化しているが、[10] ハーバーマスはこれらから一義的に距離をおいている。ヴァイマール共和国の同時代人としてのシュミット、そしてドイツ連邦共和国のそれとしてのハーバーマス、この両著者たちの異なる時代地平を、ここで指摘しておこう。なるほど、このことはハーバーマスにおけるシュミット受容という問題にはなんら影響力を有さないが、しかし、両者の立場の比較にとっては、影響力を及ぼしている。異なる憲法（憲政秩序）史的な背景は見紛いようがない。[11]

【所与の時点での諸概念と諸批判基準：それぞれの決定的な思惟根拠への言及の放棄】

両著者の諸概念や諸批判基準が概括される必要な諸定義は、与えられた時点で提示される。決定的な根拠基盤というようなものは、この本書では放棄される。われわれの見解によれば、こうしたものは、些末な内容を媒介するか、あるいは本質的な諸言明を不必要な仕方で先回りするか、このいずれかのことしかなしえないからである。ここでは、もっぱら、部分的に異なる概念形成を指摘するにとどめておく。

B　議会主義批判 I――カール・シュミットによる否定

【シュミット的思惟における相対主義、虚無主義、唯名論、非合理主義、実存主義、カトリック：中心的な問題設定としての権力の正当化：事実性からの権力の概念把握：内外の政治状況（ヴェルサイユ条約、国際連盟、ヴァイマール憲法）に対する闘争：政治的統一性＝国家的政治↑外政（国際政治）の優位：決断能力】

I　はじめに

国法学者カール・シュミットは二〇世紀における煌めくような才気を放ちながらも、もっとも評価の定まらない著述家たちのうちの一人であった。こうした性格づけは、専門の同僚たちの間で承認され内容的には法学における顕著な業績として数えられるに違いないかれの法学上の諸労作〔例えば、『憲法論（*Verfassungslehre*）』（1928）〕よりも、むしろ、とりわけ『現代議会主義の精神史的状況』（1923）と『政治的なるものの概念（*Begriff des Politischen*）』（1932）についてのかれの政治的諸著作に当てはまる。[1]これらの政治的著作を通じてかれは、かれの読者層を両極化させた。[2]その際、かれの友人たちも敵対者たちも、カール・シュミットの諸見解を充分に一義的に分類することに成功しなかった。かれは相対主義、ニヒリズム、唯名論、非合理主義、実存主義、政治的な――しかしまた非ロマン主義的な――カトリック、といったさまざまカテゴリーに組み入れられたが、こうしたリストアップにともなって完璧が要求されることはなかった。[3] 最近ようやく、ベンダーソン（Benderson, J. W.）によって、シュミットの著作を年譜によって把捉する試みがなされた。[4] シュミットの著作は、特殊な概念適用とかれの諸々の問題設定の急進性に素質として付与されているかれの思惟活動の矛盾性によって、〔その特徴が〕刻印されている。かれの著作の一つの中心的な問題設定は、国家権力の正当化（Legitimation staatlicher Macht）に係わっている。シュミットは上から秩序づけられた価値や規範に懐疑的に対立している。かれは権力（Macht）を事実性（行為結果）（Faktizität）から概念把握（begreifen）している。この関連の中に政治的なるもの（das Politische）というカテゴリーが組み入れられているが、ここから国家的なるもの（das Staatliche）が演繹される。内政の統一性は、かれにとって、あらゆる国家的政治の前提であり、この国家的政治は外政の優位と無条件的な決断の能力とによって標識づけられている。[5] カール・シュミットの政治的著作は、わたしの見るところ、かれの論文「ヴァイマール・ジュネーブ・ヴェルサイユ1923-1939との闘争における諸々の立場や概念」に照らしてのみ理解されうる。①かれが押し付けられた屈辱的な協定（demütigendes Diktat）と感じ取っていたヴェルサイユ条約に対するかれの闘争、②外政的な現状（status quo）をドイツにとって考えうる不利な時点で保障しようとしたジュネーブ会議に伴う国際連盟（Völkerbund）に対する正面作戦、そして最後に、③行為能力を有する如何なる統治（政府）も決然として産み出しえず、かれの諸表象を満足させえなかった[6]ヴァイマール共和国におけるかれの活動を規定していた。

【クヴァーリチュによるシュミットの性格づけ――カトリック（反啓蒙主義）、エタティスト、ナショナリスト：

【啓蒙主義に発する世俗化過程：神学概念の概念社会学的な世俗化】

シュミットの思想的な基本的モティーフを特徴づけようとするクヴァーリチュ（Quaritsch, Helmut）のひとつの興味深い試みを、さらにここで指摘しておこう。クヴァーリチュは、かれ〔シュミット〕をカトリック（Katholik）、エタティスト（国家主義者）（Etatist）、そしてナショナリスト（国民主義者）（Nationalist）として性格づけている。[7] とりわけ、かれ〔シュミット〕の「カトリック的」かつ反啓蒙主義的な基本的立場から諸々の思惟構造が演繹されうるが、[8] かれは宗教的な諸意図とは結びつくことなくこれらの思惟構造へと遡及している。[9] カトリック的反革命の思想（思惟範疇）への議論上の志向は、シュミットにおいて明確に認識されうる。[10] それなしには歴史的発展のより深い理解は不可能であろう精神史的に重要な発展として、かれ〔シュミット〕は啓蒙主義（Aufklärung）に発する世俗化過程（Säkularisierungprozeß）を把捉している。[11] これによれば、国家学（Staatslehre）は諸々の神学的モティーフから演繹されるとされる。[12] シュミットの説明によれば、「現代国家学のすべての深刻な諸概念は世俗化された神学的諸概念である」。[13] カール・シュミットにとって問題なのは、神学的な諸言明ではなく、[14] 神学から概念社会学的（begriffssoziologisch）に標識づけられうる概念形成（Begriffsbildung）である。[15] それゆえに、ライヒト（Reicht, Robert）は、倫理を喪失した一つの形式的なカトリック的立場についても語っているわけである。[16]

【シュミット的な議会主義批判の支柱的諸概念——①決断主義的思惟、例外状態、主権、②民主制、③代表(再現前)：議会主義的立法国家——合法性と正当性の緊張関係と現代議会主義の衰退過程：対案としてのシュミットの国家理論的企図（全体国家への転回）の諸限界】

以下の節（Ⅱ）では、シュミットの議会主義批判の基本的支柱が提示される。かれの諸言明の理解のためには、さしあたり、かれの決断主義的思惟（dezisionistisches Denken）の方法を解明しておくことが要求されるであろう。この方法の下で、例外状態（Ausnahmezustand）及びこれから演繹される主権概念（Souveränitätsbegriff）への志向が捉えられうる。これに結びつけられるのは、このことから帰結する諸含意を伴うシュミットの民主制概念（Demokratiebegriff）の解釈的叙述である。見逃せないのは、かれが必要な国家的形成原理として捉えている代表（再現前）原理（Repräsentationsprinzip）の本質と価値についてのシュミットの通常とは異なる印象を与える見解である。これらの説明に議会制システムの分析が結びつけられている。議会主義の理念型的な基礎と並んで、議会主義的な立法国家（der parlamentarische Gesetzgenbungsstaat）の分析――そこでシュミットは合法性（Legalität）と正当性（Legitimität）の諸概念の間の通常とは異なる緊張関係を構成している[17]――と、〔かれによって〕誤って思い込まれている現代議会主義の衰退過程とが、考察の中心にある。カール・シュミットは、かれの分析に際して、議会主義の単なる批判には留まらなかった。かれの現在の診断（Gegenwartsdiagnose）の末尾には、ありうべき諸対案についての探究がある。Ⅲ節では、反省された叙述を越えて、かれの国家理論的な企図の諸限界が概括される。このことに数えられるのは、シュミットの決断主義的な基本的立場、民主制概念、かれの代表（再現前）理念、そして包括的な議会主義批判――理念型的基礎、合法性と正当性の誤信された対立、そして全体国家（der totale Staat）への転回が該当する――これらの評価づけである。最後に、かれの対案の解明が付されている。

Ⅱ　カール・シュミットの同時代診断

1．決断主義的国家哲学――例外状態と主権概念

【決断と行為事実的権力に還元される法秩序】

カール・シュミットの決断主義的志向は、「主権者とは例外状態を〔越えて〕決断する者である（Souverän ist, wer über den Ausnahmezustand entscheidet）」[18]〔「主権者とは非常事態についての決断（権）者である」〕*という定式化において再び見出される。[19] 国家的主権は限界概念（Grenzbegriff）として論証される。国家的主権は例外事例においてはじめて重要となる。主権問題は深刻なコンフリクトにおいてのみ登場する。[20] カール・シュミットにとっては、第一に重要なのは、決断されるということ（daß）であり、ようやく第二に、このことが如何に（wie）行われるかが重要になるのである。この意味で、かれがあらゆる法‐秩序（Rechts-Ordnung）を一つの決断（Entscheidung）と、それに伴い、結局のところ、行為事実的権力（faktische Macht）とに還元するとき、あらかじめ与えられた諸前提からのシュミットの結論は、論理整合的なものとして特徴づけられうるのである。[21]

＊については、訳者「解題にかえて」参照。

【例外性（決断）と通常性（規範・法秩序）〔Ausnahme — Regel, Entscheidung — Ordnung, Existenz — Essenz〕の弁証法：規則を確証するのみならず、そもそも成立せしめる例外】

シュミットの政治的思惟にとって特徴的なのは例外事例（Ausnahmefall）への引証である。通常事例（Normalfall）において決断（Dezision）のエレメントは僅かであるとすれば、例外事例においては、シュミットの見解によれば、この〔決断の〕エレメントは展開されて完全に開花し、これに対して規範（Norm）は後退せざるをえない。例外事例においては〔現行・現効の〕法秩序（Rechtsordnung）は停止される。法（権利）（Recht）は状況の法（権利）（Situationsrecht）となる。法（権利）（Recht）を定立するために、ひとつの権威（Autorität）は〔現行・現効の〕法（権利）（Recht）を有さないはずである。[22] その際、「それぞれの例外的権限、それぞれの官憲的な緊急措置ないし緊急令、こうしたものが……すでにして例外状態なのではない」（とされる）。「むしろ例外状態に属するのは、原理的に無制限の一つの権限、すなわち、現存する秩序総体の停止である」[23][24]。かれの例外概念に対するありうべき諸反論に対して、カール・シュミットは反対側の諸見解の世界観的根拠を引き合いに出して対抗しようと試みている。例外が通常事例のために押し除けられてしまうのであれば――しかし、このことはシュミットが受け入れない見解であるが――それは首尾一貫した合理主義（Rationalismus）である（とされる）。かれは、逆説（Paradoxon）に与するロマン主義的傾向の帰結としてではなく、具体的な生活そのものの必然性への洞察から、例外に立ち向かう哲学を要求する。かれが強調するところによれば、かれは審美的関心（ästhetische Interessen）から、例外を通常性（規範性）の繰り返しよりもより興味深いものと見なしているのではない[25]。こうした説明のエッセンスとして示されているのは、「通常のもの(das Normale)は何も証明しない。例外(die Ausnahme)がすべてを証明する。例外は規則(Regel)を確証(bestätigen)するだけではない。規則はそもそも例外によってのみ生きるのである」[26][27]という実存主義的な言い回しである。

【シュミット的決断主義における法実証主義批判――法実証主義の主権概念における同義反復・脱人格化――人格的決断なしに法（規範）を法（規範）から演繹する自己循環、当為と存在の乖離の永続化――RechtとMacht、規範と決断の二者択一：討論と妥協という理論的エレメントを伴う法実証主義的解釈における自由主義的世界像】

カール・シュミットのラディカルな決断主義的議論は、法実証主義（Rechtspositivismus）に対するかれの決然とした闘争のコンテクストにおいて見られなければならない。法実証主義は、新カント派の影響を受けているから、その実質的な内容を無視して、法律（法則）の形式性（Formalität des Gesetzes）を一面的に志向している[28]。法実証主義は、変化した政治的状況において登場する当為と存在（Sollen und Sein）との間のコンフリクトを解消しえず、したがって、その「形式の完成態（Formvollendetheit）」にもかかわらず、現実態（Wirklichkeit）の前を通り越してしまった。それゆえに、ヴァイマール国法学の課題は法実証主義の克服に取りかかり、反対の立場を受け入れることにならざるをえなかったわけである。シュミットと法実証主義者たちとの間の差異は、かれらによって主張された主権概念において、きわめて明瞭に表現されている。かれら〔法実証主義者たち〕の意味においては、「法的に独立した演繹されない最高の権力」[29]としての主権の定義は、同義反復的な性格を示している（とされる）。シュミットの批判は、必ずしも主権概念の否定ではないにしても、最後の帰結において実現される脱人格化（Entpersonalisierung）（人格の脱落）に向けられている。[30]抽象的規範（abstrakte Norm）が妥当する以上、権力（Macht）は、国家（Staat）にではなく、法（Recht）に帰すべきである、という法実証主義の要求に対して、[31]シュミットは、法理念（Rechtsidee）は決して自己自身から自己を創造しえないし、決断（Entscheidung）を必要としている、という言明を対置している。[32]シュミットにとっては、ひとつの秩序を創造する（Schaffung einer Ordnung）ために最終的に問題になるのは、誰が決断するのか（wer die Entscheidung trifft.）、ということだけである。[33]討論と妥協（Diskussion und Kompromiß）という理論エレメントを伴う実証主義的解釈における自由主義的世界像（das liberale Weltbild）は、シュミットにおいては、決断（Dezision）に屈するのである。[34]

2. 民主制理解

a　概念規定

【民主制の概念規定＝①政治的統一性として具体的に現前する人民（民族・国民）の自己同一性→統治者と被治者の自己同一性の原理に対応する国家形態：人民（民族、国民）自身によって担われる憲法制定権力（限定作用的被限定態・産出作用的被産出態 die bestemmende Bestimmtheit, natura naturans）：②権力作用の運用方法――〔非分離の〕執行権・立法権への人民（能動市民、国民）の参加：③多数の支配、多数決原理】

民主制（Demokratie）の概念をシュミットは、「……ひとつの自己同一性（Identität）（すなわち、政治的統一性（politische Einheit）としての具体的に現前する人民（民族）（Volk）の自己自身との同一性）の原理に対応する国家形態（形相）（Staatsform）」[35]として一義的に定義している。憲法制定権力（die verfassungsgebende Gewalt）は人民（民族）によって担われる。カール・シュミットの指摘によれば、文献における民主制概念は、部分的にはそれから逸脱して国家的活動の運用のための方法（Methode zur Handhabung staatlicher Tätigkeit）として特徴づけられる。このケースであれば、少なくとも執行権（Exekutivgewalt）あるいは立法権（Legislativgewalt）は、人民のきわめて広範な参加（Partizipation）の下で構成されるであろう。[36]一般的にいえば、民主制においては、多数決原理（Majoritätsprinzip）の妥当性から、あるいは――いかように規定されうるにせよ――多数の支配（Herrschaft der Mehrheit）から、発したものにならざるをえない。[37]ここで問題になりうるのは、投票に参加する人たちの多数[38]、あるいはまた能動市民（Aktivbürger）たちの総体、しかしまた国家帰属者（Staatsangehörigen）たちあるいは一人民（民族）の住民（Bevölkerung eines Volkes）の総体である。[39]

【自由に対する平等の優位】

文献の中では、「平等（Gleichheit）」と「自由（Freiheit）」というその目的設定と内容において分岐する諸原理が、同等に正当化されて（同権の形で）（gleichberechtigt）、一つの民主制の構成要因と名づけられる。[40]シュミットの見解に従えば、このことは原則的に当をえていない。というのは、自由という構造原理はブルジョア的かつ自由主義的な法治国家（der bürgerliche und liberale Rechtsstaat）の一特殊局面であろうからである。自由という原理は、個体性（Individualität）に関係づけられたその形式においては、ひとつの自由主義的要請であり、そして、この分類〔民主制的な法治国家〕においては平等原則に従属化されている（とされる）。平等だけが内政的には民主制的な構造原理として妥当しうる（とされる）のである。(41)(42)

【自由主義的民主制概念としての議会制民主制】

民主制概念の体系化に際しての一つの問題構制（Problematik）は、シュミットにとっては、数多の政治的な諸集団（化）（politische Gruppierung）がその〔民主制という〕概念をそれらの意味で横領するゆえに、民主制概念は一つの抽象的な大きさに類型化され、その内容を喪失してしまう、という事実から生じてくるように思われている。シュミットは、かれによって急進民主制的に解釈された内容と他の諸集団によって民主制概念と結びつけられた諸見解との間の一つの明確な分離を必要なことと見なしている。(43) このことは、とりわけ自由主義（Liberalismus）について言えるとされる。自由主義は民主制概念をその自由主義の意味で占有されたものと見なし、この概念の下にいわゆる議会制的民主制（parlamentarische Demokratie）を理解しているからとされる。しかし、似たようなことは「社会民主制（Sozial-Demokratie）」についてもまた当てはまるとされる。(44)

b　平等概念

【平等概念における特殊主義と普遍主義——特殊的・実体的な内容を有する政治的に有意味な平等概念、国家的統一体への帰属における平等：平等概念の意味喪失に結びつく人類民主制：平等と不平等（差異・格差・区別）との平衡としての平等】

シュミットの見解によれば、民主制的な平等概念は特殊的かつ実体的な内容を強いている。すべての人間を等しく包括する一般的平等概念[45]への遡及は、すぐれて政治的な意味において特殊な区別を根拠づけることには相応しくないとされる。一般的な人間たちの平等（allgemeine Menschengleichheit）は、ありうべき不平等（mögliche Ungleichheit）という平衡錘（Pendant）を欠いている。[46]一般的な人類の民主制（Menscheitsdemokratie）という思惟範疇は、平等概念の意味喪失と結びつけられているとされる。当然ながら、人類の民主制は、一領域あるいは一国家の特殊的平等としては意味を喪失するからである。政治的平等は、一般的な人間たちの平等が増加するようになればなるほど減少するとされる。[47]そのかぎりで、カール・シュミットにとって政治的に有意味な平等概念は、人間たちの間の一つの区別（Distinktion）に遡ることによって標識づけられ、そして一定の民族（人民）への、別様に定式化すれば、一つの国家的統一体（eine staatliche Einheit）への、帰属（Zugehörigkeit）において表現される。この帰属は、「共通の人種、信仰、共通の運命と伝統[48]」といった諸表象に基づきうるであろう。民主制的な平等概念は内政的に整序されているとされる。一国家の市民〔国民〕たちが相互に平等になるはず（べき）なのである。

【古典古代における平等の前提としての国家市民（公民）的有徳性、民主制の構成要件としての国家市民の国民的同質性（異質なるものの排除）】

〔民主制の〕実体概念（Substanzbegriff）がどのように具体的に刻印されるか、これに対しては、カール・シュミットにおいては、どうでもよい（無関心）、ということになるように思われる。すでにギリシア的古典古代において、その種の実体的諸平等の諸例が見出せるであろう。アレテー（ἀρετή）（徳、有徳性、卓越性、男気、勇気）は、それなしには如何なる市民〔ポリテース〕も国家的生活に同等に正当化されて（同権の形で）（gleichberechtigt）参加しえなかった国家市民的徳（staatsbürgerliche Tugend）として前提にされていた。マキァヴェッリ（Machiavelli）の『ディスコルシ（Discorsi）』（ローマ史論）においては »virtus«（徳）という概念に、モンテスキュー（Montesquieu）にあっては、»vertus«（徳）という概念に、似かよった意義づけが付されている。[49][50] 歴史においては、シュミットの見解によれば、平等概念の数多の具体的な刻印が識別されうる。かくして、イングランドの水平派（Levellers）の平等概念にあっては、この平等概念はひとつの宗教的な実体に関係づけられているであろう。[51] 近現代の国民国家（Nationalstaaten）の形成は、結局のところ、国民的な実体概念を貫徹させたとされる。したがって、シュミットの見解によれば、国民的な同質性（nationale Homogenität）は、国民国家的な民主制の前提と見なされなければならない。ひとつの政治的な国家存在（ein politisches Staatswesen）が国民としての諸々の少数派を明示せざるをえないとき、同質性概念（Homogenitätsbegriff）の厳密な扱いから、いまや特定の諸帰結が明らかとなる。[52] このようなケースにおいて、シュミットは民主制的な同質性の維持のために、こうした諸々の少数派のひとつの平和的な同化（Assimilierung）か、それらの強圧的な抑圧ないし移住か、といった二者択一のみを見ている。[53][54]「したがって、民主制が必然的に必要とするのは、第一に、同質性（Homogenität）、そして第二に、必要であれば、異質なもの（das Heterogene）の排除あるいは絶滅（Ausscheidung oder Vernichtung）である」。[55] ひとつの国民国家において必要とされるのは、疑いなくまた流入移民の規制法（Einwanderungsgezetz）である。その際、民主制そのものを廃棄することなく特定の排除措置をとることは必然的でありうるとされる。同質性は、シュミットにあっては、結局のところ、異邦人たち（Fremde）を権力と福祉から排除することは、これらの基本原則に完全に合致するとされる。[56][57] 同質性は、シュミットにあっては、結局のところ、異邦人たちに対する対抗（Wendung）によって結果的に成立するのである。これに伴って内政的あるいは外政的な敵対者が表示されるかどうかは、どちらでもよいことである。[58]

【ルソー的一般意思＝同質性―自然性】

シュミットの同質性概念はルソーの国家理論に依存している。シュミットに従えば、ひとつの共同意思

（Gemeinwille）の成立は同質性を前提にしている。「『社会契約論（*Contrat social*）』によれば、国家においては、如何なる諸党派、如何なる特殊利害、人びとを分離する如何なるものも……存在することは許されない[59]」、そして、これに伴い、「一般意思（volonté générale）」を誤らせるであろう如何なる代表的諸機関（repräsentative Organe）も存在することは許されない。シュミットは次のように結論づける。「ルソーが構成しているような一般意思は、実際には同質性（Homogenität）である[60]」と。これに伴って、シュミットは、ルソーの共同意思（Gemeinwille）に付着する自然性（Naturhaftigkeit）を指摘し、ルソーの契約構想を相対化することによって、自覚的にルソーの意義転換を行なっている。かくして、「それ（同質性——著者の挿入）が存立するところでは、その自然性ゆえに契約（Vertrag）は無意味である。同質性が存立しないところでは、如何なる契約も役立たない[61][62]」という逆説が帰結する。

c　自己同一性諸表象

【統治者と被治者の自己同一性・自己同一化としての民主制：同質性から演繹される政府と人民〔国民〕の自己同一性——人民〔国民〕の支配としての民主制】

シュミットの民主制理解はルソーの自己同一性諸表象（Identitätsvorstellungen）の中にその諸根拠を有している[63]。シュミットの説明によれば、「（統治形態あるいは立法形態としての、同じく国家形態としての）民主制は、支配者と被支配者、統治者（Regierenden）と被治者（Regierten）、命令者（Befehlenden）と服従者（Gehorchenden）の自己同一性である[64]」。その際、かれは諸々の自己同一性（Identität）を同質性（Homogenität）の諸前提から演繹している。被治者と統治者との間には如何なる実体的な不平等（Ungleichheit）も現存しない。統治者はそれ自身によって（per se）質的に価値のある者と見なされる（妥当する）わけではないし、あるいは、他のもう一つの総体から被治者として補充されることになるとされる[65]。そのような場合にのみ、民主制は人民〔国民〕の支配（Herrschaft des Volkes）である、という言明はその意味をうるであろう。[66][67]政府（統治）と人民〔国民〕の民主制的同一性（die demokratische Identät von Regierung und Volk）は、シュミットの見解に従えば、それらに共通の同質的な土台に基づいている。カール・シュミットは、ひとつの完全かつ永続的な自己同一性（Identität）は達成しえない、ということを自覚している。問題になるのは、想定された諸々の自己同一性、いわば、諸々の自己同一化（Identifikationen）であるとされる。とはいえ、ひとつの高度の自己同一性を、例えば選挙期間の短縮、人民投票（Plebisziten）の導入等々の直接民主制的な諸エレメントを憲政秩序（憲法）の中へと統合することを通じて実現することは、徹頭徹尾、可能であるとされる。[68]

【表決から帰結する総体意思への同意】

シュミットの自己同一性としての民主制理解においては、[69]すでに示唆されたように、一般意思（volonté générale）にひとつの鍵となる役割が付されている。想定される自己同一性を通じて、すべての下されるべき諸決断は、この決断の担い手自身にとって妥当する。表決（票決）（Abstimmung）で敗北した少数派の声（票）は無視されなければならない、ということは見かけの矛盾にすぎないとされる。ルソーとロックによれば、一市民はかれの意思に反して成立した諸法律にも同意（zustimmen）するとされる。かれはそれらの法律に従わなければならない。一般意思が自由な市民たちの意思を表現する以上、表決での敗者は自由ではなかったことになる。論理の赴くところ、かれは共同意思について誤っていたことにならざるをえない。[70]自己同一性としての民主制理論のコンテクストにおいては、こうした議論が支持されうる。というのは、市民は決してひとつの具体的な法律の内容に同意するのではなく、「抽象的に（*in abstracto*）帰結に、表決から帰結した総体意思（Gesamtwille）に、同意する」[71]のであるからである。その際、表決（投票）（Abstimmung）という事象は、声（票数）（Simmen）を数えるためにのみ必要なのである。[72]

【公共性（公開性）において現出する現存する人民（国民）の自己同一性（一般意思）：人民総会における喝采による諾否の決定】

シュミットは自己同一性としての民主制概念（der identitäre Demokratiebegriff）を公共性（公開性）（Öffentlichkeit）概念に結びつける。「人民は公共性（公開性）においてのみ現象する。人民はそもそもようやくはじめて公共性（公開性）を惹起するのである」。[73] 人民が現存することによって最高度の自己同一性が達成されうるとされる。古典的な例証としてシュミットはアゴラ（公共広場）でのギリシア的民衆集会（Zusammentreffen）〔エックレシアー〕あるいはフォールム（Forum）でのローマ的民衆集会を挙げている。諸々の決定（決断）は、その種の催しにあっては、喝采によって（per Akklamation）、すなわち、そこで同意（Zustimmung）あるいは拒否（Ablehnung）が表現される呼びかけによって（per Zuruf）下された。[74] その際、諸々の公的な表決（票決）（Abstimmung）は「議論なしに（sans discussion）」成立した。[75] 公共性（公開性）なしには如何なる一般意思もまた生じえないとされる。シュミットの見解においては、誤って思い込まれた（vermeintlich）個人主義的・利己主義的な「全員の意思（volonté de tous）」を、かれが意識的に拒絶していることが反映されている。こうしたシュミットの見解に従えば、たとえ「私人たち（*Privatleuten*）」の意見（私見）が一致するとしても、そうした意見（私見）が一つの公共的な共同意思（ein öffentlicher Gemeinwille）へと集積（aggregieren）される、などということはありえないのである。[76]

【人民（国民）の意思形成：民主制的人民（国民）教育独裁制：自由主義（権力分立論）・間接民主制↑↓直接民主制・実質民主制＝教育独裁制】

かれの時代に支配的であった法実証主義的な意見に反対して、シュミットは、民主制にとって本質的意義を有するのは、如何にして人民〔国民〕の意思は形成されるか（wie der Wille des Volkes gebildet werde）、ということである、という見解を主張した。法実証主義においては、民主制が意思形成過程そのものにおいて廃棄される、ということは考えうることであった。これに対して、カール・シュミットが指摘している内容的に急進民主制的な解釈に従えば、こうしたことはありえない。「民主制がそれ自身の基礎にある価値の内容（Inhalt）を得るや否や、ひとはもはやどうしても〔形式的な意味で〕デモクラットであるわけにはいかない[77]」。したがって、民主制にその廃棄の脅威が迫るならば、ラディカルなデモクラットは、必要であれば多数派の意思に反してもまたデモクラットに留まることを考量しなければならない。ここから、特定の〔たとえば権力分立といった制度の〕削除（Abstrichen）を伴う民主制的な人民〔国民〕教育のためのひとつの独裁制（Diktatur）が考えうるように思われる、ということが帰結する。ここからシュミットは、独裁制は少なくともこのような移行の位相においては民主制と対立するものとして現出するわけではない、という結論を引き出している[78][79]。権力分立（Gewaltenteilung）を民主制の構成的な指標と見なすのは自由主義だけであるとされる。諸権力の分離、とりわけ執行権と立法権の分離が廃棄されているならば、自由主義の意味では独裁制が存立していることになろう[80]。カール・シュミットはこのことを、起源的な直接民主制的な思想とは相容れない、誤って思い込まれた特殊自由主義的な民主制表象と見なしている。それゆえに、かれは自由主義と民主制との間を分離する明確な線を引かなければならない、と考えているのである[81]。

d　民主制の諸限界

【近現代国家における直接民主制の諸限界：能動市民の育成：代表制、権力分立制、立法機関への縮減：多数決原理の前提としての完全な同質性の調達】

直接的な民主制の実現は、シュミットの見解によれば、特定の諸限界に逢着する。なぜならば、ひとつの国家存在（Staatswesen）は、もっぱら自己同一性（Identität）という形式原理によってのみ説明されうるわけではないからである。近現代的な国家存在において永続的に能動市民層（Aktivbürgerschaft）を集めることは不可能であるから、特定の代表者たち（Repräsentanten）を名指すことがいつも必要となる。代議士の地位（Abgeordnetenstatus）［の保障］も理念からすればこうした熟慮に基づいている。[82][83] それよりもなによりも、ひとつの憲政秩序（憲法）（Verfassung）の人民投票的諸エレメント（plebiszitäre Elemente）は、かれの見解に従えば、補助的にのみ決定（の作成）（Entscheidungsfindung）に寄与しうるにすぎない。喝采（Akklamation）しかできない、すなわち、一つの厳密に定式化された問いに対して肯定あるいは否定をもって反応することしかできない、[84] というのが人民の本性に存することであろう。これに伴い、複雑な問題設定に際しての一つの決定（の作成）は、きわめて制限されているとされる。人民は代表・代理（Vertretung）を必要としているとされる。[85] さらにいえば、近現代諸国家の憲政秩序（憲法）（Verfassung）における民主制原理は、権力分立（Gewaltenteilung）の原理を通じて立法機関（Legislative）の一つの単なる手段に縮減（還元）されており、それゆえに、本来の重要性を失ってしまったとされる。[86] これに加えて、民主制的な多数決原理（Mehrheitsprinzip）の妥当性は、特定の諸条件に結びつけられているであろう。如何なる非民主制的な異質性（undemokratische Heterogenität）も現前することは許されないとされる。「したがって、多数が決定するのは実際には投票者すべての完全な同質性（Gleichartigkeit）においてのみなのである」[87]。

3. 代表（再現前）の本質

a　付説：ローマ・カトリック教会と政治的形態（形相）

【シュミット的思惟におけるカトリック教会：神学概念としての「主権」、「代表（再現前）（*repraesentatio*）」、「質料」に対する「形相」の優位（prioritas formae super material）、「諸対立の複合（*complexio oppositorum*）」、「人格」的な「権威」と「品位」：人間事象における「物質的・経済的なるもの」に対する「精神的・政治的なるもの」の優位：法学的・制度的な「合理性」（ローマ法）の継承者、再現前（repraesentatio）の体現者としてのカトリック教会：「近代」における「人格」的な「権威」と「品位」の欠落：近現代議会主義—人民（民族、国民）を再現前（代表）し、民主制的正当化を遂行する議会：事物と社会の自己統治→「決断」の意思の欠如】

『ローマ・カトリック教会と政治的形態（形相）（*Römischer Katholizismus und politischeForm*）』（1922）という論説は、シュミットの思惟を捉えるための鍵として特徴づけられた[88]。世俗化された神学的な諸概念からの法学的な諸概念のすでに名指された概念社会学的な導出（begriffsoziologische Herleitung）と並んで、「かれの法学的諸概念の形式（形相）刻印（特徴）（*Formprägungen*）がローマ・カトリック教会から借用されていること[89]」が示されている。とりわけ識別しうるのは、再現前（代表）（Repräsentation）理念への強い志向である[90]。カール・シュミットは、カトリック教会の「諸対立の複合（Complexio Oppositorum）」の中に、すなわち、見かけでは一致しえない諸対立の包括（Umfassung anscheinend unvereinbarer Gegensätze）の中に、いまだ如何なる最高命令権（Imperium）も示しえなかったような質料（物質）に対する特殊形相的な優越性（eine spezifisch formale Überlegenheit über die Materie）を、認識しようとする。この優越性[91]は、再現前（代表）原理の一つの首尾一貫した適用に基づいているとされる[92]。ローマ・カトリック教会は、その特殊経済的・即物的かつ自然科学的な思惟を伴う近代という時代に、道徳的、心理学的、社会学的な種類のその刻印を帯びた人間的本性の考察を対置しているとされる。それは自由主義の即物的かつ非政治的な態度に対して、優越的な意思表示（überlegene Geste）で政治を対置するとされる。カール・シュミットは、教会はその合理性（Rationalität）を法学的・制度的な諸源泉から創造する、ということを強調する。このことは、例証的に、職分（Amt）にまで高められた司祭制度（Priestertum）において表現されるとされる。[93][94] カトリック教会は、再現前（代表）の力（Kraft der Repräsentation）であり、法学的精神の担い手であり、そしてローマ法学（die römische Jurisprudenz）の継承者であるとされる。この属性において、カトリック教会はいまだ再現前（代表）の能力を有する唯一の組織[95]として留まったから、「カトリック教会の中に外面的な形式しか見ない者は、警句的な嘲笑を以て、カトリック教会は総じてなお代表を代表（die Repräsentation repräsentieren）しているにすぎない、と述べるに違いない」[96]。近代において、シュミットは代表（再現前）という思惟範疇の誤って思い込まれた没落を確認している。近代という時代には、代表する者もされる者も同様に備えていなければならないであろう人格的な権威や品位が欠けているとされる。代表的人物（Exponenten）としての学者や商人たちには、再現前（代表）の力が欠如していた[97]。シュミットの見解によれば、再現前（代表）理念に対する自由主義的な思惟の理解と国家存在にとってのその自由主義的な思惟の意義とは僅かである[98]。にもかかわらず、近現代的な議会主義は、すくなくともその精神史的基礎からすれば、再現前（代表）という思惟範疇に支えられているとされる。教会とは対立して、議会は、人民（民族、国民）を代表（再現前）する（das Volk repräsentieren）という意図において、民主制的な正当化（demokratische Legitimierung）という試みを、企てうるとされる[99]。代議士（Parlamentarier）たちはなお選挙人たち（Wähler）に対して一つの固有の威厳・品位（Würde）を備えているであろう。それに伴って、人民（国民）からかれらの威厳・品位を導き出すことを放棄するには及ばない。ようやく評議会システム（Rätesystem）は、首尾一貫した経済的（不平等の）否定において、代表（再現前）（Repräsentation）いう思惟範疇の完全な没落をもたらすであろう。シュミットによれば、ここにおいて、超越論的な表象や権威のあらゆる理念やあらゆる形式（形相）に対する首尾一貫した闘争は表現される。この意味で、諸事物（Dinge）——そして社会（Gesellshaft）——それ自身が統治（regieren）することになろう[100]。シュミットは、かれが教会においてなお識別すると信じている、決断への意思（der Wille zur

Dezision）が今日不在であることを、遺憾としている。

b　再現前（代表）という形相原理

【①「再現前（代表）（Repäsentation）」と②「自己同一性（Identität）」という形象化原理（Gestaltungsprinzipien）の結合からの「国家形相（staatliche Form）」の演繹、公共性（公開性）（Öffentlichkeit）:「政治的統一体（politische Einheit）」の再現前（代表）―公共的（公開的）「決断」（öffentliche Entscheidung finden）：討論なしの公開的意見（公論）としての公共性（公開性）（Öffentlichkeit als öffentiche Meinung sans discussion）】

カール・シュミットは、すべての重要な国家形態（形相）（Staatsformen）を、再現前（代表）（Repräsentation）と自己同一性（Identität）という二つの対置された形象化原理（Gestaltungsprinzipien）の結合から、演繹している。君主制（Monarchie）と民主制（Demokratie）の間の差異は、これらの原理へのウェイトのかけ方の違いによって呈示しうる。その際、どちらかといえば、君主制は再現前（代表）原理を実現し、民主制は自己同一性原理を実現するとされる。しかし、「再現前（代表）を欠くいかなる国家も（存在しないであろう）。なぜならば、国家形態（形相）を欠く如何なる国家も存在しないからであり、そして、その形態（形相）が必要とするのは本質的に政治的統一体を呈示（現前化、臨在化、具体化）すること（*Darstellung* der politischen Einheit）であるからである」[101][102]。再現前（代表）という概念はカール・シュミットにとっては、「討論なしに（sans discussion）」形成された公開的（公共的）意見（公論）（öffentliche Meinung）という意味での公共性・公開性（Öffentlichkeit）と結びつけられている。かくして、議会が政治的統一性（politische Einheit）を再現前（代表）（repräsentieren）しうるのは、決断（Entscheidung）が公的に（開かれて）（*öffentlich*）下されるときだけであるとされる[103]。このコンテクストにおいて、シュミットもまた一九世紀のドイツにおける代表制度（憲政秩序の再現前）（Repräsentativverfassung）をめぐる闘争を見たのである。政治的統一体の代表（再現前）者としての君主にとっては如何なる代表議会（repräsentatives Parlament）も重要ではありえなかった。なぜならば、政治的統一体の代表者は、シュミットの用語法（Diktion）では、その正当化された支配者（legitimierter Herrscher）として〔人格的に〕呈示（現前化、臨在化、具体化）（darstellen）されたからである。(104)

【議会主義と民主制の概念的乖離：現存する「一民族（人民、国民）の政治的統一体の再現前」としての議会は民主制と対立する：国家存在は一民族（人民、国民）の再現前を放棄しえない】

カール・シュミットは、議会主義（Parlamentarismus）を民主制（Demokratie）という上位概念の下に包摂することを一貫して拒絶している。(105) シュミットの説明によれば、「すなわち、再現前（代表）的なもの（das Repräsentative）はまさしくこの民主制における非民主制的なものを含んでいる。議会が政治的統一体の再現前（代表）であるかぎり、議会は民主制と対立している」(106)。しかし、一国家存在（Staatswesen）は再現前（代表）（Repräsentation）を放棄しえないとされる。シュミットにあっては、再現前（代表）理念には、ひとつの実存的な意義が付される。(107) 再現前（代表）という事象を通じて、ひとつのすでに現存している存在（ein bestehende Sein）が可視化されるであろう。(108) 再現前（代表）されるべき存在はひとつの高められた現存態・実存（Existenz）を占有しなければならず、価値の小さいもの（Minderwertiges）はあらゆる場合にひとつの単なる代理（Vertretung）とされかねないとされる。(109) 一人民（民族）の政治的統一体（die politische Einheit eines Volkes）は存在（Sein）のその種の高められたカテゴリーに帰属するとされる。シュミットにあっては、統治（Regierung）において再現前（代表）という思惟範疇が純粋形式で基体（実体）化（hypostasieren）されるのである。(110)

C　形相原理の没落

【絶対主義に対するブルジョア層の闘争において役割を演じた議会制システム→①再現前（代表）と②自己同一性という形相原理の欠如あるいは疑似的混合：君主制的特徴を帯びるライヒ大統領制、貴族制的特徴を帯びる（身分制）代表制議会：議会主義における再現前理念（形相原理）の喪失――政治的統一性を再現前しえないブルジョア的議会、一人民（民族、国民）の政治的統一体の再現前者ではなく、特殊的利益の代理人にすぎない代議士】

絶対主義（Absolutismus）に対するブルジョア層（das Bürgertum）の闘争において、議会制的システム（das parlamentarische System）の構成は顕著な役割を演じていた。シュミットの見解によれば、この議会制システムは、再現前（代表）と自己同一性という形相原理のあらゆる極端な刻印に対して、すなわち、「絶対的」君主制に対しても、同じくまた「絶対的」民主制に対しても、対立していた。議会制システムはひとつの特殊ブルジョア的な統治形式であり、これはこれら〔再現前（代表）、自己同一性、権力分立、多数決〕の原理の混合によって標識づけられるであろう。ヴァイマールのライヒ憲法（Reichsverfassung）においては、ライヒ大統領の人格の中にひとつの強力な君主制的エレメントが見出せる。「代表（再現前）システム」としての議会は、理念型的に貴族制的な特徴を帯びているとされる。シュミットの見解によれば、この議会は、「相対的に、すなわち、絶対的君主制との対立を通じて（のみ）、……何らかの民主制的なもの（Demokratisches）として現象しえた」にすぎない[111]。このような議会の代議士（der Abgeordnete）は、再現前（代表）能力を有するためには、私的な利害関心から独立していなければならない（とされる）。今日、議会はもはや決して政治的統一体を再現前（代表）しえない（とされる）。なぜならば、議会の代表者たちはかれらの独立した地位を失ってしまったであろうからである。絶対主義的君主制の没落と民主制的自己理解――これ〔民主制〕をシュミットはもっぱら直接民主制的に解釈しているのであるが――の台頭にともない、議会主義における再現前（代表）理念の厳格さもまた、失われる（とされる）[112][113]。「代議士は選挙人たちと利害関係者たちの諸組織に依存するエージェント（代理人）（Agent）になった。再現前（代表）という思惟範疇は直接的な自己同一性という原理の前に消滅した」[114]。一九世紀においてのみ議会主義は政治的に機能していたにすぎないであろう。しかし、その国家形相は当時もまた民主制的なものとしては特徴づけられえなかったであろう。[115]

4. 議会制システム

a 議会主義の理念型的な基礎

【再現前（代表）という思惟範疇に対応する代表者たちの人格的属性・教養（人格陶冶）を基礎にする議会主義：国益を再現前するのではなく、私益を代理しているにすぎないブルジョア議会】

カール・シュミットは、「諸制度はそれらのひとつの起源的理念に伴って生き死にするであろう」[116]と捉えていた。ひとつの有機的な憲政秩序（Verfassung）の発展によって標識づけられているイングランドの模範と対立して、一八一五年から一八七〇年までの大陸における議会主義像は絶対君主制との闘争によって刻印されていたであろう。議会主義のために〔絶対君主制との〕闘争が決断された後に、議会主義を実践的諸考量から根拠づけられたひとつの単なるゲーム規則（Spielregel）〔君主とブルジョア層との間の取引規則〕と称することは現代的現象であるとされる[117]。カール・シュミットは、大陸ヨーロッパのブルジョア層は「議会主義を政治的システムとして真剣に受け止め、議会主義にひとつの理念的根拠づけを与えたが、こうした根拠づけなしには、システムは全体としても、その個々の諸制度や規範づけにおいても、捉えることはできない[118]」という確認に、大きな価値を置いた。シュミットの見解によれば、議会主義はその代表者たちの人格的な諸属性を土台にしている。いずれにしても、教養（人格陶冶（Bildung）という人格的な属性だけが代表（再現前）という思惟範疇に対応しており、これに対して、財産（占有）（Besitz）はひとつの利益志向の表現である（とされる）。ブルジョア層については、ボストンの茶会（Tea Party）の「代表なしには課税なし（no taxation without representation）」が妥当するとされる。議会はもはや〔一人民（民族、国民）の政治的統一体を〕代表（再現前）（repräsentieren）することなく、〔特殊的な〕諸利益を代理（vertreten）する程度に応じて、代理されない諸利益は、抑圧されるか、あるいは早晩、ひとつの民主化過程においてやはり貫徹されることになるか、いずれかにならざるをえないであろう。[119]

【議会主義の理念型的な構成原理としての①公共性（公開性）と②討論——権力（Macht）に対する法（Recht）の支配：自由な公開論議から帰結する国家意思：君主制における秘密政治に対するブルジョア的自由主義の公開討論の要求：結論を出せない永遠のお喋り：自己啓蒙する公衆というカント的理念：bourgeois と citoyens】

カール・シュミットは、「公共性（公開性）（Öffentlichkeit）」と「討論（Diskussion）」を、理念型的な議会主義を構成する構造原理に数えている。[120] これらは自由な報道（freie Berichterstattung）と結びついて、法（Recht）による権力（Macht）の支配を構成することになろう。[121] 議会制的システムの合理主義は、「そこから正しい国家的意思が帰結として生じる、諸々の対立や意見（私見）の論争過程」[122]として呈示される（とされる）。議会は、理念型的にいえば、そこで自由かつ公共（公開）的な討論が行われる場所である（とされる）。いずれにしても、カール・シュミットはこの原理の妥当性に対して大いに疑念を表明している。法実証主義的な相対主義の難点（Crux）は、とりわけ、自己自身を問いに付せざるをえない、という点において根拠づけられている（とされる）。この意味で〔以下において示される〕シュミット〔の一文〕は引用されうる。「まさしく議会において理性の切れ端の担い手が存在するという何らかの保障がどこにあるのか？——というかのギゾー〔Guizot, François Pierreb, Guillaume, 1787-1874〕の文章に対して、モール〔Mohl, Robert von, 1799-1875〕は異論を唱えていた」[123]。シュミットの見解によれば、さまざまな意見の自由な格闘から、望まれた成果は成立しない。かれがロマン主義的な永遠のお喋り（das ewige Gespräch）に擬えている、自由主義的なモデルにおける「永遠の」討論（die »ewige« Diskussion）によっては、むしろひとつの究極的結論[124]やそれに伴って真実の放棄が生起するであろう。[125]これに加えて、自由主義にとって問題になるのは、公共的な意見（公論）（öffentliche Meinung）というより、意見の公開性（Öffentlichkeit der Meinung）であろう。支配する絶対主義の秘密政治（Arkanpolitik）に対する自由主義の闘争というコンテクストにおいてのみ公開性への要求は理解されえたにすぎない（とされる）。秘密の官房政治（geheime Kabinettspolitik）は、まさにそれゆえに（eo ipso）、投げ捨てるべきものとされたのである。公開性（Öffentlichkeit）と、それとともに、新聞報道（Presse）とは、陰謀と腐敗の暴露においてそれらの機能を有していた（とされる）[126]。「公共圏（Publizität）の進歩（への信仰）と、公衆（公民、公民圏）（Publikum）が自己啓蒙する自由（Freiheit, sich aufzuklären）を有するかぎりで、必ず（のこりなく）自己啓蒙する公衆（公民、公共圏）の能力（die Fähigkeit des Publikums, unausbleiblich sich aufzuklären）[127]」とは、カント的である（とされる）。自由主義者のミル（J. S. Mill）にとっては、ただ一人の市民（ブルジョア）が、かれがおそらく正しいことをまさしく言い当てえたであろうゆえに、自分の意見を表明する地位に置かれないことだけでさえ、致命的なことであろうが、ミルのこうした危惧には、シュミットは苦笑するしかない。こんなことは、かれの一般意思（volonté générale）の解釈においては、意義を有さない一アスペクトであるからである。[128]

【自由主義的な議会主義モデルにおける諸権力の分割と均衡による権力濫用の回避：議会主義モデル→自由主義と権力分立の結合――二院制、連邦制、与野党の対立：権力分立を否定する議院内閣制：主知主義的な立法機能に縮減される議会機能：Primat der Dezision über Deliberation im Exekusiven】

議会主義のモデルにとって、諸権力の分割と均衡の理念（Idee der Teilung und Balance von Gewalten）は典型的なものである。議会は、モンテスキュー〔Charles Louis de Secondat, barron de Brède et de Montesquie, 1689-1755〕に

よれば、統治（政府）（Regierung）と司法（Justiz）に対する均衡（Balance）を維持すべきである（とされる）。それよりもなによりも、議会は、自由主義的な見解によれば、それ自身において均衡が保たれるべきである（とされる）。このことは二院制（Zweikammernsystem）あるいは連邦制（föderale Einrichtungen）によって達成される。議会主義の本質には〔与野党〕対立（Opposition）もまた属している（とされる）[129]。国家的権力の均衡保持（das Austarieren der staatlichen Macht）によって、権力の濫用（Machtsmißbrauch）はすでに萌芽において回避されるべきである（とされる）。自由主義的な憲政秩序（国制・憲法）はいつも権力分立の原理と結びつけられているとされる。そのかぎりでいえば、独裁制の下では、こうした分離の廃棄と憲政秩序の解体とがこれと結びつけられているであろう[130]。この関連において、シュミットは、調整（相殺）が構想された（auf Ausgleich konzepiert）議会主義の機能転換を[131]、とりわけ議会制的統治の転換を、指摘している。議会主義の初期の位相においては、議会によって影響された統治（政府）が議会主義的なものと見なされた。君主制の終焉以来、議会主義の下に議会から選ばれた統治（政府）〔議院内閣制〕が理解された。シュミットの見解によれば、このことは、最終的には議会による統治（政府）のコントロールの喪失に導かれ[132]、そして、権力分立の原理を否認することになった。さらにいえば、議会が諸規範の作成に集中化され、それらの執行には集中化されないのであれば、それは事柄の本性に適っていることになろう。議会制的活動が理念型的に主知主義的（idealtypisch intellektualistisch）なものであるならば、執行機関（die Exekutive）には一義的に諸法律の執行が割り当てられなければならないはずである。それゆえに、シュミットは、執行機関を一人格の掌中に置くという要求を掲げているのである。執行機関において要求されているのは、「決断の統一性（Einheit der Dezision）」[133]であって、しかし議会制的な審議（Deliberation）ではないとされる。自由主義的な均衡理論（Balancentheorie）は、執行機関（die Exekutive）というカテゴリーを捉えることができなかった。なぜならば、議会主義は「討論による統治（政府）（government by discussion）」の能力を有さないからである（とされる）[134]。そのかぎりで、議会制的統治（政府）へのモール（Mohl、Robert von））の要求は疑わしい。なぜならば、執行機関においては、審議（Deliberation）の能力は決断（Dezision）の能力の下位に組み入れられているからである。[135]

b　議会制的な立法国家の分析[136]

（aa）正当性概念への諸注

【啓蒙による王朝的（君主制的）正統性（権威）概念の明証性の喪失 ↓ 憲政秩序の正当性＝民主制的正当性 の概念――決断に基づく憲法制定権力の権力と権威が承認されているという事実性：王朝的君主制の正統性と民主制的な正当性との差異：同質的人民（民族、国民）の自由意思に基づく政治的統一性＝国家存在の表現 ↓ 民主制的正当性概念：議会制的立法国家の問題構制としての正当性と合法性のコンフリクト ↑ ①現実に現前する法（権利）に適う意思の正当性と②議会制的立法国家において示される閉じられた合法性システムという規範的虚構――①、②の間の決定的対立】

憲政秩序（憲法）（Verfassung）がカール・シュミットにとって正当（正統）（legitim）と見なされるのは、「憲法制定権力（die verfassungsgebende Gewalt）――それはその決断（Entscheidung）に基づいている――の権力と権威（Macht und Autorität）が承認されている（anerkannt sein）ときである」[137]。正当性概念（Legitimitätsbegriff）の具体的刻印（die konkrete Ausprärung）と対応して、かれは民主制的（demokratische）な正当性から王朝的（dynastische）な正統性を区別している。[138] 王朝的な正統性は王とかれの継承者たちの権威と結びつけられているとされる。一七世紀と一八世紀の絶対的君主の地位は、神の恩寵（göttliche Gnade）に基づいているとされたが、シュミットの見解によれば、徹頭徹尾、政治（Politik）についての当時の理解と合致していた。宇宙（Kosmos）における神（Gott）の抜きんでた立場に国家存在（Staatswesen）における君主のそれは対応していた。啓蒙（Aufklärung）の過程で超越（論）的諸見解（transzendentale Auffassungen）は排除されていった（とされる）。王朝的な正統性概念は明証性（Evidenz）を失ったのである。[139] いまや、それに取って代わったのが、シュミットの見解によれば、民主制的な正当性（demokratische Legitimität）の概念である。この正当性は、国家は同質的人民の政治的統一性（politische Einheit eines homogenen Volkes）の表現である、という熟慮に基づいている（とされる）。このような国家存在が正当化されているのは、それが人民（国民）の自由な意思（der freie Wille des Volkes）を支えにしうるときである（とされる）。いずれにしても、如何なる方法が人民（国民）の意思の創出（Herstellung des Volkswillens）のために必要なのか——これは規定されていない（とされる）。一般的にいえば、議会選挙（die Wahl eines Parlament）が貫徹された（とされる）。しかし、シュミットの見解によれば、その〔議会選挙という〕方法をいきなり正当性の概念の中に関係づけることは許されない。[140] 国家諸形態（形相）（Staatsformen）の伝承されたアリストテレス的な区分は、今日、もはや妥当しえないから、シュミットの見解によればそれゆえに分類（Klassifikation）のために引き寄せられることになるであろう決定的な対立が、すなわち、①「ひとつの現実的に現前している法（権利）に適う意思の正当性（Legitimität eines wirklich vorhandenen, rechtsmäßigen Willens）」[142]と、②議会制的な立法国家（der parlamentarische Gesetzgebungsstaat）において示されている「一つの閉じられた合法性システム（ein geschlossenes Legalitätssystem）」[143]という規範的な虚構（Fiktion）、この①、②との間の決定的な対立が、存在する（とされる）。そこでは、いわば、合法性（Legalität）が正当性（Legitimität）と交替する（とされる）。議会制的な立法国家は、ひとつの閉じられた合法性システムを作成することにおいて、その正当化（Rechtfertigung）を求める（とされる）。「合法性（Legalität）は、ここではまさしく、正当性（Legitimität）と、同じくまた、自己自身に基づく、あるいは、より高次の、「権威（Autorität）」及び「官憲（上位者）（Obigkeit）」とを、余計なものにし、あるいは否認する、という意味と課題を有するのである」[144]。カール・シュミットにとっての関心事は、合法性概念を歴史的コンテクストにおいて探究することである。合法性と正当性の間のコンフリクトを以て、議会制的な立法国家における問題構制（Problematik）の本質的な部分を説明しうる（とされる）。議会制的立法国家が合法性によってかつての王朝的な正統性の様式に類比しうる国家の基礎を創出しえないのであれば、この土台は欠けることになり、そして正当性概念の「民主制的」な新たな占有は拙速ということになるであろう。[145]

（bb）議会制的立法国家の法律概念

【法（権利）（Recht）であろうとする規範化の中に共同意思の表現を見る政治的な共同存在としての理念型的な議会制的立法国家における支配と命令の不在：シュミットにおける法治国家概念の回避 ↑ Recht と Gesetz の概念的無差別から帰結する Recht や Rechtsstaat という概念の濫用（誤用）の回避】

カール・シュミットは、議会制的立法国家（der parlamentarische Gesetzgebungsstaat）を「一定の種類の政治的な共同存在（politisches Gemeinwesen）」として捉えている。「……この政治的な共同存在の特殊性は、それ（その政治的な共同存在）は法（権利）（Recht）であろうとする諸々の規範化（Normierungen）〔制定律 Gesetze〕の中に、共同意思（Gemeinwille）の最高かつ決定的な表現を見ている、という点に存する」[146]。〔議会制的〕立法国家（Gesetzgebungsstaat）には、理念型的にいえば、支配することも命令することも（Herrschen und Befehlen）不在である（とされる）[147]。奇異なことであるが、シュミットは「法治国家（Rechtsstaat）」という言葉を意識的に避けている。かれによれば、かれがこの言葉を避けるのは、不明確な概念が誤って思い込まれているからである。シュミットは次のように説明している。「法治国家（Rechtsstaat）という言葉は、法（権利）（Recht）という言葉と同様にさまざまなことを意味しうるし、そして、その他にもなお、国家（Staat）という言葉を以て示唆される諸組織と同様にさまざまなことを意味しうるのである」[148]。

【議会制立法国家（立憲主義国家）における合法性信仰：議会決議による法律（Gesetz）として現象する法（権利）（Recht）：慣習法と抵抗権の後退：分割された権力諸機能の間の「抑制と均衡」に基づく合法性システム→客観的法（権利）の創出？→法律（Gesetz）の優位と留保への信頼→「合法的」権力濫用の可能性の度外視：法律実証主義的アプローチにおけるRechtとGesetzの等置→Legitimität＝Legalitätという合法性信仰：RechtとGesetzの差異と関連——は形式的手続きを踏んだ決定過程の成果〔Gesetz〕と等置されない内容的法（権利）（Inhaltliches Recht）：官憲国家との闘争における二つの実質的法律概念の成立：実質的法律概念そのものの形式的法律概念への還元→形式主義的・機能主義的な合法性（法律実証主義）→合法性＝正当性？→合法性と正当性のコンフリクト：議会における公開性と討論（公論）を通じて真実（共同意思）を発見しうる代議士の能力への信仰】

シュミットの見解によれば、議会制的立法国家の古典的形態は一九世紀の立憲君主制（konstitutionelle Monarchie）であった。法（権利）（Recht）は、ひとつの形式上の議会決議（Parlamentsbeschluß）を必要とした法律（制定律）（Gesetz）の形式で現象した。これに対して、慣習法と抵抗権（das Gewohnheits- und Widerstandsrecht）は後退した。抵抗権の自由意志的な課題の前提は、「抑制と均衡」によって均衡を保たれたかの合法性システム（das durch »checks and balances« austarierte Legalitätssystem）において定立された信頼（Vertrauen）であった。この枠組みにおいて、法律（Gesetz）は客観的な法（権利）を創成（schaffen）することになり、法律の優位と、同じくまた法律の留保（sowohl Vorrang als auch der Vorbehalt des Gesetzes）とが妥当する（とされる）。「合法的」な権力濫用の可能性（Möglichkeit »legalen« Machtmißbrauchs）は、シュミットの見解によれば、度外視されざるをえなかった。[149]「法（権利）と形式的な法律の合致（Kongruenz von Recht und formalen Gesetz）」[150]というこうした〔法律〕実証主義的なアプローチに、シュミットは疑問を呈している。内容的な法（権利）（inhaltliches Recht）は、ひとつの形式的な手続き（ein formaler Verfahren）におけるひとつの決定（の作成）過程の成果とあっさり等置されえない（とされる）。カール・シュミットが指摘するところによれば、ドイツ国法学においては、形式的な法律概念（ein formeller Gesetzesbegriff）と並んで、「事柄に即して規定された標識（sachlich bestimmte Kennzeichen）[151]」によって性格づけられていたひとつの実質的な法律概念（ein materieller Gesetzesbegriff）が現前していた。こうした形式的な法律は、かれに従えば、それがひとつの実質的な法（権利）命題（Rechtssatz）を含み、そして、そのかぎりでひとつの単なる命令（Befehl）から区別されえたこと、まさにこのことによって標識づけられていたのである[152]。いまや、こうして、記述された法治国家的な法律概念と並んで登場したひとつの政治的な法律概念（ein politischer Gesetzesbegriff）の創成によって、法律と法律の行使（Gesetz und Gesetzesausübung）との間の諸々の境界が掻き消されてしまった（とされる）[153]。一九世紀における官憲国家（Obrigkeitsstaat）に対する闘争において、シュミットの見解によれば、こうした第二の「実質的（materiell）」な法律概念が、これを権力政治的に（machtpolitisch）従来の〔実質的な〕法律概念に対置するために、根拠づけられた[154]。二つの実質的な法律概念は、いまや形式的（formell）な法律概念の背後に退いた（とされる）。「これに伴って、ひとつの絶対的に〈中立的〉、没価値的かつ没質的な、内容を欠く、形式主義的・機能主義的な合法性の表象への途が開かれていた」[155]。法（権利）と法律との間の事柄に即した関連（der sachliche Zusammenhang zwischen Recht und Gesetz）は失われてしまった[156]。いまや立法者（Gesetzgeber）が決定したあらゆる形式的な法律はその内容から独立して、実定的な（定立された）法（権利）（実定法）（positives Recht）となった。しかし、これに伴って、議会制的立法国家は、合法性システムを救うために、形式的な法律概念に固定されざるをえない（とされる）[157]。この瞬間《とき》以来、合法性は正当性とのコンフリクトに踏み込んでいる[158]。この場合、この法律概念の価値あるいは無価値は、シュミットの見解によれば、もっぱら、①議会の仕事の質（Qualität der Pralamentsarbeit）と、②公開性（公共性）と討論（Öffentlichkeit und Diskussion）において真実を発見（Wahrheit finden）し、そしてこれに伴い、立法（Gesetzgebung）を通じてその名に値する法（権利）（Recht）を創成する、そうした代議士たち（Abgeordneten）の能力への信仰とに、かかっているのである。[159]

（cc）合法性の概念と政治的権力獲得への平等の機会という概念に寄せて

【合法性システムにおける機能的・形式的（没価値的）な合法性＝正当性（多数決という機能主義・形式主義）の前提としての①権力獲得機会の無条件的平等と②議決（票決）者たちの同質性：多数票の占有は合法的権力の非合法的使用（合法的権力濫用）の可能性を排除しない】

シュミットは、平等の権力獲得の機会（die Chance gleichen Machterwerbs）を合法性システムが機能するためのもっとも本質的な前提と見なしている。平和的な共同生活のためには、「すべての考えうる意見、方向、そして運動にとって〈件《くだん》の多数を獲得する（無条件に）平等な機会（*gleiche Chance, jene Mehrheit zu erreichen*）〉」[160]という原理が妥当しなければならない（とされる）。この平等（Gleichheit）なしには、数の上での多数（Mehrheit）という表象の純粋な機能主義は、投票で敗北した少数（Minderheit）の抑圧となるであろう。このようなモデルは投票者たちの広範にわたる同質性（Homogenität）を前提にするとされ、永続的な少数派は存在することが許されない（とされる）[161]。シュミットの意見によれば、すべての党派に形式的に平等な権力獲得の機会の作成においてのみ、それなしには合法性システムが存立しえない妥当な原理が存しているのである。さしあたりひとつの選挙において多数の票を獲得する党派がそれ以後持続的に「合法的に」権力を保持し、他の政治的諸力の政権獲得の平等の機会を否認するならば、合法性システムはその諸々の民主制的な意図を不条理なものに導いてしまうであろう。シュミットの見解によれば、多数票の単なる占有は「合法的権力の非合法的使用（der illegale Gebrauch der legalen Macht）」[162]を排除する（はずである）、ということは厳密には証明しえない。反対に、まさしく多数決の機能主義に内容が欠如していることは、合法性からあらゆる信憑性（Glaubwürdigkeit）を取り去ってしまうであろう。合法的権力の濫用に対して抵抗するであろう内政上の敵対者を非合法的として宣言することは、一貫して可能であるとされる。シュミットが的確に定式化しているように、何人も「合法的な仕方で、かれがそれを通って足を踏み入れた合法性の扉を自分の背後で閉めることができるし、そして、その際、おそらく閉じられた扉に反対して闊歩する党派政治上の敵対者を犯罪者として扱うことができるであろう」[163][164]。議会制的立法国家は、こうした問題構制（Problematik）を自覚し、そして諸々の資格づけられた多数派と少数派保護との手段を通じてその種の合法的権力濫用（legale Machtmißbräuche）を切り離すことを試みる（とされる）。いずれにしても、資格づけられた多数派もまた単なる機能主義に縛られ続けるであろう。[165]

【訴訟提起の機会の存在による合法性システムに対する抵抗権の廃棄：合法的権力を占有する議会多数党の三権の合法的支配：一度合法的に権力を占有した多数党が獲得する政治的剰余価値（超合法的報償）・評価・裁量の合法的権力】

シュミットの見解によれば、訴訟を提起する（Rechtsweg einschlagen）ことができる機会は、多くの著者たちにとっては、現代の合法性システムに対する抵抗権（Widestandsrecht）が廃棄されてしまったことを根拠づけている。いずれにしても、かれはこうした議論をとりわけ厳密なものとは見なしていない。合法的な権力を占有するであろう一政党は、立法を越えて、それ以上の諸権力、例えば司法権を、その意味での諸決定を押し付けることができるであろう。シュミットの見解によれば、すでに、一度占有された権力（der einmalige Machtbesitz）は、「(ひとつの)政治的な剰余価値（ein politischer Mehrwert）を、ひとつの超合法的な報償（die über-legale Prämie）を、合法的権力の合法的占有の上に、そして多数派の獲得の上に[166]」もたらす。その際、政治的な報償は、不安定な時代には最高である（とされる）。これについて、シュミットは本質的に、三つの根拠を挙げている。さしあたり、①合法的政府（統治）は、それが裁量する評価遊域（Ermessensspielraum）を、包括的な意味において利用しうるし、そして、例えば、その地位をさらに固定する、公共的な安全と秩序の作成のための措置（Maßnahmen）を、講じうる。②さらにいえば、国家権力の保持者（Inhaber der Staatsmacht）は、嫌疑がかかっても、「有利な合法性の推定（Vermutung der Legalität auf seiner Seite）」[167]を受ける（とされる）。③最後に、訴訟が提起されることになっても、疑わしい指令（Anordnungen）もまた、さしあたり一度は、実施されざるをえないであろう。[168]

【合法的多数党（政権政党）の合法的権力濫用による権力獲得の機会の平等性の喪失→合法的権力からの正当性の脱落――合法性システムの終焉】

シュミットの見解によれば、政治的な権力獲得の平等な機会という課題に伴って、議会制的立法国家そのものが廃棄される。政府（Regierung）が反対派（Opposition）の活動半径を固定し、この反対派を非合法性に押しやることができるならば、合法性システムは終焉する。政治的な権力獲得のための平等な機会は、それについてひとが、その敵対者（Gegner）はこのことを同様に為すであろう、と想定しうる政治的敵対者にのみ容認されうる（とされる）。そのかぎりで、政府与党は合法性と非合法性とを自ら規定することを強いられている。[169] 合法的信念（die legale Gesinnung）が欠けるならば、「危機的な瞬間において、各人は他者の非合法性を非難し、各人は合法性と憲法の番人を演じる。帰結するのは、合法性と憲法とを欠く状態である」[170]。憲法の諸目標に対立する諸党派は、立法国家を維持するという意味において消滅させられなければならないであろう。〔憲法の諸目的に対立するのは〕法実証主義が刻印されたヴァイマール憲法と一致しない態度である。[171] カール・シュミットは、一九三二年のプロイセンの状況を、そこではかつての権力占有の報償が反対派の選挙機会を少なくすることに適用されていた重要なケースとして名指している。そこでは、新たな首相選挙が業務命令（Geschäftsordnung）の変更によって意識的に困難にされていた（とされる）。旧政府は職務に留まっていたし、目下の業務と並んで、他の業務もまた処理していたが、このことはシュミットにとっては、ひとつの憲法の公然たる破綻を呈示していた。平等の機会という原理が失われているのであれば、「結局のところ、なお問題になるのは、誰が、最終的に、それがそのかぎりで現実的であるとすれば、合法性システム全体が投げ捨てられてしまう瞬間において、合法的権力を掌中にし、そして、それからかれの権力を新たな基礎の上で構成するのか、ということだけである」[172]。

（dd）ヴァイマール憲法の三つの特別立法者

カール・シュミットは、ヴァイマール憲法において、端的な立法者と並んで、三つのさらなる特別立法者（die außerordentliche Gesetzgeber）を区分している。このことを、かれは議会制的立法国家と民主制的多数決原理の否認として解釈している。

（α）実質性に基づく（ratione materiae）〔特別立法者〕

【ヴァイマール憲法第一篇、第七六条、憲法改正発議に関するライヒ議会における三分の二の特別多数決――超合法性：特別多数決から帰結する少数派抑圧の合法化】

カール・シュミットがさしあたり扱っているのは、かれが第二の憲法構想と見なしているヴァイマール憲法第二篇である。ヴァイマール憲法は実質的な法（権利）の諸条項（命題）（Sätze des materiellen Rechts）を含んでいる。憲法律の変更決議（Gesetzesbeschlüsse）は、ライヒ憲法七六条によれば、ライヒ議会の三分の二の特別多数決（die qualifizierte 2/3-Mehrheit）を必要とする[173]。五一％の賛成票数を六六％三分の二〔のそれ〕へと量的に加算することによって、シュミットの意見によれば、合法性システムの量的変更が登場している。いまや問題は、（賛成）票数（Quorum）を高めることによって、〔権力〕濫用を予防するという実際的考量（praktische Erwägung）を以ていわば超合法的な立法者（ein quasi-superlegaler Gesetzgeber）が創出されることになるのか、ということである（とされる）。

ところで、こうした業務命令の技術的な変更（geschäftsordnungstechnische Veränderung）は、決して合法的立法者の「規範的な」上昇化（*normative* Steigerung des legalen Gesetzgebers）と見なされえない（とされる）。反対に、〔こうした特別〕多数決は特定の諸集団を差別する諸問題において、それだけより抑圧的なものであるであろう。このような特別多数決（qualifizierte Mehrheit）を裁量する一党派は、これらの少数派の差別をあっさり合法化しうるであろう。特別多数決が異質なものの提携（heterogene Koalition）によって集合すれば、異質な票数の追加という問題（総体の意思 volonté de tous）が加わることになる。シュミットの説明によれば、まさしくより小さい諸党派こそが、特別賛成票数（qualifiziertes Quorum）の成立へのそれらの参加によって他の諸利点を獲得するために、その特別票数の存続への切実な（実存的）関心を有しているのである。(174)

【特別多数決・超合法性・価値中立性によって保護されない価値内容】

カール・シュミットのヴァイマール憲法第二篇への批判は、その誤って思い込まれている不整合性に関係づけられている。諸々の価値内容（Wertinhalten）の保護は、三分の二の特別多数決によっては保障されえない（とされる）。宣言された特別多数意志に反対しても、何かが保護に値するのか、あるいはそうでないのか、いずれかである（とされる）。前者のケースでは、ヴァイマール憲法第二篇の内容的な価値システムは、超合法性（Superlegalität）の犠牲に供されるのは許されない（とされる）。シュミットは自覚的に〔法律〕実証主義的な憲法構想の価値中立性（Wertneutralität）に反対している。憲政秩序（憲法）（Verfassung）を合法的な方法で排除することは許されないとされる。かれの批判はライヒ憲法七六条の形式主義的な変更手続きに向けられている。(175)かつての権力占有への諸報償についての諸言明は、述べられたことを超えて、超合法性のシステム（das System der Superlegalität）においては、さらに強化されるであろう。その都度の特別多数決は、このシステムにおいては、今日特別多数決を裁量する諸党派の議会代表の数が将来において単純多数以下に後退しても、人民〔民族、国民〕の意思〔単純多数〕を未来において制限するひとつの現状（status quo）を創出する可能性を有している。シュミットの見解によれば、問題は、〔特別〕多数決原理〔の原理的な矛盾や欠陥〕を暴露することである。[176]

(β) 優越性（主権性）に基づく（ratione supremitatis）〔特別立法者〕

【直接民主制的立法手続き：議会制的立法国家の合法性（Legalität）に代わる人民（国民）投票的な正当性（Legitimität）：人民（国民）の政治的統一性の再現前→人民（国民）投票の優越性――議会制的立法者の純粋性を顧慮するのは理性（ratio）よりも意思（voluntas）】

ヴァイマール・ライヒ憲法においては、超合法性（Superlegalität）と並んで、直接民主制の立法手続き（Gesetzgebungsverfahren der unmittelbaren Demokratie）の構成――人民（国民）の決定（Volksentscheid）、人民（国民）の立法手続き（Volksgesetzgebungsverfahren）、人民（国民）の請求（請願）（Volksbegehren）――が登場する。[177] とりわけ人民（国民）の請求（請願）による人民（国民）の決定（Volksentscheid）には、「議会制的な合法性と正当性」との間のひとつの潜在的なコンフリクトが存するとされる。[178] 異なれる（さまざまな）立法者たちから帰結することは、不明確かつ中途半端なことである（とされる）。その際、人民（国民）投票（Plebiszit）には上位の意義が付されることになる。いずれにしても、ここで問題になるのは、代表（代理）された者（der Vertretene）が発言しようと名のり出ているとき、代表（代理）する者（der Vertreter）は沈黙しなければならない、というルソー主義的な議論よりも、むしろ議会制的代表（再現前）（die parlamentarische Repräsentation）の誤って思い込まれている廃止こそが、人民（国民）投票の優越性（主権性）（Superiorität des Plebiszites）に導かれる（とされる）、ということである。あらゆる補助的な民主制的エレメントは議会制的立法者の純粋性を混濁させるであろう、ということが示される（とされる）。こうした純粋性を顧慮するのは理性（ratio）ではなく意思（voluntas）であろう。ここでは、正当性（Legitimität）

が合法性（Legalität）を押しのけようと迫っている（とされる）。両方の潜在的立法者が、まさしく法（権利）（Recht）であるはずであるところのもの（Was Recht sein solle）をめぐって、競い合っているからである。[179]

（γ）必要性（緊急性）に基づく（ratione necessitates）〔特別立法者〕

【例外状況におけるライヒ大統領による法（権利）（Recht）の創出：議会制的立法国家の法律を排除する行政国家の諸措置：ライヒ憲法における不可触の基本権（理念）と大統領による基本権停止（現実）の矛盾】

シュミットの見解によれば、たしかに、ヴァイマール憲法の文言（条文）は、第三の特別立法者を識らないが、しかし、その精神は〔それを〕識っている（とされる）。ライヒ大統領（Reichpräsident）はライヒ憲法四八条に従って政令（Verordnungen）を発布しうる。かれはその際「〔緊急事態、例外事態においては〕実定法〔現行法〕に反しても（contra legem）」[180]法（権利）（Recht）を創出（schaffen）しうる（とされる）。少数の基本権（Grundrechte）だけが事実上触れられずに残るにすぎないであろうから、その結果、合法性システムはこの特別立法者によって蝶番から外され（aus den Angeln gehoben werden）うることになろう。[181]形式的には、この特別立法者は通例の立法者に従属している（とされる）。しかし、例外状況（Ausnahmesituation）においては、ライヒ大統領は法（権利）（Recht）の創出と貫徹に際して突出した優先権（Vorsprung）（飛躍）を事実上占有するであろう。[182]法律の性格（Gesetzescharakter）を帯びる個別的諸措置を発布する可能性を通じて、執行権に対して向けられた法（権利）（Recht）の保護システムは効果を失いかねない。例外状況に際しては、大統領はかれの人格（Person）において二つの権力（Gewalten）〔立法権と執行権〕を純化する。その場合、法律と諸措置との区別（die Distinktion von Gesetz und Maßnahme）は決定的に失われる。これに加えて、基本権への介入の可能性を通じて、ライヒ大統領は法律留保の戒律（厳命）（Gebot des Gesetzesvotbehalts）を迂回する。特定の諸々の基本権の停止（die Suspendierung bestimmter Grundrechte）を通じて、合法性システムもまた、特定の期間、停止されたもの（suspendiert）として示される。[183]カール・シュミットは、ライヒ憲法四八条に従う憲法の転覆の危険を明示的に指摘している。かれは決定的な矛盾を認識していると考えているのであるが、「〔一方で〕組織的な憲法部分の諸規定は〈独裁制を拒むもの（diktaturfest）〉ではないものとして説明されながら、しかし〔他方で〕、停止しえない〈基本権〉は〈触れえないもの（unantastbar）〉と説明[184]」とされるとすれば、この点においてシュミットは決定的矛盾を認識していると考えている。ライヒ憲法の二つの主要な部分において、カール・シュミットは憲法の理念とその現実の間のひとつの矛盾を認識しようとしている。法律概念を内から堀崩してしまうこと（Aufweichung）は、現代の議会制的立法国家の主要な弱点である（とされる[185]）。

c　議会制システムの衰退過程

【国家形態（形相）を前提にする権力分立制：議会主義の正統性・正当性←君主制・民主制：議会主義の衰退←国家と社会の分離の終焉＝国家存在の解体↓一九世紀的中性国家の福祉国家・給付国家・多元主義的党派国家（←全体国家・介入国家）への転換：政治的なるもの＝友敵関係の外政から内政への転換↓政治的統一性の解体】

議会制システムの弱点は、シュミットにとっては、「抑制と均衡（cheks and balances）」による国家的権力制限システムからは如何なる固有の秩序も成長しえず、したがって、いつも現存の国家形態（形相）（Staatsform）を前提にせざるをえない、という点に存していた。したがって、議会主義はその正統性・正当性（Legitimität）を他の諸源泉から創造することを試みている（とされる）。かつての時代では君主制（Monarchie）が、今日では民主制（Demokratie）がこのような正当性の基礎を提供した[186]。カール・シュミットは、議会制システムの衰退を、時代的に、ヴァイマール共和国における国家と社会の厳格な分離の終焉に組み入れている。〔現代〕ドイツにおける歴史的展開において、シュミットは「全体国家（der totale Staat）への転回[187]」を認識しようとしていたのである。カイザー時代〔第二帝政期〕においてはなお表面下で保持されていた諸々の緊張は、いまや堰を切ったように現出し、そして国家存在（das Staatswesen）を解体した（とされる）。多元主義（Pluralismus）は国家を社会的諸力の単なる自己組織としている（とされる）。国家と社会の確固たる分離の廃棄を、かれは疑わしいこと（problematisch）と見なしている。なぜならば、このこと〔この分離〕は事柄に即して（sachlich）根拠づけられていたであろうからである。一九世紀の中性国家（der neutrale Staat）は福祉国家（Wohlfahrtsstaat）あるいは給付国家（Fürsorgestaat）へと転換される（とされる）[188]。こうした発展を、シュミットは〔国家存在（政治的統一性）の〕分解過程（Zersetzungsprozeß）として捉えている。かれの見解によれば、本来は非政治的、私的な性格を帯びているであろう、社会的な諸集団による国家支配を通じて、国家の外部にあるもの（das Außerstaatliches）の領域が伸長する[189]。〔しかし〕社会的な利益諸集団には、「単に社会的・結社的なるものを越えて……（実存的な仕方で友・敵を区別しうる）基準となる統一性を創出」しえない[190]。多元主義的な諸党派や諸団体の支配を通じて、政治的なるもの（das Politische）の本質に数えられる敵対関係（Gegnerschaft）は、内政の中に移され、そして政治的統一性（politische Einheit）を破壊している（とされる）。多元主義的な諸党派国家（der pluralistische Parteienstaat）は、「全面的に、諸々の弱点と没抵抗性から、すなわち、諸党派や組織された諸利益の氾濫を防ぎとめる能力の欠如から[192]」成っている（とされる）。全体国家（der totale Staat）は、それに寄せられる諸要求を充たしうるために、社会的生活のすべての領域に介入する（とされる）。

【政党の変容――意見政党としての名望家政党～顧客の圧力の下で国家を搾取対象とする多元主義的大衆プロパガンダ政党：諸政党間の妥協として成立する共同意思】

シュミットの見解によれば、諸政党もまた全体性（Totalität）の圧力を免れえない。このような政党の成員たちは、その政党がかれらに「正しい世界観、正しい国家形態、正しい経済システム[193]」を裁量させ、それとともに、社会的生活を政治化（politisieren）することによって、この政党から教義を植えつけられるであろう。「意見政党（Meinungspartei）」として自己理解し、そして議会主義の担い手であった、自由主義タイプの名望家政党（Honorationenpartei）は、現代の大衆民主制（Massendemokratie）においては、もはやこうした自己制限を通じて、何らの未来も有していない（とされる）。現代の政党は、すべての手段をもって大衆にプロパガンダの形で（propagandistisch）影響を与えることを試みている（とされる）。その際、そうした政党は自由主義的な自由権（liberale Freiheitsrechte）を仮借なく利用する（とされる）。そうした政党には公共的（公開）討論のようなものは重要でなかった（とされる）。多元主義的な諸政党は権力の独占を戦いとり、そして国家をそれらの顧客（Klientel）の圧力のもとで搾取対象にまで貶めたであろう（とされる）。ひとつの共同意思（ein Gemeinwille）は、さまざまな政党間ではゼロ・ポイント（相殺点）においてのみ成立するにすぎないであろう。[194][195] 民主制的諸理念の没落のもっとも明瞭な表現は、それに固定的候補者リストの提示が対応している比例選挙システムである（とされる）。[196] 代議士は政党から指名されるのであり、人民（国民）から選出されるのではない。[197] とりわけ、候補者リストの提示は公共的（公開的）透明性を免れてしまっている。[198]

【議会主義における代表（再現前）、公開性（公共性）、討論という構造原理の消滅 → 合法性と正当性のコンフリクト → 法（権利）（Recht）が権力（Macht）を統御するという法治国家理念の信憑性の稀薄化】

カール・シュミットは、議会主義の理念とその今日の状況との間のひとつの明白な矛盾を認識したと信じている。合法性と正当性との間の誤って思い込まれている対立についてはすでに指摘された。このコンフリクトは、シュミットにとっては国家の変容の原因としてではなく、その帰結として呈示されている。シュミットが「代表（再現前）制的民主制（representative Demokratie）」にとって構成的なものと見なしている代表（再現前）という思惟範疇現前）（repräsentieren）していないし、かれらはなお、かれらの属性において、多元主義的な諸政党や諸団体の成員として、せいぜいかれら〔それぞれ自身の〕の事柄〔利害関心〕を代理（vertreten）しうるにすぎないであろう、そうした代理人（Agenten）にすぎない（とされる）[199][200]。シュミットは、「公共性（公開性）（Öffentlichkeit）」と「討論（Diskussion）」という構造諸原理の没落を、代議士の変容した立場と密接に関連させて見ている。議会においては公開討論を通じて最終的に「権力（Macht）に対する法（権利）（Recht）の勝利[201]」が現れる、という要請には、信憑性が欠けている（とされる）。政治的決断はもはや議会においては下されなかった。かれは、すでに議会主義的な表向きの場面（Vorfeld）における政党指導者たちの集会、利益諸団体の影響力の行使、等々について語っている。決断諸過程はもはや透明には為されていなかった。議会はひとつの技術的装置に頽落している（とされる）[202]。たしかに、議会主義的な諸委員会（Ausschüsse）は現代的議会の実務（仕事）のための必要性を呈示しているであろうが、しかし、この事実は公共性（公開性）の原理をもって根拠づけられていない（とされる）[203]。なるほど、誰もが諸々の自由主義的な自由権（liberale Freiheitsrechte）を放棄することを望んでいない、ということは正しい。けれども、「それら〔自由権〕が現実的な権力の保有者たちに危険なものになりかねないであろうところで[204]」、それらは実のところもはや現存していないことは、誰もが知っているであろう。かくして、報道の自由やジャーナリストの報告を通じて真実の立法の作成のための重要な寄与が果たされているとは、今日では誰も信じていない（とされる）[205][206]。討論の原理もまた、今日の議会主義が現象しているイメージからは消えてしまった（とされる）。それらにおいて説得作業（Überzeugungsarbeit）は果たされ、そして決議（Beschlußfassung）が諸言明の成果として示される、そうした諸討論も、もはや存在しないであろう。シュミットの見解によれば、さまざまな派閥がさまざまな固定的な形成過程で互いに張り合っており、そうした形成過程では代議士の活動の余地は派閥の規律によって僅かである[207]。公開性（公共性）と討論という理念

型的な原理が欠けているのであれば、シュミットによれば、議会への信仰は死滅しているのである。[208][209]

【国家的統合・政治的統一性への公的関心を欠き、それぞれの私的利益をもっぱら追求する多元主義的諸団体：合法性システム（合法性＝正当性）の前提としての権力獲得機会の平等性の欠落】

シュミットの見解によれば、議会制システムは現代の多元主義的な全体国家（der moderne, totale, pluralistische Staat）においては、事実上（de facto）不安定な形象体（Gebilde）であることが明らかになっている。多元主義的な諸権力は、「ひとつの中途半端（曖昧）な状態の中途半端（曖昧）な光（Zwischenlicht eines Zwischenzustand）」[210]から抜け出し、国家的性格を展開して、それらの私的な状態（der private Status）を放棄する、ということに如何なる関心も有さないであろう。これに加えて、シュミットの見解によれば、平等の権力獲得の機会（Chance gleicher Machtgewinnung）〔を保持する〕という課題〔を果たしえないということ〕によって、合法性システムの存続のために必要な前提が抜け落ちているのである。多元主義的な諸集団が国家とその合法性システムを掘り崩している以上、国家にとって諸々の相応しい対案が問われているのである。[211]

5．議会主義への諸々の対案

a　憲法（憲政秩序）の此岸――憲法（憲政秩序）の番人（Der Hüter der Konstitution）

【ヴァイマール憲法（憲政秩序）維持のための主権国家という思惟範疇の再賦活化の必要：全体国家における全面的政治化（＝脱政治化）に対処するために必要な権威】

一九三二年末に至るまで、カール・シュミットは、ヴァイマール国家を維持しうるチャンスがまだあると見ていた。その際、かれの諸労作は、議会主義そのもの[212]とその議会主義の誤って思い込まれている多元主義的なデフォルメとを対象にしていなかった。シュミットは、ヴァイマール〔ライヒ〕憲法（憲政秩序）の中に「ひとつの実体を帯びた秩序の試み（Versuch einer substanzhaften Ordnung）」[213]を見極め（う）ることを信じていたので、このヴァイマール〔ライヒ〕憲法第二篇をその内的な諸矛盾から純化することを、充分に価値のあることと見なしていた。[214]とりわけ、〔ヴァイマール・ライヒ〕憲法において、①条文上の一時的な妥協（die dilatorischen Formelkompromisse）[215]と②憲法を「抜本的に変えてしまう」可能性（die Möglichkeit zur »Aushebelung« der Verfassung）とが、排除されるべきであろうとされていた。[216]このことについて、かれには主権国家という思惟範疇（der Gedanke des souveränen Staates）の再賦活が必要と思われていたのである。ここでは、「権威主義的国家（ein autoritärer Staat）」への憧憬は、反動的見解というよりも、むしろ、次のような洞察に対応しているであろう。すなわち、「今日の全体国家（der totale Staat）の原因は、より厳密にいえば、人間の定在（現存在）総体の全面的な政治化（die totale Politisierung des gesamten menschlichen Daseins）の原因は、民主制（Demokratie）において探究されるべきであること、そして、諸々の必然的な脱政治化（Entpolitisierungen）に取り組むためには、安定した権威（Autorität）が必要であること——こうした事態への洞察」に対応しているであろう。[217]

【ヴァイマール・ライヒ憲法（憲政秩序）の番人としてのライヒ大統領——合法性システムが機能しない危機状況（例外状況）における政治的決断の必要→ライヒ大統領の委任独裁制←人民（国民）主権、ライヒ議会による事後承認：人民（国民）投票的に正当化されるライヒ大統領の疑似主権性（quasi-Souveränität）】

〔ライヒ・ヴァイマール〕憲法（憲政秩序）を擁護するために、カール・シュミットには、原則的に二つの権威、すなわち、国事〔ライヒ〕裁判所（Staatsgerichthof）とライヒ大統領（Reichspräsident）とが提供されていた。いずれにしても、ライヒ裁判所（Reichsgericht）は、諸々の単純な法律（Gesetze）が憲法（憲政秩序）（Verfassung）に対して公然と衝突する（ことが問題になる）場合にのみ、憲法を擁護しうるにすぎない（とされる）。決断されるべき事態の如何なる具体的な包摂（konkrete Subsumierung）も現前していない困難な状況においては、ライヒ裁判所はそれができる立場にない（とされる）。ライヒ裁判所は事実上の（憲法・憲政秩序の）定立者・立法者（Verfassungs-gesetzgeber）であろうとはしない（とされる）。シュミットの見解に従えば、ライヒ裁判所は、それが特に政治的な意味で「憲法の番人（Hüter der Verfassung）」[220]になるならば、第三の権力（dritte Gewalt）としてのその独立性[218][219]を喪失するであろう。〔かくして〕カール・シュミットは、最終的に、憲法の番人としてのライヒ大統領に与することを決断しているのである。なぜならば、ライヒ裁判所は、ライヒ憲法七六条に従って、憲法を変更する諸法律を、それらが憲法に適っているかという点で再審査しえない、と宣言したからである。[221][222]さらには、司法権（der Justiz）に帰属していたのは、対応する裁可や執行（Sanktionen und Exekutionen）を指令する僅かな可能性にすぎなかった。[223]シュミットの説明によれば、「国事裁判所〔ライヒ裁判所〕（Staatsgerichtshof）は、……司法形式（justizförmig）で憲法を擁護するにすぎない。ひとつの憲法（憲政秩序）（Verfassung）は政治的な形象体（ein politisches Gebilde）であるから、その他になお、本質的な政治的諸決断（politische Entscheidungen）を必要としており、そして、この観点において……ライヒ大統領は憲法（憲政秩序）の番人（der Hüter der Verfassung）である……」[224]。ライヒ大統領は中立的な第三者として存在しているとされる。というのは、かれは他の国家的諸権力（staatliche Gewalten）〔立法権と司法権〕と並んで、同等に正当化された形で（gleichberechtigt）動けるし、そして、特別な諸権限（Kompetenzen）を備えているであろうし、例外状況（Ausnahmesituation）においては〔憲法・憲政秩序を〕保持すべく介入するのにとりわけ相応しいであろうからである。[225]シュミットの強調するところによれば、例外状況において憲政秩序（憲法）は、その実体（*Substanz*）において廃棄されえないし、[226]ライヒ大統領の独裁制は必然的に委任独裁制（kommissarische Diktatur）である。このことは、人民（国民）主権（Volkssouveränität）（ライヒ憲法一条二項）とライヒ議会の諸々の規制権（Kontrollrechte des Reichstags）（ライヒ憲法四八条三項）〔執行された措置についてのライヒ議会の事後承認〕の要請を通じてあくまでも保障されている（とされる）[227]。――上で説明されたように、ライヒ大統領はクーデタ（Staatsstreich）によって主権を獲得しうる、ということが理論的には考えうるにしても。シュミットの見解によれば、ライヒ大統領は、合法性システムが機能しない危機状況（Krisensituationen）において憲法（憲政秩序）の保護という任務にとりわけ相応しい（とされる）[228]。かれ〔ライヒ大統領〕は、かれの人民（国民）投票的正当化（plebiszitäre Legitimation）から演繹されうるであろうライヒ防衛（国防軍）とライヒ官僚制（Reichswehr und Reichsbeamtentum）という課題に際しても支持されうる[229]。さらには、かれ〔ライヒ大統領〕は疑似主権的（quasi-souverän）に例外状態を〔超えて〕決断（über den Ausnahmezustand entscheiden）しうることによって、決断力（Kraft zur Dezision）を結集しうる[230]。

【人民（民族、国民）の自己同一性と同質性に基づく政治的統一性を再現前する委任独裁制・人民（民族、国民）投票制的民主制におけるライヒ大統領の人格】

ライヒ大統領が果たす政治的誓約（der politische Eid）は、かれを象徴的にすでに憲法（憲政秩序）の番人として標識づける（とされる）。シュミットによれば、かれにのみ「まさしく民主制的な諸原理から、社会的かつ経済的な権力諸集団の多元主義に対する均衡を形成し、ひとつの政治的全体としての人民（民族、国民）の統一性（die Einhait des Volkes als seines politischen Ganzen）を守ること[231]」が可能である。あくまでも本質的なことは、ライヒ大統領は危機状況においてのみ介入すべきである、ということである[232]。事実、このような〔危機〕状況は機能しない議会によって標識づけられるであろう。委任独裁者（der kommissarische Diktator）としてのライヒ大統領の人格は、直接的かつ自己同一的な民主制（direkte und identitäre Demokratie）についてのシュミットの諸表象をもたらしている。シュナイダー（Schneider, Peter）は、こうした事態を次のように指摘した。「議会制システムが機能することなく、例外状態を招来するとすれば、人民（国民）投票的・民主制的なシステムが妥当することになる」と。(233)

b　憲法（憲政秩序）の彼岸――直接的暴力行使の非合理主義的な諸理論

【ドイツ的国民社会主義とイタリア的ファシズムとへの接近と離反】

一九三三年から一九三六年までのカール・シュミットの著作活動と政治的活動は、かれの生涯を一冊の書物に譬えるなら、怪しげな章に属している。(234) ヒトラーの政治へのシュミットの肯定的態度は、かれが親衛隊新聞（SS-Zeitung）『黒色軍団（Schwarzes Korps）』で激しく批判されたとき――これによってかれは国民社会主義（ナチス）的な信条の欠如を非難された――唐突に終わりを告げた。国民社会主義（Nationalsozialismus）へのシュミットの距離は、かれがカルロ・コスタマーグナ（Carlo Costamagna）とともにドイツ・イタリア国際法研究所を創設しようとすることで、自らに政治的活動の自由を創り出そうとする試みにおいて現れていた。この目論見はハイドリッチ（Heydrich）の個人的介入によって妨げられたのであるが。それよりもなによりも、シュミットはムッソリーニ（Mussolini）と接触していたのである。(235)

【シュミット的思惟全体を無条件にファシスト的として総括することの困難性】

ＮＳ政治〔ナチス政治〕とのかれの短い幕間狂言（Itermezzo）は、かれが所謂「ファシスト的」(236) な著述家として侮蔑されることになる所以となった。さらには、それは若干の著述家たちが二〇年代のシュミットの著述活動を「前ファシスト的」と転釈（umdeuten）する機縁となった。(237) シュミットのヒトラーへの転換（Wechsel）は、かれの著作から、とりわけヴァイマール共和国の後期の位相における創作活動〔諸著作〕[238]から、無条件には理解できない、ということは強調されるべきであろう。かれがKPD（ドイツ共産党）やNSDAP（ナチ党）を激しく攻撃していたからといって、かれを革命家とするわけにはいかないし、同じく、かれが〔ヴァイマール〕憲法の維持に肩入れしていた——変換された第二篇にだけはそうであったとしても——というわけでもない[239]。

【対内的に多元主義的分解を防遏し対外的に対抗する行為能力を有する全体的かつ全体主義的なシュミット的国家】

いずれにしても、シュミットがイタリア・ファシズムに媚をうっていたこと（kokettiert haben）は、私見によれば、争い難いところである。「シュミットの〈全体〉国家（der "totale" Staat）は、〈強力な〉国家としてもまた、全体主義的（totalitär）ではなかった[240]」というクヴァーリチュ（Quaritsch）の指摘には、すくなくとも次のように反論されなければならない。カール・シュミットは、誤って思い込まれている脆弱で多元主義的に分解された国家存在を阻止するためのライヒ大統領の諸措置と並んで、すくなくともさらに、全体国家の「質的な」更なる発展について、〈政治的なるもの〉の概念を、そしてそれとともに、外政的な行為能力を、再建する現実的可能性を見ていた、と。そのためには、任意の多元主義的諸集団が、例えばイタリア・ファシストたちの模範に従って、もっぱら権力の占有を達成し、内政的な歪みを取り除くことに成功しなければならないであろう。「この意味での全体国家は、同時にとりわけ強力な国家である。この全体国家は、ファシスト国家が"stato totalitario"と呼ばれるように、質とエネルギーの意味において全体的であり、そのことに伴い、その全体国家は、新たな権力諸手段はもっぱら国家に属し、国家の権力地位に奉仕する、と言わなければならない。……このような国家は、友敵を区別しうる。この意味で……あらゆる真正な国家は全体国家なのである[241]」。

【自由主義的議会制システムに対するイタリア・ファシズムとロシア・ボルシェヴィズムの活力における実存的優位――同質的国家的統一性を創出する歴史的使命と神話：民主化に先立つ対外政治的独立性：政治的統一性――ドイツ的『君主論』としての『政治的なるものの概念』】

シュミットの見解によれば、イタリアのファシズムは――ソヴィエト・ボルシェヴィズムもまたそうであるが――自由主義的な議会制システムに対して、活力（Vitalität）においてはるかに優越している。とりわけ、自由主義的な合理主義はそれらの実存的神話（der existentielle Mythos）に何ものも対置しえないとされる。シュミットの説明によれば、「一民族（人民）あるいは他の一社会的集団がひとつの歴史的使命を有しているかどうか、そして、その歴史的な瞬間がやって来たかどうか、この基準は神話の中にのみ存している」[242]。如何なる神話が最終的には貫徹されることになるのか、国民の神話なのか、あるいは階級闘争の神話なのか、このことはシュミットには、一つの同質的な国家的統一性（eine homogene staatliche Einheit）の創出というアスペクトの下では、任意である（どちらでもよい）、と思われていた。もっとも、かれは個人的には国民的統一性（die nationale Einheit）を選んでいたであろうが[243]。いずれにしても、カール・シュミットは、一九三三年以前には、これに関する諸々の想定をいつも自ら示していた[244]。とりわけ、かれは主張している。神話の権力性と非合理性とに結びつけられている諸々の危険を、かれは自覚しているであろう、と[245]。『政治的なるものの概念』というシュミットの著作は、ドイツの『君主論（Il Principe）』として、民主化（Demokratisierung）の前にまず対外政治的に強力な統一性を達成する、というその憶測的な目標設定を伴って読まれるべきである[246]、というマシュケ（Mashuke, Günther）の解釈が正解ということになれば、シュミットにはこのことについて責任が甚だ間違った評価として負わされることになるであろう。一時期、シュミットは、かれの諸目標を達成するために、全体主義的な国家を確立するという思想にカードを切っていたのである。いずれにしても、かれに認められなければならないのは、かれが切りえた最後のカードが問題であった、ということである。

Ⅲ　シュミットの国家理論的構想の諸限界

1．批判の観点における決断主義的国家哲学

【例外状態、決断、主権、基本秩序：決断主義的主権概念の両義性：委任独裁と主権独裁：基本秩序と自由原理のための決断】

シュミットの著作に対する批判は、さしあたり、かれの決断主義的に理解された主権概念（der dezisionistisch verstandene Souveränitätsbegriff）から始めなければならない。核心的な個所で、「主権者とは、例外状態を（超えて）決断する者である（Souverän ist, wer über den Ausnahmezustand entscheidet）」と言われている[247]。シュミットの主権概念が従来の諸定義から逸脱していることは、特に言及される必要はない[248]。わたしに疑わしく（問題があると）思われるのは、かれの例外状態（Ausnahmezustand）の概念規定は[249]コンテクスト〔政治的決断は如何なる程度・範囲においてVerfassungあるいはGrundordnungの効力を前提にするのかという歴史的文脈〕の中にある（im Zusammenhang zu sein）、ということだけである。周知のように、シュミットの見解によれば、ライヒ憲法四八条による大統領の緊急命令の発布（Erlassung einer präsidialen Notverordnung）は、すでにそれだけで例外状態をもたらすわけではない。そのために、シュミットは従来の〔現行〕秩序の効力の無力化（Außerkraftsetzung der bisherigen Ordnung）を要求する[250]。その意味では、ライヒ大統領は決して主権的独裁者（ein souveräner Diktator）ではありえない[251]。いま

や、次のような矛盾が現れる。「ところで、例外状態を（超えて）決断する者が主権者であるのであれば、その場合、どの範囲でライヒ大統領は、主権者であることなく、例外状態を（超えて）決断しうる、すなわち、主権の諸権限（Souveränitätsbefugnisse）を行使しうる、のであろうか[252]」。ヴァイマール共和国における状況がなお修復可能なものと思われていたかぎりで、シュミットによる委任独裁者（kommissarischer Diktator）としてのライヒ大統領の構成は理論的に根拠のあることであった。「けれども、シュミットにとってヴァイマール憲法（体制）が異質な構成諸要件（heteroge Bestandteile）の中に分解したように思われた瞬間に、かれにとっては、委任独裁と主権独裁（kommissarische und souveräne Diktatur）とが互いに区別しえないものとなった……[253]」。ここでなお、例外状態のもう一つの読み方が指摘されるべきであろう。この例外状態は、シュミットから一貫して逸脱して、自由のための決断（Entscheidung für Freiheit）によってもまた刻印されうる。なぜならば、危機状況における基本秩序（Grundordnung）はまさしく停止されるべきではないからである。シュナイダー（Schneider, Peter）の説明によれば、「ひとがブルジョア層のように自由について考え抜くのであれば、すべては、例外状態の諸前提を能うかぎり精確に規定すること、そして、例外状態を手段にした国家的全権（staatliche Allmacht）が現実的かつ究極的に最高審級（Höchstinstanz）としての絶対主義の意味で確立されることを妨げること、これらに帰着する[254]」。したがって、例外状態と憲法（憲政秩序）からの自由原理の停止とについてのシュミットの諸々の説明には、それ自身によって（per se）、如何なるより強力な明証性（Evidenz）も付随していないのである。

【キエルケゴールとシュミットの例外概念の差異：「例外はすべてを証明する」――シュミットにおける例外概念の絶対化】

カール・シュミットは、キリスト教的実存哲学者、ゼーレン・キエルケゴール（Sören Kierkegaard）における例外概念を借用している。実際には、かれのキエルケゴール受容は、かれの例外基準の集約性（強度）（Intensität seines Ausnahmekriteriums）を高めるために、意識的に切り詰められている。レーヴィット（Löwith, Karl）が示したように、キエルケゴールは一般的なもの（das Allgemeine）と例外（die Ausnahme）との間の調整（相殺）（Ausgleich）をもたらしている。〔キエルケゴールにおいては〕例外は一般的なものからその正しさ（法（権利））（Recht）の基準（Rechtmäßigkeit）を保持する。これに対して、シュミットは一般的なものを超える例外（die Ausnahme über das Allgemeine）を定立している。[255] そのシュミットにおいては、次のように言われている。「通常的なもの（das Normale）は何ものも証明しない。例外はすべてを証明する（die Ausnahme beweist alles）。例外は規則（Regel）を確証するだけではない。規則はそもそも例外によって生きるのである」[256]と。〔このように、シュミットにおいては〕例外概念が絶対化される。[257] 例外（Ausnahme）というカテゴリーは、もともとケルゼンの規範主義（Normativismus）の（に対する）批判として考えられていたのであるが、これが自立化されて、固有の立場となるのである。[258] このカテゴリーは、シュミットにあっては、再び「規則（Regel）」となる。シュミットの立場はキエルケゴールのそれとは相いれない。[259]

【シュミットにおける法実証主義に対する敵対：規範主義（実証主義）と決断主義のパラレル性・循環→Norm ohne Macht も Macht ohne Norm も論理的に妥当するにすぎない→無から諸規範を創造する決断主義＝反照された実証主義：決断の歴史的被制約性、一定の憲政秩序（法秩序）水準を伴う具体的・画期的な空間秩序――事実的秩序：合理化・規範化からの実存的なものの解放を許さない実質的内容の定式化：本質に先立つ実存】

カール・シュミットは――上で説明されたように――法実証主義（Rechtpositivismus）の〔に対する〕ひとりの敵対者であった。けれども、ヘラー（Heller, Hermann）の見解によれば、〔決断主義者としての〕シュミットと法実証主義者たちとの間には、規範と権力（Norm und Macht）に関して、興味深く隠されたパラレルな（類似の）ものが生じている。ヘラーの説明によれば、「法的には妥当することなく、もっぱら論理的にのみ妥当する、権力を欠くこの規範に、C・シュミットは規範を欠く、およそ妥当することのない権力を対置している」[260]。こうした思惟範疇は何度も攻撃を受け、そしてさらに展開された。それどころか、エームケ（Ehmke）はまさしくこの「シュミットが把握しているケルゼン的な根本規範（Grundnorm）」[261]について語っている。フォン・クロコフ（Krockow, Christian Graf von）は、［シュミット的決断主義を］そこでは憲法諸規範が無から創造されるであろう、そうした決断主義と、すなわち、ひとつの反照された実証主義（ein reflektierter Positivismus）と、見なしている。[262] カール・シュミット自身は、このような諸々の非難を没批判的（kritiklos）な（批判力を欠く）ものとして退けた。[263] おそらく、かれはそうすることで、それほど間違ってはいないであろう。「シュミットは、憲法制定の決断を、諸々の制限された可能性を伴うひとつの具体的な政治的状況の決断として理解している。決断のこの歴史的な被制約性（geschichtliche Bedingtheit der Entscheidung）の意義と、一定の憲政秩序水準（Verfassungsstandard）を伴うひとつの具体的で画期的な空間秩序（eine konkrete, epochale Raumordnung）という、ここから後に現れる思惟範疇とを、クロコフは評価していない……」[264]。したがって、無からの憲法（憲政秩序）の成立については、純粋に規範的な諸観点の下でのみ語られうるにすぎない。[265] とはいえ、シュミットの決断主義の欠けるところのある内容的な確定については、指摘されなければならない。[266] 事態が正反対に対置されることになろうとも、事実上の秩序（faktische Ordnung）は正と不正を区別するための諸前提である、というかれの説明もまた、不充分であるように思われる。[267] シュミットは、可能な諸々の異論を予期しながら、かれの哲学的・世界観的な基本的態度に立ち戻っている。そこでは、かれを攻撃しうるようには思えない。息苦しいようなディレンマの状況においては、推論がもっぱら整合的に演繹されているかぎり、如何なる基本的立場が主張されようと、それは任意であるように思われる。逃げ道として提供されるのは、もっぱら、法実証主義そのものの価値問題に取り組むこと、そして、それによって「実存的なものそのものが、それを超えていくあらゆる合理化や規範化（Rationalisierung und Normierung）から解放されるということ」[268]が許されない、そういう実質的な諸内容（materielle Inhalte）を定式化すること、こうしたことだけである。シュミットにとって問題になるは、本質に先立つ実存である（Schmitt gehe die Existenz vor Essenz）[269]、という指摘は、シュミットの一定の基本的立場や議論を捉えることに役立ちうるにすぎず、しかし、如何なるケースにおいても、さまざまな討論に代わるわけではない。いずれにしても、かれの実存主義的な基本的立場を「例外への呪わしい意欲（不吉な愛好）（unselige Lust an der Ausnahme）[270]」としてあっさり片づけてしまうことは、拙論が関心を向けるところではない。

2. 民主制概念への諸注

【民主制の前提としての同質性：シュミットにおける同化と排除を伴う実存主義的な同質性概念——外政的な友敵規定：多数性において討論を通じて対立を克服する過程の排除：シュミットにおける媒介のための不平等なものの調整（相殺）への理解の欠如→政治的敵対者との討議のための共通基盤を見出すことの拒絶】

シュミットの民主制理解は、自由主義の刻印を帯びた諸表象とは明らかに対立している。超越的な人民（民族、国民）の意思（ein transzendenter Volkswille）[271]を前提することによって、こうした民主制理解に合理的に達することはない。シュワーブ（Schwab, George）がシュミットの民主制概念を古めかしいもの（antiquiert）[272]と呼んでいるとき、かれは事態を完全な形では言い当てていない。ルソーの直接民主制的なモデルを歴史的にもっとも重要な民主制形態[273]と見なすわけにはいかないし、シュミットのイメージされたラディカルな同質性概念（Homogenitätsbegriff）は、かれ自身の見解に反して、ルソー的〔民主制〕モデルにおけるの一般意思（volonté générale）と合致するわけでもない。シュミットの同質性概念は異質なものと諸々の少数派とを実存的に排除すること（existentielle Ausgrenzung）を含意しているが、異質なものに対して寛容に見える「ジャコバン的な」教育独裁（»jacobinische« Erziehungsdiktatur）は、このシュミットの同質性概念とは一致しない。[274] この〔同質性という〕状態を〔かれが〕持ち出したことの結果がラディカルな同化（Assimilierung）及び排除（Ausgrenzung）の政策であるが、こうした結果は首尾一貫しているが過剰であるとの印象を与える。シュミットの諸々の説明は、この文脈では殆ど、政治（政策）を遂行する審美主義的な形式（ästhetizistische Form）のように見える。[275] とにかく、〔かれの〕文献の中では、民主制においては一定程度の同質性が当を得ているように思われる、ということが強調される。このことはとりわけ直接民主制にとって言えるはずである。そこ〔直接民主制〕においては、このような「実質的な」同質性が一つの共同意思（ein Gemeinwille）の形成のために放棄しえないであろうからである。[276] ヘラー（Heller, Hermann）もまた、一定程度の社会的な同質性は政治的統一体（politische Einheit）を形成するための前提である、ということを認めている。[277] 批判は同質性の基準のシュミットによる誇張された解釈だけに固定されなければならない。社会的な多数性（多元性）（gesellschaftliche Pluralität）という前提の下では、同質性は、例えば、ひとが利用しようとする特定の民主制的な行動様式（demokratische Verhaltensweise）についての同意（Konsens）として理解されうる。いずれにしても、この同意は、ひとつの過程の産物であって、その出発点ではない。シュミットは同質性概念を実存的な仕方で拡張しすぎている。なぜならば、かれはこの概念を外政的な友敵規定（außenpolitische Freund-Feind Bestimmung）の成果として必要としているからである。[278] 自由の要請の否認はこのことと関連しているが、この否認はとりわけひとを満足させないものであるように思われる。バドゥーラ（Badura, Peter）は、とりわけこの事態に注意を喚起した。「平等（Gleichheit）をラディカルに実践化することが政治的自由（politische Freiheit）とともに民主制を破壊せざるをえないということは、国家哲学のきわめてありふれた洞察に属している」[279]。シュミットの同質性概念は、現代の多元主義諸国家において民主制の基礎として引き出されるには適していない。〔なるほど〕かれが同質性概念を以てひとつの事実的な問題を言い当てたということは、シュミットに認められうる。「しかし、諸々の定式化のぶっきらぼうな険しさ（Schroffheit）において、やはり再び、媒介のために不平等なものを調整（相殺）すること（der Ausgleich des Ungleichen für die Vermittlung）に対するシュミットの理解の欠如が現れてくる」[280]。シュミットは、政治的敵対者との一つの共通の討論の基礎を見つけ出すことを拒絶している。とりわけ、かれは、諸々の実存的なコンフリクトに暴力を用いることなくなんとか決着をつけることに理解を示さない。こうしたシュミットの態度を受け入れるわけにはいかない。最近の歴史が示してきたように、このような同質性の創出は諸対立を表面的に解消するにすぎない以上、それだけ受け入れるわけにはいかないのである[281]。

【シュミットにおけるユートピア的自己同一性表象：実質的法治国家を通じて基本権、権力分立を度外視しない内容的民主制を実現する可能性を認識しないシュミット】

同質性概念（Homogenitätsbegriff）と並んで、〔これに係わる〕シュミットの自己同一性的民主制表象（identitäre Demokratievorstellung）の重要性（Relevanz）が問われる。現代の人口の多い諸国家におけるかれのモデルにおいて課されている諸々の狭い限界（境界）は、明らかに見て取れるであろう。自己同一性表象はユートピア的である。それよりもなによりも、一般意思（volonté générale）という構成体（Konstrukt）は理論的にのみ構成されうるものであるように思われる。とりわけ、その種の喝采の行われる全体的な民主制（eine derartig akklamierende und totale Demokratie）が如何なる実体的価値を有することになるのか、この問いは開かれているままである。個人の諸々の基本権（individuelle Grundrechte）[282]や国家の権力分割（Staatliche Gewaltteilung）を度外視するこうした民主制の構成においては、こうした民主制は潜在的な〔権力の〕濫用の可能性という点で自由主義的な民主制モデルのそれを遥かに上回っているであろう。[283] 似かよったことはシュミットによって容認されている民主制的に基礎づけられた独裁制（eine demokratisch fundierte Diktatur）[284]――これは「奇妙に通常の〔言葉の置き方の〕前後を転倒させている」[285]ように見える――の可能性についても言える。したがって、何人かの著述家たちによって、かれの民主制的な真価に対して疑義が呈されている。マウス（Maus, Ingeborg）は、かれ〔シュミット〕の中に「硬化した指導寡頭制（verkrustete Führungsorgarchien）に対する民主制的自発性（demokratische Spontanität）（の擁護者を見ていない……）」[286]。いずれにしても、シュミットに対向するこのような民主制についての独特な諸見解の概念や背景も、依然として疑わしい〔さらに問われるべきものである〕。にもかかわらず、如何にしてルソー的な民主制モデルから、ロックやモンテスキューからよりも、より大きな明証性が演繹されることになるのか、これを洞察することは、やはり困難である。このことはとりわけ、自由主義と民主制とが一致することは不可能である、という誤って思い込まれている〔シュミットの〕諸言明について言える。この意味で、民主制という国家形態（形相）〔国制〕を価値に満ちたものとして承認しようとし、そして、民主制の変更を妨げようとするためには、ひとは急進的民主派でなければならない、という〔シュミットの〕諸言明もまた、正鵠を射ていないであろう。シュミットは、内容的な民主制（die inhaltliche Demokratie）を実質的な法治国家（ein materieller Rechtsstaat）を通じて実現する可能性を認識しそこなっている。法実証主義を刻印された形式的な法治国家（der rechtspositistisch geprägte formelle Rechtsstaat）を、シュミットはもっぱら決断主義的に動機づけられて拒絶しているが、この拒絶は、そうした形式的な法治国家の克服の――実質的価値倫理（die materiale Wertethik）によって刻印された――他の諸端緒（アプローチ）を、かれが洞察することを妨げている。

3．代表（再現前）の本質に寄せて

【シュミットにおける自己同一性（Identität）と再現前（代表）（Repräsentation）という二つの切り離し難い形相原理：国家存在・政治的統一性・国民的自己同一性・公共性（公開性）——全体を事柄に即して統合する諸価値——の再現前：人民（民族、国民）の実体的同質性と自己同一性表象から産出される再現前（代表）されるべき理念という超越性の表象：自己同一性を民主制に、再現前（代表）を君主制に振り分けることは歴史的叙述として不適切】

すべての国家類型を自己同一性（Identität）と再現前（代表）（Repräsentation）という形式（形相）原理に従って分類するシュミットのやり方は、ひとつの理論的に一貫して歩み通しうる道筋を呈示している。それは、アリストテレスによって基礎づけられて以来使用されてきた国家諸形態〔国制〕の——啓蒙主義以来もはや使用しえないと見られている——人格主義的な見方（personalistische Sichtweise）を克服しようとする試みである。[287] それどころか、カイザー（Kaiser Josef. H.）は、ひとつの弁証法的モデルについて語っているが、このモデルにおいては、自己同一性原理がテーゼとして、再現前（代表）原理がアンチ・テーゼとして、理解されうるであろう。[288] シュミットが『ローマ・カトリック教会と政治的形態（形相）（*Römischer Katholizismus und politische Form*）』（1922）というかれの著作において強調して呈示した再現前（代表）という思惟範疇は、[289] かろうじてながら、両原理のうちではより重要な原理であるように思われる。なぜならば、それ〔再現前（代表）原理〕は、かれにとって公共性（公開性）（Öffentlichkeit）と、これに伴い国家的なるもの（das Staatliche）の本質とを、刻印しているからである。シュミットは、スメント（Smend. Rudolf）の見解にしたがえば、「この究極の〈主権的な〉審級（souveräne Instanz）はまた、全体を事柄に即して統合する諸価値を最終的に再現前（代表）すること（die letzte Repräsentation der das

Ganze sachlich integrierenden Werte）である……」[290]ということを正しく認識したのである。そのかぎりで、再現前（代表）は、国家的権力（Staatliche Macht）をめぐる、すなわち、国民的自己同一性（nationale Identität）という内在的理念を再現前（代表）することが許される権力（Macht）をめぐる闘争（Kampf）を内容としている。いずれにしても、ここでは諸々の特定の非同意性（意見・意思の対立）（Unstimmigkeiten）が確認されなければならない。ホフマン（Hofmann, Hasso）は、これら〔自己同一性と再現前という〕二つの形相原理（Formprinzipien）を最終的な帰結において区別しうることが困難であることを指摘した。というのは、これらは同じ土台を指示しているからである。すなわち、再現前（代表）されるべき理念という超越性の表象（Transzendentsvorstellung der zur repräsentierenden Idee）は、人民（民族、国民）の実体的な同質性（substantielle Homogenität des Volkes）から、そして、そのかぎりで、自己同一性表象（Identitätsvorstellung）から、産み出されるからである。[291]この構成体に如何なる重要性が結局のところ付されることになるのか、ということが問われる余地が依然として残っている。ハルトマン（Hartmann, Volker）は、これに加えてさらに、国家的統一性（Staatliche Einheit）を再現前（代表）（repräsentieren）することが許される法（権利）（Recht）をめぐる、民主制的原理と君主制的原理との間のコンフリクトを、シュミットが強調しすぎていることを証明しえた。ドイツの三月革命以前には、シュミットの見解に反して、自由主義的な諸要求は一貫して君主制原理と一致していたのである。シュミットは再現前（代表）という思惟範疇の歴史的叙述を的確に行っていない。かれは歴史的分析をかれの言明に合わせて仕立て上げているのである。[292]

【ブルジョア層の経済的利益の代理は国民的理念を再現前（代表）しない：寡頭制的、金権制的、衆愚制的なアリストテレス的民主制表象：自由主義的名望家議会の終焉に伴う議会制的代表（再現前）という思惟範疇の衰退

【——多元主義諸集団における議会制的代表原理に対する民主制的自己同一性原理の優位】

シュミットが「近代（die Moderne）」における再現前（代表）という思惟範疇の衰退について語るとき、もう一つの平面で批判が始まる。二〇世紀のブルジョア層（Bürgertum）は、世俗的な利益志向（profane Interessenorientierung）によって国民的理念を再現前（代表）することができない、という考えに同意するわけにはいかない。周知のように、シュミットは、資本というファクターはすでに内在的に経済的な時代の客体である以上、このファクターに象徴的な再現前（代表）能力があることを否定している(293)。これに加えてさらにいえば、主体に関係づけられたシュミットの再現前（代表）という思惟範疇は、文献的に誇張されすぎているように思われる(294)。かれは、再現前（代表）という思惟範疇を、アリストテレス的な国制エレメント（Verfassngselemet）として解釈し、それ自身によって（per se）、民主制的原理への一定の距離をとっている。その〔民主制原理の〕アリストテレス的性格が誤って思い込まれて寡頭制的な性格（der origarchische Charakter）を想定しているとすれば、その〔民主制という国制の〕原理は信用を貶められている。なぜならば、近現代的議会は純粋に経済的な利益代表（代理）（Interessenvertretung）に次第に堕落するからである。いずれにしても、シュミットは、議会制的な代表（再現前）という思惟範疇が自由主義的な名望家議会（Honoratiorenparlament）において最後に実現されている、という主張をもって、ひとつの神話（Mythos）を育成している(295)、ということが示されている。シュミットは多元主義的な諸集団の行為を再現前（再現前）という思惟範疇をもって捉えることができない。利益（利害関心）を代表（代理）するということ（Interessenvertretung）は、シュミットにとっては、それ自身（eo ipso）非難されるべきことである。これというのは、それは部分的な利益（利害関心）（Partikularinteressen）を促進するからである。これは、かれの民主制観（Demokratieauffassung）の背景からのみ出てくる、それゆえにきわめて僅かな厳密性しかもたないひとつの思惟範疇である。シュミットは、それに対してかれがそうでなければ如何なる理解も示すことのできない多元主義的な諸集団の「真正な」自己同一性（»echte« Identität）を、議会の誤って思い込まれている「真正ならざる」再現前（代表）（»unechte« Repräsentation）よりも優先させているが、このことはまさしくかれの民主制観から理解されうるのである。[296] ここでもシュミットは、再現前（代表）という思惟範疇の誇張された解釈によって、特定の諸限界に逢着している。

4. 議会制システムのシュミット的分析についての諸注

a　諸々の精神史的基礎に寄せて

【トーマのシュミット批判――議会主義の理念にのみ着目して制度の現実とその変化（さまざまな委員会における公開討論）に目を向けないシュミット】

議会主義の精神史的基礎の衰退についてのカール・シュミットのテーゼは、たちまち、かれと国法学者トーマ（Thoma, Richard）との間の激しい論争の出発点となった。[297] シュミットは、若干の――しかも代表的でない――自由主義の思想家、とりわけギゾー（Guizot）を手掛かりにするだけで、議会主義の叙述に際して許し難い切り詰めを犯した、という事態をトーマは指摘した。トーマは、ヴェーバー（Weber, Max）、プロイス（Preuß, Hugo）、ナウマン（Naumann, Friedrich）の比較的新しい諸著作に言及している。トーマの見解に従えば、かれらに伴って、議会主義改革のためのまさしく本質的な寄与が果たされていたからである。シュミットは、ギゾーに立ち戻ることで、「そのかわりに〔上述の諸著作に言及することなく〕現代的議会主義の唯一の精神史的基礎を、しかも実際には完全に陳腐化されたそれだけを、掴みだし、そして他のすべてのそれを無視した」とされる。[298] より大きな誤謬とされるのは、政治的諸制度（politische Institutionen）の活力（Vitalität）はそれらのイデオロギー的正当化

(ideologische Rechtfertigung) だけに合致しているのではない、ということを見誤っていることである。あらゆる制度(Institution)は——そしてこれに伴いまた議会制システムは——「目的の変容と構造の変化(Zweckmetamorphosen und Strukturverwandlungen)」に服していたとされる。[299] シュミットは、「諸事物の文献的なヴェール」[300]をはるかに過大評価しているとされる。トーマは、現代的議会主義は公開性(公共性)と討論(Öffentlichkeit und Diskussion)という構造原理をもはや識らないであろう、というもっとも決定的なことに立ち戻ることを命じている。諸々の討論は諸々の委員会や派閥の会議の中に、内閣の会議や諸団体との諮問会議の中に、次第に拡大されてきたにすぎない。公開討論(öffentliche Diskussion)がもはや議会そのものにおける決定作成(Entscheidungsfindung)に寄与しえないとしても、それはあらゆる場合に議会外の意見形成にとって依然として意義を有しているとされる。[301]

【シュミットの反論——諸制度に内在する正当化を必要とする精神的基礎】

カール・シュミットは、諸制度が時代の経過の中で変容を被っているであろう、というこうした包括的な批判を認めた。しかし、かれは、それらの制度にはその場合ひとつの新たな精神的基礎が組み入れられていなければならないであろう、と主張した。諸制度は正当化を必要とするもの(legitimationsbedürftig)にあくまでも留まっていたのである。シュミットは以下の如く説明している。「しかしながら、わたしには、討論と公開性(Diskussion und Öffentlichkeit)という諸原理が現実的に脱落しているのであれば、どこで今日の議会主義は、ひとつの新しい基礎を見出しうるのか、そして、何故に議会の真実性(Wahrheit)と正当性(Richtigkeit)がそこでなお明白なのか、これが分からない」[302]と。「諸原理の交替生殖(Heterogonie)」[303]をシュミットは承認しない。トーマに対するかれの批判は、この点で確認されうる。「ところで、遺憾ながら、かれ〔トーマ〕は、いったい何がそもそも議会主義の言われている数多の新しい原理なのか、これを決して漏らしてはいないのである」[304]。諸々の新たな諸アプローチを、シュミットは妥当なものとはしていない。議会制システムを介してひとりの政治的指導者の選抜（eine politische Führerauslese）を貫徹する、というマックス・ヴェーバーの希望は、疑問に付されうる（とされる）[305]。それゆえに、カール・シュミットは、諸々の理念型的な基礎についてのかれの探究に固執するのである。というのも、これらなしには議会主義の本質における特殊的なるものは認識されえないとされるからである[306]。

【スメントによるトーマ・シュミット論争の評価――制度は理念・イデオロギーによってではなく、活力、実体、力によって存立する：七月王政期のフランス議会主義の理念と現実の乖離】

ところで、この〔トーマ・シュミット〕論争においては、ほとんどすべての重要な諸言明がなされていたのであるが、この論争はどのように価値づけられうるのであろうか？　スメントは、シュミットに対するトーマの一般的批判を一貫して正当化されるものと見なしているが、しかし、トーマの諸々の基礎づけがひとつの技術的かつ法実証主義的な憲法思想に囚われ続けている、ということを認めている[307]。このことはともかく、議会主義の精神史的な基礎に対するシュミットの強いこだわりは、誇張されていると見なされざるをえない。「実際には、ひとつの制度〔の現実〕は、そのイデオロギーとしてではなく、シュミット自身がその活力（Vitalität）、実体（Substanz）、力（Kraft）と特徴づけているものとして存立しているのである」[308]。自由主義的な思惟を一面的に叙述するシュミットに対するトーマの批判は、あらゆる場合に正鵠を射ているであろう。ホフマン（Hofmann, Hasso）は次のように問うている。実体からして高く評価されている議会についてギゾーが表象したところのものは、こうしたきわめて古い制度の唯一かつ代替し難い精神的基礎である、と想定することにおいて、正しいことは何か、と[309]。さらに、フレンケル（Fraenkel, Ernst）が指摘しているところによれば、フランス的な議会主義の古典期についてのシュミットの叙述は美化された諸特徴を示している。ギゾーの時代には、腐敗、選挙贈賄、情実が議会制的多数派工作の手段として普通のことであった。シュミットの説明とは反対に、再現前（代表）（Repräsentation）ではなく、代議士たちの単なる利益代理（Interessenvertretung）が、七月王政の時代にとって特徴的であった。[310]

【公開性（Öffentlichkeit）は議会制システムの本源的・本質的メルクマールではない：シュミットにおける理念型的な議会主義的討論（Diskussion）原理の不適切な歴史的位置づけ】

シュテルンベルガー（Sternberger, Dolf）が示しているところによれば、公開性（公共性）（Öffentlichkeit）という表向き申し立てられている構造原理を実現することへの要求は、一八世紀末にジェレミー・ベンサム（Jeramy Bentham）によって提起された。シュミットが公開性（公共性）の原理を議会制システムの本源的な本質指標と称しているとすれば、それは明白な誤謬である。議会の諸会議は、一七世紀や一八世紀においては、公開性（公共性）の委員会（Ausschluß der Öffentlichkeit）のもとで行なわれていたのである。審議諸成果が秘密漏洩（Indiskretionen）によってたまたま公開性（公共性）に行き着いたのであれば、そのようなことは議会の委員会（Haus）の品位に深刻に抵触することと見なされた。[311] フランクフルトのパウロ教会の〔国民〕議会について周知のことであるが、諸派閥あるいは諸クラブでの政治的諸決定は公開性（公共性）の委員会のもとで下されたのである。[312] これに対して、討論（Diskussion）の原理は、疑いもなくより古いものであり、そして精神史的に議会主義にとって重要である。表舞台で取り決められ、しかも不透明に思われる談合（Absprachen）は、議会の論争（Parlamentsdebatte）に基づく議会主義の正当化の基礎を破壊した、というトーマもまた反論しえなかったシュミットの非難を、シュテルンベルガーは正しい文脈の中に持ち込んでいる。すでにジョナサン・スウィフト（Jonathan Swift）において、イギリス議会主義の誤って思い込まれている黄金時代における対応する行動様式（Verhaltensweise）についての詳説が見出されるであろう。[313] シュトライフタウ（Streifthau, Klaus）が注意を喚起しているところによれば、イギリス議会主義のいわゆる古典的な時期は、その構造諸原理の最高の発展によって標識づけられてはいなかった。ひとは適切な仕方で移行の一位相について語らなければならないだろう。[314] その理念型的モデルのシュミットによる歴史的位置づけは不適切であるように思われる。

【審議ではなく決断を志向するシュミット的公開討論：古典的自由主義 → 統治する（regieren）のではなく、政府を制御（kontrollieren）する議会——シュミット的議会主義批判の不適格性：ドイツ議会主義における予算をめぐる政府と議会のコンフリクト】

シュミットのひとつの明白な掴み損ない（Fehlgriff）は、クロコフ（Krockow, Christian G. v.）によって発見されたといえよう。カール・シュミットが公開討論（die öffentliche Diskussion）というかれの概念において志向しているのは、議会の審議（Deliberation）能力ではなく、決断（Dezision）能力である（とされる）。シュミットは自由主義に向けて一義的に「決断による統治（government by decision）[315]」を宛がっている。しかし、このこと〔決断による統治〕は古典的な自由主義の時代にはまったく妥当しないであろう。「この議会は統治（*regieren*）するのではなく——これをするのは、一義的に君主に関係づけられた執行府（Exekutive）とこれに操縦された官僚装置（Beamtenapparat）である——議会は規制（*kontrollieren*）するのである[316]」。ドイツにおける議会主義の古典的時代は、政府と議会との間の予算をめぐるコンフリクト（Budgetkonflikte）によって刻印されていた。議会は今日もはや討論を通じての統治（Regieren durch Diskussion）の機能を果たしていない、という〔シュミットの〕非難は、まったく現実性を失っている。それゆえに、シュミットはクロコフによって意識的な歴史改竄を非難されるのである。[317] カール・シュミットによって先取りされている憲法（憲政秩序）理念とその現実との対立は、基礎づけられた歴史研究に太刀打ちできないように思われる。「理念と現実の矛盾を開墾すること〔問い詰めていくこと〕（Kultivierung）[318]」によって、シュミットは法実証主義の憲法解釈に対置された見解をとることに成功している。その場合、独特の仕方で、シュミットは、特定の概念内容を、現実そのものに対して向けられているかれの社会学的分析から獲得しているように見える。[319] その際、かれは「等しいもの（Gleiches）と等しいもの（Gleiches）をではなく、等しくないもの（Ungleiches）を相互に[320]」比較したのである。カール・シュミットは、議会主義の現在と過去との正反対に対置された様式化（Stilisierung）を先取りしている。[321] かつての理想の諸表象を、例えば、現実には如何なる時代においてもそれらに帰される対応したものを持たなかった自由主義的な名望家議会を、誇張することによって、カール・シュミットは、議会主義の現実を、かの困難な時代におけるヴァイマール国家にとっては当たっていたとしてよいであろう程度において、堕落したものと思わせることに成功した。[322] しかしながら、誇張された尺度を宛がうことによっては、ヴァイマール共和国の危機に正しく対処したことにはならないであろう。[323]

【大衆民主制における自由主義・議会主義の肯定的側面――合理的なコンフリクトの調整メカニズムを評価しないシュミット】

ドイツの議会主義と諸政党の地位は、一八七一年の普通選挙権（das allgemeine Wahlrecht）の導入以来、変化した。カール・シュミットがこのように見なしているとすれば、かれは疑いもなく正しい。しかしながら、如何にして、民主制的な諸局面の下で、まさしく大衆民主制（Massendemokratie）が議会主義という思惟範疇を不条理なものへと（ad absurdum）導くことになってしまったのか――これが〔シュミットにおいては〕洞察されてはいないのである。現代議会においては、その他のことは同等として（ceteris paribus）、人民（国民）全体（das ganze Volk）がその代理人（代表者）（Vertreter）によって、ようやくはじめて「代表（再現前）（repräsentieren）[324]」される。法実証主義に（Rechtspositivismus）対するシュミットの批判は正当化しうるとしても、シュミットは、「近代（Moderne）」

に対して反啓蒙主義的に対立する立場をとるゆえに、自由主義ないし議会主義の肯定的諸側面を洞察しえないように思われる。(325) その場合、シュミットのヴァイマール議会主義に対する嫌悪によって、それ〔ヴァイマール議会主義〕が達成したもの、合理的なコンフリクト調整メカニズム（rationale Konfliktsauftragungsmechanismus）がまたフェイド・アウトされてもいるのである。

【議会主義の危機を西欧近現代諸国家において普遍的な事態と見るシュミット】

カール・シュミットは、今日の議会主義のその危機について、非特殊的（unspezifisch）なもの〔ドイツにおいてのみならず普遍的に見られるもの〕として語っている。いずれにしても、かれは精神史的基礎の衰退をドイツ議会の実際に照らして証明しようと試みている。しかし、かれは独、英、仏の国家哲学を手掛かりにして、議会主義の危機はすくなくともヨーロッパ的なそれである、との印象を呼び覚ましている。それゆえに、シュテルンベルガー（Sternberger, Dolf）は、若干のドイツの著述家たちが「かれら自身の国民的危機を世界の悲惨と見なす」傾向について語っている。(326) こうした言明に鑑みるならば、シュミットの諸テーゼは、他の諸国家あるいは他の諸時代における議会主義の状況に、任意かつ無条件的に移されるわけにはいかない、という〔シュテルンベルガーが指摘している〕ことはおそらく当たっているであろう。ともあれ、シュミットが、このこと〔議会主義の危機〕がありうると思われている諸国家において、例えば今日のイタリアにおいて、ひとつのルネサンスを体験していることは、特徴的なことである。

b　合法性と正当性の対立に寄せて

【合法性と正当性の矛盾 → 国家権力の正当化という問題構制：Staatsform, Verfassung, Rechtsordnung に内

在する正当化された国家権力：形式的（formell）な Verfassung と実質的（materiell）なそれとの完全な合致は存在しえないが、それが存在えないが故にまさにその形式的な Verfassung の概念は必要となる → 形式的 Rechtssätze と実質的なそれらとを包括する実質的法治国家―― Sophistentrick としての合法性と正当性の gegenseitiges Ausspielen：ヴァイマール憲法七六条とボン基本法七九条】

カール・シュミットに認められうることであるが、かれは合法性（Legalität）と正当性（Legitimität）の誤って思い込まれている矛盾を指摘して、国家権力の正当化（Legitimation der staatlichen Macht）という問題設定に視線を向けた。スメントの見解によれば、それはあらゆる国家形態（形相）（Staatsform）に内在するひとつの問題である。憲政秩序（憲法）（Verfassung）の中に認められたひとつの正当性概念なしには、そもそも法（権利）秩序（Rechtsordnung）なるものは妥当しえない。[327]「正当化する諸価値の（もっぱら）形式的な実定化（formelle Positivierung）」[328]は、われわれの今日の諸尺度からすれば、不充分である。にもかかわらず、シュミットによる形式的な法治国家（der formelle Rechtsstaat）に対する批判は、一次元的（eindimensional）〔ワンパターン〕である。形式的な法治国家が標識づけられるのは、それが「権力分立（Gewaltenteilung）、裁判所の独立（Unabhängigkeit der Gerichte）、行政の適法性（Gesetzmäßigkeit der Verwaltung）、公権力の諸行為に対する法（権利）（Recht）の保護、公法的賠償――これらを放棄しえない諸制度として承認する」[329]ということを通じてである。法治国家は国家による暴力独占及びその恣意的な構成諸要因の相対化を可能にする。[330]いずれにしても、法治国家は――そしてこれを以てシュミットは正当なことを言っているわけであるが――その形式性（Formalität）にことごとく〔還元〕されることは許されず、さらになお、より詳細に規定されるべき諸内容への志向を示さなければならない。しかし、実質的な法治国家（ein materieller Rechtsstaat）なるものへの要求は、形式的な法治国家なるものを決して消去しえない。〔むしろ、まさに〕「形式的な憲政秩序（憲法）概念は、学問的には、実質的な憲政秩序（憲法）と形式的なそれとの完全な合致が決してありえないがゆえに、必要となるのである」[331]。実質的な法治国家なるものは、シュミットの意見には反して、形式的な法治国家とは合致し難い対立項として呈示されるのではなく、実質的な法（権利）諸命題（諸法規）（Rechtssätze）と形式的なそれらとを包括（umfassen）しているのである。シュミットは、かれの時代の不充分な法実証主義にひとつの適切な見解を対置することを意図して、形式的な法治国家を貶価しているが、このことは行き過ぎてしまっている[332]。それどころか、ヘンニース（Hennis, Wilhelm）は、合法性と正当性の競合（gegenseitige Ausspielen von Legalität und Legitimität）を、ひとつのソフィスト的トリック（Sophistentrick）として特徴づけている[333]。「合法性と正当性との関連は……総じて権力分立的な法治国家（der gewaltteilende Rechtsstaat）においてのみ現れうるのであるから[334]」、そのかぎりで、それは問題になる（とされる）。合法性（形式的な法治国家）と正当性（民主制原理）との分離（Dissoziation）は、シュミットによって実際に適用された形態においては許されない[335]。これに対して、〔ヴァイマール〕ライヒ憲法七六条に従って憲法（憲政秩序）を合法的な仕方で根底から変更する（aushebeln）可能性を締め出しておく、というかれ〔シュミット〕の要求は、先見の明のあること（weitsichtig）であることが明らかにされた。ムスクヌーク（Mußgnug, Reinhard）は、シュミットの手稿が認《したた》めている〔ボン〕基本法（Grundgesetz）において対応している諸々の規則化（Regelungen）を指摘している。「ボン基本法（das Bonner Grundgesetz）の生みの親たちは、（……）ヴァイマール・モデルの憲法における憲法の破砕（Verfassungdurchbrechung）〔憲法を合法的に破砕すること〕を、〔ボン〕基本法七九条において、あらかじめしっかりと阻止したのである。この〔「ボン基本法」七九条における前もっての〕規定（Vorschrift）〔時間の効果〕は、憲法を破砕するあらゆる法律（jedes verfassungsdurchbrechende Gesetz）に先立って、基本法の文言（条文）を正面切って〔明文をもって〕変更し、または補充する、そういう憲法を変更する一つの法律（ein verfassungsänderndes Gesetz）が付される」[336]ことを、要求している。

【状況に関係づけられた法（権利）↓シュミットにおける実質的法律概念の不安定性——法（権利）・価値ではなく決断（事実的権力）に基づく憲政秩序（憲法）：Recht に対する Macht の優位↓形式的法治国家の破綻】

カール・シュミットは、かれの著作『合法性と正当性（*Legalität und Legitimität*）』（1932）において「実体を帯びた秩序化の試み（Versuch einer substanzhaften Ordnung）」[337]について語った。ところで、法（権利）（Recht）は状況に関係づけられている（situationsbezogen）、というシュミットの初期の見解に従うべきであるならば、かれの「実質的な」法律概念（»materieller« Gesetzbegriff）は、不安定な基礎の上に立っている。シュミットが憲法（憲政秩序）を、一般的に承認された諸価値においてではなく、単なる決断（Dezision）において、すなわち、事実上の権力（faktische Macht）を占有する政治的集団[338]において、確定することを意図していること、このことについて、ヘラー（Heller, Hermann）は、理解できない、と明言している。なるほど、法（権利）（Recht）を貫徹するためには権力（Macht）が必要である、という事実構成要件は、誤認されることが許されない。しかしながら、それ（権力）が法（権利）に先立っていることはないのである。一九三二年に事実上法治国家（Rechtsstaat）が決断主義的立法国家（der dezisionistische Gesetzgebungsstaat）に変形されたとき、法（権利）（Recht）が内容的に無差別なものになり、権力保持者たちの意思（der Wille der Machthaber）にのみ服するにすぎないことになれば、如何なる諸帰結が招来されかねないか、これが示されたのである。[339]シュミットは合法性システム（das Legalitätssystem）を破壊する意図を持っていた[340]、というゾントハイマー（Sontheimer, Kurt）の非難は、この文脈の中に組み入れられなければならない。[341]

【多元主義的諸集団間における決定を先延ばしにする型通りの妥協：代表制的民主制システムにおける憲法制定から政党意思を消去することの困難性：政党制・普通選挙制による人民意思の立法化↑シュミットの疑念↓

決定を先延ばしにする型通りの妥協（dilatorische Formelkompromisse）は、さまざまな多元主義的な諸集団の間の一義的でなく隠蔽された妥協であることが暴露された[342]、としてシュミットはこうした妥協を批判するのであるが、シュミットのこうした批判は、今日の観点からすると、脚色（dramatisieren）されているように思える。とりわけ、多元主義社会を保持することを前提にする以上、決定を先延ばしする型通りの妥協は、単なる決断（Dezision）によっては解消されえない。ここで中立的な第三者が置かれるとしても、結局のところ、この第三者はそもそも、如何にして、そして如何なる尺度に従って事態を決断すべきなのか、という問題はなお残ってしまうからである[343]。いずれにしても、シュミットは綱領的命題や決定を先延ばしする型通りの妥協に異議を唱えたのであるが、これによって少なくとも基本法（GG）の中には如何なる綱領的命題も受け入れられなかったわけである。このことは確認しておかなければならない[344]。これに対して、概念的に把握し難いと思われるのは、次のことである。すなわち、シュミットは、代表制的民主制というシステムにおいて、政党の意思（der Parteiwille）〔特殊な利害関心〕を（憲法の）制定、立法（法律の定立）（Verfassungs-Gesetzgebung）から消去することを要求するのであるが、こうした要求は、如何にして充たされ、そもそも一つの批判点であるべきなのか、このことは概念的に把握し難いのである。諸政党の自由かつ一般的な選挙を通じて育成された人民（国民）の意思（der Volkswille）を立法の中にもたらすことは、一般的には願わしいことであろう。その際、標準的な諸政党が、それに伴って協働（Zusammenwirken）が可能となるように思われる一つの妥協を見出しうるならば、それはもっぱら利点でありえよう。〔たしかに〕一つの憲法（憲政秩序）の内容は、ヘラーの意見に従っていえば、「決して党派的（parteimäßig）な諸要求から[345]」自由ではないであろう。〔しかしながら〕諸々の異質な多数派〔特別多数決〕（heterogene Mehrheiten）が一つの憲法律（Verfassungsgesetz）において成立することを〔シュミットがそうしているように〕疑わしいと見なすなどということは、同じく、ひとつの誇張された同質性の諸前提（Homogenitätsprämisse）というアスペクトの下でのみ〔後で頭の中で〕跡づけうること（nachvollzierbar）にすぎない。シュミットの議論を研究していて一度ならずどうしても胸に湧いてくることであるが、シュミットはシステム内在的批判（systemimmanente Kritik）〔議会制システムそのものを有効に機能させること〕などには好意をもてなかったのではなかろうか。〔シュミットの〕数多の議論は、原則的な自由主義に対する敵愾心というコンテクストにおいてのみ説明しうるものであり、そして、修辞的かつ示唆的な性格によって標識づけられるのである。[346]

【議会制・政党制を前提にした特別多数決という合法性システムにおける国権濫用の可能性：憲法律（基本原則）変更の禁止による憲政停止の防遏：合法性システムを超越するアプローチ→基本原則変更禁止規定の憲法制定権力による廃棄】

三分の二の特別多数決（eine qualifizierte 2/3-Mehrheit）による国家権力の濫用についてのシュミットのシナリオ（Szenario）は、ヴァイマール憲法のコンテクストにおいて跡付けうる。いずれにしても、諸々の憲法律（Verfassungsgesetzen）の〔そうした特別多数決による〕創出は、それが将来において単純な多数決原理に制限を設けるがゆえに、それ自身によって（per se）非民主制的である（とされる）。こうした指摘はシュミットのシステム超越的（systemtranszendent）なアプローチ[347]を示しているが、こうしたシュミットのアプローチはルソー主義的な民主制モデルに基づき、自由主義的構想により大きな明証性を付さないのである。シュミットが、憲法の諸規定に、それらの精神史的な要求や憲法（憲政秩序）の現実に関して——今日の代議士の地位を手掛かりにして明示されているように——「いちいちけちをつけている（zerpflücken）」とすれば、事態は些か異なった様相を呈している。合法性システムは、それが人民投票制（Plebiszit）のようなものになるならば、純粋性を失うであろう、というシユミットの言明は、同様に、こうした文脈において見られうる。ここではすでに、文献的理想の誇張が指摘された。今日の基本法（Grundgesetz）は、シュミット的要求にしたがって、それがそれらをあらゆる多数派（多数決）の意思から引き離すことによって、若干の内容的諸価値の保護を勘定に入れている。とはいえ、特定の諸目標——例えば、諸々の特定の市民権（Bürgerrechte）のそれら——の社会的評価はさまざまな変化に服している、ということは指摘されるべきであろう。正当化された諸要求に適応しえないような憲法〔憲法律〕は、憲法の現実〔憲政秩序〕との関係を失う。かくして、ムスクヌークは、基本法七九条三項における「永久保障（Ewigkeitsgarantie）」〔「ボン基本法」、一条及び二〇条の基本原則の変更禁止〕という問題構制を指摘している。たしかに、それは憲法〔憲法律〕変更による憲法〔憲政秩序〕停止を妨ぐことができるが、しかし、「それは、基本法七九条三項によって不可侵のものと宣言されている諸原理がそれらの正当性を失うことを排除しえない。そうなれば、基本法七九条三項は、これらの諸原理を立法者（Gesetzgeber）からのみ守りうるにすぎないであろう。憲法制定権力（die verfassungsgebende Gewalt）の担い手を、誰がこうしたものであるにせよ、それは何ら阻止しえないであろう[348]」。

【合法的権力占有による合法的権力濫用（平等な権力獲得機会の廃棄）の可能性：シュミットの提起する委任独裁制（＝急進民主制）による権力濫用の可能性は議会制的（多数政党制的）合法システムのそれよりも大きい】

以前の合法的な権力占有に基づくひとつの〔合法的権力濫用という〕特別報奨《プレミア》の創出というシュミットの指摘は注目に値する。しかしながら、シュミットは、プロイセン州議会における、いかがわしい——しかし合法的な——業務規則の変更（Geschäftsordnugsänderung）を例に挙げているが、かれ自身のこの例証は、それを以て急進的政党の権力掌握が妨げられうるのであれば、徹頭徹尾、かれ自身の諸々の「急進民主制的な」価値表象と一致しうる、ということは誤認されるべきではないだろう。かれは、人民投票的に正当化されたライヒ大統領の地位についてのかれ自身の熟慮された意見表明にあくまで囚われている。なるほど、合法性システムは、平等の権力獲得の機会を保証するこの〔民主制〕原理〔そのもの〕の取り消しに伴い、それ自身片づけられてしまう、というかれの言明は正鵠を射ている。しかし、権力濫用は黙示的にもっぱら合法性システムの形式性とのみ関連するであろう、という示唆は、決定的に退けられざるをえない。権力濫用の可能性は、特殊議会制的なものではない。かれによって提示された諸々の逃げ道の中には、とりわけ委任独裁制（die kommissarische Diktatur）という逃げ道の中には、シュミットが容認しようとしているよりも本質的により大きな〔権力〕濫用の可能性が潜んでいる。「しかし、モンテスキューの的確な言葉に従えば、責任感に溢れた政治家は、ひとつの欠陥のある状態を、かれがそれに代わる何か〈より善きもの〉を定立しうるかを知らないうちは、決して片づけてしまうべきではない[349]」。

c　全体国家への転換

【全体国家——国家と社会の相互浸透：社会の自己組織化——多元主義状況におけるシュミットによる国家と社会の差異性の解消：現在の国家においても残存する特殊政治的な統一性】

カール・シュミットは、かれがもちろんアンチ・テーゼとして捉えた国家と社会との浸透の増大を、多くの著述家たちよりもより明確に見ていた。この発展を、かれは今日ではもはや使われない言い回しで、全体国家（der totale Staat）への発展として特徴づけた[350]。かれは多元主義的な諸集団の権力を必要以上に大仰に特徴づけていたので、かれには新たな政治的状況が没落に見えていた。政治的な統一体（politische Einheit）は社会的サブシステムへと分割され[351]、全体国家はその脆弱さの刻印を帯びている（とされる）。市民の真実の国家信条（Staatsgesinnung des Bürgers）は失われ、諸団体や諸政党に対する忠誠義務（Treuepflicht）に転化しているとされる[352]。シュミットは二〇世紀における国家と社会の分離の廃棄をあまりにもラディカルに解釈した。なぜなら、かれはこれら〔国家と社会〕

の間の二元論を誤った形で参照基準と見なしたからである。[353] しかし、せいぜいのところ、国家と社会との間の交錯（Verschränkung）について語られえたにすぎない。それゆえに、ライプホルツ（Leibholz, Gerhard）は、論理整合的に、社会の自己組織化（Selbstorganization der Gesellschaft）についてのシュミットのテーゼを決定的に退けた。[354]「このことがとにかく説得力を持たないのは、われわれにおける国家はその現在の形象においてもまた特殊政治的な統一性として実際に現存しており、そして、この統一体は、多元主義的にも、もっぱら憲法の中立的、超党派的な対抗諸力（とりわけライヒ大統領）をもってしても、根拠づけられることはないからである」。[355] 基本的に、シュミットの予診の問題構制は国家と社会の誤った差異化（Differenzierung）において根拠づけられている。事実、シュミットの見立てに従いうるのは、ひとが法治国家（Rechtsstaat）の古典的な諸制度を国家的なもの（staatlich）と理解し、そしてそれらを越えて影響を及ぼそうとするあらゆる社会的な集団化（gesellschaftliche Gruppierungen）を締め出す場合だけである。シュミットの弟子のフォルストホフ（Forsthoff）においても見出されうるこうした古めかしい思惟を以て、シュミットは現代国家の認識への通路を自ら塞いでしまうのである。[356]

【現代的社会国家における正当化されうる諸利益をめぐる紛争の調停・調整の可能性を貶価するシュミット】

シュミットは、現代的社会国家（Sozialstaat）への構造転換と結びつけられている社会的に必然的な発展を見逃している。[357] すでに上で言及されたように、かれは平和的なコンフリクト調停への諸々の可能性や利益調整のそれらを、低く評価したといえよう。[358] かれが妨げようと努力している内乱（Bürgerkrieg）の危険は、正当化される諸利益が抑圧され、背後でくすぶっている場合には、逆に切迫しているのである。官憲国家（Obrigkeitsstaat）の崩壊以後の新しい国家像についての驚愕は、クロコフ（Krockov、Christian Graf von）によって的確に性格づけられている。「反政党感情や反議会感情、すでにグスタフ・ラートブルフ（Gustav Radbruch）が官憲国家の致命的欺瞞（die

Lebenslüge des Oblichkeitsstaats）と名づけていた国家指導の本質的な超党派性についての神話――これらすべての輪郭がはっきりとし、そして、最後には、その場合、カイザー主義的独裁制に導かれる、もっぱら総体的かつパニック的な凶暴な狂乱が、首尾一貫して帰結する」[359]。完璧な正当化を伴って、シュミットの議論はかれに向けられうる。社会的な諸団体の政治的能動性（活動）は、さもなければ権威主義的な性格を帯びかねないであろう国家の支配を妨げる。こうした社会的影響力の行使が疑わしいものとなるのは、一つあるいは少数の多元主義的な集団が優越性を獲得することに成功することになり、これに伴って、他の本質的な諸利益が押しのけられる場合だけである。いずれにしても、ヴァイマール憲法においても、ボン基本法においても、それらにおいて諸団体の協力が――こうした協力が望まれているにもかかわらず――国家的かつ政治的な意思形成に結びつけられうる諸規定は見出されないのであるが、このことについては、シュミットの言い分が認められざるをえない[360]。今日の連邦共和国における諸団体は――ヴァイマール共和国における諸政党と似かよって――「憲法の外部空間（ein extrakonstitutioneller Raum）」[361]の中に押し込められているのである。

5. 諸対案の検討

a　憲法の番人への諸注

【憲法を変更する法律を規制することを放棄したヴァイマール・ライヒ裁判所↓憲法の番人としての人民投票によって正当化されたライヒ大統領――法治国家の特性と人民投票的民主制との曖昧で危うい均衡：憲法の番人としてのライヒ大統領の人格性を誰が如何にして見極めるのか？：ボン基本法における憲法の番人としての連邦裁判所】

シュミットは、その時代には、誤ってそのように思い込まれていた憲法の「政治的な」部分を擁護する能力が国事裁判所（ライヒ裁判所）（Staatsgerichtshof）にあることを、認めなかった。そもそも憲法を擁護するということの特殊的な側面はどこにあるのか、という問いが立てられる。ライプホルツ（Leibholz, Gerhard）によれば、何故に国事裁判所は「やはりもっぱらこのような法的な（強調は著者による）種類のものでありうる」[362]憲法の諸々の侵害を罰しえないのか、これは洞察されえない。それに加えて、憲法の番人としてのライヒ大統領が、あくまで中立的であり、これに伴って公正でありつづけることは、容易ではないとされる。[363]ライプホルツは、政治的諸決断は、決断が厳密に憲法（憲政秩序）を志向し続けるならば、司法の性格を変更することはできない、という立場を主張した。しかし、司法は決して政治の正しい路線を規定しえない、という見解では、ライプホルツはシュミットと見解を同じくした。シュミットは、司法の誤った政治化についてのかれの見解において、孤立してはいなかったのである。かくして、憲法裁判所の可能性の強化に対する疑念が、スメントにより、そして、特定の手加減は伴ってはいたが、トーマによってもまた、声高に唱えられた（とされる）[364]。ヴェルナー・ヴェーバー（Werner Weber）は、ヴァイマール共和国において、司法の政治的意義の増大を観察していた。しかし、かれは、「判事権力（richterliche Gewalt）の進出のこうした正当性は……なお争われて……」[365]いた、と指摘している。司法〔機関〕（Justiz）は、憲法を変更する諸法律を規制することを放棄すること、このことを自ら明言していたし、そして、司法〔機関〕が対応する諸裁可を貫徹する可能性は僅かであったから、ライヒ大統領を憲法の番人として宣言する、というシュミットの決断主義的に動機づけられた意図は、今日の視点からみれば、まったく不条理なものとは思われない。[366]いずれにしても、その人民投票的に正当化された権威へ遡及することによってライヒ大統領を憲法の番人として宣言する、ということで問題になることは、フィヤルコフスキー（Fijalkowski, Jürgen））が憶測しているのとは異なり、全体的な統一国家への早まった転換ではない。[367]シュミットは、『憲法の番人』というかれの著作において、将来の出来事を先取りする意図をもっていない。かれはむしろ、フリードリヒ・エーベルト（Friedrich Ebert）が憲法の番人として現れた一九一九年から一九二四年の年月の諸経験を糧にしているのである。[368] 文献の中で、シュミットの構成は幾度も批判に晒された。強調されたのは、ライヒ大統領は「法治国家の特性と人民投票的民主制との曖昧で危うい立場（Zwielicht von Rechtsstaatlichkeit und plebiszitärer Demokratie）[369]」において動いている、ということである。連邦憲法裁判所（Bundesverfassungsgericht）を憲法の番人と名づけた[370]基本法の生みの親たちは、とにかく憲法の司法形式的な防護に対するシュミットの懐疑を無視して、連邦憲法裁判所（Bundesverfassungsgericht）を憲法の番人と名づけた。[370] カール・シュミットが咎められるのは、かれがライヒ大統領の人格にあまりにも大きな期待をかけたことである。委任独裁制と主権独裁制との間のコンフリクトは、かれ〔ライヒ大統領〕の人格の中では解消されえなかった。[371][372] シュミットはその人格的動機についても思い違いをしたと言ってもよかろう。ゴーロ・マンは、この誤謬をかつて別の文脈で性格づけた。「われわれ他の者はすべて……当時はモルトケではなく、ヒンデンブルクをナチ独裁制からの救済者として信じていた。かれが神話を背景にして見ていた利己主義的で誠実さを欠く老人は、民主制を救済しえなかったし、しようともしなかったのである[373]」。

b　神話に寄せて

【その正当化を自己自身から創造しえない近代の終焉→「政治的なるもの」の根源の在所としての啓蒙以前の神話への逃走（賭け）——神話の両義性】

カール・シュミットによる神話（Mythos）の再賦活は、世俗化された一神教的特徴を帯びている。二〇世紀における国家存在（Staatswesen）の誤って思い込まれている衰退、シュミットによればすでに啓蒙主義以来確定されうる発展の終結——こうしたことに対して、かれは神話への逃走を以て対抗しようとする。このことと結びつけられているのは、かれにとっては、その理念的な諸基礎、いわばその正当化を自己自身から創造しえない近代の終焉である。しかし、神話に対する、神話から出発する諸々の――理念的な、同じく実践的な――危険に対する、シュミットの徹頭徹尾両義的な関係は、かれが神話に賭けることを妨げなかった。トーマの見解によれば、シュミットは、「諸神話の破壊的多元主義の可能性、したがって〈多神教〉の可能性」どころか、何ものも恐れてはいない[374]。神話への信仰は、「政治的なるもの」の諸々の根源を啓蒙化以前の時代の中に探す進歩批判的な思惟に対応している。神話という思惟範疇は、あらゆる政治的諸概念は世俗化された神学的概念である、というかれのテーゼの修正であることが明らかになる。

C　議会主義批判 II――ユルゲン・ハーバーマスによる肯定

I　はじめに

【ハーバーマスと「フランクフルト学派」：「批判理論」、ドイツ観念論、フロイト・マルクス主義的「イデオロギー批判」：「左派ファシズム」との訣別：「批判理論」における「理性」批判の展開→「コミュニケーション行為の理論」――特殊類的な言語能力・理性的主体への志向→言語行為論・討議倫理：実証主義論争、解釈学論争、システム論論争、ポスト・モダニズム論争：歴史家論争：議会主義批判の連続性と非連続性】

社会学者ユルゲン・ハーバーマスは、今日外国でもっとも名声を博している戦後ドイツの学者の一人である。一九五六年から一九五九年までの〔フランクフルト大学に付設された〕「社会研究所」(Institut für Sozialforschung) におけるかれの活動を通じて、ハーバーマスは、フランクフルト学派の周辺のフィールド (Umfeld) に親しみ、そして、かれの学問的活動を、ヴィッガーハウス (Wiggerhaus, Rolf) が的確に定式化したように、はじめは、「急進的に社会批判的でフロイト・マルクス主義的な背景考察[1]〔イデオロギー批判〕の表象」と結びつけた[2]。一九六四年に「社会研究所」に戻ってきてから、かれはまもなく「批判理論」(Kritische Theorie)の重要かつ独自な代表と見なされるようになった。[3]この時代のかれの思惟は、〔いわゆる〕ヘーゲル・マルクス主義的な思惟構造と近いものであった。[4]とはいえ、ユルゲン・ハーバーマスは、もともとは、決して「フランクフルト学派」[5]に属していたわけではない。かれは、精神科学的にヘーゲルやディルタイを志向していた〔当時ボン大学にいた哲学的人間学の〕ロータッカー(Rothacker, Erich)を指導教授として、〔シェリングに関する思弁的な〕博士論文を準備していた。[6]かくして、ハーバーマスにおいて、「ドイツ観念論の深奥にある意味とマルクス主義的イデオロギー批判への執着(Hinterfragungsmanie)」[7]とが興味深い形で混交したのである。一九六二年には、多くの注目を集めた〔マールブルク大学のアーベントロートに提出された〕かれの教授資格論文である『公共性の構造転換(*Strukturwandel der Öffentlichkeit*)』[8]が公刊された。このテクストは本著においても検討の対象となるであろう。イェーガー(Jäger, Wolfgang)の語るところによれば、この『公共性の構造転換』という著作には、「今日の議会主義の精神史的基礎」についてのシュミットの研究がヴァイマール共和国〔期〕の国家学に対してとっていたのと同じ位置関係〔法実証主義及び形式的法治国家論に対する批判〕が、ドイツ連邦共和国〔期〕の国家学に対してとられていることが認められる。[9]数多の刊行物において、ハーバーマスは、単なる社会学的な問題設定を越える諸テーマを扱っている。[10]一九六八年の学生たちの反乱の時期に、かれは左派の特定の諸立場からはっきり袂を分かち始めている。反抗する学生たちの諸党派に対してかれが投げかけた「左翼ファシズム(Links-Faschismus)」という非難は、はっきりした区切り目を標識づけている。[11]しかし、かれは「批判的理論」からまったく疎遠になったわけではないことを繰り返し表明した。[12]今日、かれは「コミュニケーション行為の理論」(Theorie des kommunikativen Handelns)を志向している。〔「批判理論」における理性批判のモティーフを継承発展させたハーバーマスとその「批判理論」との〕共通項について、かれの見解に従って端的にいえば、「類に固有の言語能力(gattungsspezifische Sprachkompetenz)は、……人間たちが理性能力を有している（zur Vernünftigkeit fähig sein）ことの必要かつ同時に充分な条件」である。[13] 最近においても、ハーバーマスは、批判的〔社会〕理論にとって典型的な主体志向（Subjektorientierung）を依然として保持している。[14] 家族という主要集団のそれらのような、社会的諸主体へのハーバーマスの固有な志向について知らなければ、かれの諸立場を理解することはおよそ不可能であろう。[15] ハーバーマスは、かれの学問科学に付きまとう論争性（Streithaftigkeit）を繰り返し明らかにした。六〇年代の「実証主義論争（Positivismusstreit）」において、かれは自らのプロフィールを描いた。[16] かれはＮＡＴＯ軍の増強、原子力エネルギーの利用強化、西側の離陸用滑走路の建設といった諸問題における大きな政治的諸論争にコミットしたが、これらにおいてと同じく、八〇年代の歴史家論争（Historikerstreit）において、ハーバーマスはかれの批判的態度によって衝撃を与えることができた。〔たしかに〕現存する議会制システムに対する五〇年代の終わりと六〇年代の初めのかれのきわめて批判的態度を、かれは八〇年代には〔もはや〕維持してはいない。とはいえ、民主制的な多数決規則や法治国家の権力独占に対するかれの批判的態度において反映されている一定の連続性は確定されうる。[17]

【公共性（公開性）の概念：①「ブルジョア的公共性」（「代表制的公共性」）理念と議会主義機能の相互関係、ブルジョア的公共性及び議会主義の社会的・政治的な構造機能転換：②形式的「法治国家」批判——法治国家的権力独占（濫用）と国家権力の正当化の批判 ↓システムに内在する危機：付論——シュミット批判：③公共性の諸類型とその変容、④正当性概念と市民的不服従】

第一部（第Ⅱ節）では、ハーバーマスの議会主義理解にとって放棄しえないものであることが明らかである公共性（公開性）の概念（der Begriff der Öffentlichkeit）がその部分的側面において表象される。ハーバーマスにとっては、ブルジョア的公共性（公開性）の理念と議会主義の機能との間には、ひとつの相互的（互酬的）連関が存する。[18] 代表制（再現前）的公共性（公開性）（die repräsentative Öffentlichkeit）の類型の考察に結びつけられているのは、ブルジョア的公共性（公開性）の政治的な機能と理念の分析である。とりわけ注目しなければならないのは、ハーバーマスが観察していると考えている社会的かつ政治的な機能転換である。別個の節では、近現代の法治国家（der moderne Rechtstaat）に対するかれの特殊な批判が立ち入って検討される。そこでは、国家的正当化と法治国家的権力独占が言及される。それに続いているのは、システムに画一的に内在する諸々の危機の克服のためのかれの諸々のアプローチの記述である。言及されている詳説区分で取り上げられている諸観点への包摂から切り離されている付論においては、シュミットの諸著作、『政治神学（*Politische Theologie*）』（1922）、『現代議会主義の精神史的状況（*Die geistesgeschichtliche Lage des heutigen Parlamentarismus*）』（1923）についてのハーバーマスによる比較的新しい論評が評価される。この章の第二部（第Ⅲ節）では、かれの理論に対置されうる諸々の異論が取り扱われることになろう。批判的社会理論の諸含意に対する、そして、それを越えた諸々のアプローチに対する、一般的に理解されうる批判と並んで、公共性の類型が議論されている、これに結びついている諸々の詳説（C.II. 6.c）は、政治的な公共性（公開性）の誤って思い込まれているひとつの変容と、かれの初期の解決アプローチとの、問題構制に向けられている。これに加えて、かれの正当性概念（Legitimitätsbegriff）と暴力から自由な抵抗と市民的不服従との複合（Komplexe gewaltfreien Widerstandes und zivilen Ungehorsams）とについての議論が続いている。

Ⅱ　政治システムの発展と変容の過程

1.　公共性（公開性）の概念

【ブルジョア的公共性（公開性）：私見（Meinung）→反省を欠く公見（öffentliche Meinung ohne Reflexion）→理性的判断（批判）（Räsonnement）を伴う反省された公論（Publikum）——公共福祉（Gemeinwohl）という課題：家（oikos）と国家（polis）、広場（agora, forum）、市場（Marktplatz）】

ハーバーマスは、かれの『公共性（公開性）の構造転換（*Strukturwandel der Öffentlichkeit*）』（1962）をブルジョア的公共性（公開性）という類型についての社会学的に刻印された研究として特徴づけている。[19] かれが選択している手順（Vorgehen）によれば、歴史的な構成諸要因は、どうしても後退せざるをえない。ハーバーマスは、公共性（公開性）（Öffentlichkeit）の概念を公共的意見（公論）（öffentliche Meinung）〔輿論〕と密接に結びつけ、そして、そのかぎりで、そこにひとつの合理的関係〔論証的言説、コミュニケーション的理性〕が存〔内在〕することを推定している。「われわれはさしあたり、公共性（公開性）という言葉で、そこで公共的意見（公論、輿論）のようなものが形成されうる、そうしたわれわれの社会的生活の一領域〔「生活世界」〕を、理解している」のである。[20] ドイツではようやく一八世紀に今日の〔公共性（公開性）という〕言葉が使用されるようになった（とされる）。ハーバーマスは、「意見（私見・臆断）（opinion）〔Meinung〕」〔さしたる根拠のない思い込み〕と「公見（公論）（opinion publique ないし public opinion）〔öffentliche Meinung〕」とを区別している。啓蒙主義（Aufklärung）の時代〔一八世紀以降〕においては、単純かつ無反省の公見〔輿論・世論〕〔öffentliche Meinung〕〔いわば即自的（an sich）な公見〕には、公論（Publikum）の——ブルジョア的公論の——理性的論議（Räsonnement）によって標識づけられた（とされる）補完物〔いわば対自的（für sich）な反省的公見〕が対置されていた（とされる）。[21] 公共性（公開性）とは、見たところ、〔Publikumとしては〕ハーバーマスにあっては、近代的な政治的諸文化の特殊（speziphisch）な構造原理〔自覚化・反省化・合理化された論証空間〕として示されているのである。[22] かれは公共性（公開性）という概念を、さしあたり国家的領域に組み入れている。国家は「公共性（公開性）という属性をあらゆる同種の仲間たち（Artgenossen）の公的な――共同の――福祉を配慮するというその課題に負っている」[23]。ハーバーマスは、今日の公共性（公開性）概念を、歴史的にルネサンスの受容を越えてギリシア的古典古代にまで遡及させうると考えている。そこでは、「ポリス（Polis）の領域」が一義的に「オイコス（Oikos）の領域」から区別されていたとされる。市場（Marktplatz）〔agora, forum〕〔開かれた邂逅・言説・交換のトポス〕において存在した公共（公開）的生活は、市民たち〔politai, cives〕の会話と公共（公開）的行為において表現されていたわけである[24]。

2. 再現前（代表）的な公共性（公開性）の本質

【古典古代的な公共性（公開性）と西欧中世的なそれとの概念差異――西欧中世の土地支配者の人格における〈公・私〉、〈開・閉〉の統一（封建制的・家産制的な支配）：公共（公開）的に再現前（代表）される土地貴族（領主）（～君主）の人格（支配）――人格的支配（Persönliche Herrschaft）：中世的・再現前的な公共性（公開性）（repräsentative Öffentlichkeit）の消滅 ↔ ブルジョア的私人性（内閉性）（bürgerliche Privatheit）（Geschlossenheit）→国家とブルジョア社会の分離――国家に対するにブルジョア層の私的自律性（private Autonomie）：中世～近世――公私、開閉の未分化～分化】

ヨーロッパの中世においては、ハーバーマスの見解に従えば、古典古代（Antike）においては確定されえなかったような公的（öffentlich）な〔開かれた〕領域と私的〔閉じられた〕（privat）領域への厳密な差異（化）（Differentierung）があった。このことは、私的な諸属性と公的なそれらとを統一した土地支配者の人格（Person des Grundherrn）において表現されていた。近代における農奴制の廃棄を通じて、土地支配者の公共（公開）的な諸機能は失われる。したがって、中世的な公共性（公開性）概念は、古典古代のそれとは異なるものであった（とされる）[25]。とはいえ、中世封建制社会において現前していた公共性（公開性）について語られなければならない（とされる）。君主の支配は公共的に〔開かれた形で〕再現前（代表）（öffentlich repräsentieren）される。このいわゆる再現前（代表）的な公共（公開）性（repräsentative Öffentlichkeit）は、その占有者により高次の権力（Gewalt）を体現させる地位徴表や属性に結びつけられている（とされる）[26]。宮廷騎士的な公共性（公開性）は、ハーバーマスの意見によれば、スペイン的儀式において絶頂を極める。人文主義において、再現前（代表）的公共（公開）性の類型は変容されはじめる（とされる）。土地貴族（Landadel）は君主の人格（Person des Fürsten）のために次第に意義を失っていく（とされる）。絶対主義において、ハーバーマスの見解によれば、再現前（代表）的公共性（公開性）は最後の開花に達する。再現前（代表）的公共性（公開性）はその開花の表現をバロック的祝典において見出すであろう。ひとはさまざまな祝典の場としての街道を去り、そして、これらを城や大庭園の中に移す[27]。ようやくブルジョア的名望家内閣の排他性（内閉性）への移行に伴って、公共性（公開性）は最終的に締め出され、再現前（代表）的な公共性（公開性）の類型は消滅する（とされる）。ブルジョア層は、その臣民的地位の意識において、特定の公共性（公開性）（Öffentlichkeit）の概念に私人性（内閉性）（Privatheit）〔Geschlossenheit〕の概念を対置する（とされる）。この過程は、ハーバーマスによれば、一八世紀と一九世紀の経過において進展する。ブルジョア社会（die bürgerliche Gesellschaft）は、自らに諸々の私的自律性（private Autonomien）を確保するとされる。私的領域は国家に対して自律的に対立するのである[28]。

【ブルジョア世界における公共性（公開性）（Öffentlichkeit）・公見（Publikum）の変容――再現前（repräsentieren）するそれから理性的に論議（räsonieren）するそれへの変容】

文献的には、ハーバーマスはこの発展をゲーテの小説『ヴィルヘルム・マイスターの修業時代（*Wilhelm Meisters Lehljahre*）』を手掛かりにして描いている[29]。そこでは、〔その主人公の〕若きヴィルヘルムは、ある書簡の中で、〔かれが現に生きている〕ブルジョア世界から訣別〔しようと〕している。ブルジョアにとっては再現前（repräsentieren）することは不可能であるから、[30]かれはこの欠如を、かれにこのこと〔再現前〕を可能にせしめうると思われる演劇キャリアを積むことによって、埋め合わせをしようと試みる。ヴィルヘルム・マイスターの生涯の目標が挫折せざるをえなかったことは、ハーバーマスの見解によれば、公論（Publikum）が再現前（repräsentieren）するそれから理性的に論議（räsonieren）をするそれへと変容することと関連している。[31][32]

【憲法学・修辞学・教会制度における再現前（代表）概念の残存：ブルジョア的公共性（公開性）における再現前（代表）（Repräsentation）概念の討議（Diskurs）概念との交替】

カール・シュミットに依存して、[33]ハーバーマスは、今日の憲法学（Verfassungslehre）において再現前（代表）概念（Repräsentationsbegriff）が維持されていることについて語っている。「こうした憲法学に従えば、〈再現前（代表）〉（Repräsentation）は公共性（公開性）（Öffentlichkeit）の領域においてのみ現出しうるのである。……私的な事柄（Privatsache）であるような如何なる再現前（代表）も存在しない」[34]。その際、修辞学的定式化（rhetorische Formulierung）は再現前（代表）的公共性（公開性）（repräsentative Öffentlichkeit）の一部として数えられるが、[35]それは討議（Diskurs）がブルジョア的公共性（公開性）（bürgerliche Öffentlichkeit）の一部として数えられるのと同じである。[36]ハーバーマスは、とりわけ、あらゆる時代に教会において一定の空間を有してきた教会制度（宗教的儀式）（Geistlichkeit）を指摘している。儀式、典礼、ミサ、行列において、再現（代表）的公共性（公開性）の類型がそこでは維持されている。[37][38]ハーバーマスは、再現前（代表）的公共性（公開性）の類型の叙述と変化にあいかわらず固執しているのである。[39]

3．自由主義的・ブルジョア的国家における公共性（公開性）の課題

a　公共性（公開性）の政治的機能のための保障と表現としての議会主義

【再現前的公共性（公開性）と断絶したブルジョア的公共性（公開性）――文学的公共性（公開性）～政治的公共性（公開性）――公開討論（Diskussion）＝論議（räsonieren）する公衆（公論）（Publikum）：君主制の秘密政治（Arkanpolitik）に対する民主制の公開性：合理的統治――私的ブルジョアの理性的討論：絶対主義的支配の意思（voluntas）に対する立法（Gesetzgebung）によって道具化された理性（ratio）の対抗：公開討論過程において対象化される理性（Vernunft）→法律の両義性（二つのアスペクト、形式的かつ実質的な核を有する定立（限定）された法（Recht）としての法律（Gesetz））――法律の形式性としての一般性・抽象性〔形式的理性〕とその実質性としての合理性（Rationalität）〔実質的理性〕：Bürgertum=Publikum?】

ブルジョア的公共性（公開性）は、ハーバーマスにとって初期の公共性（公開性）の再現前（代表）的性格との見極めうる断絶を呈示している。ブルジョア的公共性（公開性）の性格は討論（Diskussion）であるとされる。〔論議する〕公衆（Publikum）は、もはやサロンやカフェに集まる（sich versammeln）のではなく、文学的なサークルやクラブで理性的な論議（批評）（räsonieren）をするようになる（とされる）。一八世紀の初めには、ハーバーマスの見解に従えば、イングランドでこのような文学的公共性（公開性）から政治的公共性（公開性）（politische Öffentlichkeit）が形成され始める。[40] しかし、まだ君主の秘密政治（Arkanpolitik）に対して公開討論（Publizität）という自由主義的な原理が対置されるまでには至っていない（とされる）[41]。支配（Herrschaft）を合理的（理性的）（rational）に形成しようとする試みは、後に私的ブルジョアたちの公開的な理性的論議（das öffentliche

Räsonnement privater Bürger）において形姿を現すことになるであろう。理性（ratio）という思惟範疇は、立法を介して道具化（instrumentalisieren durch Gesetzgebung）され、論争的（polemisch）に、意思（voluntas）である絶対主義的な支配（Herrschaft）に対抗して現出することになる。議会（Parlament）や公共圏（公衆）（Publikum）における公共（公開）的な討論の過程を通じて理性（Vernunft）が対象化される、という想定において、諸法律の形式的かつ実質的な核（der formelle und materielle Kern der Gesetzen）が表現される。ここでは、一般性と抽象化（Allgemeinheit und Abstraktion）は法律の形式的（formell）な性格に、合理性（Rationalität）は法律の実質的（materiell）な性格に、対応している。[42]

【政治的公共性（公開性）――理性的論議（討議）をする公衆→公共性（公論）を再現前（代表）する機関としての議会：ブルジョア社会と国家権力との自己媒介機関としての政治的公共性（公開性）↑社会的前提としての経済的自由主義――ブルジョア社会の私化（Privatisierung）→私的商品交換を規制するブルジョア私法（形式的・抽象的な一般性）（抽象法としての契約）↑市場の（自生的）秩序化機能→ブルジョア的法治国家における政治的公共性：ブルジョア的（形式的）法治国家が必要とする形式合理的な司法と行政】

政治的公共性（公開性）の発展過程において、ハーバーマスによれば、身分制議会（Ständeparlament）は、理性的論議を遂行する公衆（公共圏）（das räsonierende Publikum）の影響を通じて、再現前（代表）的機関（das repräsentative Organ）に変容する。[43] 議会の諸会議（Parlamentsitzungen）から公共性（公開性）を締め出すことは、長期的には、堅持されなかった（とされる）。[44] 一八世紀末にこの過程は閉じられた。イギリス議会は、一八三二年の第一回選挙法改正案（Reformbill）の可決以来、公論（öffentliche Meinung）の一機関の役割に適合するようになった（とされる）。いまや、票決（Abstimmungen）で裏打ちされた議会諸党派（Parlamentfraktionen）にも、公共性（公開性）に向かうことが可能であった。多数派は、それゆえに、議会の諸決定を「理性・論拠（reason）」によって正当化（legitimieren）することが強いられていると見られた（とされる）。議会の諸討論は、この時代には、事柄に即したそれらの論議・論証（Argmentation）によって標識づけられた（とされる）[45]。ドイツでは、ハーバーマスの見解によれば、議会主義の理念は一九世紀の三〇年代に至るまで依然として実現されていなかった。古い身分制的な諸構造が、すなわち、官憲とブルジョア層（Obigkeit und Bürgertum）との厳格な分離が、ドイツにおいては、イギリスやフランスよりも長く維持されていた。とはいえ、ドイツでは、一八世紀末ごろには、批判的に反省する公共圏（ein kritisch reflektierendes Publikum）が形成された（とされる）。私的な読書サークルや読書会が創設された。ハーバーマスの見解によれば、それらは公共性（公開性）の形成に本質的に役立ったのである。官憲権力の強制措置（Zwangsmaßnahmen der oblichkeitlichen Gewalt）もまた、この関連を示していた[46]。新たに成立した政治的公共性（公開性）は、一九世紀の君主制のイメージを変えたのである。「政治的に機能する公共性（公開性）は、ブルジョア社会とその諸欲求に対応する国家権力（Staatsgewalt）との自己媒介の一機関という規範的地位を獲得する」[47]。その社会的な前提条件として明らかにされたのは、ハーバーマスの見解によれば、経済的な自由主義である。自由主義的な経済諸関係のモデルは「ブルジョア社会の私化（Privatisierung）へと導かれた」[48]。私的な商品交通（der private Warenverkehr）は新たに作成されたブルジョア的私法（das bürgerliche Privatrecht）によって規制された。私法は伝統化された身分制的な法（権利）の諸形態（Rechtsformen）の解体以後に確立されはじめた。ブルジョア社会の経済的解放は、ハーバーマスの見解によれば、ブルジョア的法治国家（der bürgerliche Rechtsstaat）における政治的公共性のまったき形成に導かれた。市場の秩序化機能は、恣意的な国家介入を法（権利）の確保という意味で防遏するために、諸々の法（権利）的な保障を要求したのである。ブルジョア的法治国家は、独立した司法（Justiz）と、合理的批判基準（rationale Kriterien）に従って職務を遂行する行政（Verwaltung）とを、必要としていた。ブルジョア的法治国家は、それよりもなによりも、恣意的なエレメントを合理的な立法（rationale Gesetzgebung）を通じて締め出すことを意図して、政治的に機能する公共性（公開性）の一国家機関〔立法機関としての議会〕を構成（立憲）化すること（Konstituierung）〔国制のうちにそれを構成する一要因（機能）として位置づけること〕を要求したのである[49]。ブルジョア的公共性（公開性）は、思惟範疇からして、支配から自由（herrschaftsfrei）である（とされる）。

【ブルジョア的法治国家の法律概念（Gesetzesbegriff）に含意された両義性（理性（ratio）と意思（voluntas）、形式性と実質性）：法律の支配→支配一般の解体への願望：正統（当）性概念（Legitimitätsbegriff）の変容（正統性～正当性）と主権概念の相対化：理性的論議（Räsonnement）による意思・恣意（voluntas）の裁量——意思（voluntas）に対する理性（ratio）の優位・先在性（Priorität）→君主主権～人民主権】

ハーバーマスは、シュミットに依拠して[50]、ブルジョア的法治国家の君主制に対する闘争において法律概念（der Gesetzesbegriff）が質的に変化したことを認識したと考えている。法律概念は、もはや理性（ratio）だけを充たすことは許されず、「ひとつの意思表現（Willensausdruck）」の形式において、「強制的（gewaltsam）に（権力によって）貫徹された支配要求[51]」を反映する（とされる）。こうした発展を通じて、議会（das Parlament）は国家的「権力（Gewalt）」〔機関〕となる（とされる）。とはいえ、一九世紀には、ハーバーマスの見解によれば、ひとつの合理的な立法（rationale Gesetzgebung）についての思惟範疇の諸特徴が維持されている[52]。「法律の支配（Herrschaft des Gesetzes）[53]」への信仰が、「支配一般の解体（Auflösung von Herrschaft überhaupt）[54]」への願望を担っている（とされる）。これに伴って正統（当）性概念（Legitimitätsbegriff）の性格もまた変容するとされる。ハーバーマスが主権概念（Souveränitätsbegriff）はひとつの相対化を経験する、ということを語るとき、かれはルソーに対抗しているのである。君主制的主権は単純に民主制的主権に変容することはなく、むしろ、〔後者においては〕意思（voluntas）が理性的論議（Räsonnement）

によって裁量される（とされる）[55]。

【一九世紀における自由主義的ブルジョア的公共性モデル――ブルジョア層の（私的）利益＝国民的公益、第三身分＝国民（という虚構）――教養ブルジョア層の一定の役割――一定の現実性？：制限選挙権――意見形成過程からのプロレタリアートの排除】

公開討論（Publizität）の原理は、ハーバーマスに従えば、個人的な自由概念（individueller Freiheitsbegriff）の領域から国家装置（Staatapparat）へと移される。「議会の諸取引（協議）（Parlamentsverhandlungen）の公開討論（Publizität）は、公見（輿論）（öffentliche Meinung）にその影響力を確保させ、代議士たちと選挙人たちとの間の関連を一つにして同一の公共圏（公共の論議空間）（Publikum）の諸部分として確保させる」[56]。ブルジョア的公共性（公開性）のモデルは、一般的かつ自由な通路の可能性を必要とする。ブルジョア的公共性（公開性）は、標準的な諸集団が意見形成（Meinungsbildung）から締め出されていると見られる瞬間に、時代遅れとなってしまう。〔けれども〕その際、ハーバーマスの見解によれば、階級選挙権〔制限選挙権〕（Klassenwahlrecht）は、それが一般的に受け入れられた現状（einen allgemein akzeptierten status quo）を――例えば、教養ブルジョア層が排他的に協働していること（ausschließliche Mitwirkung des Bildungsbürgertums）を――証明することに役立つのであれば、それ自身によって（per se）、必ずしも排除（Ausschluß）と見なされなければならないわけではない[57]。ハーバーマスの想定によれば、一九世紀には「自由主義のモデルは、ブルジョア階級の利益が一般的利益と同一化されえていたかぎりで、そして、第三身分が国民（Nation）として確立されえていたかぎりで、現実に近づけられ（ていた：著者挿入）のである[58][59]」。

b　ブルジョア的公共性（公開性）の理念とイデオロギー（虚偽意識）

【ブルジョア的公共性における公見（公論）（öffentliche Meinung）―ロック、ベンサム：批判的公共圏及び議会における理性的論議（Räsonnement）：ルソーにおける自然的本能としての「一般意思（volonte générale）」――人民の臆断（習俗・慣習）（Meinung des Volkes）としての憲政秩序精神（Geist der Verfassung）：超越論的表象としてのルソー的「一般意思」（法律＝習俗）：公共性（Öffentlichkeit）と公論（öffenliche Meinung）の関係を定式化したベンサム：ルソーと重農派に対して批判的なハーバーマス：議会の公共性によって永続的に規制される執行機関：執行機関↑議会（立法機関）↑公共圏：公共性における「意思」に対する「理性」の優位（先在性）を強調するハーバーマス】

ハーバーマスは、ブルジョア的公共性（公開性）（bürgerliche Öffentlichkeit）にとっての公共的意見（公論）（öffentliche Meinung）の顕著な意義を指摘している。「意見〔私見・臆断〕（opinion）」という本来的な概念は、完全には反省されていない私見（Meinung）〔さしたる根拠のない思い込み〕を象徴するから、このこと（公論）をいまだ表現していない。[60] しかし、すでにジョン・ロック（John Lokke）において、「意見」（»opinion«）という概念は、その偏見という性格（präjudikativer Charakter）がなくなっているかぎりで、変容を遂げている（とされる）。「意見（opinion）」という概念は、最終的には、「公共精神（public spirit）[61]」という概念を介して形姿の転換を始める（とされる）。「一般的意見」（»general opinion«）というロックの概念は、公共的諸案件についての私的ブルジョアたちの理性的論議（Räsonnement）のために保持された（とされる）。「一般的意見」（»general opinion«）という概念からは、まもなく「公見（公論）」（»public opinion«[62]）が成立した（とされる）。フランスでは、まさしく重農派の人たち（Phisiokraten）が、「公見（公論）」（»opinion publique«）という概念のもとで批判的公共圏の理性的論議（das Räsonnement eines kritischen Publikums）を捉えていた。ルソー（J. J. Rousseau）は、この概念のもとに――直接民主制において必要な主権者の現前（Präsens）という観点において――喝采（Akklamation）のために集められたブルジョアたちを理解していたが、しかしまだかれらの理性的論議（Räsonnement）を理解していなかった〔とされる〕[63]。ルソーの『社会契約論（*Contrat social*）』は、誤って思い込まれた社会の文明的退廃に対して書かれていた（とされる）。一般意思（volonté générale）は、反省されない自然のままの本能（unreflektierter natürlicher Instinkt）として呈示されている（とされる）。「かくして、ルソーは、モンテスキューに反対して、憲政秩序の精神（der Geist der Verfassung）を、大理石の中にも鉱石の中にも刻印されているのではなく、公民たちの心情（Herzen der Staatsbürger）の中に、そして、これはすなわち、私見（opinion）の中に——わたしは、習俗規範（Sitten）、慣習（Bräuche）、そしてとりわけ人民の私見（臆断）（Volksmeinung）について語っている——係留されている、と見ている」[64][65]。ハーバーマスの見解によれば、私的な利害関心——そして人民の政治的意見の対応する媒介——は、一般意思（volonté générale）とは一致しえない。公共（公開）的討論をルソーは、デマゴギー（大衆煽動）ゆえに、見当違いのものと見なしている（とされる）。ハーバーマスの説明によれば、ルソーの一社会は、法律と習俗規範（Gesetz und Sitten）が合致するとすれば、超越論的な諸表象に対応することになるであろう[66]。ハーバーマスによれば、重農派モデルは批判的な公共性（公開性）を絶対主義的君主を修正するもの（Korrektiv）として捉えているが、そして、ルソー的民主制モデルは討論なしに成立した一つの公共的意見（公論）しか識らないのであるが、ハーバーマスはこれら両モデルにおける、「公見」（»opinion publique«）の概念適用を批判している[67][68]。かれ〔ハーバーマス〕自身は、公共性（公開性）（Öffentlichkeit）の諸原理と公意（公論）（öffentliche Meinung）との間に新種の関係性を定式化した（とされる）、ジェレミー・ベンサム（Jeremy Bentham）の詳説に、傾いているように見える。執行機関（die Exekutive）は、議会の諸会議の公共性（公開性）（Öffentlichkeit der Parlamentssitzungen）を通じて、永続的に規制されるべきである（とされる）。求められているのは、公共圏と議会（Publikum und Parlament）との間で相互に影響を与え合うことである（とされる）。議会は、公共（公開）的意見（公論）形成過程（der öffentliche Meinungsbildungsprozeß）において明らかになった諸々の認識に遡及しうるし、他方、公共圏は別の面で議会を介してさまざまな情報を開示されうる（とされる）。ようやく議会の外部と内部の公共性（公開性）が、絶えざる政治的討論と議会の――「バーク（Burke, Edmund）が表現していたように、支配を意思の事柄（matter of will）から理性の事柄（matter of reason）へと移す[69]」という――内在的機能とを確定しうる（とされる）。

【階級対立による公見（公論）の分断（友敵関係）――単なる権力制限としての公見（公論）：権力の解体ではなく権力の分割に向かうイデオロギー（虚偽意識）に変容するブルジョア的公共性→批判的公論の消失】

ハーバーマスは、一九世紀の変化した社会的状況の下で、合理的支配の理念（Idee rationaler Herrschaft）が抑圧され始めている、と考えている。ブルジョア的な公共性（公開性）の原理に固執することは、公共圏（Publikum）の事実上の拡大を通じて時代錯誤的になった（とされる）。いまや階級対立は、ハーバーマスの見解によれば、公見（公論）の分断（Aufspaltung der öffentlichen Meinung）へと導かれたのである。カール・シュミットに奇妙にも概念的に近づいて定式化すれば、公見（公論）の内部で「友・敵―諸関係（»*Freund-Feind-Verhältnisse*«）[70]」をもはや避けられなくなったのである。対置された利害関心（Interessen）は公共性に押し寄せ、それぞれメガホンを求めていた。その都度の公見（公論）は、いまや強制的性格を展開していた。なぜならば、諸々の逸脱する意見はもはや寛容に受け入れられないであろうからである[71][72]。「政治的に機能する公共性（公開性）は、権力の解体（Auflösung der Macht）という理念のもとにはなく、それはむしろその権力の分割（Aufteilung der Macht）に役立っている。公見（公論）は、単なる権力制限（Gewaltenschranke）となる[73]」。ハーバーマスがこのように書くとき、かれは政治的変化の性格を認識したと考えている。いまや自由主義は、ハーバーマスの見解によれば、意識的に、少数派に陥ったブルジョア的公共性（公開性）（bürgerliche Öffentlichkeit）の影響力を守るために、再現前（代表）的公共性（公開性）（repräsentative Öffentlichkeit）の諸エレメントに賭けている。[74] そのブルジョア的公共性（公開性）の理念はイデオロギーに変容したのである。公共性（公開性）の量的拡大は、その没落と同じことを意味した（とされる）。それは批判的な公共的（公開的）論議（kritische Publizität）[75] を失った（とされる）。

4. 公共性（公開性）の社会的構造転換

【自由主義の危機――資本の集中と保護貿易の要請、市場メカニズムの機能障害（経済・社会への国家の介入――秩序化の機能と課題を担う国家（Staat als Hersteller und Verteiler, Ordnungsgarant und Leistungsträger）：私法・公法・社会法――自由主義的法治国家の社会的法治国家への変容：国家の社会化＝社会の国家化）】

一九世紀末には自由主義は危機に陥る。経済における自由貿易の要請からの〔保護貿易のそれへの〕転換と増大する資本の集中化は、ハーバーマスの見解によると、この発展の標識であった。国家は、ますます私的自由権（private Freiheitsrechte）に介入することを自らが強いられていると見ていた。[76] 私的セクターにおける少数のブルジョアたちの権力の増大（Machtzuwachs）に、政治的な平衡錘が対置されなければならなかった。選挙権改革（Wahlrechtsreformen）が行われることになった。それよりもなによりも、国家はますます、伝統化された秩序維持諸機能（Ordnungsfunktionen）と並んで、形象付与的課題（gestaltende Aufgaben）を引き受けざるをえなかった。国家は数多の諸領域に介入した。なぜならば、市場メカニズムがそれに抱かれていた諸期待を充たしえなかったからである。国家は製作者かつ分配者（der Hersteller und Verteiler）となった。集団的な生存の必需品の調達（Daseinsfürsorge）もまた、いまや国家の課題領域となった。[77] ハーバーマスの見解によれば、私法ないし公法（das Privat-bzw. Öffentliche Recht）への包摂を免れた特殊社会的な領域が形成されることになった。社会法的な諸規範

（sozialrechtliche Normen）が作成された。自由主義的法治国家（der liberale Rechtsstaat）は社会的法治国家（der soziale Rechtsstaat）へと変容した。国家的行政機関（staatliche Verwaltung）は、「フォルストホフ（Forsthoff）の言葉でいえば、秩序の保障者（Ordnungsgarant）」から給付の担い手（Leistungsträger）へ」[78]と様態を変えはじめた。いまや、こうした諸事象を通じて、ハーバーマスの見解に従えば、国家と社会の厳格な分離に基づいていたとされるブルジョア的公共性（公開性）（bürgerliche Öffentlichkeit）の諸々の基礎が解体された。一九世紀に潜在的にくすぶっていた諸々の社会的なコンフリクト〔階級闘争〕が、第一次世界大戦後、一気に噴出した。国家を社会化（den Staat vergesellschaften）し、社会を国家化（die Gesellschaft verstaatlichen）する傾向が認識されうる（とされる）[79]。ハーバーマスの確認するところによれば、法（権利）システム（Rechtssystem）にとって典型的であった古典的な上下の秩序関係（Über-Unterordnungsverhältnis）を切り崩すとされる、公的セクターと私的セクターとの間の諸契約（Verträge）が、ますます締結されるようになる[80]。

【労働世界の客体化――「物化」（Versachlichung）：家族の脱〈私〉化（Entprivatisierung）――社会化（Sozialisierung）――〔国家の脱〈公〉化＝脱政治化（Entpolitisierung）〕：家族・〈私〉↓社会↑国家・〈公〉：文学的公共性〜文化消費――自由時間の非政治的管理化：政治的公共性の基礎にある批判意識の消滅】

二〇世紀を標識づけたのは労働世界の客体化（Objektivierung der Arbeitswelt）である。ユルゲン・ハーバーマスの見解によれば、現代の大企業（大規模経営）の成立を通じて、「私的領域と公共性との分離に対して中立的な社会的形象が、社会的労働の支配的な組織類型となる……」[81]。大企業は、それよりもなによりも、特定の国家的諸課題を引き受ける。この過程にブルジョア的小家族の発展は襲われる（とされる）。本来的な私的領域とかつての私的経済領域が分離されることになる。家族が脱〈私〉化（Entprivatisierung）に服している一方で、個々の家族帰属者は社会（Gesellschaft）によって社会化（sozialisieren）される（とされる）[82]。このことは、消滅しかかっている文芸的公共性（公開性）の領域に対して深甚な影響を与えているとされる。「文芸的公共性（公開性）に取って代わって、文化消費（Kulturkonsum）の疑似公共的（pseudo-öffentlich）あるいは見かけの私的（scheinprivat）な領域が登場している」[83]。自由時間は、ハーバーマスの見解によれば、ますます非政治的に管理化（unpolitisch ausstalten）されてしまう。政治的な理性的論議（das politische Räsonnement）は、家族的領域においてはもはや存在しないし、そして、自由時間市場（Freizeitmarkt）に移されて、諸メディアを通じて「娯楽」という文化財（Kulturgut »Unterhaltung«）に機能転換される（とされる）。読書人口の拡大は、低い水準での平準化に導かれてしまった（とされる）[84]。いずれにしても、単純化が該当するのは社会的下層だけではないであろう。ハーバーマスの見解によれば、古典的な教養ブルジョア層（Bildungsbürgertum）はもはや現存しない。政治的に機能する公共性（公開性）の基礎である批判意識（Kritikbewußtsein）は、失われてしまった（とされる）。文化を理性的に論議（批評）する公衆（das kulturräsonierende Publikum）は文化を消費するそれ（das kulturkonsumierende Publikum）へと退化しているとされる[85]。

5．公共性（公開性）の政治的機能転換

a　マス・メディアの役割

【ジャーナリズム（新聞・出版）の機能・構造の転換――政治的理性批判を遂行するオピニオン紙：ブルジョア的法治国家における議会による政治的公共性の制度化：メディアの大衆化・商業化・操作媒体化：特権化された私的領域からの政治的介入→政治的公共性の消失】

ハーバーマスの見解によれば、報道機関（Presse）は公共性（公開性）のきわめてメリットのある制度と見なされうる。それゆえに、かれは公共性（公開性）の基礎にある変容を報道制度（Pressewesen）の変容において示そうと試みている。報道制度の発展はかなり多くの位相において行われた（とされる）。さしあたり、初期の資本主義においては、小規模の企業単位において組織化されていた（とされる）、そういう商業的利益に係わる報道制度が、成立したであろう。報道制度の課題は、さまざまな新奇な事柄を提供する（Präsentation der Neuigkeiten）ことに存した。一八世紀と一九世紀には、ハーバーマスの見解によれば、報道のニュース的性格は、さしあたり失われた。絶対主義に対する闘争によって利益を得て、政治的な理性的論議（das politische Räsonnement）に関心を寄せるオピニオン紙（Gesinnungspresse）が登場した（とされる）。このような諸新聞の発行者として自らの力を試してみたのは、しばしば貴族層、学者、著述家であったといえよう。いずれにしても、経済的なリスクを形式的に担うことは、持続的には不可能であった（とされる）。〔新聞〕発行者たちと並んで、いまや出版者が登場した。[86]「出版者たちは報道に商業ベースを確保したが、とはいえ、報道として商業化（komerzialisieren）したわけではない」[87]。ブルジョア的法治国家が貫徹され、そして政治的に機能する公共性（公開性）（die politisch funktionierende Öffentlichkeit）が議会によって制度化（institutionalisieren）されたことにつれて、反君主制的なオピニオン紙（Gesinnungspresse）の類型は後退する（とされる）。報道の性格は、それよりもなによりも、一八三〇年以来、広告（Werbung）の確立によってもまた変化する（とされる）。広告記事によって、新聞の価格は低く抑えられ、より広範な公衆が新聞を手にすることが可能になった。こうした発展を、ハーバーマスはリスクのないこととは見なしていない。報道は私的利益（利害関心）による商業化の増大ゆえに、操作可能なものとなった（とされる）。それよりもなによりも、編集は、ハーバーマスの意見によれば、出版者の私的な業務上の利害関心の中に組み入れられてしまう。[88]新聞の文芸欄は、単なるジャーナリズムのために、後退するとされる。スケッチされたこれらの諸傾向は、二〇世紀の諸々のマス・

メディアの登場に伴ってますます強化された（とされる）。こうしたことから、国家は自らが「私人たちの公共圏の私的な諸制度（private Institutionen eines Publikums von Privatleute）から公的な諸施設（öffentliche Anstalten）を作成すること」[89]を強いられている、と見ていた。状況の変化は、ハーバーマスの表象に従えば、一義的ではありえなかった。ブルジョア的公共性（公開性）のモデルにおいては、まさしくその私的性格が官憲国家に対する防御壁を提供していたが、今日では国家は私人たちの権力の増大に対してメディア領域に介入せざるをえないであろう。ハーバーマスの見解によれば、商業的な意見市場（ein kommerzielle Meinungsmarkt）の形成は、かつての目標設定に真っ向から衝突する[90]。公共性（公開性）の批判的性格は、広告（Werbung）を通じて失われる（とされる）[91]。こうした過程は、いまや政治的公共性（公開性）の諸機能の原則的な消失に導かれざるをえなかったというわけではないであろう。しかし、［この過程は］特権化された私的領域からの政治的利害関心の介入の帰結として説明しうる（とされる）[92]。

C　議会主義批判Ⅱ――ユルゲン・ハーバーマスによる肯定

b　公論（公共的論議・公開討論）原理の機能転換

【大衆民主制（社会国家）における国家的行政（管理）の権力増大と議会・政府の権力喪失：国家的行政（管理）vs. 社会的利益団体：諸団体・諸政党の密かな私益貫徹のための手段（大衆忠誠・大衆迎合）に変質する公共性（公開性）：代議士人格への喝采――論議的公共性（公開性）の再現前的公共性への再封建制化――批判的理性（討論）の消失】

現代の大衆民主制（moderne Massendemokratien）においては、ハーバーマスの見解によれば、政治的諸機能は変容してしまった。現代の社会国家（Sozialstaat）における多元化した諸課題は、国家的行政（管理）（staatliche Verwaltung）の顕著な権力増大[93]に導かれているが、こうした権力増大に議会と政府の権力喪失が対立（対応）している（とされる）[94]。いまや国家的行政（管理）には社会的な利益諸団体（gesellschftliche Interessenverbände）が対立するが、ハーバーマスの見解によれば、これらの利益諸団体だけが平衡錘を確立しうる。これに加えて、これらはこれまで国家〔行政〕の側から引き受けられていた諸課題を引き継ぐ[95]。賃金〔水準をめぐる労使交渉の〕自律性（Tarifautonomie）は、例証的に公共性（公開性）の変容過程を示しているとされる。諸団体の協働は、いまや政治的諸決断が次第にそれらの議会外の諸空間への移行を通じて非公式かつ不透明になるかぎりで、疑わしいものである（とされる）。諸団体における決断作成（Entscheidungsfindung）は、公共性（公開性）のコントロールを免れるとされる[96]。「国家と社会との相互浸透につれて、公共性（公開性）が、そしてそれに伴い、国家機関として確立された公共性（公開性）が、すなわち、議会が、特定の媒介諸機能を失う。持続的な統合過程は、別の仕方で確保される。議会の位置の脆弱化には、国家から社会への形態転化（行政・管理）（Verwaltung）と、そして逆に、社会から国家への形態転換（諸団体と諸政党）（Verbände und Parteien）との強化が対応している」[97]。こうした発展を通じて、原理的に公共（公開）的な理性的論議（Räsonnement）が危険に晒されている（とされる）。国家と社会の官憲国家的な分離は、部分的な諸利益の促進に有利にはたらいていた（とされる）。諸政党と諸団体の私的な性格の維持は時代錯誤的である（とされる）。それらはそれらの私的地位に訴えうるであろうことによって、それらにとっては、公共（公開）的規制に服することなく、政治的権力を行使することが可能である（とされる）[98]。その際、諸団体や諸政党は一貫して公共性（公開性）に関心をいだいている（とされる）。いずれにしても、公共性（公開性）についてそれらが集中的な配慮をするにしても、それらのそうした作業は、ハーバーマスの見解にしたがえば、それらの利害関心についての公共的（公開的）討論を招来することに役立つことはなく、もっぱら信望（威信）の獲得（Prestigegewinnung）と再現前（代表）の展開（Repräsentationentfaltung）とに役立つにすぎない。諸団体は、かれの見解によれば、それらの目標追求のために、自らに公共的合意（öffentliche Zustimmung）を確保し、ここから、新たな「圧力行使

（pressuring）」のための基礎を獲得しようとしているのである。公共的な理性的論議（das öffentliche Räsonnement）は、大衆忠誠を調達すること（Herstellung von Massenloyalität）に屈する。ハーバーマスは、〔このことと〕封建国家の再現前（代表）的公共（公開）性（repräsentative Öffentlichkeit des Feudalstaates）との諸々の特定の近似性を認識しうる、と考えている。[99] かれの説明によれば、「公共性（公開性）は、それを前にして公衆（公共圏）（Publikum）が——そこにおいて批判（Kritik）ではなく——信望（威信）（Prestige）を展開せしめうる宮廷となる」[100]。公共性（公開性）は、かつては君主的な秘密政治（Arkanpolitik）に対する闘争における手段として適用されたが、今日、諸々の不透明な私益の貫徹にのみ役立っている（とされる）。公共性（公開性）は、諸人格や諸事物を非合理的な意味で喝采可能（akklamationsfähig）なものにしている（とされる）[101]。

【名望家政党・信念政党から大衆政党への変貌：政党装置（プロパガンダ技術→喝采）による政治的意思形成（有権者の政治的未成年性の放置）：代議士への有権者からの自由委任→個別利益の媒介（代理）者としての所属政党からの命令委任：議会審議の消失：ブルジョア的公共性〜人民投票的公共性】

諸政党の情況はこの構造転換から排除されたままにはなっていない。名望家政党と信念政党〔世界観政党〕（Honoratioren- und Gesinnungspartei）は大衆政党（Massenpartei）に変化する。拡大した有権者層に到達し、それを統合しうるためには、政党装置（Parteiapparat）が構築されなければならなかった[102]。諸政党は、その際、ハーバーマスによれば、きわめて現代的なプロパガンダ技術（Propagandatechniken）を利用する。現代の政党は、有権者たちをその目標に対応して操作しようとし、そして「かれらの政治的非成年性（未成年状態）（politische Unmündigkeit）に触れることなく、かれらを喝采（Akklamation）に誘う」[103]。ハーバーマスの見解によれば、現代の諸政党は、たしかに、「意思形成の緒手段ではあるが、しかし、公共圏（公衆）（Publikum）を掌中にした諸手段ではなく、政党装置（Parteiapparat）を規定している人たちを掌中にした諸手段である」[104]。政党と議会の変化した地位は、代議士（der Abgeordnete）の地位において表示されうる。議会主義の起源的理念に数えられるのは、自由委任（das freie Mandat）であるとされる。議会メンバーの独立した地位への指摘は、すべての市民（ブルジョア）的憲法において見られるであろう。いずれにしても、自由委任は、討論する公衆（das diskutierende Publikum）の総体の内部における代議士の独立した自由な地位を確保する保障としてのみ考えられていたにすぎないし、そして、代議士の個人的な独立性を保証していないし[105]、あるいは、それどころか、傑出した代表的な地位を根拠づけていないとされる。妨げられているのは、代議士の地位が単なる委託者〔使い走り〕（Kommissionär）の地位に格下げになることにすぎないとされる。諸政党の数多の利益（利害関心）の媒介者かつ代表者（der Vermittelter und Repräsente）への変化は、いまやその立場に影響しているとされる[106][107]。諸政党は、それらの利益統合能力を通じて、議会を支配し、その結果、議会は、ハーバーマスの見解によれば、「諸派閥の一委員会（ein Ausschuß der Fraktionen）に格下げになる」[108]。なるほど、代議士はなお一定の枠組みにおいて自身の派閥の意思形成に影響を及ぼしはするが、しかし、採決に際して、すくなくとも派閥の規制に服するとされる。代議士の自由委任は（das freie Mandat）、事実上、自分の属する政党からの命令委任（ein imperatives Mandat）に服するとされる。議会は、そこで、すでに下されている諸決断を形式的に行う、指令に拘束された政党被委託者（代理人）たち（Parteibeauftragte）が集められるであろうひとつの場所へと、退化する（とされる）[109]。ハーバーマスの説明によれば、「似たようなことは、カール・シュミットがすでにヴァイマール共和国において観察していた」[110]。審議（Deliberation）のエレメントは議会から失われているとされる。議会は、政党意見の明確化（分節化）と示威の舞台として役立っているにすぎない（とされる）。諸々の排他的な専門委員会（Gremien）で行われた諸決定が、議会を介して公開されるにすぎないであろう。今日の議会の諸会議は、ハーバーマスの意見によれば、演劇の舞台にされているのである[111]。それらは、それらの「見世物（show）」

のような性格によって、前代未聞の「人民投票的機能（plebiszitäre Funktion）[112]」を獲得している。こうしたことは、ハーバーマスにとって諸帰結を有している。「議会の構造転換において、国家的秩序の組織原理としての公共性（公開性）の疑わしさが明らかになる。公衆性（公開性）（Publizität）は、（公衆（Publikum）の側から用いられる）批判の原理（Prinzip der Kritik）から、（行政や諸団体の、とりわけ諸政党の、示威的審級の側から）操縦される統合の原理（Prinzip der gesteuerten Integration）に機能転換されてしまった[113]」。ハーバーマスは、かつての機能するブルジョア的公共性（公開性）の再建は不可能と見なしている。「人民投票的に拡大された公共性（公開性）によって形姿を縮減することによって自由主義的公共性（公開性）を再興しようとする試みは、公共性（公開性）にまだ残されている真正（生粋）の諸機能をさらに弱めることになるであろう[114][115]」。

c　住民の選挙行動の変化

【大衆社会・給付国家における受動的な選挙市民大衆】

市民（Bürger）〔大衆〕と国家との今日的な関係を、ハーバーマスはひとつの請求する関係（ein einforderndes Verhältnis）と性格づけている。公民（Staatsbürger）は、政治的な意思表明の可能性が諸政党の演出によって奪われていると見ている（とされる）。公共性（公開性）は選挙期間の連続的な催しにおいて諸政党によって一時的に製作（herstellen）されるであろう。政治的な選挙戦は、ハーバーマスの見解によれば、もはや端的に営まれる理性批判（Räsonnement）の頂点としては呈示されない。選挙民は諸議論の合理的考量において正しい投票（選挙決定）を行うべきであるとされる。〔けれども〕ハーバーマスによれば、多数の市民たち〔大衆〕はもはやこれを果たしえない。一定の政治的能動性が確認されうるのは、諸団体や諸政党において組織された市民たちの集団においてのみであろう。ここでは、なお萌芽的にかつての理性的批判（Räsonnement）を行う公衆（das räsonierende Publikum）との関係を認めうるとされる。[116] いずれにしても、こうした「オピニオン・リーダー」は、それまで決めかねている人たち〔無党派層〕に確証や影響を与えることに関心を示すにすぎないとされる。こうした核になる層もまた、公共（公開）的な理性批判には何ら寄与しないであろう。[117]

【政党活動の操作対象・政治の消費者・クライエントとしての受動選挙民：すべてを国民のために、何ものも国民によらず（Alles für das Volk, nichts durch das Volk）】

今日の大衆民主制（Massendemokratie）にとって特徴的なのは、有権者たちの不動性（Unbeweglichkeit）であるとされる。ハーバーマスは本質的に三つの有権者集団を区別している。第一の集団はすでにオピニオン・リーダーとして標識づけられた。第二の集団を、かれは、その諸見解においておよそ影響されえないであろう固定的有権者の集団として性格づけている。両者の間に、殆ど全有権者の半数を成す未決定者、中立者、棄権者の大きな集団が浮動しているとされる。この集団は政治的選挙戦の管理の決定的志向点であるといえよう。「あらゆる政党は、未決定者たち（Unentschiedenen）のリザーブ（予備軍）を可能なかぎり汲み尽くそうと試みる。それも啓蒙によってではなく、この層に大いに拡げられている非政治的な消費維持（Konsumerhaltung）への適応によって」[118]。ハーバーマスの見解によれば、操作された公共的意見（公論）は、その際、必ず他の社会的諸集団へ反作用することになる。投票を機会にした諸々の政治的演出は、ハーバーマスによれば、かつては機能していた政治的公共性の没落を象徴している。政治はますます脱イデオロギー化される。公民的諸見解の一貫性（Konsistenz der staatsbürgerlichen Anschauungen）は、同調的行動様式（stimmige Verhaltensweisen）に縮減（還元）される。諸政党は、投票（選挙決定）に購買事象（Kaufvorgang）と類比した形で影響を与えるために、広告（Reklame）を利用する。選挙民は政治の消費者（Kosument）となり[119]、マス・メディアは政党組織の基盤となる。政党集会でさえ単なる選挙戦の誓約（Wahlkampfeinschwörung）の場に退化してしまった。諸政党の候補者たちは政党公約よりも重要である[120]。この種の政治的意思形成――「すべては人民のために、何ものも人民によらずに（Alles für das Volk, nichts durch das Volk）」[121]――は、社会的法治国家の思想とは相容れない。それはむしろ官憲国家の諸原理に義務づけられていた体制に組み入れられうる[122]。

d　社会的法治国家への形態転換過程とこの過程が政治的に機能する公共性（公開性）へと諸作用を及ぼす可能性【自由主義的（形式的）法治国家の社会的（実質的）法治国家（あるいは権威主義国家）への展開の必然性――自由権・基本権の参加権への意味転換、自由主義と共和主義（社会主義）の結合――ハーバーマスにとってのボン基本法の両義性】

ハーバーマスは、ブルジョア的な憲政秩序（憲法）の本質において、自由主義的法治国家から社会的法治国家への形態転換過程における誤って思い込まれた諸々の弊害（不都合な情況）を確定しうると考えている。近代の諸々の最初の憲政秩序（憲法）構想の中には、いまだ私的な自由権におけるブルジョア的公共（公開）性のモデルが反映されている（とされる）。自由主義的な諸々の基本権（die liberalen Grundrechte）は国家の恣意的な介入（willkürliche Eingriffe des Staates）に対して対抗しており、そして、理想的に決定諸過程への平等の機会（eine gleiche Chance zur Teilhabe an Entscheidungsprozessen）を保証していたはずである（とされる）[123]。法学における支配的な見解とは対立して、ハーバーマスは、自由主義的な憲法においては、国家と社会との間の関係だけではなく、社会の生活もまた総じて規制されていた、という見解をとっている。これに伴って、自由権と民主制的参加権（Freiheitsrechten und demokratische Partizipationsrechte）の間の通常の法学的な差異化は、古臭いものとなろう。社会学的観点の下では、そうした差異化は、私的自律性の制限ゆえに、もはや確かな根拠をもたない（とされる）[124]。ハーバーマスは自由主義的な法治国家から社会的なそれへの連続的な形態転換の必然性を信じているのである。[125]かれは、〔ボン〕基本法（Grundgesetz）の社会国家的原理を〔すでに〕構築されたものとして見ようとする。その際、かれは社会的法治国家のモデルを自由主義的な法治国家とは断絶するものとはとらえていない。[126][127]防御的（拒否的）な自由主義的基本権（die abwehrenden liberalen Grundrechte）は、ハーバーマスの見解によれば、ますます介入主義的になる国家活動の枠組みの中で、社会的な参加権（gesellschaftliche Partizipationsrechte）への意味転換を経験することになる。[128]こうした措置が必然的であるのは、従来の形式の自由主義的な基本権を以てしては公民たちの参加（Teilhabe der Staatsbürger）はもはや保障されえないであろうからである。もっぱら形式的（formell）な法治国家の特性は、「実質的（materiell）な」それに屈せざるをえないとされる。[129]ハーバーマスの説明によると、「しかし、ボン基本法の基本権部分は、個人的な人間と市民との諸権利に制限されている。ボン基本法は、その社会国家的な綱領性（sozialstaatliche Programmatik）においては、ヴァイマール憲法のはるか後ろに後退したままである」。[130]社会国家の綱領を断固として志向するかれの独特な憲法解釈によって、ハーバーマスには、一国家が「実質的な」法治国家に思えるのは、その国家がこうした特殊的な社会国家的な目標設定に相応しくなるときである。ドイツ連邦共和国を誤って思い込まれた形式的法治国家として貶価する、という逆説は、あきらかにかれの議論の枠組みにおいてのみ論理に適っているにすぎない。

【アーベントロート的な社会（社会主義）的な法治国家構想：社会的諸団体に現前する民主制的潜在力：議会に内在する、それ自身権力でありながら権力に対抗する、という矛盾】

ところで、アーベントロート（Abendroth）に依拠するなら、問題になるのは、社会的法治国家はひとつの計画経済に傾いていくのか、それとも、国家を支配していた私的な寡頭制的諸力が維持されて留まることになるのか、ということであろう。[131] 後者のケースにおいては、社会的諸課題は、依然としてさらに私的セクターの恣意的決定に晒されたままであろう。[132] 基本権の価値転換と更なる――アーベントロートの意味で理解された――社会的法治国家の構築において、ハーバーマスは、公論（公共的論議）（öffentliche Meinung）の原理の誤って思い込まれた敗北に対抗する一つの機会を見ている。社会的諸団体（Verbände）の中には民主制的な潜在力（demokratische Potentiale）が現前している（とされる）。[133] しかし、社会国家（der Sozialstaat）は、政治的に機能する現実性を制度的に係留する（die politisch fungierende Wirklichkeit institutionell zu verankern）野心（Ambition）を有していない（とされる）。ハーバーマスの説明によると、「そもそもの初めから、やはり、議会（Parlament）には、政治的権力（politische Gewalt）に対抗しながら、しかし、それ自身権力（Gewalt）として基礎づけられた制度〔である〕という矛盾が、付着していたのである」[134]。いずれにしても、この〔社会国家〕モデルは貫徹されうるか[135]、そして、「政治的支配（politische Herrscaft）と社会的権力（soziale Gewalt）の社会国家的（sozialstaatlich）に要求された合理化（Rationalisierung）」[136]は可能とされるか、これは一義的ではない（とされる）。将来の発展に対して、ハーバーマスは、原則的に二つの発展ラインを示している。すなわち、自由主義的な法治国家はアーベントロート的用語法の社会的法治国家（der soziale Rechtsstaat）に形態転換されうるか、あるいは〔そうでなければ〕、その本質は、社会的諸集団を制御することを意図する権威主義的国家（der autoritäre Staat）に逆転しかねない（とされる）[137][138]。

e　新たな発展――現代的福祉国家の危機

【社会国家モデルの危機：規範性を自己産出しなければならない「近代」：ユートピア的エネルギーの枯渇――労働社会（現存社会主義）の終焉↑生産手段私有の廃棄によって克服されなかった「疎外」、「物化」、「合理化」↓市場経済と生産手段私有、社会的格差の残存、国家官僚制の危険】

〔一九〕八〇年代に、ハーバーマスは社会国家（Sozialstaat）の発展能力についてのかれの評価を相対化した。現代の社会国家モデルが晒されていると見られている諸問題は見紛いようがない。他の諸々の時代画期とは反対に自己の上にのみ立てられている「近代（Moderne）」は、かれによれば、その規範性（Normativität）を自己自身から産み出さなければならない。そのために必要な諸々のユートピア的エネルギーは、今日、憶測するところ、枯渇しているように思われる。いずれにしても、かれによれば、労働社会（Arbeitsgesellschaft）は終焉している。[139]労働社会は、かれによれば、現実とのその関係を失ったのである。このことを示したのは、そこで疎外（Entfremdung）の諸現象が生産手段の私的所有の廃棄によって克服されなかった実際に現存している社会主義（der real existierende Sozialismus）に伴う諸経験だけではない。――西側諸国においても、かれによれば、労働（Arbeit）は社会的意義を失ったのである。労働社会的ユートピアの喪失（der Verlust der arbeitsgesellschaftlichen Utopie）は、ハーバーマスの見解によれば、社会国家とその憲政秩序（憲法）とに諸々の広範な影響を及ぼしている。第二次世界大戦以来貫徹された社会国家モデルは、すでに六〇年代にはその諸々の限界にぶつかっていた。かれによれば、将来に向けたさまざまな挑戦は、もはや現存しえない。とりわけ、自己実現（Selbstverwirklichung）あるいは自発性（Spontaneität）に基づいていた、対案となる生活諸構想（alternative Lebensentwürfe）は、かれによれば、国家官僚制（Staatsbürokratie）を通じて補完（implementieren）されえない。[140]とはいえ、かれによれば、社会国家への発展は誤りではなかった。「反対に、社会国家的な諸制度は、民主制的な立憲国家（der demokratische Verfassungsstaat）の諸制度に劣らず、われわれのタイプの社会においては認識しうる対案が存在しない政治的システムの発展の推進力を標識づけている……」[141]。ハーバーマスはいまや、社会国家のさらなる発展に狭く境界線を画している二つの発展ラインを認識しようとしている。一方では、かれによれば、社会国家における国家的介入の能力は境界づけられており、そして、市場への画一的な介入に制限される。市場経済的な経済システムと、そしてこれに伴い、生産諸手段の所有諸関係とは、触れられないままに（unangetastet）留まるであろう。生産諸手段が私的に裁量されうることによって、労働権は保障されえない（とされる）。これに加えて、諸々の危機の時期には、ハーバーマスの見解によれば、ブルジョア的な中間層と社会国家的発展によって境遇を改善された諸集団との提携（Koalition）の危険が現存し、この危険は社会的により低い層の差別化に導かれかねない。[142]他方では、私的権力を制限する意図の下で行われる絶えざる国家的介入は、耐え難い官僚制化（Bürokratisierung）に導かれる。かれによれば、国家的な諸措置がこれまで諸困難なしに貫徹されえてきたのは、それらが社会的正義の増大に導かれていたからである（とされる）。しかし、いまや、かれによれば、「諸々の法（権利）規範の、国家的かつ準国家的な官僚制の、ますます緊密になるネットが、日常生活を覆っている……」。[143]社会国家においては、官僚制化の危険が低く評価されていたし、そして、「おそらく許し難い、しかし、誤解されていたにすぎない無責任な権力媒体に対する、（あまりに僅かな）懐疑」[144]が流布されていたのである（とされる）。ハーバーマスの見解によれば、まさしく議会主義の諸々の可能性が権力制限の堅固にされた基礎として過剰に評価されていたのである。[145]国家的な社会政策は、ますます反生産的（kontraproduktiv）なもの〔社会的生産を条件づけるところのもの〕であることが明らかになっている（とされる）。

【社会国家モデルへの固執とそれからの離反——①ネオ・コーポラティズム、②新保守主義、③成長批判——貨幣と権力の強制力に対抗する自己管理的組織と連帯の要求→社会国家的危機克服の潜在力：大衆忠誠を占有する既存の諸政党や諸団体の権力に対抗する新たな権力分立、連帯、理性的自己制限、急進民主制的正当性の要求——個人主義的生活文化→公共的討議——コミュニケーション媒体の自己組織的使用の潜在力（自律的公共性）→支配から自由なコミュニケーションのユートピア】

危機克服のための諸措置は、いまや、さまざまに区別して価値づけられなければならない（とされる）。社会国家的な現状への制限されない固執は、疑わしい（とされる）。なぜならば、かつての政治的かつ社会的な土台はもはや現前していないであろうからである。[146] 社会国家という思惟範疇からの離反――かれの見解によれば、新保守派（neokonservativen）によって代表されている――もまた、「国家をなかんずく一取引相手[147]」にするネオ・コーポラティズム（Neokorporatismus）を促進するだけである。新保守主義は、充たされない諸成果へと導かれる（とされる）[148]。第三の現在現れている集団として、あらゆる出自の成長批判家（Wachstumskritiker）が形成された。こうした「産業社会に異論を唱える人たち（industriegesellschaftliche Dissidenten）[149]」は、ハーバーマスの意見によれば、貨幣と権力（Geld und Macht）という「強制力（Gewalten）[151]」への対抗権力（Gegenmacht）としての「土台に根ざし自己管理された組織の諸形態[150]」への要求を掲げている。こうした集団において、ハーバーマスは、社会国家の危機を克服するための潜在力を認識しうると信じている。いずれにしても、異論を唱える人たち（Dissidenten）は、単なる批判や異論の立ち位置を越えて行かなければならないであろう。かれらは、「ネオ・コーポラティズム的グレイ・ゾーンに鏡像の如く写し出された[152]」サブ・カルチャーの領域の中に、逆行することは許されないであろう。ハーバーマスの見解によれば、かれら〔異論を唱える人たち〕を通じて、社会国家プロジェクトは高められた反省の平面上で存続されうる。こうした諸集団の連帯（Solidarität）は、官僚制とネオ・コーポレーション的諸団体の中に体現されている、貨幣と権力という新たな「強制力」に対して、平衡錘を対置しうるであろう[153]。新たな権力分立（Gewaltenteilung）は、伝統的な国家諸権力に関係づけられていないとされる。問題はむしろ、名指された諸資源の間で維持されなければならないバランスであるとされる。これによって、国家は自らに急進民主制的土台の上に新しい正当性の基礎を創出するとされる[154]。かれによれば、拡散した大衆忠誠を占有するであろう諸政党や諸団体の権力に対しては、底辺民主制的・連帯的な構成要因（die basisdemokratisch-solidarische Komponente）だけが動員されうるとされる。個人〔主義〕的な生活諸文化の新しい諸形態（die neuen Formen individueller Lebenskulturen）

は、ハーバーマスの見解によれば、暫定的に、公共（公開）的討議（der öffentliche Diskurs）へと凝縮されるであろう。「このような舞台の上で、諸々の自律的公共性（autonome Öffentlichkeit）が形成されうる。これらは、自己組織化のための潜在力とコミュニケーション媒体の自己組織化された使用（der selbstorganisierte Gebrauch von Kommunikationsmedien）のための潜在力とが利用されるや否や、互いにコミュニケーションを遂行することにもなる」[155]。ハーバーマスはこれらの諸集団に、もっぱら現存の諸強制力の修正に役立ちうるとされる、そうしたそれらの権力の理性的な自己制限（vernünftige Selbstbeschränkung ihrer Macht）を、要求している。ハーバーマスはユートピア思想を賦活させようとしている。労働社会のユートピアは、かれの見解によれば、支配から自由なコミュニケーションのユートピア（Utopie einer herrschaftsfreien Kommunikation）と交替するのである[156][157]。

6. 現代法治国家の批判と形象転換

a　正当化の危機

【政治的秩序（politische Ordnung）の正当化：ルソー・カントにおける形式的な理性原理（formale Vernunftsprinzipien）による国家活動（staatliche Tätigkeit）の根拠づけ：正当化の力（Legitimationskraft）を保有する正当化の諸条件そのもの――法（権利）（Recht）の創造（定立）と適用の形式的に具体的な手続き（手続き的正当性）：立法過程の Ratio の上に基礎づけられた「合法性信仰（Legalitätsglaube）」（Max Weber）――正当化された合理的支配の前提 → ①実定化された規範秩序、②法仲間（Rechtsgenossen）の合法性信仰：更なる正当化を必要とする合法性システム（立法に対する一義的責任の定式化、法秩序を反省化せしめる手続きの制度化）そのもの：正当性（Legitimität）は合法性（Legalität）に還元（縮減）されない：決断（Dezision）は

法（権利）（Recht）を根拠づけ（正当化）しない：制定律の成立に対する責任性（応答性）（Verantwortlichkeit）：法（権利）（Recht）＝制定律（Gesetz）を根拠づける道徳的討議：社会的合意に凝縮化されうる一般化可能な利害関心という前提：形式的民主制における政治的秩序を制限された形でしか正当化できない「仮象の妥協」（Scheinkompromisse）：形式的民主制（権力分立、合法性システム、大衆忠誠の調達）と実質民主制との乖離】

正当性（Legitimität）という言葉で理解されうるのは、「ひとつの政治的秩序が承認に値していること（*Anerkennungswürdigkeit einer politischen Ordnung*）」[158]である。ハーバーマスは「政治的（politisch）」という用語に大きな価値を置いている。政治的秩序（politische Ordnungen）だけが正当化（Legitimation）を占有し、展開し、あるいは喪失しうるであろう。正当化概念は、かれによれば、時間的な発展に服してきた。啓蒙主義（Aufklärung）以来、国家的正当性（staatliche Legitimität）は、もはや形而上学的には正当化（rechtfertigen）されえなかったから、ルソーとカントによって国家的活動（staatliche Tätigkeit）は形式的な理性原理（formale Vernunftprinzipien）によって根拠づけられた。ハーバーマスによれば、「いまや、究極の根拠は理論的にはもはや説得力を有するものにされえない（nicht mehr plausibel gemacht werden）から、正当化の形式的諸条件そのものが正当化する力を保持している（*die formalen Bedingungen der Rechtfertigung selber erhalten legitimierende Kraft*）」[159]。二〇世紀において、マックス・ヴェーバー（Max Weber）は、正当性（Legitimität）を、立法過程の理性（Ratio）の上に基礎づけられた合法性信仰（ein, auf der Ratio des Gesetzgebungsprozesses gegründeter, Legalitätsglaube）と交替させることを試みた[160]。ヴェーバーによれば、「（a）規範的秩序（normative Ordnung）は実定的（positiv）に定立（setzen）されていなければならない、そして、（b）法（権利）の仲間たち（Rechtsgenossen）は、その合法性（Legalität）を、すなわち、法（権利）の創造と適用の形式的に具体的な手続き（das formal konkrete Verfahren der Rechtsschöpfung und Rechtsanwendung）を、信じていなければならない[161]」という二つの前提が充分に充たされているとき、合理的な支配（rationale Herrschaft）は正当化（legitimieren）されている（とされる）。〔けれども〕ハーバーマスは、正当性（Legitimität）を合法性（Legalität）へと還元（縮減）することを認めていない[162]。手続きそれ自体は、政治的秩序を充分に正当化しえない（とされる）。合法性システムもまた、その正当化（Rechtfertigung）へと引きよせられうるであろう、そうした更なる諸根拠[163]を、必要としている（とされる）。カール・シュミットのように、ひとは単なる決断（Dezision）によって法（権利）（Recht）を基礎づけうる、という信仰は、誤謬に導かれるであろう（とされる）。それゆえに、ハーバーマスは、（a）で名指された手続き（Verfahren）を決断主義的として退けている[164][165]。ハーバーマスは、かれが諸法律の成立にとっての諸々の一義的な責任性（応答性）（eindeutige Verantwortlichkeiten für das Zustandekommen der Gesetze）が定式化（formulieren）されなければならないであろう、という必然性を洞察しているがゆえに、その〔責任性の〕形式において合法性システム（das Legalitätssystem）を受け取ろうとしているのである。「しかし、これらの諸審級はひとつの支配システムの部分であるが、この支配システムは、その合法性が正当性の標識として妥当しうるとされるならば、全体において正当化されなければならない（Aber diese Instanzen sind Teil eines Herrschaftssystems, das im ganzen legitimiert sein muß, wenn seine Legalität *als Kennzeichen* der Legitimität gelten können sollen）」[166]。諸手続きは「道徳的討議[167]」のための場所を創出させ、法（権利）秩序を疑似的に反省的なものとして成立させるが、こうした諸手続きの制度化が必要である（とされる）。これにともなって、ハーバーマスは、一つの社会的な合意（ein gesellschaftlicher Konsens）に凝縮化されうる特定の一般化可能な利害関心（verallgemeinerungsfähige Interessen）を、前提にしている。これに対して、ハーバーマスは、今日の社会においては、仮象の妥協（Scheinkompromisse）しか確定しえないと考えている。これらの仮象の妥協は、有力な利益諸団体（mächtige Interessengruppen）の間で取り交わされ、そして、それらの一般化不可能な性格ゆえに、ひとつの政治的秩序（eine politische Ordnung）をきわめて制約された形でしか正当化しえない[168]。今日の国家は、この意味でまた、形式的民主制（formale Demokratie）として構成されているにすぎない（とされる）。この国家は、その市場経済的な経済秩序化を通じて、その公民たちの包括的な共同決定（umfassende Mitbestimmung seiner Staatsbürger）を許容しえない（とされる）。というのは、それが許容されるならば、「行政によって社会化された生産と剰余価値の相変わらず私的な領有及び使用との間の」[169]コンフリクトが突発するであろうからである。それゆえに、国家的諸決定は、ハーバーマスの見解によれば、本質的に、公民たちの直接的な参加（direkte Partizipation）なしになされるわけである。[170]かれによれば、このような国家存在（Staatswesen）においては、「権力分立（Gewaltenteilung）と民主制（Demokratie）は、何ら同じランクの政治的秩序原理[171]」ではない、ということが示されている。[172]国家的正当化の過程は、今日では、広範な諸層の大衆忠誠（Massenloyalität）の表明を通じて完遂されている。[173]

b　法治国家と権力独占

【民主制的法秩序の正当性要求から生じる平和運動、市民的不服従――急進（直接）民主制的共同決定：法実証主義と権力フェティシズムの間を浮動する現代国法学：ホッブズ主義――法（権利）の安定性を保障すること（Rechtsfriedensgarantie）による国家権力の正当化――脱統合を再統合しうる国家権力に対する抵抗権を否定するホッブズ：国家的行為に対する更なる正当化需要】

〔一九〕八〇年代初めの平和運動の諸活動は、ハーバーマスの見解によれば、「連邦共和国〔西独〕の政治文化[174]」における一つの分水嶺を呈示した。ひとつの政治理念のために街頭に駆り出されたのは必ずしも多くの人びとではなかったし、市民的不服従（ziviler Ungehorsam）を行使した人たちもまた、それほど多くの数ではなかった。この出来事は、わたし〔H. Becker〕の見るところ、ハーバーマスによって理念型的に美化されていたのであるが、話題（Gespräch）をひとつの社会的な禁忌の主題――急進民主制的な共同決定（radikaldemokratische Mitbestimmung）

──に向けていたであろう。ハーバーマスの見解によれば、直接的で公民的な共同決定権（Mitbestimmungsrechte）についての討論（Diskussion）が必要であるのは、これがひとつの成熟した政治文化の表現であるからである。こうした見解をわがものにしない今日の国法学（Staatsrechtslehre）は、「法実証主義と権力フェティシズム（Rechtspositivismus und Machtfetischismus）」[175]との間で動いているであろう。そうした国法学は、重要な比較的新しいプロテスト諸形式への視線を自ら塞いでいる（とされる）[176]。国法学における支配的な意見は、非暴力的な抵抗の価値を、可罰的行為としてのみならず、非道徳的行為として貶めている（とされる）。その際、異論を唱える者（Dissident）の道徳的大きさを権威主義的・合法的（法匪的）に貶価することは、さらに無資格宣告（Disqualifikation）への小さな一歩でさえある（とされる）。ハーバーマスは、暴力から自由なプロテスト諸形態は自己職業化した非正当的なエリート支配のための手段として利用されかねないであろう、ということを原則的には拒絶している[177]。いずれにしても、ハーバーマスが譲歩せざるをえないように、平和運動が基本法二〇条四項における抵抗権（Widerstandsrecht）を間接的に仄めかすことは、総じて当を得ていない（とされる）。ハーバーマスは、ドイツ連邦共和国の内政はヒトラーの合法的な権力掌握（die legale Machtergreifung）を今日まで克服しなかった、と想定している。そのようにしてのみ、六〇年代や七〇年代の諸事件への大仰な国家的な反応は理解されえた（とされる）。国家は、その権力独占（Gewaltmonopol）を擁護することを意図して、権威主義的な諸措置を講じた（とされる）。平和運動との論争もまた、「権力を独占している国家による法の安定性の保障（Rechtsfriedensgarantie）（という敏感な領域をめぐって）、そして、民主制的法（権利）秩序の正当性要求（Legitimitätsanspruch der demokratischen Rechtsordnung）から[178]」、燃え上がった（とされる）。ハーバーマスが信じているところによれば、ドイツ国法学は骨董化した思惟構造に囚われている。「カール・シュミットがドイツ国法学において代弁していた……、かの固有なホッブズ主義（Hobbismus）は、有効[179]」に機能しているであろう。保守的な国法学者たちは、ハーバーマスの見解によれば、国家的諸行為の正当化需要（Legitimationsbedarf staatlicher Handlungen）を低く見積もっている。ホッブズは、法の安定性の保障が抵抗権によって危殆に瀕していることを指摘するだけで国家権力の誤って思い込まれた濫用に対する抵抗権から力を殺ぐことができた（とされる）。〔それゆえに〕法の安定性を創出しえた国家は、それ自身によって、正当化されたものと見なされたのである。ハーバーマスの意見によれば、抵抗権は、それ以来、評判を落としてしまったのである。

【合法的な国家権力の合法的な権力濫用の可能性〔現行の諸法律（Gesetze）〕に対する、法（権利）（Recht）に適格に恭順する市民たちの不服従：批判的・理性的に討議を遂行する市民たちの制度化しえない協働を必要とする民主制的法治国家（der demokratische Rechtsstaat）】

ハーバーマスは、国家的秩序の合法性（Legalität）をその正当性（Legitimität）を介して設定する仕方を、完全に誤てる評価として性格づけている。かれによれば、国家的な権力独占（Gewltmonopol）に固執することは、政治的秩序の正当性（Legitimität einer politischen Ordnung）というハーバーマスにとってきわめて決定的な問題を否認することを許している（とされる）。こうした見当違いの見方においては、反乱（Rebellion）あるいはそれどころか革命（Revolution）が合法性システムの外部で始まるとされる。「法（権利）（Recht）と権力（Gewalt）の間の境界を顧みない者は、破壊的に振舞い、そして道徳に敬意を払うことへの要求を喪失する――かれが単なる反徒の立場から戦争を指導する政党へと高められるほど充分に強力であるときは、このかぎりではないが。カール・シュミットにとっては、……国家の決定（定義）権力（Definitionsgewalt）に異議を唱える者たちを仮借なく差別化すること（Diskriminierung）が問題であった[180]」。これに対して、ハーバーマスによれば、民主制的な法治国家（der demokratische Rechtsstaat）は、①法の安定性の保障（Rechtsfriedensgarantie）によって、同じく、②その（法治国家の）公民たち（Staatsbürger）による、その（法治国家の）秩序を自由意思的に承認すること――すなわち、法（権利）

に適格に服すること(ein qualifizierter Rechtsgehorsam)〔法(権利)への特別な恭順〕――によって、標識づけられる(とされる)。原理的問題においては、ハーバーマスによれば、国家は法(権利)に無条件に服すること〔法(権利)への無条件的な恭順〕を何ら要求しえない(とされる)。ハーバーマスの見解によれば、法(権利)に適格に服すること〔法(権利)への特別な恭順〕が必要なのは、合法的権力の濫用は締め出されえない(とされる)からでもある。国家は、そのかぎりで、批判的な市民たちの制度化しえない協働(Mitwirkung)を放棄しえない(とされる)[181]。

c システムに合致する危機克服の諸々のアプローチ

(aa) 多元主義的社会における公共性(公開性)の原理

【一九八〇年代以降のハーバーマスにおける、諸政党・諸利益団体・大衆組織(とりわけ労組)の批判的公共性(公開性)(批判的・理性的な討議)の創出への期待の稀薄化】

まだ〔一九〕六〇年代の初めには、ハーバーマスは、批判的公共性(kritische Öffentlichkeit)は多元主義的諸集団〔諸政党、諸利益団体、〕によってのみ再構成されうる、という見解をとっていた。この意味では、こうした私的な諸組織の公共性(公開性)の義務(Publizitätspflicht)は必要であるとされた。かれは、とりわけ、政党や団体の内部における諸決定の透明性を要求している。ハーバーマスが一貫して自覚しているのは、諸政党や諸団体において政治的に機能する公共性(公開性)を構成することやそれを公共圏(Publikum)の総体に結合することは確信を以て実現されえない、ということである。しかし、かれは、議会の誤って思い込まれている機能喪失の後でさえなお、そこに、批判的公共性を作出するための、そして、それに伴って国家的秩序を正当化するための、潜在力を見ている[182]。ハーバーマスは、政治的に影響力のある――しかし、もっぱら議会を志向しているわけではない――諸集団における公共的意見(公論)(öffentliche Meinung)の展開に賭けている[183]。このような発展を担うことは、諸々の社会的な大衆組織（Massenorganisationen）にのみ可能でありえよう。ここでは、諸々の労働組合（Gewerkschaften）は、きわめて大きな重要性を有するものである（とされる）。それらはすでに内部において民主制的な諸原則に従って構造化され、そして、みずから社会的な民主制化（die gesellschaftliche Demokratisierung）を目標としている。団体内部の公共的（公開）討議（öffentlicher Diskurs）というハーバーマス的構想が成功することになれば、それは他の大衆諸組織によって引き継がれるに違いない。[184] 似かよった機能を「機能的なエリートたち」もまた引き受けうるであろう。ともあれ、高級官僚、管理者、等々の側からは、社会の民主制化に対するきわめて頑強な抵抗が確認されうるであろう。[185]〔一九〕八〇年代には、ハーバーマスは、こうした構想から遠ざかっている。かれが確認しているところによれば、かれの構想の担い手たち、とりわけ諸々の労働組合は強く抑圧されており、そして、それゆえに、制約された程度にしか社会的形象転換において協働しえない。[186]

（bb）市民的不服従――正当性の番人

【暴力を放棄している道徳的かつ非合法的な公共的活動としての市民的不服従――既存の憲政秩序（Verfassung）ないし法秩序（Rechtsordnung）〔法（権利）（Recht）への適格な恭順〕を前提にし、現行の法律（Gesetze）の当否を問題化する、自覚的な非合法的闘争】

ハーバーマスは、今日、政治的プロテストの諸形態が変容していることを指摘している。市民的不服従（ziviler Ungehorsam）は、ロールズ（Rawls, John））によれば、暴力（Gewalt）を放棄している道徳的かつ非合法な公共的活動として標識づけられる。こうした活動は、現行の――そして不正義と感じ取られる――諸法律を修正することを目的とし、正当的（legitim）なものと思われる。[187] その際、プロテストはもっぱら深刻な諸欠陥に対してのみ向けられることが許されるにすぎず、影響力行使の合法的諸手段は汲み（利用し）尽くされざるをえず、憲政秩序（憲法）そのもの（Verfassungsordnung als solche）は諸活動によって攻撃されてはならない。市民的不服従は、道徳的に根拠づけられたプロテストである（とされる）。現行の諸法律が自覚的に破られることによって、異議を唱える者（der Dissident）は、ハーバーマスの見解によれば、「国家を担う諸力のドグマ[188]」に対抗して戦う（in die Schranke treten）のである。

【合法性と正当性の間を浮動する暴力行為を伴いかねない市民的不服従（ziviler Ungehorsam）↑法（権利）への適格な恭順（qualifizieter Rechtsgehorsam）↓例外状況における正当性に反する合法的決断の可能性の認識：法治国家における合法的政治的決断の一般的可謬性の矯正の必要性：憲政秩序（正当性）の番人として、実定法の妥当性（合法性の正当性）を相対化し（根拠づけ）うる人民（国民）に依存する民主制的法治国家――道徳的品位を伴う市民的不服従：合法性システムを補完するにすぎない人民投票的エレメント】

平和運動の諸活動は、市民的不服従の概念の下に包摂されうる（とされる）。平和運動の周辺で時宜に応じて従の概念とは矛盾しないであろう。ハーバーマスによれば、平和運動は学生反乱の革命的な諸目標とはまるでかけ離れているが、もっぱら純粋に文字通り暴力から自由であるわけではない（とされる）。ハーバーマスは、正面切って、市民的不服従は、事柄からして、非合法に留まらざるをえない、と指摘している[189]。「市民的不服従は、正当性と合法性との間を浮動し続けざるをえない。その場合にのみ、民主制的な法治国家は、その正当化を行う憲法諸原理を伴って、その諸原理を実定法的に具現するもののあらゆる諸形象を越えて指示を与えている、という事実を、市民的不服従は予示（警告）（signalisieren）している[190]」。市民的不服従は、ハーバーマスによって、政治的に成熟した文化の標識として価値づけられる。その正当性を特定の諸原則の上にではなく、合法性の上にのみ基づいている現代の法治国家は、その市民たちの側から、法（権利）への資格づけられた（適格な）恭順だけを、期待しうるにすぎない（とされる)。「市民的不服従を決意する者は、非合法と見なされる規制化の射程に鑑みて、制度的に予見されている諸々の修正可能性が汲み尽くされている、ということに甘んじようとはしない」[191]。ハーバーマスは、合法的権力の誤って思い込まれた濫用に対して、正当性という武器を携えて進撃している。その際、合法性と正当性を規範的に区別することに、問題がないわけではない(とされる)[192]。法治国家は、合法的な諸形式を纏った不正に対する不信(Mißtrauen gegen [ein] in legale Formen verkleidetes Unrecht)に覚醒している義務を有するが、この不信は制度化されえない(とされる)。諸々の例外状況(Ausnahmesituationen)において、正当性とのコンフリクトの中にある、誤謬を帯びた合法的な諸決断(fehlerhafte, im Konflikt mit der Legitimität stehende, legale Entscheidungen)を認識する必要性が現存するであろう。ハーバーマスによれば、機能している法治国家においても、政治的諸決断の一般的な可謬性(die generelle Fallibilität politischer Entscheidungen)を通じて、矯正するもの(ein Korrektiv)が依然として必要である(とされる)。いずれにしても、その矯正するものは、多数派(多数決)への単なるアピール(Appell an die Mehrheit)に留まらざるをえない(とされる)。この矯正するものが蹉跌するならば、実定法の妥当性(Gültigkeit des positiven Rechts)が保たれ続けることにならざるをえない(とされる)。ハーバーマスは、プロテストする者たちにおいてひとつの道徳的品位(eine moralische Integrität)を前提にしているが、この道徳的品位はかれらをして諸特権や私的アピールを放棄せしめる(とされる)。市民的不服従の諸措置は、ひとつの特殊な正当化(Berechtigung)を保持するであろう。なぜならば、それらの諸措置は、合法的な誤てる発展に対して、組織されない諸集団の最後の可能性を呈示しているからである[193]。ハーバーマスの説明によれば、「代表(再現前)的憲法(憲政秩序)(Repräsentativverfassung)が、万人の利害関心に触れる諸々の挑戦を前にして機能不全に陥っているのであれば、その市民たち(Bürger)の——また個々の市民たちの——形姿における人民(国民)(das Volk)は、主権者の起源的な諸権利(die originären Rechte des Souveräns)の中に踏み込むことを許されなければならない。民主制的な法治国家は、最後には、こうした憲法の番人（Hüter der Verfassung）に依存している」[194]。ハーバーマスは、市民的不服従に反対して行使された諸決定は本来的な意味では不正（不法越権）（Unrecht）として標識づけられえないであろう、ということを認めている。いずれにしても、不可逆的な諸決断に際しての単純多数（決）による決断作成原理の妥当性（die Gültigkeit des Prinzips der Entscheidungsfindung durch einfache Mehrheit bei irreversiblen Entscheidungen）は、決着がつけられていない（異論の余地がある）（とされる）。長い射程を有する諸問題は、「連邦議会の多数（決）の薄い正当化の覆い（dünne Legitimationsdecke des Bundestagsmehrheit）によって担われる……」[195]ことは許されないであろう。ハーバーマスは、こうした諸々のケースにおいて、民主制的多数決（die demokratische Majoritätsentscheidung）が、諸々の生まれながらの、あるいは永続的な、少数派によって受け入れられないであろう、という危険を指摘している。ハーバーマスは、合法性システムという道具立て（Instrumentarium des Legalitätssystem）とのきめ細かい交渉を要求している[196]。かれが推奨する「人民投票的な」諸エレメント（die »plebiszitäre« Elemente）は、合法性システムを補完するものとしてのみ考えられているにすぎない。それらのエレメントはもっぱら非公式な性格を帯びているにすぎないのである。上から秩序づけられた憲法の番人（ein übergeordneter Hüter der Verfassung）に対しては、ハーバーマスは懐疑的である[197]。「再現前（代表）的憲政秩序（憲法）の機能不全という例外事例に対して、それ（法治国家：著者ベッカーによる挿入）は、その合法性を、その際なおその正当性に配慮しうる人たちの裁量に委ねる」[198]。

7．付説：議会主義の護教論――ひとつのシュミット論評

【シュミットにおけるドイツ的伝統、政治的なるもの＝闘争（←世界戦争世代の実存哲学）、自由主義との断交、反革命思想の文脈で更新される主権概念 ↓ 主権的支配のプロパガンダとしての決断主義：シュミットのホップ

ズ解釈――①内乱を防遏しうる主権的権力の占有者としての国家、②法（権利）を定立（Recht setzen）する国家の事実的決断能力：法（権利）の定立・実定化（Positivierung des Rechts）との関連で主権概念を展開したホッブズ→自然法に拘束されない実定法と主権的な政治的立法者：世俗化過程の帰結として法律実証主義的に空洞化され支配的実体を奪われた現代国家：ライヒ憲法四八条の委任独裁と全体国家】

この章節で諸考察の焦点になるのは、シュミットの著作、『政治神学（*Politische Theologie*）』（1922）と『現代議会主義の精神史的地位（*Die geistesgeschichtliche Lage des heutigen Parlamentarismus*）』（1923）についてのハーバーマスの論評である。[199] ハーバーマスの見解によれば、カール・シュミットはひとつの典型的なドイツ的伝統に組み入れられうるであろう。このことに対しては、シュミットのカトリックとの係わりは後退することになろう。ハーバーマスによれば、シュミットは「政治的なるもの（das Politische）」の概念に伝統的に哲学的な仕方で取り組んでいる。「政治的なるもの」は、ハーバーマスの意見によれば、シュミットにとっては、一民族（人民、国民）（Volk）のその敵対者に対する存在に即した（生存をかけた）闘争（Kampf）において表現される。ハーバーマスの想定によれば、カール・シュミットはエルンスト・ユンガー（Ernst Jünger）の実存哲学に思想的に近いのである。ユンガーの「世界戦争世代（Weltkriegsgeneration）」のように、シュミットにあっては、民族なるもの（das Volk）がその外部の敵対者たちに対して決然と登場する。ハーバーマスによれば、シュミットの議会主義に関する著作は、「自由主義とのひとつの仮借のない断交」[200]として読める。これに加えて、シュミットは『政治神学』という著作では主権概念（Begriff der Souveränität）を反革命の思想的文脈において更新している（とされる）。二つの著作で示されうるのは、シュミットの決断主義（Dezisionismus）は合理的・自由主義的な思惟の批判（Kritik des rationalen liberalen Denkens）から現出する、ということである。[201] ハーバーマスによれば、シュミットはホッブズの中に近代的決断主義の創始者を見ている。なぜならば、この近代的決断主義は主権的支配（souveräne Herrschaft）のプロパガンダを行ったからである。ハーバーマスの見解によれば、カール・シュミットは、ホッブズの中に二つのテーゼを読み込み、解釈している。シュミットによれば、一面では、国家（der Staat）は主権的権力の占有者（Besitzer souveräner Macht）である。まさに、国家は内乱（Bürgerkrieg）を妨げることができるからである。反乱を起こそうとする諸力は、自律性（Autonomie）を飢渇する以上、殲滅されなければならないであろう。他面では、事実上の権力（faktische Macht）が決定的な要因となる。国家の決断能力（権力）（Entscheidungsmacht）が法（権利）（Recht）を定立するのである。[202] いずれにせよ、ハーバーマスの見解によれば、シュミットがこれらの諸考察において「まったく注目していないのは、ホッブズはかれの主権概念をそもそものはじめから（*von Anbeginn*）法（権利）の実定化（定立）（Positivierung des Rechts）との関連において展開した、ということである。実定法（実定的法（権利））（das positive Recht）は、すでにかれの概念からして、もはや上から秩序づけられた自然法の諸規範（übergeordnete Normen des Naturrechts）に拘束されていることは許されない——そして、そのかぎりで主権的である——ひとりの政治的立法者（ein politischer Gesetzgeber）を、要求している」[203]。議会制的システムに対するカール・シュミットの批判は、主として大衆民主制（Massendemokratie）の諸問題に向けられている（とされる）。そうこうするうちに介入主義的になった国家の合法性システムは、社会的諸手段によって征服されてしまった、とシュミットは信じている（とされる）。現代国家は、シュミットにとっては、「法律実証主義的（gesetzespositivistisch）に空洞化され、その支配的実体を奪われている」[204]（とされる）。このことは、ハーバーマスの見解によれば、シュミットにとって、世俗化過程（Säkularisierungsprozeß）の帰着点として呈示されているが、この帰着点は、ヴァイマール共和国において、社会的多元主義（gesellschaftlicher Pluralismus）による分解（崩壊）に伴って終焉した（とされる）。諸政党や諸団体は、シュミットによれば、全体主義的性格を展開していた。ハーバーマスが把捉しているところに従えば、シュミットは、短期的には、ライヒ憲法四八条の独裁官的全権（die diktatorische Vollmacht）の中に、長期的には、イタリア的モデル[205]に従う全体国家の〔憲政秩序〕構成（Konstituierung eines totalen Staates）の中に、ひとつの展望を見ていた。

【アングロサクソン的コンテクストにおけるシュミットの諸テーゼの挑発的作用：現代議会主義やマルクス主義的民主制論の欠缺を埋めるシュミットのファシスト的な議会制的民主制批判：公共的討議と公共圏（政治的公共性における一般的意思形成）を度外視し、自由主義と民主制を分離するシュミット：シュミットの西欧的合理主義批判と対決するハーバーマス】

五〇年代に、シュミットの思惟は、フォルストホフ（Forsthoff, Ernst, 1902-1974）によってさらに敷衍された。今日においても、ハーバーマスの意見によれば、シュミットは青年保守派の人たち（Jungkonservativen）のサークルを魅了している。マックス・ヴェーバーによって右派ヘーゲル主義（Rechtshegelianismus）が克服されて以来、諸々の新たなキック・オフの追求が始まっていた。議会主義的な民主制の月並みな業務は、国家の醸し出す影響力（Fluidum）を補完しえなかった。現代国家の純粋なメカニズムの誤って思い込まれていた認識は、ハーバーマスの見解によれば、その実体の更新への憧憬を覚醒させていた。このことにシュミットは加担していたのである。[206][207]シュミットの諸々の思惟形象（Denkfiguren）が今日においてもなおアクチュアルなことは、解放神学（Theologie der Befreiung）が示している（とされる）。アングロサクソン的コンテクストにおいては、長きにわたる伝統に鑑みて、シュミットの諸テーゼは挑発的に作用するであろう。「あきらかに、カール・シュミットは、議会主義をかれの見解に従って説明している諸理念を観念論的に先鋭化しているから、それらの理念は読者の眼には、さらなる議論なしに現実におけるあらゆる支点を失っているように見えた[208]」。かれ自身の教授資格論文〔『公共性の構造転換』〕には言及することなく、ハーバーマスはさらに次のように書いている。「シュミットが先鋭化（Zuspitzung）と愚弄化（Ridikulisierung）を企てているやり方は、あいかわらず教えるところが多い――それにしても、連邦共和国のかの左翼にとってもそうであるし、今日では、とりわけ、マルクス主義的な民主制理論の欠缺をカール・シュミットのファシスト的民主制批判によって穴埋めすることで、小難を追い出して大難を招き出している（den Teufel mit dem Beelzebub austreiben）イタリア人たちにおいてそうである」[209]。カール・シュミットは、公共的討論の過程（der Prozeß der öffentlichen Diskussion）も、同じく多数決規則の妥当性（Gültigkeit der Mehrheitsregel）もまた、不当に戯画化している（とされる）。一般的にいえば、シュミットは、ハーバーマスによれば、政治的意思形成に導かれた合理性の諸表象を誤認している（とされる）。よりよい議論をめぐる格闘（das Ringen um die besseren Argumente）を代議士たちの利害状況とは一致しえないと説明することも正鵠を射ていない（とされる）。これに加えて、ハーバーマスによれば、シュミットは公共的討議（der öffentliche Diskurs）を議会における諸事象に縮減（還元）し、その公共圏との関係（Publikumsbezug）を度外視してしまっている（とされる）。ハーバーマスは次のように説明している。「自由主義的理論は、いつもまたすでに、政治的公共性（公開性）における一般的な意見や意思の形成という表象を含んでいなかったかの如くである」[210]と。ハーバーマスによれば、シュミットは自由主義と民主制の分離を企てることによって、不穏当で要求しえないカイザー主義のプロパガンダを行っている（とされる）。ハーバーマスの見解によれば、シュミットの批判は「西欧的合理主義の核心」[211]に的中している。それは、ハーバーマスが決然として対決することを試みている批判なのである。

Ⅲ　ハーバーマスの立場の問題構制に寄せて

1．批判的社会理論の諸含意とそれを越えるアプローチ

【初期ハーバーマスにおけるイデオロギー批判的・文化批判的なアプローチとアーベントロート的な社会主義的法治国家論】

ハーバーマスの〔一九〕五〇年代の終わりと〔一九〕六〇年代のはじめの諸著作は、今日疑わしいものとなった〔マルクス主義的〕イデオロギー批判的なアプローチと結びつけられていた。かれの分析におけるいくつかの切り詰め（Verkürzungen）〔紋切型の批判〕〔の原因〕はこのことに遡及されうる。このことについてのハーバーマスの自己評価によれば、「市場によって操縦された経済システム（marktsteuerte Wirtschaftssystem）と権力によって操縦された行政システム（machtsteuerte Verwaltungssystem）の諸現実を反映している（abprallen）のは、とりわけ、社会化された諸個人（vergesellschaftliche Individuen）や同じく包括的な組織の構成メンバーたちが帰属している一つの社会的全体（ein gesellschftliche Ganze）という全体論的（holistisch）な表象である」[212]。公共性（公開性）が権力によって操作されている（vermachtete Öffentlichkeit）という問題意識は認められるにしても、それにもかかわらず、耳目を聳動させるのは、現存する社会的法治国家（der bestehende soziale Rechtsstaat）についての〔ハーバーマスの〕文化批判的に歪められた叙述や貶価である。こうした諸立場からも、また社会主義的な法治国家（ein sozialistische Rechtsstaat）というアーベントロート的モデルからも、ハーバーマスは今日広範囲において退いている。このこと〔ハーバーマスが初期の立場から退いていること〕によって、〔一九〕五〇年代と〔一九〕六〇年代におけるハーバーマ

スの諸立場への上記の批判は制約を受けている。

【支配から自由なコミュニケーションというアプローチ——倫理学と社会理論との言語分析的〔言語行為論的・言語倫理学的〕根拠づけによるフランクフルト学派的「批判理論」の揚棄というハーバーマスのモティーフ：このモティーフに対する批判 ↓ 社会科学のメタ理論的基礎としての言語の普遍的遂行論 ↓ 理想的発話状況——言語と自然との溶解（実在論への逆戻り）、apriori と aposteriori の循環 ↑ それ自身が前提にされる支配から自由な討議——言語に還元された政治：如何にして一般化可能な利害関心という意味での一般的同意が成立するのか？：完全な拘束性を有する解釈審級の欠如】

あいかわらず、アクチュアルであるのは、支配から自由なコミュニケーション（herrschaftsfreie Kommunikation）というアプローチであるが、このアプローチは、かれの仕事の総体に赤い糸のように貫かれ、疑いなく「批判的理論の連続性」の中にある。「ハーバーマスの理論は、フランクフルト学派のいわゆる「批判的理論（kritische Theorie）」に結びついている。しかし、かれは倫理学と社会理論の言語分析的根拠づけの試みによって、決定的にこの「批判的理論を乗り越えている。言語学（Linguistik）と言語哲学の新たな諸発展と結びついて、ハーバーマスは言語の普遍的遂行論的理論（universalpragmatische Theorie der Sprache）を構想したが、この理論は社会科学の「メタ理論的な」な基礎（»metatheoretisches« Fundament）の役割を引き受けるとされている」[213]。「批判的理論」のハーバーマス的ヴァリアントは、諸々の社会的強制を取り除き、社会的自律性（Autonomie）を以て終わることになるとされる、そうした解放過程（Emanzipationsprozeß）を補完することを意図して、支配から自由なコミュニケーションというモデルを用いる[214]。このモデルは物議を醸さざるをえなかったし、さまざまな平面での批判にも晒された。ハーバーマスは、とりわけ、複雑性の増大（zunehmende Komplexität）という問題を克服しうるために、理想的な諸前提に遡及せざるをえない。その際、ひとつの理想的発話状況（eine ideale Sprechsituation）は、言語に純粋に還元されるモデルに導かれる。ルーマン（Luhmann, Niklas）の信じるところによれば、「ひとが言語そのものについて、真実性（真理）の生産（eine Produkution von Wahrheit）あるいはやはり真実性に向かう傾向（eine Tendenz auf Wahrheit）を期待するならば、それは言葉と自然とのとりとめのない溶解（eine diffuse Verschmerzung von Wort und Natur）というとっくに克服された、唯名論以前の立場で（あろう：著者ベッカーによる挿入）」[215]。現実へと移されるべき理想的発話状況はそのユートピア的性格を露わに（啓示）する。イェーガー（Jäger, Wolfgang）の見解によれば、ハーバーマスによって、「学者たちのゼミナール・コロクヴィウムとコミュニケーションが……将来の社会のモデルとして」[216][217]立派なものに見せかけられる。さらなる難点は次の点に存する。すなわち、理想的発話状況はア・ポステリオーリ（a posteriori）（後験的）にのみ社会的疎外過程（Entfremdungsprozesse）の克服の成果として理解されうるにすぎないにもかかわらず、ハーバーマスはその理想的発話状況の現前をある程度ア・プリオーリ（a priori）（先験的）に前提せざるをえない、という点に存する。シュペーマン（Spaemann, Robert）によれば、循環論（ein Zirkelschluß）になっているわけである。支配から自由な討議の成立は、同時にその前提条件なのである[218]。これに加えて、ハーバーマスは、かれの政治コンセプトの理性的性格（Vernunftcharakter）を説明する諸困難をかかえている。ハーバーマスは、かれの論議が最後に赴くところ、とどのつまり、政治を言語に還元しているのである。「政治の理性性（Vernünftigkeit von Politik）を根拠づけるために……理論的根拠づけにおいて後に残ったのは、討議（Diskurs）だけである。すなわち、政治に替わる言語（Sprache statt Politik）である」[219]。ハーバーマスは、就中、如何にして支配から自由な討議が本来的に政治に取って替わることになるのか、如何にして一般的な同意（ein allgemeiner Konsens）が一般化可能な諸利害関心（die verallgemeinerbaren Interessen）の意味で作成されることになるのか、これを決して明確化しなかった[220]。かれの諸提案の実践との関連性（praktische Relevanz）は明確にならない。ベールマン（Behrman, Günter）の見解によれば、如何にして現代社会がこの種のモデルを統合することになるのか、これが見えてこないのである。「環境に関する諸問題はより複雑になり、急速に変化している。社会生活はなお部分的に地域的かつ第一次的に集団的な諸関係において完遂されている。……完全な拘束性を要求しうる解釈審級（Deutungsinstanzen）は欠如している」[221]。

【支配から自由な討議モデルの実現化に際して無意識的に侵入しうる支配意思（個別的・特殊的・私的な利害関心）：支配から自由な討議の終結→政治的決断→支配の実行】

合法性システムにおける誤信された権力濫用の諸問題は理念型モデルの実現によって除去されうる、などということは決して保証されているわけではない。わたしの見るところ、新たに登場する諸困難へのヴァインリヒ（Weinrich, Harard）の指摘は、正鵠を射ている。「すなわち、討議に似かよったこの種の諸討論においては、とりわけ、外交官が他愛ない世間話（small talk）をそうするように、発言者リストに従って入れ替わり立ち代わり行われる諸発言の諸戦略を巧みに支配するルーティン化された討論参加者が育成されて、大いに蔓延ることになる」[222]。当然ながら、支配から自由な討議のモデルにおいては、きわめて広範囲において多元主義的な諸集団の影響力の諸々の水路として不透明である新種の支配が、意思されることなく成立する、ということが危惧されるであろう。それに加えて、支配から自由な討議のモデルは、ハーバーマスにおいては、決断主義に対するかれの大仰な反感によって、論争の終わりが予期されえないような形で、形づくられているように思える[223]。政治（Politik）は、ハーバーマスにおいては、討議（Diskurs）によって「支配から自由」という形で解消され、そしてまた、さらなる発語（Weiterreden）によって押し出されてしまう。シュペーマンは、ハーバーマスと対立する立場を以下のように定式化した。「しかし、政治的諸決断を行うことは、論争の終結（Schluß der Debatte）を、したがって支配を行使すること（Herrschaft ausüben)）を、意味している」、と。[224]

【支配（Herrschaft）を支配から自由な合意（Konsens）と置き換える、というハーバーマスの目標は、無制限でかつ規制されない支配の正当化理論に帰着しないか？】

ハーバーマスは、支配から自由なコミュニケーションによって批判的公共性（公開性）を再建するということを明確にしえない。このことは、あくまでも確認しておかなければならない。それに加えて、「批判的理論」〔のハーバーマス的ヴァリアント〕は、諸々のその学問科学的な影響力の可能性を過剰に評価している。このように明言することは、ハーバーマスの後期資本主義分析がユートピアを喪失していることからして、そしてその分析が厳密性を欠如していることからして、それだけ一層妥当する。イェーガー（Jäger, Wolfgang）によれば、〔ハーバーマスの〕「批判的理論」は、それどころか、自己感情を発信しようとする意識（ein selbstempfundenes Sendungsbewußtsein）から一つの権力要求（Machtanspruch）さえ導き出している。[225] これに対して、フォン・バイメ（Beyme, Klaus von）は、「批判的理論」にひとつの最小限の合意（Minimalkonsens）を容認した。この最小限の合意は、「諸々の革新（Innovationen）は諸々の多数派によって担われなければならず、そして、それゆえに、少数派の独裁制ではなく、大衆的規模の啓蒙〔大衆の啓蒙〕が、これら諸々の革新をあらかじめ用意しなければならない」[226]という見解において、表現されている。シュペーマン（Spaemann, Robert）――かれのさまざまな言明は、わたしの見るところ、首肯しうるものであるが――は、ハーバーマスの諸々の説明の帰結の中に存するであろう、種々の推論結果を、指摘している。「支配を支配から自由な合意と置き換えるという目標は、かくして、無制限でかつ規制されない支配の正当化理論となってしまう。――もちろん、ハーバーマスはこんなことをしようとは思ってもいない。しかし、わたしのテーゼが目標にしているのは、一人の著者が意図していることではなく、事柄の中にある思惟アプローチの諸帰結である」[227]。

2．公共性（公開性）の類型に寄せて

【ハーバーマスにおける公共性（公開性）（Öffentlichkeit）概念の構成要因――討議（Diskurs）、公論（öffentliche Meinung）：ハーバーマスによるルソー思想の批判と継受：ルソー批判――公共性（公開性）概念における討議・公論の欠如、習俗（Sitte）における一般意思（volonté générale）の成立、人民投票（喝采）（Plebiszit, Akklamation）という形の統治者と被治者の自己同一性（Identitä）、意思を志向する主権概念：ルソー継受――人民の意思、一般的利害関心、hommes と citoyens の同一性、急進民主制的アプローチ、文化批判的態度、特殊的利害関心の一般化可能性】

ハーバーマスは公共性（公開性）（Öffentlichkeit）を現代的な諸社会の構造原理として捉えている。[228] かれはこの概念の数多のヴァリアントを議論している。ハーバーマスの重要な公共性（公開性）概念は、その討議（Diskurs）に係わる構成諸要因によって標識づけられている。その概念はいつも公論（öffentliche Meinung）でもある。ハーバーマスのルソーに対する批判は、したがって、論理整合的に、ルソーの公共性（公開性）概念に固定されうる。この文脈で興味深く思えるのは、文献の中ではハーバーマスとルソーの間のたくさんの親近性が指摘された、ということである。かくして、ベールマン（Behrmann, Günter）の信じるところによれば、「ハ、ーバ、ーマスは、かれが一般的利害関心（das allgemeine Interesse）について、人民の意思（der Wille des Volkes）について、人、間（*homme*）と公民（citoyen）の同一性について語っているとすれば、ルソーと直接的に結びついている……」[229]。ルソーと類比されて、〔ハーバーマスにおいてもまた〕第一次的諸集団（Primärgruppen）への強い志向が確定されうるとされる。ハーバーマスの〔ルソー〕批判は、とりわけ、ユートピア的性格に対してではなく、公民たちの共同の慣習や習俗

(gemeinsame Bräuche und Sitten) による一般意思 (volonté générale) の成立の形式に対して固定されうる[230] (とされる)。事実、ハーバーマスには、ルソー的な諸理念が生き生きと留まっていた。とりわけ、急進民主制的諸アプローチや文化批判的態度、そして特殊的利害関心の配分 (Verteilung) がそうである。ハーバーマスは、一般化しえない利害関心 (nicht verallgemeinerbare Interessen) を伴う諸集団の間の諸々の誤って思い込まれている見かけの妥協 (Scheinkompromisse) に対しては懐疑的である。[231] いずれにしても、ハーバーマスは、まだかれの教授資格論文〔『公共性の構造転換』〕においては、諸々の特殊的利害関心を促進することによって批判的な公共性 (公開性) を作出する可能性を見ている。統治者と被治者の自己同一性 (Identität von Regierenden und Regierten) のテーゼへのハーバーマスの関係は、アンビヴァレントに呈示されているのである。[232] とりわけ、かれの急進民主制的な諸考察は人民投票 (Plebiszit) という言葉を以てしては捉えられない。周知のように、かれは直接的な共同決定 (Mitbestimmung) の制度化しえない諸形態を要求しているからである。しかし、公共性 (公開性) 概念が〔両者間で〕相違していること、そして、意思を志向するあらゆる主権概念を受け入れることはハーバーマスには困難であったこと、この二つのことは、ハーバーマスとルソー〔のそれぞれの見解〕を明確に区別するには有利な証拠である。むしろ、ハーバーマスがかれの諸表象を一つの啓蒙された教育独裁 (eine aufgeklärte Erziehungsdiktatur) によって貫徹する用意があるであろう、ということはありそうもないであろう。〔したがって〕諸々の特定の類比にもかかわらず、ハーバーマスにおけるルソーの影響力を過剰に評価することは、戒められなければならない。[233]

【ブルジョア社会における批判的公共性・公論の歴史的形成に関するハーバーマスの構成——達成されなかった議会と公共圏との間の制度化された公共 (公開) 的討議の想定：公的有徳性の誇張：ハーバーマスにおける自由主義・普遍主義への傾斜】

周知のように、ハーバーマスは、かれがかつてブルジョア社会において認識しうると信じていた批判的公共性（公開性）（kritische Öffentlichkeit）を、構成しようと努めている。[234] ハーバーマスは公論（öffentliche Meinung）の形成過程を歴史的にあとづけた。このことは、かれに一貫して認められるとしてよかろう。しかし、このことによって、議会と公共圏（公衆）との間の制度化された公共（公開）的な討議は、ハーバーマスが示唆している想定に反して、やはり達成されなかった。[235] とりわけ、「妨げられないコミュニケーションと公共的理性批判（öffentliches Räsonnement）が許容されることによって民主制が現実化する」[236]、ということに何らかの論拠があるわけではない。さらに、ハーバーマスは、民主制において私的有徳性が公的有徳性（Tugende）を押しのける危険を、誇張して示している。ダーレンドルフ（Dahrendorf, Ralf）によれば、ハーバーマスは新たに形成されている公共性（公開性）の諸々の可能性を誤認している。[237] カイザー的官憲国家〔第二帝制〕の終焉以降、さしあたり、如何なる政治的集団化も、諸々の公共的有徳性の維持に関心をいだかなかった。第三帝国における公共性（公開性）概念の否認以降、ダーレンドルフによれば、ハーバーマスが堕落傾向と解釈している、私的領域への逃避は、跡付けうることであった。[238] ダーレンドルフが、「ハーバーマスは、かれの諸成果を、消滅しつつある自由の気風（Liberalität）の国民的に特殊ならざる一般的な関連の中に設定しようとしている」[239] と書くとき、わたしの見るところ、ダーレンドルフはハーバーマスが公共性（公開性）を誇張して示していることを的確に性格づけている。

【ハーバーマスにおけるブルジョア的公共性（公開性）の理解——ブルジョア的公共圏（公衆）の理性的批判（Räsonnement）に還元された公共性（公開性）概念：ブルジョア的公共性（公開性）における人民投票的、議会外的、再現前的性格の無視：議会と国民的公論の間の相互作用の虚構】

ハーバーマスには、歴史的に重要な公共性（公開性）概念の類型をブルジョア的公衆（公共圏）の単純な理性批判（Räsonnement）に還元（縮減）してしまった、という留保が付されなければならない。ハーバーマスは意識的に人民投票（平民）的公共性（公開性）（prebejische Öffentlichkeit）の類型を無視している。この類型なしには一八世紀と一九世紀の数多の公共的諸事象は考えられないであろう。人民の怒りの爆発、略奪、ストライキは重要な政治的諸要因を呈示していた。イェーガー（Jäger, Wolfgang）は次のように描写している。「さまざまな動機から、アイルランド人やカトリック教徒たちに対する憎悪との関連において、自由愛好（Freiheitsliebe）や外国人嫌い（Xenophobie）との関連において、燃え上がる政治的な情念や騒擾は、政治家たちによって……演出され、利用しつくされることが稀ではなかった。ウォルポール（Walpole）の時代には、とりわけ、これらは政府との闘争におけるロンドンのシティの政治の重要な部分を構成していた。一八世紀の政治は、こうした人民投票的公共性（公開性）なしには理解しえない。それは議会外的公共性（公開性）一般の重要な一部を形成していたからである」[240]。人民投票的公共性（公開性）は、喝采や情動によって刻印されて、ハーバーマスの主張に反して、すでに初期から、政治的に機能する公共性（公開性）の一部であったのである。[241] ハーバーマスのアプローチによれば、一九世紀には、一つの統一的な公共性（公開性）は階級及び利害を志向するブルジョア的公共性（公開性）ないし人民投票的公共性（公開性）へと分解したとされるが、こうしたアプローチは神話として仮面を剥がれなければならない。それよりもなによりも、ハーバーマスはブルジョア的公共性（公開性）の理性批判的（räsonabel）な性格をあまりにも誇張して描いていたとしてよかろう。アルント（Arndt, Hans-Joachim）は、ブルジョア的公共性（公開性）に一貫して現前している再現前（代表）的（repräsentativ）な性格特徴を指摘した。――絶対主義と比較すれば、公共性（公開性）の増大する客体化と物化〔物件化、物象化〕（Objektivierung und Versachlichung）とは明らかであったであろうが。「しかし、これについてやはり忘れてはならないのは、純粋に人間的な公共性（公開性）は、言葉の端的な意味で、その目的をいつも充たしていた、ということである。それは開示し、啓示し、秘密を暴き、〔不可視の一般性を具体的に〕呈示していた。

そして、こうした再現前（代表）（Repräsentation）は、ブルジョア的形象の公共性（公開性）においてもまた失われることはなかったのである。ブルジョアもまた、一定の……、人間である（Mensch zu sein）というその種の要求を再現前化（代表）していたのである」[242]。ハーバーマスが、ブルジョアは再現前（代表）の能力を有さない、と想定しているとすれば、かれはこうした〔再現前という〕言明の時機（契機）的性格（Momentcharakter）を誤認している。官憲国家においては、ブルジョアは再現前的諸力に対立し、意識的に支配行使の客観的かつ合理的な批判基準に価値を置いていた。ブルジョア自身が君主制の崩壊後に権力を掌握した瞬間に、ブルジョアはいわば公共（公開）的となり、再現前的性格を展開したのである。こうした発展を衰退として構成することについては、もっぱら誤った解釈として、ハーバーマスはその責任を負わされかねない。これに加えて、ハーバーマスによって想定された、議会と国民的公論（nationale öffentliche Meinung）との間の相互作用は、虚構であることが明らかになる。イギリスでは、当然のことながら、個々の代議士にとっては、かれが依存していた多数決選挙システム（Majorz-Wahlsystem）ゆえに、主としてかれの選挙区の地域的公論（regionale öffentliche Meinung）が決定的であったからである[243]。

【歴史的検証に堪えないハーバーマスのブルジョア的公共性（公開性）概念：懐古趣味（Nostargie）としての理性批判的な公共性（räsonable Öffentlichkeit）の再建：叙述の英語圏・仏語圏への逃避：カントの法論に基づくブルジョア的法治国家の性格づけ：ハーバーマスによるトックヴィル、ミル、バーク、ベンサムの誤読】

ハーバーマスが文献的に獲得している公共性[244]（公開性）概念は、歴史的検証に堪えない。ハーバーマスは一八世紀と一九世紀の討議による意思形成の原動力としてクラブの意義を過剰評価している[245]。ルーマン（Luhmann, Niklas）の見解によれば、最近の経験的諸研究は次のことを示したであろう。「人間的邂逅（社交）のこうした場所は、コンタクトを容易にし、身分の差異を中立化し、体験や行為の固有の前史への諸拘束を緩め——したがって、これらすべてに伴ってコミュニケーションを解放する社会的諸システムを呈示する。しかし、まさにそれゆえに、なお見出されるのは他愛のない世間話（»small-talk«）にすぎないのである」[246]。不適切なのはまた、それによってハーバーマスが理性批判的な公共性（公開性）（räsonable Öffentlichkeit）の原理を再建することを試みている懐古趣味（Nostalgie）である。かれは、その際、公衆（公共圏）（Publikum）には同意しようとする潜在意識的な用意が現前していること（die unterschwellig vorhandene Bereitschaft, dem zuzustimmen）に賭けることができる[247]。ブルジョア的公共性（公開性）についてのハーバーマスによる叙述において耳目を聳動させるのは、ハーバーマスが、本来係わるべきなのはドイツにおける状況であるにもかかわらず、アングロサクソン的かつフランス的な言語空間へと逃避していることである。そのかぎりで、シュナイダー（Schneider, Franz）のこれに関する批判は正鵠を射ているであろう。「諸事例の選択において、ハーバーマスは広い範囲でイギリスやフランスの証拠に逃避している。このことは、諸関係の多様性はあっさりとは諸類比に正当化を与えないがゆえに、不満を残している。それよりもなによりも、イギリスのコーヒー・ハウスやフランスのサロンのような重要なコミュニケーション的形象は、一八世紀のドイツでは比較しうる対象物を何ら有していない。このことだけでもすでに、公共性（公開性）形成の重心移動を明らかにしている」[248]。述べられたことから次のことが明らかになるであろう。すなわち、ハーバーマスが問題にしているのは、公共性（公開性）概念の歴史的に客観的な叙述ではなく、むしろ、同時代の文献的著作を手掛かりにして加工された公共性（公開性）のユートピア的な構成諸要因である、ということが明らかになるであろう[249]。とりわけハーバーマスにおいて目をひくのは、引用された著者たちのモザイク様の選択である。特筆すべきことに、かれは、まさしく形式的なものと見なされているカント[250]の法論（Rechtslehre）を手掛かりにして、ブルジョア的な法治国家を性格づけている。このことを通じてハーバーマスに可能になっているのは、自由主義的システムにおける憲政秩序（憲法）理念とその現実との間の誤って思い込まれた矛盾を主張することであり、そして、同時にトクヴィル（Tocqueville, A.)）やミル（Mill, J. S.）において自由主義の理念とイデオロギーとの間の誤って思い込まれたアンビヴァレンツを指摘することである。[251] その際、ハーバーマスは著者たちを適切に選択しているとは思えない。とりわけ名を挙げられた二人の著者〔トクヴィルとミル〕には、公衆（公共圏）と議会との間の——ハーバーマスによって自由主義にとって理念型的なものとして特徴づけられた——関連は、現存しない。トクヴィルやミルにおいては、むしろ公論を制限することが要求される。なぜならば、かれらは街頭の圧力を通じて議会制にとっての諸々の危険を見ていたからである。[252] ハーバーマスがバーク（Burke, E.）やベンサム（Bentham, J.）に訴えていることは、同様に、疑わしくないとは思えない。バークは、ハーバーマスとは反対に、公論（public opinion）を「政治システムの構造を通じて水路づけられた政治的過程の部分かつ成果[253]」と捉えている。公共性（公開性）は、バークにおいては、政治システムの正当な諸機関、例えば、請願制度（Petitionswesen）、身分制的（議会の）諸機関、等々を通じてのみ、作用するにすぎない。ハーバーマスによって喧伝されている、政治的に影響力を与える意図を伴う、公共（公開）的コミュニケーションの諸形式を、バークは憲政秩序に反するものと見なしていたのである。ベンサムもまた、イェーガー（Jäger, Wolfgang）の見解によれば、ハーバーマスによって引き合いに出されうるのは、もっぱら制約された形でしかない。ハーバーマスは公共性（公開性）を、制度化された直接的民主制（institutionalisierte direkte Demokratie）として理解した。[254] ハーバーマスがかつての〔ブルジョア的〕公共性（公開性）を、批判的に理性批判を遂行する公衆（ein kritisch räsonierende Publikum）の公共性（公開性）のそれとして崇め奉っていることは、事態にそぐわないし、叙述が歪められていることの理由である。

3. 政治的公共性の変容に寄せて

【一九世紀中葉、ヴィクトリア朝期〔選挙権改正と大衆政党の登場以後〕〔議会主義の古典的位相〕における英国議会主義についてのハーバーマスの的外れな理想化された評価：公共性〔公開性〕を締め出していた一九世紀イギリスの議会制委員会】

ハーバーマスは、公共性〔公開性〕という形式〔形相〕原理が「階級的な」イギリスの議会主義の位相において有効に機能していたことを確認している。たしかに、かれはかれの分析において次のことを指摘している。すなわち、イギリス議会における諸交渉〔取引〕(Verhandlungen) は一八世紀末まで公共性〔公開性〕を締め出して行われていたが[255]、しかし、長期的にはこうした〔公共性〔公開性〕の〕発展は抑圧されえなかったし、そして、このこと〔公共性〔公開性〕の発展〕を通じてのみ、議会主義はその特殊な性格を保持しえた、と。ハーバーマスの見解によれば、とりわけ、ヴィクトリア朝初期は、つまり一八三二年と一八六七年の二つの選挙権改正 (Wahlrechtsreformen) の間の時期は、議会主義の頂点と見なされた。〔けれども〕実際には、こうした〔ハーバーマスの〕把握は疑わしいと標識づけられざるをえない。「英国議会主義は、一九世紀中葉に最高点に達し、その後落ち込んで行く曲線を描いていたとされるが、こうした見方は、もちろん、同時代人の議会考察の歴史と同一ではない。実際には、ヴィクトリア朝初期は、同時代人たちによって、決して議会制的発展の頂点としてではなく、その没落として考察された、ということが示されたのである」[256]。反対に、英国のこの位相において、いまだ大きな大衆諸政党が登場する以前には[257]、なるほど、「……個々の代議士の影響力や独立性は最大であったが、しかし、明確な多数決制 (Mehrheitsverhältnisse) がなかったがゆえに、議会制システムは最悪に機能していた、ということが確認されえたのである」[258]。それどころか、レーヴェンシュタイン（Loewnstein, Karl）は、かの時代の議会人たちの誇張された尊大さ（Selbstherrlichkeit）について語っている。[259] それよりもなによりも、議会主義の古典的位相におけるイギリスの代議士たちは利害関心に導かれていなかった、というハーバーマスの想定は、的外れである。むしろ示されうるのは、一八三〇年から一八八〇年までの位相において諸々の鉄道会社によって大量の「ロビー活動（lobbying）」が行われた、ということである。「諸々の鉄道会社の利益代理人たちは、とりわけ議会そのものにおいて議席を占めていた。かくして、一八四一年から一八四七年までの八一五の下院議席のうちには一四五人の鉄道会社社長がいたのである……」。[260] バジョット（Bagehot, Walter）――ハーバーマスはバジョットを詳説するに足る基本的な知識を有していないようであるが――もまた、議会への社会的諸集団の凄まじく大きな影響力を指摘していた。[261]「駆け引き（取引）（bargaining）」はもっぱら現代議会主義に特有な現象である、というハーバーマスの想定は、的外れである。[262]〔駆け引き（取引）〕が現代議会主義に特有なことではない、〔という〕事実構成要因は、現代議会主義の誤って思い込まれた衰退傾向を決定的に相対化する。[263] これに加えていえば、今日の議会の代議士たち――かれらの上で共同意思は失われたとされる――の利益志向に対するハーバーマスの批判は、この〔議会という〕制度の意図を素通りしてしまっている。たしかに、部分的諸利益（利害関心）の上にある共同意思について一つの合意が見出されなければならない、[264] ということは正しいが、しかし、社会的な諸利益（利害関心）の代理（Vertretung）と貫徹（Durchsetzung）は原理的には意志されているであろう。[265] かれの見解によれば、ブルジョア的議会主義の古典的時代を標識づけた「比較的同質的な利益（利害関心）の基礎」[266] は、他の平面において――例えば共同の社会的な基本的利益（利害関心）を通じて――その存続が可能にされている。〔けれども〕公共性（公開性）と討論とは議会主義の実体的な構造原理として妥当しなければならない、ということもまた決して正鵠を射ていない。〔たしかに〕それら〔公共性（公開性）と討論〕は、議会主義が説得的に貫徹されたことに貢献したであろうが、しかし、議会主義の成立にとって構成的なものではなかった

〔からである〕。したがって、わたしの見るところ、かれ〔ハーバーマス〕は初期の議会主義の古典的なそれへの発展の位相をもまた、誇張して特徴づけているのである。「しかしながら、実際には、議会は、ずっと以前から、真実の共同的利益（利害関心）を見出す機能を有していたのではなく、いつも諸々の社会的利害関心を代表（再現前）するフォーラム（Forum）であったのである。これらの社会的利害関心は、ブルジョア的解放の当初においては、王権に対立して相対的に同質的であったのか、あるいは、しかし、この相手が消えてしまったとき、当初の解放的活力を失ってしまったのか、この点はともかくとして[267]」。その他についていえば、この古典的位相における英国議会での決定は、ハーバーマスが示唆しようとしている程には透明ではなかった。一九世紀は、公共性（公開性）を締め出して行われた議会制的諸委員会（parlamentarische Ausschüsse）の最盛期であったのである[268]。

【絶対主義・官憲国家との闘争において性格づけられた公共性（公開性）原理：ブルジョア的法治国家における国家と社会の交錯（「弁証法的統一」）（→自由空間の創出）についてのハーバーマスの誤認：ハーバーマスの社会国家理念——個人的自由権から集団的参加への発展、社会国家的政策の機能としての個人的自由：法治国家、権力分立、議会主義、社会的多元主義を不可欠とする民主制的社会的法治国家：如何にして公民たちによる共同決定から基本権を構成する作用は現出するか：社会国家（社会主義的法治国家）の全体主義化を防遏する抵抗権（Abwehrrecht）としての基本権（Gruntrecht）】

ハーバーマスに認められうるのは、かれは公共性（公開性）という原理の登場を絶対主義国家に対する闘争において的確に性格づけた、ということである。しかし、公共（公開）的権力（öffentliche Macht）は、官憲国家（Obrigkeitsstaat）の退場後、ブルジョア社会の所有に帰したのであるが、このとき、こうした〔公共性（公開性）の〕発展は反転している。このことを、ハーバーマスはまったく誤認している[269]。この〔公共性（公開性）の発展の反転という〕文脈において、ブルジョア社会は国家と社会の厳密な分離を必要としている、というハーバーマスの言明は、無理解なものとして退けられなければならない。一面では、一九世紀における国家と社会の二元論は、それぞれ完結した法人諸集団の間のそれではなかった。当然ながら、ブルジョア層は議会の協働、官僚装置、司法制度を介して国家に参加していたからである[270]。他面では、ブルジョア的法治国家は、国家と社会の交錯（Verschränkung）を、それらの分散性（Diversität）を堅持しながらも、一貫して保持しぬきえた、ということが示されたのである。国家と社会の「弁証法的統一性[271]」は、「政治的な共同福祉の決定や統治能力[272]」を促進するように思われるし、そして、個人的にも社会的諸集団によっても利用されうる諸々の自由空間を創出している。個人的自由権（individuelle Freiheitsrechte）が集団的参加権（kollektive Partizipationsrechte）へのさらなる発展に結びつけられることで、社会国家の目標（Sozialstaatsziel）は〔ブルジョア国家のそれよりも〕優位にある、というのがハーバーマスのテーゼであるが、こうしたかれのテーゼの脈絡を前にしてのみ、かれの言明は理解しうるものとなる。「個人と共同体、ブルジョアと国家がもはや対立することなく、個人の自由を社会国家的政策の単なる機能として概念把握（begreifen）する[273]」、というハーバーマスの基本権理解（Grundrechtsverständnis）は、伝統的な諸表象と一致しえない。就中、法治国家の特性（Rechtsstaatlichkeit）、権力分立[274]、議会主義、社会的多元主義といった従来の衡量し抜かれた諸手続き（Prozedere）を放棄して、民主制的発展は成功しうるか、ということは議論の余地のあるところである。これに加えていえば、如何なる範囲ですべての〈該当者たち〉（Betreffenen）による共同決定（Mitentscheidung）から基本権を構成する作用が現出することになるのか……[275]」ということも疑わしく思われる。諸々の基本権は、かつては国家に対立して成立したが、社会国家（Sozialstaat）においてもまた、それらは何よりも抵抗（防御）権（Abwehrrechte）として見なされなければならない。このことを通じてのみ、最終的に、国家と社会が同一的になり、しかもおそらくはまた、全体主義的になる、ということが妨げられうるからである[276]。〔初期の〕ハーバーマスによって主張された社会主義的な法治国家の構想は、社会的な法治国家（der soziale Rechtsstaat）の対案と見なすわけにはいかない。

【ハーバーマスのアングロサクソン志向→理性的論議を遂行する議会イメージの例証としてのフランクフルト国民議会の無視←公共性（公開性）原理の衰退過程を資本主義システムの諸矛盾と結びつけるハーバーマス】

ハーバーマスのアングロサクソン志向は耳目を聳動させる。かれがドイツ的議会主義の衰退を叙述することを目標として設定しているとしても、一八四八年の諸事件をかれが知識として受け入れていないことは、とりわけ耳目を聳動させる。なにしろ、〔一八四八年のフランクフルト・アム・マインにおける〕国民集会〔議会〕（Nationalversammelung）は、英国モデルよりも、理性的論議を遂行する議会（ein räsonierendes Parlament）の表象により近いからである[277]。ゴーロ・マン（Golo Mann）は、〔フランクフルトの〕パウロ教会の議会をかつて以下のように性格づけた。「地上で〔この議会よりも〕より教養のある〔知識人たちが集結した〕議会（ein gebildeteres Parlament）は決して存在しなかった。……メッテルニヒのドイツでは潜んでいるしかなかった多くの理想主義が、すなわち、多くの楽観主義が、ここでは集められ、そして、声高に叫ぶことを許されている[278]」。こうした〔ことをハーバーマスが〕無視〔していること〕はハーバーマスの資本主義批判（Kapitalismuskritik）と関連している、という憶測は、容易に見て取れるところである。ハーバーマスは、後にその〔公共性（公開性）の〕衰退過程を資本主義システムの諸矛盾と結びつけうるために、資本主義的国家において機能している公共性（公開性）の原理を例示（demonstrieren）してみせようとしたのである。フランクフルトのパウロ教会の議会は、方法的にこのコンテクストの中に組み入れることができない。ドイツは、この時代には、まだ広範に農業によって構造化された国であって、したがって、〔ブルジョア的公共性（公開性）の〕範型としては不適切だったのである。商業主義化（Kommerzialisierung）――とりわけ、かれがさしあたり古典的時期に対してはいまだ価値に囚われず〔没価値的〕に（wertfrei）にコメントしているように思える出版界における商業主義化――に対するハーバーマスの批判は、結局のところ、「諸々の近代的なるもの」の機能転換（Funktionswandel der Modernen）へのかれの視野を遮り、そして、不満足な文化批判と消費者教育に帰着している。[279] エーダー（Eder, Klaus）は、次のように的確に確認している。「やはり、如何なる討議（Diskurs）も諸々の意見（私見、臆断）の市場（Markt der Meinungen）――そこで討議が貫徹されなければならないとしても――からは出てこない」。[280]〔たしかに〕現代的な意見（私見、臆断）の形成（moderne Meinungsbildung）も、決して理性〔合理性〕（Ratio）を逃れられはしない。〔けれども〕むしろ、現代的な市場経済のシステムにおいては、初期自由主義的なシステムの伝統的な〔理性の〕諸々の批判基準に代わって、別の種類の理性的（合理的）なるもの〔形式的合理性、計算合理性：屁理屈〕（das Räsonable）が登場するのである。[281]

【ハーバーマスにおける自由主義的諸要請の誇張と議会主義の機能変化（議会と政府の間の緊張関係〔権力機能の分割と相互規制〕～両者の間の相互作用）の誤認】

現代的議会主義の衰退過程の構成にハーバーマスが無難に（あっさり）成功しているのは、かつての自由主義的な諸要請を誇張して特徴づけることによってである。かれは議会による政府のコントロール（規制）（Kontrolle der Regierung durch das Parlament）が不十分であることを批判している。しかしながら、かれは、官憲国家の崩壊後、議会主義が機能的に変化していることを、そして、これに伴い、さまざまな理念型的な諸提案の妥当性が厳密に再検討されなければならない、ということをフェードアウトしてしまっている。フレンケル（Fraenkel, Ernst）は、統治シ̇ス̇テ̇ム̇への議会の補完（Implementierung）〔の在り方〕が諸々の本質的変化に導かれた、ということを正しく指摘している。議会は、議会による信任を必要としなかった、上から議会に強いられた、そういうライヒ宰相（Reichskanzeler）を、コントロール（規制）するという課題を、もはや有していない。[282] むしろ、議会は、今日、宰相を選挙する権利（Recht）と、これに伴い、ようやくはじめて、現実的な権力（Macht）を有している。[283]「議会制的統治システム〔議院内閣制〕の導入を通じて廃れてしまった議会と政府との間の緊張関係は、政府と反対派（Regierung und Opposition）との間の相互作用（Wechselspiel）に取って代わられたのである」。[284]議会の多数派がたいてい固定しているがゆえに、まさしくもはや厳格な理性的論議（Räsonnement）へと義務づけられていない「窓からの演説（Reden aus dem Fenster）」〔討論ではない一方的な演説〕によって、反対派は公共性（公開性）に影響を与えるようと試みうるし、これに伴い、一種の永続的な選挙戦（permanenter Wahlkampf）を形成しうる。[285]憲法（憲政秩序）理念とその現実との間の今日誤って思い込まれた矛盾に対するハーバーマスの批判は、議会主義の機能変化に対する理解不足から帰結している。かれは、自由主義的な憲法（憲政秩序）の、一貫して正当的で、国法論上必要な、新たな解釈を、容認しないのである。[286][287]

【ハーバーマスにおける〔形式的〕法治国家原理の否認による民主制原理の再賦活化の試み――実質的（直接民主制的・社会的）法治（立憲）国家↑ハーバーマスのシステム超越的批判基準】

〔ボン〕基本法（Grundgesetz）は、民主制原理を介した法治国家原理に疑念を付している。このことを、ハーバーマスは一貫して正しく認識した。[288]しかし、法治国家原理を否認することによって民主制原理を再活性化する、というかれのやり方は、はっきり退けられなければならない。〔ドイツ〕連邦共和国（Bundesrepublik）は単に形式的な法治国家である、という〔ハーバーマスの〕見解は、憲法〔ボン基本法・ドイツ連邦共和国憲法〕における社会国家的な厳命（Sozialstaatsgebot）を誇張して特徴づけることによって助長される。ハーバーマスは、ひとえに社会国家原理（Sozialstaatsprinzip）だけを志向する憲法のみを、実質的（materiell）なものとして承認する。いずれにしても、基本法の社会国家原理は、法治国家の特性、連邦国家、共和国、民主制という厳命（Gebot）のような他の諸原理のコンテクストに編み込まれている、とのみ見られることが許されているにすぎない。[289]ハーバーマスは、西ヨーロッパの民主制は特殊な仕方で直接的民主制という思惟範疇に活力を見出すであろう、という見解に執着している。かれの批判は、そのかぎりで、多くの点で、システム超越的（systemtranszendent）であることが明らかになる。民主制的な立憲国家（der demokratische Verfassungsstaat）の現に支配的である類型に対する批判は、最初に名指されたシステム類型〔直接的民主制〕に遡及することに伴って論理的に根拠づけられることは許されない。[290]ハーバーマスは、かれの個人的な価値システムの立場からのみ現代議会主義を批判しているにすぎない、という嫌疑がおのずと胸に湧いてくる。〔たしかに〕諸々の強力な諸集団の超次元的な影響力によって、組織されない本質的な利害関心が無視され、新たな社会的諸集団が確立された諸権力の現存する諸規制によって対応した形でしかるべく顧慮されることなく、政党や団体の最高幹部の自立化の危険が現存しているということ、これは疑いなく正しい。[291]しかしながら、現代国家の諸現象に対する〔ハーバーマスの〕批判はあまりに一面的になっている、ということはあくまで確認しておかなければならない。かくして、かれは、行政機関や諸団体において、否定的な諸現象だけを強調しているのである。こうしたことは、多元主義が現代民主制の唯一の適切かつ必然的な現象形態である以上、それだけにより疑わしいものに見られるのである。

【喝采する受動的市民大衆：多元主義的諸集団による公共性（公開性）の再封建制化：形式的民主制的議会主義を犠牲にした批判的公共性（公開性）再建、労働社会の終焉、産業社会に対する体制批判者といったハーバーマスのユートピア的思惟】

市民〔大衆〕をあらゆる場合に喝采する受動市民（akklamierender Passivbürger）として性格づけることは、現実に正しく即しているとは思えない。ハーバーマスがかれの意見を少なくとも市民イニシアティブ（Bürgerinitiative）

のような社会的に能動的な諸集団に関して変えているとしても、かれは、わたしの見るところ、現代諸国家における非公式（informal）な影響力の性格を原則的に誤認している。住民の諸部分の相対的な能動性（活動性）（Aktivität）ときわめて広範な動員（Mobilisierung）の諸位相は、静穏な諸位相とまったく同じく、社会的な生活活動の現象である。民主制的な潜在力は、ハーバーマスが信じようとしているようには、決して汲み尽くされているわけではない。[292] 公共性（公開性）の多元主義的諸集団による再封建制化（Refeudalisierung）という〔ハーバーマスの〕テーゼもまた、誇張して特徴づけられている。多元主義的諸集団は、それらが公的・法的な地位を占有していないという理由だけで、かつてのように官憲性（Obigkeit）を再現前（代表）しえないし、それらは、それに対応して、例えば、民主制的な選挙によって正当化されえない。諸団体はそれらの公共性（公開性）に係わる活動（作用）（Öffentlichkeitsarbeit）を単なる「公法に係わる事柄」（»public relations«）に縮減（還元）してしまっている、と主張しているハーバーマスは、現実に正しく即していない。むしろ、現代社会における第二次的諸集団の重要性の上昇についてのかれの非難の中には、かれの文化批判の更なるヴァリアントが憶測されなければならない。[293] 形式的な民主制的議会主義をきわめて広範に犠牲にして批判的な公共性（公開性）を「再建する」という提案は、たちまち、非現実的なものとして貶価（diskreditieren）された。かくして、ルーマン（Luhmann, Niklas）は次のように説明している。「公論（öffentliche Meinung）という構想（Konzept）は、簡単に組織内部で繰り返されるわけにはいかない。なぜならば、諸組織は意識の細分化に基づいており、したがって、それらの上にひとつの批判的公論の想定が構築された、そういう構造的諸前提も、それらに対応する諸経験も、現実化されえないからである」、と。[294] いずれにしても、ハーバーマスは後にはこうした〔二次的諸団体における公論という〕構想から離れているのであるが、このことはそうした構想が実践的に貫徹可能でないことを証示している。あいも変わらず、ハーバーマスは、かれの著作『福祉国家の危機とユートピア的エネルギーの枯渇』において、批判的公共性（公開性）のルネサンスという思惟範疇に固執している。

社会国家の更なる発展がかれの諸期待を充たしえなかったとすれば、かれは、今日、こうした発展を完成するとされる「産業社会において異論を唱える者（体制批判者）（ein industriegesellschaftlicher Dissident）」の表象に固執しているのである。こうした成功の見込みのない企てには、諸団体における批判的公共性（公開性）の創出よりもはるかに僅かな実現の機会しかなく、そして、これに加えていえば、〔こうした企てが〕アナーキストめいた逸脱へ導かれてしまうこと、このことは憶測に難くないことであろう。ユートピア概念に釘づけにされているハーバーマスの思惟には、わたしの見るところ、ひとつの運命的な連続性が存する。[295][296] かれが放棄したのは、ユートピア的思惟の本源的なヴァリアントだけである。その際、かれの諸々の説明が基礎にしている、労働社会の終焉（Ende der Arbeitsgesellschaft）というテーゼに異論の余地のあること、このことの指摘は欠かすべきではない。[297]

4．正当性概念

【マックス・ヴェーバーの正当性概念（Legitimitätsbegriff）――合法的支配の正当性信仰（Legitimitätsglaube der legalen Herrschaft）：手続き的正当性（Verfahrenslegitimität）というProblematik：合法性システムの受容（＝統治者と被治者との間の価値合意）に基づく「合法性による正当性」：反省化されない大衆忠誠に基づく形式的民主制（形式的法治国家）において現前する正当化需要↓階級構造と行政システムの正当化強制とから生ずる「正当化の危機」（Legitimationskrisen）：ハーバーマスにおける「支配からの自由」を志向する実質的正当性概念――討議過程において獲得される一般化可能な利害関心についての同意としての国家的正当性という構想】

ハーバーマスの批判は、マックス・ヴェーバーによって刻印された〔合法的支配（die legale Herrschaft）における〕正当性概念（Legitimitätsbegriff）を対象（目標）にしていた。この概念にまで遡りうる手続きの正当性

（Verfahrenslegitimität）を、ハーバーマスは十二分に正当化（rechtfertigen）されたものとは見なさなかった。レーヴェンタール（Löwenthal, R.）は、このこと〔手続きの正当性〕を決定的に退けた。合法性による正当性（Legitimität durch Legalität）もまた、もっぱら、合法性システムの受容（Akzeptanz des Legalitätssystems）において表現される「統治者と被治者との間のひとつの価値合意（ein Wertkonsens zwischen Regierenden und Regierten）」[298]を基礎としうるということ――このことを、ヴェーバーは、ハーバーマスとまったく同様に、明確に認識していた（とされる）。この意味で、現代的な諸々の民主制は形式的（formal）な性格しか帯びていないであろうし、たしかに、現代的民主制において正当化需要（Legitimationsbedarf）は現前しているであろうが、しかし、それらの政治的秩序の正当化（die Legitimation ihrer politischen Ordnung）[299]は反省されない大衆忠誠（unreflektierte Massenloyalität）にのみ基づいているにすぎない、というハーバーマスの見解もまた、疑わしいであろう。[300]ハーバーマスが〔大衆忠誠におけるような〕社会的諸力の受容（Akzeptanz gesellschaftlicher Kräfte）によるひとつの正当化を妥当せしめないとき、かれは正当性概念の晦渋かつ奇妙（abstrus）な見解を主張しているのである。かれは、「正当化の危機（Legitimationskrisen）は、階級構造（Klassenstruktur）か、あるいは、行政システムの正当化強制（der Legitimationszwang des administrativen Systems）か、このいずれかが廃棄されること、このことによってのみ回避されうる――これは正当化理解の伝統を逆立ちさせている対案（二者択一）である――」[301]という見解をとっているように思われる。ハーバーマスはひとつの耳慣れない「実質的な正当性概念（materieller Legitimitätsbegriff）」を主張しているが、この概念は、支配から自由な討議（der herrschaftsfreie Diskurs）を志向し、そして、ヘンニース（Hennis, W.）の見解によれば、形式的かつ同義反復的な性格を帯びている。[302]これに加えて、国家的正当性をひとつの討議過程（ein diskursive Prozeß）において一般化可能な諸利害関心の同意（Konsens verallgemeinerbarer Interessen）として獲得する、というハーバーマスの構想は、充分に取り扱いうる（操作可能な）（operational）ものかどうか――これは依然として〔未決の〕問題なのである。[303]

【法（権利）の安定性（Rechtssicherheit）と平等（Gleichheit）とを法律（制定律）（Gesetz）の前で保障する合法性（Legalität）：合法的かつ正当的な実質的法治国家（ein materieller Rechtsstaat）——憲法律に記された実質的諸原理を合法的に貫徹する民主制的立法国家：民主制的立憲国家（der demokratische Verfassungsstaat）における憲政秩序システム（Verfassungssystem）の正当性から帰結する諸措置や諸法律の正当性：法律（制定律）の法（権利）による（法（権利）の法律による）拘束性（Rechtsvervindlichkeit der Gesetze）の根拠としての民主制的立憲国家の適格な均衡（Ausgewogenheit）：法治国家的諸原理の適用と基本権の保障→民主制的正当性】

ハーバーマスにとっては、法実証主義的・形式的な性格において汲み尽くされているように見えている、合法性（Legalität）のかれの定義は、すこしも満足を与えるものではありえない。「合法性は、市民たち（Bürger）あるいは国家的諸機関の行為（Handeln）と法（権利）秩序（Rechtsordnung）との合致を意味している。……合法性は現代国家が機能するための重要な基礎である。……合法性は、一般的拘束力を有する諸原理による国家権力の正当化（Rechtfertigung）を特徴づけている」[304]。市民に法（権利）の安定性（Rechtssicherheit）と平等性（Gleiheit）とが法律（制定律）（Gesetz）の前で高い程度で保障されうるのは、合法性によってのみである。民主制的に選挙された議会の諸決議に法律（制定律）の力（Gesetzkraft）が付随することに、市民は確信を抱きうる。恣意的な行政行為は法律（制定律）の留保（Gesetzesvorbehalt）によって修正しうる、等々[305]。ところで、ハーバーマスは、単なる合法性は正当化しない、と説明しているのであるが、そうだとすれば、かれの批判はドイツ連邦の〔ドイツ連邦共和国という〕法治国家の性格の正鵠を射当てることができない。〔ハーバーマスによって〕呼び覚まされている正当性の危機（Legitimitätskrise）〔というテーゼ〕は、とりわけ、形式的（formell）な諸原則と実質的（materiell）なそれらという、すでに説明された〔ハーバーマスの〕歪曲された見方に根ざしている。ハーバーマスの議論には、合法性と正当性が合致するのは法実証主義（Rechtspositivismus）においてのみである、と異論が申し立てられなければならない。現代的刻印を帯びた実質的な法治国家は、合法的であるのと同じく正当的でもあるのである。ハーバーマスは、正当化の諸原理と法治国家の形式的性格によるそれらの媒介との関係（Beziehung zwischen den Legitimierungsprinzipien und ihrer Vermittlung durch den formellen Charakter des Rechtsstaates）を認識していない。民主制的立憲国家（der demokratische Verfassungsstaat）は、憲政秩序（憲法）の中に記されたその実質的な諸原理を合法的に貫徹しようと試みるのである。ハーバーマスは、したがって、正当化されない形で、合法性と正当性という二つの異なる（差異化する）（differierend）原理〔というカード〕を交互に出して〔相手の攻撃をかわして〕いるのである（gegeneinander ausspielen）[306]。ハーバーマスが実証主義的衣装をまとった形においてその所業を見ていると思われる、単純な決断主義を、とりわけ、〔ドイツ〕連邦憲法裁判所（Bundesverfassungsgericht）は明確に却下した。「諸々の法律上の指令（法令）（gesetzliche Anordnungen）は、それらが法（権利）（Recht）として妥当すべきであるとすれば、こうした資格（Qualität）を、それらが国家権力によって、その都度予期された手続き（Verfahren）において定立されている、ということだけで獲得しているわけではない」[307]。国家の諸決断の規範的な任意性（Beliebigkeit）に対するハーバーマスの危惧は、〔ドイツ〕連邦共和国の憲法（憲政秩序）の現実（Verfassungswirklichkeit）において、根拠づけられてはいない[308]。個々の諸措置や諸法律の正当性は、個々の社会的諸集団の批判においてさえ、「民主制的立憲国家（der demokratische Verfassungsstaat）においては、むしろ、総じて、憲政秩序（憲法）システム（Verfassungssystem）の正当性から帰結するのである」[309]。民主制的立憲国家の〔正確に測られた〕均衡（Aus［ge］wogenheit）は、その諸法律の法（権利）による（法（権利）の諸法律による）拘束性（Rechtsverbindlichkeit seiner Gesetze）〔Recht と Gesetz の相互限定〕の根拠である。個々の法律の合法性（Legalität einzelner Gesetze）に疑いをいだく者は、訴訟を起こし（den Rechtsweg beschreiten）うる[310]。多元主義的国家において正当性の諸々の究極の根拠[311]は予め示しえない、ということが問題構制（Problematik）〔問われるべきこと〕と見なされかねないのであるが、これは上辺だけのことにすぎない[312]。国家権力（Staatsgewalt）が間接的に議会選挙によって人民（国民）から導き出され、法治国家的諸原理が適用され、基本権が保障されるならば、民主制的な正当性という思惟範疇は満たされているに違いないのである。反対に、確保されうるの〔確実に言いうること〕は、とりわけ——ハーバーマスの見解に反して——合法性システムの外に置かれる諸々の政治的少数派の諸活動が問題であるとき、かれ〔ハーバーマス〕が正当と見なすプロテストの諸形式は合法的限界に衝突し、これに加えて、それらはそれら自身非正当的であることが明らかになる、ということである。民主制的立憲国家は、もちろん、少数派の保護を弁えているが、しかし少数派が支配するわけではないのである[313]。

【ハーバーマスが呈示する正当化危機・正当化義務・正当化需要——支配から自由な討議：正当化を必要としない正当化する必要（義務）そのもの：国家の正当化の危機↓民主制と法治国家との緊張：民主制と民主制的立憲国家との差異を認めない七〇年代までのハーバーマス：ヴァイマール憲法の民主制を超えるボン基本法における法治国家的特性（Rechtsstaalichkeit）——民主制的立憲国家（der demokratische Verfassungsstaat）：市場経済秩序における個人的自由権（合法性システムにおける権限、効率、分業）に基づく間接民主制】

ハーバーマスの批判は、マルカール（Marquard, Odo）の洗練されたイロニー（皮肉）で応対されかねない。「現在、すべてのこと及びあらゆるひとに正当化を義務づける傾向が支配している。どんなものも、正当化のコンテクスト（context of justification）の中に踏み込むべきであり——かれ〔ハーバーマス〕の贅沢なモデルは、支配から自由な討議である——そして、とりわけ、それが正当化の危機に陥ったときには、自己を正当化すべきである。

そして今日……いたるところで、そうなのだ。……というのは、今日、明らかにすべてのことが正当化を必要とし……正当化を必要としないのは、ただ一つのことにすぎない。すなわち、正当化を必要としないのは、すべてのこととあらゆるひとに対して正当化することの必要性だけである」[314]。このことには、その形式において同意されうる。ハーバーマスの批判は、われわれを事柄（Sache）においてそれ以上のところに連れ出さないからである。

ところで、〔ボン〕基本法（das Grundgesetz）はかつての〔ヴァイマール憲法の〕民主制原理（Demokratieprinzip）を越えて法治国家原理（Rechtsstaatsprinzip）を置いた。かれ〔ハーバーマス〕の諸々の見解は、〔ボン〕基本法と共鳴させることができない[315]。ハーバーマスは、民主制（Demokratie）と民主制的立憲国家（der demokratische Verfassungsstaat）とは異なるシステム類型であることを知識として受け入れようとしないからである[316]。かれが法治国家的特性（Rechtsstaatlichkeit）と民主制原理との緊張関係に結びつけている、国家の正当化の誤って思い込まれた喪失には、懐疑を以て対処されなければならない。「公民たちの政治的な意思形成諸過程への参加（Partizipation der Staatsbürger an den politischen Willensbildungsprozessen）は……剰余価値の領有（Aneignung des Mehrwerts）〔構造的階級支配〕を危険に晒す[317]」であろう、というハーバーマスの見解は、こうした見解を担うイデオロギーの疑わしさに鑑みて、何ら維持しえるものではない。むしろ、権限（Kompetenz）、効率（Effizienz）、分業（Arbeitsteilung）において表現されている諸事実は、まさしく市場経済的秩序原理において見出されうる、個人的自由権に支えられている効果的な間接民主制の形式（Form indirekter Demokratie）にとっての根拠づけを与えるであろう。ハーバーマスは、こうしたことともに〔上の引用のような見解を抱きながら〕、いまだ七〇年代には、左派の批判家たちの伝統の中にいるのである。かれらに想定されうるのは、かれらは合法性システム（Legalitätssystem）をひとつの社会的再建にとっての障害と見なそうとし、したがって、この合法性システムを否認しようとしている、ということである。合法性との関係は、正当にも、左派の「グレートヒェン問題」（Gretchenfrage）」と見なされている[318]。

5．非暴力的抵抗と市民的不服従

【合法性システムに対する抵抗権請求の不当性】

市民的不服従の正当化（Rechtfertigung zivilen Ungehorsam）に関するハーバーマスのテーゼは、ドイツ語圏においては大量の批判に晒された。さしあたり、〔このかれのテーゼに対して〕そもそも如何なる諸カテゴリーを以て抵抗概念（Widerstandsbegriff）は支持されるべきか、という異論を唱えうるであろう。基本法二〇条四項[319]の条文において保障された抵抗権（Widerstandsrecht）への示唆（Hinweis）はそれ〔そのテーゼ〕の役には立ちえず、このことはハーバーマスもまた認めている。いずれにしても指摘（verweisen）されなければならないのは、まさに、ハーバーマスが市民的不服従についてのかれのテーゼを投影させている平和運動の周辺領域から、諸々の対応する潜在意識的な叱責（unterschwellige Verweise）が現れる、ということである。ここで推察されるのは、住民の不安をかき立てるための、そして自身の立場の強化のための、特定の戦術的な諸措置（taktische Maßnahmen）が問題になっている、ということである。[320]今日の状況においては、〔ドイツ〕連邦憲法裁判所に対する抵抗への基本権の請求は、ひとえにそうした請求権の成立可能性という構成要件（Tatbestand seiner Funktionsfähigkeit）からして無効（nicht erfolgreich）であろう。国家の課題は、抵抗権を保護することにではなく、むしろ、抵抗権が実際に必要とされる状況を防遏することに存するからである。[321]ハーバーマスが、市民的不服従を行う市民の諸行為は合法性と正当性の間を浮動し続ける、と語るとき、かれは、抵抗権を合法性システムに対抗して根拠づける、という事態が問題含みであることを自覚している。機能している合法性システムに対して抵抗権を請求することは、依然として疑わしいことであるし、不法国家（Unrechtsstaat）に対する抵抗のようには一義的に正当化されないからである。それはともかく、あらゆる国家存在（Staatswesen）における実定法（positives Recht）に対する衝突は、法治国家（Rechtsstaat）か、あるいは不法国家か、はともかく、さしあたり一度は国家的裁可（staatliche Sanktion）を引き寄せる。[322]

【（安全保障、エネルギー、環境政策に関する少数者の拒否権を伴う）非暴力的な市民的不服従による統治システムの毀損可能性：現行実定法との衝突 → 議会における意思形成に対する直接的活動の圧力――議会制民主制の多数決原理への攻撃 → コンフリクト解決メカニズムの解体】

ハーバーマスが想定しているように、市民的不服従の枠の中で事実上もっぱら非暴力的な諸活動が貫徹される、というケースを設定してみよう。それでも、現存する統治システムが毀損されることになる、という嫌疑は払拭されえない。[323]ハーバーマスは、市民的不服従を適用する前に、まずは、すべての合法的な手段が適用されるべきである、と指摘しているとしても、遅くともその後には、諸要求の適切な貫徹とは何か、という問いが立てられる。意識的かつポピュリスト（大衆迎合）的に貫徹された、法律との衝突（Gesetzesverstoß）は、「議会における意思形成を直接的諸活動の圧力に引き渡すこと」[324]を意味しないであろうか？　事実、市民的不服従は、その思い込まれた意図に反して、議会制的民主制の多数決原理（Mehrheitsprinzip）を攻撃しているのである。疑いもなく、多数決（Mehrheitsentscheidungen）もまた可謬的（fallibel）なものでありうる。いずれにしても、さまざまな少数派（Minderheiten）に、重要な安全保障、エネルギー、環境政策の諸問題における広範な拒否権（Vetoreche）が容認されるならば、政治的システムの果たされるべき機能（作動能力）（Funktionsfähigkeit）は疑問に付されることになる。市民的不服従を実践することは、伝承されかつ保証されたコンフリクト解決メカニズム（Konfliktlösungsmechanismus）を解体させかねないからである。[325]

【何が暴力（強制、強要）か、について国家（立法機関、司法機関）の優先解釈――国家による決定（定義）の支配（Definitionsherrschaft des Staates）：抵抗概念のインフレーション（意義づけの喪失）：抵抗が合法的ではないが正当的でありうる歴史情況についての意識・感覚】

「非暴力的（暴力から自由な）（gewaltfrei）」という言葉のハーバーマス的な概念特性が、国法的な観点から見て、問題ないものとは言えないことは明らかである。このことに伴って示唆されるのは、次のような二つのことが可能であろうということである。すなわち、「①民主制的ゲーム規則（Spielregeln）の保持（遵守）、②作用（影響）が計算された政治的決定過程と国家行為とに影響を与える諸活動、あるいは、それどころか、矯正（korrigieren）する諸活動〔がそれである〕」[326]。暴力（強制力）（Gewalt）は、それよりもなによりも、それが直接的には暴力的活動の適用に至らないときにもまた、法学的（法律的）には現前するのである。それが強要（Nötigung）（例えば、バリケード）に至るとき、それは事実構成要件を充たすのに十分である。暴力（強制力）（Gewalt）という言葉を定義するために要求されるのは、文献学的な概念解釈ではなく、むしろ、国家による――立法府（Legislative）（実定法の作成）と司法府（Judikative）（法律解釈）における――優先解釈（präferierte Interpretation）をめぐる知識である。それゆえに、ヴァッサーマン（Wassermann, Rudolf）は、国家の「決定（定義）〔における〕支配（Definitionsherrschaft）」[327]について語っているのである。暴力（強制）概念（Gewaltsbegriff）の狭隘な解釈（Auslegung）に対する嘲笑的な揶揄に対しては[328]、抵抗概念（Widerstandsbegriff）のインフレーションの指摘を以て対処しうる。抵抗概念は、完全な意義喪失（Bedeutungsverlust）の下に置かれている。「しかし、これ〔意義喪失〕に伴って、それらにおいて抵抗の諸形態が人間的品位を保全あるいは再建するための合法的ではないが正当的な手段を形成する、そういう歴史的な諸状況のための意識もまた、あまりに容易に失われる」（からである）[329]。

【正常状態における小さな抵抗権としての市民的不服従：法治国家における多数派の判断が不可謬である保証はないとしても、透明かつ制度化された諸機関の外部の少数派の判断が不可謬であるという保証はそれ以上に存在しない：道徳（正当性）に係わる政治的基本問題についての判断における多数決原理の問題性（弱点）は、少数派の市民的不服従（抵抗権）を正当化するか？：永続的お喋りと類比される永続的抵抗】

市民的不服従は、考察者にとって、「正常状態（Normallage）の小さな抵抗権[330]」として呈示される。しかし、機能している法治国家においては、如何なる少数派（Minderheit）も――それがどのような種類のものであれ――多数派（Mehrheit）に逆らうことは許されない。なぜならば、何故に住民の小さな集団がその私的判断の尺度に従って――この集団はこれに加えてなお透明かつ制度化された諸機関の外部にある――諸規範の拘束性について的確な決断を行うことになるのか、これは洞察されえないからである[331]。市民的不服従の正当化の覆い（Legitimationsdecke）は薄いの〔根拠薄弱〕である。「市民的不服従は、結局のところ、少数派は、たしかに道徳的な諸カテゴリーに触れる政治的な基本的諸問題において、多数派とは異なる見解を有している、ということによって正当化される[332]」。こうした〔政治的決断に関する少数派の多数派に対する造反有理についての〕言明は、わたしの見るところ、諸々の議会多数派にだけ妥当するわけではない。同じ抵抗権を、ハーバーマスは、論理の行き着くところ、人民投票的諸決断に際して、このような諸決断が憲法に従って可能であるならば、（誤てる）多数派（irrende Mehrheit）に反対して要求しなければならないであろう。ここで、かれの議論は行き詰まってしまう。なぜならば、市民的不服従を行う市民の「人民投票的」正当化は、上辺だけで（nur vordergründig）与えられているにすぎないからである。ハーバーマスには、自身の請け合いに反して、道徳的な諸カテゴリーが問題になる以上、多数決は問題にならないように思われている。こうした言明は、不可逆な事実構成要件の決定〔取り返しのつかない待ったなしの政治的決断〕（Entscheidung irreversibler Tatbestände）についてもまた、妥当している。すなわち、危惧すべきことは――永続的なお喋り（das ewige Gespräch）と類比して――その場合、時宜に応じた妨害（Obstruktion）として貫徹される永続的な抗議（ein ewiger Protest）である。多数決原理（Majoritätsprinzip）の誤って思い込まれた弱点の中に、ハーバーマスは市民的不服従の厳格な根拠づけを見ているように思われる。[333]かれが多数決原理の妥当性を形式的に受け入れているとしても、かれはその適用を特定の諸条件に結びつけようとするであろう。単純な多数決原理の制限された適用に関するかれの諸提案は、潜在的には、例えば不可逆な諸決定に際しての特別の〔資格づけられた〕定足数（Quorum）〔特別多数決〕への要求に帰着するように思われる。そのかぎりで、こうした議論から、環境保護のようなさまざまな内容は一貫して憲法〔律〕の中に受け入れられる価値である、ということが帰結しうるであろう。いずれにしても、ここでもまた、多数派形成の困難な過程は度外視されえない。下位におかれた諸集団〔少数派〕が一定の定足数〔特別多数決〕を政治の敏感な諸領域においてより抑圧の少ないものとして感じ取ることになるのかどうか、これは依然として未決のままであろうからである。

【法治国家に対する極限事例における法令遵守の取り消しを正当化するハーバーマス：憲法（とそれに基づく諸法律）への市民の自由意志的服従を要求する民主制的法治国家：合法性システムにおける権力濫用の可能性についての微妙な感覚（Fingerspitzengefühl）を欠くハーバーマス：例外状態における国家の決断能力を否認して、決断能力を規則破壊者に委ねるハーバーマス――法（権利）の保証（安定性）（Rechtssicherheit の喪失）：例外状態であれ正常状態であれ、決断するのは民主制的な立憲国家（Verfassungsstaat）そのもの】

ハーバーマスは、法治国家に対して、「極限事例（Extremfall）」における法令遵守の取り消し（Aufkündigung des Rechtsgehorsams）を正当化されるものと見なしている。なぜならば、民主制的法治国家は絶対主義国家とは反対に、何ら無条件的な服従を要求しえないからである（とされる）。実際、民主制的法治国家は、強制的な服従要求を退ける。

〔ところが〕それどころか、民主制的法治国家は、その際〔極限事例において〕、それだけ多く、市民たちの自由意志的な憲法（憲政秩序）への服従を必要とする。こうした自由意志的な服従は、諸法律の憲法に即した成立に対する、他の諸々の国家権力の執行や司法の行為に対する、受容を表現せざるをえない。したがって、ハーバーマスには、諸法律に対する自由意思からの服従は民主制的立憲国家の自然法的な基礎と見なされうる、ということに注意が喚起されざるをえない。その服従の取り消しは、その民主制的立憲国家の存立を大いに危険に晒すことになるからである。[334] ハーバーマスが機能している法治国家的な秩序の内部で「極限事例」[335]に訴えていることは、ひとつの火遊び（ein Spiel mit dem Feuer）[336]である。市民的不服従が政治の受け入れられた手段として確立するに伴って、法治国家は、事実上、正当性のディレンマに陥る。「経験に即していえば、国家はいつも正当性の喪失に苦しむ。国家が正しければ、国家はその弱さゆえに軽蔑される。国家がゲーム規則を破れば、国家は法廷に引きずり出される」[337]。ハーバーマスがナチ時代における合法性国家のデフォルメに関する今日の合法性国家のトラウマについて語り、それゆえに、国家の権力独占を相対化しようと試みているとすれば、[338] かれは解釈に広い遊域を開いているのである。かれ自身は、まさしくこうした諸主題の複合を克服しないことに関心を有しているのではないか、という嫌疑がおのずと湧き上がってくる。イーゼンゼー（Isensee, Josef）は、ヒトラーに対する事後的な（後智慧の）抵抗（nachträglicher Widerstand）という現象を指摘した。[399][340] ハーバーマスは、かれが意識的にカール・シュミットの近くに引き寄せている今日の国法学を、権威主義的・法実証主義的なものとして論争的に誹謗しているのであるが、このことに伴い、かれの諸々の説明の正当化もまた疑わしいものとなるように思われる。これに加えていえば、かれには不明確な用語法（Diktion）という非難が投げかけられうる。その種の微妙な感覚領域においては、より敏感な感覚が期待されていたであろう。ハーバーマスがたしかに合法性システムにおける権力濫用の可能性を見ていながら、しかし市民的不服従の予想されない諸帰結をフェードアウトしているとすれば、かれはナイーフ（愚鈍）だと誹られざるをえない。かれが、「例外状態（Ausnahmezustand）」が現前するときに、国家に決断能力を否認しながら、その決断能力を規則破壊者（Regelbrecher）に委ねることによって、法（権利）の保証（安定性）（Rechtssicherheit）は失われるのである。「国家が、そして国家だけが、こうした例外状態が与えられている時処において、そして、立憲国家（Verfassungsstaat）が正常状態（Normallage）としてその法（権利）（Recht）を保持している時処において、コントロール（規制）を受けず、そしてコントロール（規制）しえない形で、決断する」（のである[341]）。

【市民的不服従（抵抗権）を遂行する異論を唱える者の内面的（道徳的）態度】

「倫理的構成要因（ethische Komponente[342]）」は市民的不服従の弱点と見なされうる。ここでは問題になるのは、非暴力（Gewaltfreiheit）の方法ではなく、異論を唱える者の内面的態度（die innere Eistellung des Dissidents）であろう。こうした態度はどれほど困難（重大）なものであろうか。このことを、カップ・リュトヴィッツの一揆（Kapp-Lüttwitz-Putsch）の終焉以後にゼネストを続行し、それに伴って、民主制的に選挙された政府にもまた諸問題を突きつけた、一九二〇年の諸々の労働組合の態度が示した。それゆえに、イーゼンゼー（Isensee, Josef）は、正しく次のような問題を提起している。「〔ヴァイマール〕共和国を〈救済した者たち（Retter）〉はその後にまで影響を及ぼした〔ヴァイマール共和国の〕弱体化に寄与した。しかし、いかにして〔ヴァイマール〕共和国はその救済者たちを前にして〔その破壊者に変貌するかれらから〕救済されうるであろうか[343]」。緩和された形式で、こうした問題は〔ハーバーマスがかつて支援した〕「正常状態」の抵抗者たちにも、ぴったり当てはまる。

D　対置：親近性と差異性
――ユルゲン・ハーバーマスにおけるシュミット思想（思惟カテゴリー）の受容に寄せて

I　諸注

【フランクフルト学派におけるシュミットについての受容と対決：シュミットとハーバーマスの議会主義批判の関係に関するケネディ論争：ハーバーマスにおけるシュミット受容の二つの位相】

シュミットの諸著作の受容は、左派知識人のサークルでは――そしてそこだけではなく――長い間、不快（anstößig）なものと見なされていた。「きみはカール・シュミットのように論じている」[1]と言われれば、それは著者の政治的〔生命の〕終焉を意味しかねなかった。カール・シュミットはいわゆるファシスト的著者として、かつては、明らかに受容しえないものであったのである。[2]マルクーゼ（Marcuse, Herbert）の論文「全体主義的国家観における自由主義に対する闘争」（一九三四年）は、かれの時代において、フランクフルト学派にとって、シュミット受容のひとつの画期を呈示した。ケネディ（Kennedy, Ellen）が書いているところによれば、この〔マルクーゼの〕論文以降、カール・シュミットは「肯定的な源泉としては、三〇年代及び四〇年代の〈フランクフルト学派〉の諸労作から[3]」消えてしまった。「フランクフルト学派」は、かの時代には、ますますカール・シュミットと対決姿勢を強めようとしていた[4]。その際、カール・シュミットとの断絶は、原則的な理論的な差異性にではなく、むしろ一九三三年のかれの政治的転向〔ナチ体制への加担〕に帰着した[5]。ケネディによれば、ようやく、ユルゲン・ハーバーマスがそれに数えられるフランクフルト学派の新しい世代とともに、こうした関係の修正の可能性と、そして、これに伴って、シュミット受容の――きわめて反省されたものであったとしても――新しい位相への可能性とが、成立する。ユルゲン・ハーバーマスのケースにおいては、ケネディは、とりわけかれの教授資格論文である『公共性の構造転換（*Strukturwandel der Öffentlichkeit*）』（1962）、諸研究『学生と政治（*Student und Politik*）』（1956）、「政治的参加の概念に寄せて（Zum Begriff der politischen Partizipation）」、『後期資本主義における正当化の諸問題（*Legitimationsprobleme im Spätkapitalismus*）』（1973）に係っていた[6]。フランクフルト学派の近くにいた、あるいはそれどころかそこに帰属した、そうした思想家たちのシュミット受容についてのケネディの指摘は、先鋭的に展開された論争に火をつけた。その〔フランクフルト学派の〕権威であるユルゲン・ハーバーマスがカール・シュミットに近づけられ、それどころか、「ひそかな受容[7]」について語られたとなれば、それは「批判的理論」にとって由々しきことであったに違いない。とはいえ、こうした指摘は決して新しいものではない。すでに一九七三年に、イェーガー（Jaeger, Wolfgang）は、ハーバーマスの教授資格論文〔『公共性の構造転換』〕を手掛かりにして、こうした関連を研究していたのである[8]。かれの時代には、〔イェーガーの〕こうした大胆な試みは評価されなかった。「ひとは〈批判的理論〉の好況期であった七〇年代の初めにイェーガーの批判を無視しえたとすれば、ケネディの論文は〈批判的理論〉の景気の底において公刊された……」〔ので、無視しえなかったわけである[9]〕。新しかったのは、八〇年代におけるシュミット受容の継続に対するケネディの非難だけである（『市民的不服従』）。エレン・ケネディの論文が呼び起こした反響は、如何なる敏感な領域においてかの女が正鵠を射ていたに違いないか、これを示している。[10] ハーバーマスは、〔かれとシュミットとの間には〕議論上の親和力（argumentative Wahlverwandtschaft）〔がある〕という非難から、鋭敏にも距離をとっていた。[11] とりわけ、機能している政治的公共性（公開性）の類型（Typus fungierender politischer Öffentlichkeit）についてのかれの諸研究はシュミットから影響を受けている、という言明を、ハーバーマスは、退けた。ある応答において、かれ〔ハーバーマス〕は〔シュミットとは〕異なる諸立場を強調した。「カール・シュミットにとって、政治権力が民主制的法治国家において正当化を必要とし、正当化可能である、しかも論議によって、ということを主張することほど、馬鹿げたことはない」と。[12] ハーバーマスは、かれが〔一九〕六〇年代以来[13]シュミットの仮借のない敵対者の一人として自己自身を展開していただけに、それだけより強く批判から打撃を受けたのである。ハーバーマスにおいては、かれがカール・シュミットを激しく攻撃していない政治的著作は殆ど見られない。[14][15] それゆえに、ケネディの〔両者の議論には親和性がある、という〕テーゼがまもなく大層な評判を博すことになろうとは予想もされないことであったわけである。[16] いずれにしても、ケネディには若干の曲解や誇張があることが明らかにされた。[17] 名声を損なうような非難はきわめて深刻なものであったので、事態の厳密な研究が必要となった。そして、証明を欠くケースにおける研究は、かつてその研究を提示した当人の身に跳ね返ってくる。分析において、以下の章立てにおいて、表題として受け入れられたいくつかの批判基準を手掛かりにして、シュミットとハーバーマスの諸立場が対置されることになる。ケネディによって呼び起こされた論争は、正面切って、諸々の説明の構成部分となっている。とりわけ――〔ハーバーマスにおけるシュミットの〕受容が証明されることになる場合――ハーバーマスにおいては、シュミット受容の二つの位相が存在するかどうか、〔この点について〕ケネディの諸々の言明から黙示的に帰結する考察の価値は認めざるをえない。『公共性の構造転換』と「政治的参加の概念に寄せて」における、いわばとらわれのない〔無意識の〕第一の受容は、諸々の引用の中に対象化されているし、そして、反省された第二の受容においては、ハーバーマスは、自らをシュミットから明示的に境界づけているのであるが、それでもやはり、独特な形でシュミットの思惟範型（Denkmuster）の中にとらわれ続けているのである。

Ⅱ　哲学的基礎づけ

【シュミットとハーバーマスの人間理解の差異：（1）シュミット――カトリック的原罪（堕罪）観（人間学的悲観主義）、政治の本性としての闘争（友敵関係）、ホッブズ的思惟、反革命、反近代（反合理主義、反自由主義）、事実的権力を志向する国家による政治、決断主義（審議に対する決断の優位）、ratio に対する voluntas の優位（政治的なるもの、国家的なるものを構成する voluntas）、審美的かつ政治的実存主義、政治の手段としての戦争：（2）ハーバーマス――自由主義的諸価値への固執、理性的人間主体の発展能力、啓蒙主義（近代の擁護と神話の否定）、ヘーゲル的な現在の肯定、支配の解体（支配からの自由）としての政治的理性（ratio）、公民人格の再建ではなく、支配から自由な討議、voluntas の ratio への還元、主権概念→暴力（Gewalt）と権力（Macht）の概念的切断】

シュミットとハーバーマスは、原則的に、かれらの人間学的理解（das anthropologische Verständnis）において区別される。カール・シュミットは、「すべての真正なる政治的理論は邪悪（böse）なるものとしての人間を前提している[18]」、という前提から出発する。これは、その政治的に世俗化された形象において堕罪（Sündenfall）という教義から帰結する言明である。こうした形式的にカトリック的な立場は、シュミットにとって強制的（zwingend）な本性を有している。「〈政治的なるもの（das Politische）〉の諸領域は、結局のところ、敵の現実（実在）的可能性（die reale Möglichkeit）によって規定される（から）、政治的な諸々の表象や思惟行程は、決して人間学的な楽観主義を出発点にしえない。そうでなければ、それらは敵の可能性とともに、あらゆる特殊政治的な諸帰結をも廃棄するであろう」[19]。シュミットは、ホッブズ的思惟からの共生（Symbiose）〔共存〕と一九世紀のこれとは相容れない反革命思想とを呈示し[20]、そして「近代」（die Moderne）に対立している一つの立場を主張している。ハーバーマスの哲学的立場は、思惟範疇の上では（gedanklich）、〔シュミットの立場のそれから〕それほどかけ離れているわけではないであろう。かれ〔ハーバーマス〕を起源的に自由主義的陣営に組み入れることは困難であるように思われるとしても[21]、かれは、疑いもなく、自由主義によって媒介された諸価値を人類史のきわめて代え難きものとして枚挙している著者たちに属している。ハーバーマスは、実際、殆どすでに行き過ぎて人間的主体の発展能力や理性に固執していることで、頻繁に取りざたされるような[22]、そうした「啓蒙主義者（Aufkläer）」なのである。こうした信仰は、かれの最近の諸著作の中にも流れ込んでいる。ハーバーマスは、ポストモダン（die Postmoderne）に対して、あるいはそれどころか反動的な諸潮流に対して、決然として「近代（die Moderne）」を擁護する者として、特徴づけられうる。シュミットが手を伸ばしている神話（Mythos）を、かれは消滅したものと見ようとしている。〔とはいえ〕ハーバーマスは、シュミットのように、〔シュミットとは〕異なる意図や動機においてであれ、現代社会の諸構造と衝突している。いずれにしても、かれ〔ハーバーマス〕は、シュミットとは真っ向から対立して、そして、ヘーゲルとは類比されて、現在の肯定（Gegenwartsaffirmation）を伴うひとつの歴史哲学を主張している。ハーバーマスは、支配の解体（Herrschaftsauflösung）[24]という意図において、ひとつの政治的理性（eine politische ratio）[23]という自由主義的な思惟範疇の更新に結びつけられている。その際、かれにとっては、公民の人格（Person des citoyen）の再建は問題にならない。ハーバーマスは、時代の経過の中でさまざまに様式を変えてきた、支配から自由な討議というモデル（ein Modell herrschaftsfreien Diskurses）を介して、政治を形象化しようとしている。意思（voluntas）を理性（ratio）の中に導き入れようとする、そして、これに伴って、国家による権力（暴力）の独占（das staatliche

Gewaltmonopol）と主権概念（Souveränitätsbegriff）を、権力の概念（Begriff der Macht）とのそれらの結びつきから切り離そうとする試みは、特殊なものとして価値づけられなければならない。この点で、かれ〔ハーバーマス〕は、決断主義的な言い回し（dezisionistische Wendung）で、国家による政治を事実上の権力（faktische Macht）の方向に狙いを定めて向けているシュミットとは、本質的に区別される。[25] カール・シュミットにとっては、決断（Entscheidung）の »daß« 〔決断することそのもの〕がその »wie« 〔如何に決断するか〕よりもより重要なのである。〔政治的〕審議（Deliberation）には時間が残されていない。かれ〔シュミット〕にとって固有なことは、政治的諸連関の実存的先鋭化（existentielle Zuspitzung）である。〔シュミットにおいては〕理性（ratio）ではなく、意思（voluntas）が、政治的なるもの（das Politische）を、そして、共通の敵に立ち向かうことにおいて、[26] 国家的なるもの（das Staatliche）をもまた、構成するのである。もっとも重要な国家の課題は、シュミットによれば、内乱を防遏すること（Verhinderung des Bürgerkriegs）である。ハーバーマスは、シュミットのアプローチからの諸帰結を、いつも懐疑をもって考察した。〔ハーバーマスは次のように語っている。〕「わたしは、そもそものはじめから——例えば、わたしがシュミットを読んだ瞬間から——決断主義には批判的でした」（と）。[27] マルクーゼ（Marcuse, H.）に依拠して、ハーバーマスもまた、実存主義（Existentialismus）は、それが政治的に現実（実在）化される瞬間に、放棄されなければならない、と信じているのである。[28] いずれにしても、ハーバーマスもまた、あらゆる決断主義的エレメントを峻拒することによって、〔鍵盤上の〕ミスタッチを犯している（danebengreifen）のである。[29] マシュケ（Mashke, Günter）の指摘によれば、シュミットの決断主義（Dezisionismus）は、ハーバーマスが想定するようには、もっぱら、エルンスト・ユンガー（Ernst Jünger）の実存主義哲学に基づいているわけではない。[30] シュミットの著作は、ハーバーマスがかれ〔シュミット〕に帰している一義性をもっていない。「シュミットにとっては、まさしく、ユンガーにとってのようには、戦争あるいは危険な瞬間が問題なのではない[31]」。戦争はシュミットにとって政治の一貫して受け入れうる手段を呈示しているのであって、かれはそれを以て戦争の理論（bellizistische Theorie）を根拠づけようとしているわけではない。[32]

【曖昧模糊とした主権概念をめぐるシュミットとハーバーマスの共通性と差異性：法実証主義と形式的法治国家に対する批判において展開される両者の不明確な主権概念：Schmitt（Souverän ist, wer über den Ausnahmezustand entscheidet）→ヴァイマール憲法下の法実証主義に対する闘争において展開されたシュミットの主権概念：Habemas（Die kommunikativ verflüssigte Souveränität bringt sich in der Macht öffentlicher Diskurse zur Geltung.）→ボン基本法下のドイツ連邦共和国を形式的法治国家として批判し、市民的不服従を行使する市民を支配から自由な討議の担い手＝主権者とするハーバーマス】

かれら（シュミットとハーバーマス）の哲学的見解の共通性と差異性とは、主権概念（Souveränitätsbegriff）を手掛かりにしてきわめて明確に示されうる。シュミットは、主権概念を神学的な諸前提から世俗的に演繹している。その際、決断主義的エレメントは見紛いようがない。いずれにしても、ハーバーマスは——シュミットの主権概念に対するあらゆる批判にもかかわらず——（シュミットにおける主権概念よりも）より明確な（weniger diffus）主権概念を適用しているわけでは決してない。カール・シュミットが、「主権者とは、例外状態を（超えて）決断する者である」[33]と語っているとすれば、ハーバーマスはこれに反対して、「コミュニケーション的に流動化された主権は、公共（公開）的討議の権能（権力）において妥当化される……」と述べている。[34] 両者に共通しているのは、慣例とは異なる主権概念が、真っ向から対立した主権理解においてであるとしても、とりとめがないこと（diffus）である。ケネディがこの点でハーバーマスにシュミットと似かよった見解を想定しているとすれば、このことは、なるほど、事柄の本質を言い当ててはいないが、しかし、かれ（ハーバーマス）の不明確な用語法（Diktion）によって、依然として跡付け（追体験）しうる（nachvollzierbar）誤解である。ハーバーマスはシュミットのもっとも脆弱な箇所である主権概念を認識しなかった、とマシュケ（Maschke, Günter）は、語っているが、これは正鵠を射ているであろう。[35] ハーバーマスには、シュミットのもっとも脆弱な箇所〔不明確な主権概念〕への視線が阻まれたままであったのである。なぜならば、かれ〔ハーバーマス〕自身は、そこにおいて〔シュミット的主権概念に関して〕、かれの理論の諸々の強み〔理論的により的確な主権概念〕を示してみせることができないからである。〔かくして〕この関連（文脈）において、ひとを吃驚仰天させるのは、主権概念に帰着する〔両者の〕共通性なのである。シュミットはかつて、かれの主権概念を、法実証主義（Rechtspositivismus）及びヴァイマール憲法の形式的性格に対する正面作戦において展開していた。似かよったことは、ハーバーマスにおいて、かれがドイツ連邦共和国を実質的法治国家（der materielle Rechtsstaat）として承認しないとき、示されている。ハーバーマスはかつて、「市民的不服従の両義性を払拭しようとする堅固（wehrhaft）な民主制についての法実証主義的な誤解」[36]について語っている。市民的不服従を行使する市民（der zivilen Ungehorsam übende Bürger）は、ハーバーマスにとって、支配から自由な討議の担い手（Träger des herrschaftsfreien Diskurses）であり、そして、これに伴い、上述の意味における〔曖昧模糊とした〕主権者（Souverän）〔一神教における神の如き絶対無謬の至高のもの〕なのである。[37] ハーバーマスは、ここで疑わしい〔シュミット的な〕思惟カテゴリーの中に赴いている。ひとがヴァイマール的法実証主義に対する闘争におけるカール・シュミットの構想（Konzept）になお一定の正当化（Rechtfertigung）を容認しえたのであれば、ハーバーマスが形式的法治国家（der formelle Rechtsstaat）に対するシュミット的批判をドイツ連邦共和国の状況へと形態転換していることは、きわめて疑わしいこととして特徴づけられなければならない。

Ⅲ　再現前（代表）の理念

【再現前（代表）的公共性（公開性）（repräsentative Öffentlichkeit）概念：絶対主義国家からブルジョア国家への移行期における「再現前（代表）」概念の明証性の減少——ブルジョア的名望家たちの議会における〈公共性〉の再現前（代表）——〈公共性〉を討議し理性的に批判する言説ではなく、再現前（代表）する演説：——再現前（代表）的公共性（公開性）を実現しえないブルジョア社会：一九世紀ブルジョア社会の「私化（Privatisierung）」：再現前（代表）的公共性の衰退をむしろ歓迎するハーバーマス→voluntasとratio、Herrschaftとöffentlicher Diskursの交替：国家の没落——国家と社会の融解——公私の利害関心の交錯→議会における再現前（代表）的理念の意義喪失：社会的諸集団における公共性（公開性）の再封建制化→理性的論議の大衆忠誠への転化】

カール・シュミットによってかれの初期作品、『ローマ・カトリック教会と政治的形態（形相）（*Römischer Katholizismus und die politische Form*）』（1925）において展開された、再現前（代表）の原理（das Prinzip der Repräsentation）は、ユルゲン・ハーバーマスによってかれの著作『公共性の構造転換』（1962）においてきわめて詳しく取り上げられた。[38][39] ハーバーマスは、かれのこの著作の第二節「再現前（代表）的な公共性（公開性）（repräsentative Öffentlichkeit）の類型に寄せて」において、古典古代から、中世、ルネサンス、絶対主義を経て、一九世紀のブルジョア社会に至るまでの再現前（代表）理念の発展をスケッチしている。絶対主義的社会からブルジョア社会への移行に伴って、国家存在における再現前（代表）という思惟範疇の減少しつつあった明証性は、その最下降点に達した、というテーゼを、かれ［ハーバーマス］は、シュミットと似かよった形で、主張している。エレン・ケネディは、彼女の諸々の説明において、こうした事実的構成要件を指摘している。[40] ハーバーマスの見解によれば、「ブルジョア層は、もはや〔政治的一体性としての公共性を〕再現前（代表）（repräsentieren）しないし、再現前（代表）的公共性（公開性）（repräsentative Öffentlichkeit）は、もはや本来的な形では実現されない」[41]。ハーバーマスは、シュミットに依拠して、再現前（代表）原理の公共（公開）的性格について語っている[42]。ハーバーマスは、かれによって適用された再現前（代表）的公共性（公開性）という概念においてもまた、シュミットと見解を同じくしている。かれの説明によれば、「〔再現前（代表）的公共性においては〕まさしく、討議（diskutieren）し、理性的に論議（räsonieren）する言説ではなく――そう述べることが許されるならば――再現前（代表）的な演説（repräsentative Rede）が、決定的なこと（なのである：著者ベッカーによる挿入）……」[43]。わたしの見るところ、シュミットとハーバーマスにおける再現前（代表）ないし再現前（代表）的公共性（公開性）という諸概念は一致している。イェーガー（Jaeger, Wolfgang）もまた、かれが「シュミットの静態的（statisch）な再現前（代表）理解は……ハーバーマスが再現前（代表）的公共性（公開性）として特徴づけている領域において位置づけられうる」[44]と説明するとき、こうした見解を共有しているように思われる。〔両者の間にある〕議論上の親和力（Wahlverwandschaft）は明白である。このことは、部分的には、証示された諸源泉〔参照箇所〕を越えて言える。ハーバーマスは、一九世紀のブルジョア社会の「私化」（»Privatisierung« der bürgerlichen Gesellschaft）〔〈公〉と〈私〉の均衡が後者に傾くこと〕について、議論上シュミットと一致して、再び歩を進めている。〔とはいえ〕いずれにしても、こうした展開〔私化〕についての評価は、シュミットとハーバーマスにおいて異なっている、ということは確認されなければならない。シュミットがこうした展開〔私化〕をすでにいま国家の没落（staatlicher Niedergang）として概念把握（begreifen）しているのに対して、ハーバーマスは一九世紀の再現前（代表）的公共性（公開性）の誤って思い込まれた衰退を〔むしろ〕歓迎している。ハーバーマスにとって、議会主義の黄金時代は――再現前（代表）原理は諸憲法において形式的に堅持されるにしても[46]――再現前（代表）原理の欠如によって標識づけられている[45]。ブルジョア的公共性の理念的類型は、かれ〔ハーバーマス〕の見解によれば、意思（voluntas）を理性（ratio）によって代替させ、そして、支配（Herrschaft）を公共（公開）的討議（öffenlicher Diskurs）に転換した。これに対して、カール・シュミットは、まさに一九世紀において議会における再現前（代表）の契機はブルジョア的名望家たち（Honoratioren）によって現前したと見なしている。[47] 議会主義の正当化（Rechtfertigung）は、議会主義を再現前（代表）する者たち（Repräsentanten）の議会における論戦（Disput）の能力に存するであろう（とされる）。代議士たち（Abgeordneten）の私的利害関心と社会的利害関心とがますます交錯するようになって、ようやくはじめて、議会の再現前（代表）的性格が失われ、これに伴い、公共的な共同福祉を代表（vertreten）する能力もまた失われる（とされる）。現代の多元主義国家への移行において、それが政治的現実に対して諸々の影響力を及ぼしていることがはっきり見て取れる。多元主義的諸集団の生粋の自己同一性（echte Identität）——これをシュミットはその形式においてさしあたり望んでいないが——は生粋ならざる再現前（代表）（unechte Repräsentation）に対して優位にあることが証示される。再現前（代表）理念の意義喪失に伴って、シュミットにとっては、再現前（代表）的民主制という思惟範疇もまた黴が生えたものとなる。これに対して、ハーバーマスは、現代の多元主義国家において、社会的諸集団による公共性（公開性）の再封建制化（Refeudalisierung der Öffentlichkeit）を認識している、と考えている。ハーバーマスの見解によれば、多元主義的な諸政党や諸団体を通じて、二〇世紀においては、再現前（代表）的公共（公開）性のひとつの再構成が処を得ている。諸団体や諸政党の代表（代理）者たち（Vertreter）は公共性（公開性）において再現前（代表）を展開していた。理性的論議（Räsonnement）は大衆忠誠（Massenloyalität）と交替する。[48]

【再現前（代表）概念に関するシュミット・ライプホルツ・ハーバーマス関係】

シュミットとハーバーマスとの間の再現前（代表）概念の歴史的発展の解釈における見解の不一致は、わたしの見るところ、異なる概念理解において根拠づけられているわけではない。[49] むしろ想定されうるのは、〔両者間の〕諸々の差異は、歴史的分析において再現前（代表）原理の諸効果の上に覆いかぶさっている公共性（公開性）概念へのハーバーマスの強い志向がそうであるような、他の諸根拠に帰されうる、ということである。ハーバーマスは、ライプホルツ（Leibholz, Gerhard）の再現前（代表）概念を内面化した、というプロイス（Preuß, Ulrich）の興味深い指摘もまた、証明されうる〔ハーバーマスの〕積極的なシュミット受容を後から否定しうるわけではない。[50] とりわけ、シュミットとライプホルツとの間には、諸々の明らかな親近性が存在し、それどころか、これらの親近性〔について〕は、ライプホルツが「C・シュミットを引用して再現前（代表）〔概念〕を規定した」[51] ということを推論させるからである。これに加えていえば、政党国家的・人民投票的な民主制というライプホルツのテーゼがハーバーマスの見解と一致しうるのは、条件付きのことでしかない。ハーバーマスは、多元主義的諸団体を民主化の過程（Demokratisierungsprozeß）の中に関係づけようとしており、そして、これに伴って、ライプホルツの基本的考察を構成している国家と社会という諸領域の差異化（区別）（Differentierung）を、放棄しているからである。

Ⅳ　公共性（公開性）の概念に寄せて

【ハーバーマスにおける公共性（公開性）概念――公論、公衆の批判的反省と理性的論議→公共（公開）的理性批判（Räsonnement）――討論による政治的支配の合理化のために求められる自由主義的・ブルジョア的公共性――人民投票的公共性（公開性）の無視：シュミットにおける政治的原理としての公共性（公開性）、再現前（代表）、討論：ギゾーに基づく古典的議会主義理念：公開討論手続きを議会制的立法手続きに還元し、民主制的意思形成から切り離しているシュミット――公共性（公共性）から討論を剥奪しているシュミット→自己

同一的な直接的民主制、人民（国民）の喝采】

この章節では異なる公共性（公開性）（Öffentlichkeit）の諸概念が討論の中心にある。それらの諸含意はそれに次いで扱われる。指摘されなければならないのは、ハーバーマスにおいては公共性（公開性）概念に比較を絶して強いウェイトが置かれている、ということである。ハーバーマスの見解によれば、上の諸々の詳説が示したように、公共性（公開性）は公共（公開）的意見（公論）（öffentliche Meinung）〔輿論〕とだけ等置されるわけではない。いずれにしても、公共性（公開性）概念の重要な特徴は、C章でおそらく充分に明確になっているように、ハーバーマスにとっては、公衆（公共圏）（Publikum）の批判的反省（die kritische Reflektion）と結びつけられている。人民投票的な公共性（公開性）（plebiszitäre Öffentlichkeit）の例において示されているように、政治的に機能する公共性の本質的な諸局面を――許し難いことであるが――枠外に置くことによって、ハーバーマスの議会主義分析は攻撃しうる（批判の余地のある）ものとなる。これに対して、シュミットの分類においては、公共性（公開性）概念は二つないし三つの政治的な形態（形相）原理のうちの一つだけを呈示しているにすぎない。〔シュミットにおいてもまた〕公共性（公開性）の類型は、討論（Diskussion）や再現前（代表）（Repräsentation）という諸概念と並んで、同じ重要性を有し、そしてまた、これらなしには考えられない。[52] 議会主義の古典的な位相の分析においては、シュミットとハーバーマスの諸見解は広く重なり合っている。シュミットは、議会制システムにおける公共性（公開性）と討論の諸類型を理念型的にギゾー（Guizot）に従って認識している、と信じている。ケネディによれば、同じことはハーバーマスについても言えるが、かれは『公共性の構造転換』においては公共（公開）的な理性的論議（öffentliches Räsonnement）の相互的過程（かれが拘る公共性（公開性）概念の基本形式）を認識している、と考えている。[53] いずれにしても、ケネディに対しては、次のことが指摘されなければならない。すなわち、ハーバーマスは、シュミットが議会主義と理性的論議を遂行する公衆（公共圏）との関係を誤認して度外視しているがゆえに、古典的な時期のシュミットの叙述を、決してかれのそれほどには包括的な叙述とは見なしていない、ということが指摘されなければならない。ハーバーマスの見解によれば、「〔シュミットは：著者ベッカーの挿入〕公共（公開）的な討論の手続き（Verfahren）を議会における立法（Gesetzgebung）の役割へと制限し、そして、この手続きを民主制的意思形成一般から切り離している。あたかも自由主義的民主制はまた、いつもすでに一般的な意見及び意思の形成過程の表象を含まなかったかの如く」[54]。ハーバーマスの諸々の説明が歴史的に正鵠を射ているか[55]、という問題はともかく、ここでは、ひとつの〔両者の見解の〕差異を見て取れるが、この差異は、両著者の異なる意図と関連し、そして、ひとは歴史的な分析の自分の説明に都合のよい局面をことさら強調しがちである、ということを示している[56]。議会主義の本質のための理性的論議（Räsonnement）による公共（公開）的討論ないし政治的に機能する公共性（公開性）という〔両者に〕共通する理想化に導かれた、〔しかも両者間で〕異なる価値観は、立ち入って解明されるべきであろう。カール・シュミットにとっては、公共（公開）的な討論（öffentliche Diskussion）の類型は問題ではない。かれは、〔現実の議会主義を批判するために、議会主義理念をわざと持ち上げてみせる〕悪魔の如き審問者〔列聖調査審問検事〕（Advocatus diaboli）の役割を引き受けて、殆ど仮言命法の様式に従って、議会主義の古典期に対するその悪魔の如き審問者の誤って思い込まれた排他的な意義を強調している。現代においては、シュミットは自己同一制的・直接的な民主制（identitäre direkte Demokratie）の類型を選好しているのである。〔シュミットにおいては〕公共性（公開性）は、ルソーにおけるように、討論（Diskussion）を剥奪される[57]。結局のところ、〔シュミットには〕民族（人民、国民）（Volk）〔の輪郭〕を明確化（artikulieren）する形式としての喝采（Akklamation）が残される。これに対して、ハーバーマスは、自由主義的・ブルジョア的な公共性の類型を、かれが追い求める討論（Diskussion）による政治的支配の合理化（Rationalisierung）に関して、無条件に必要なものとして説明している。ハーバーマスには、「自由主義的・ブルジョア的」という属性が問題なのではない。かれは、むしろ、より大きな総体的枠組みにおいて政治的に機能する新たな公共性〔公開性〕を、大衆民主制（Massendemokratie）に補完しようと試みているのである。[58] シュミットとハーバーマスにおいては公共性〔公開性〕概念が異なっている、という指摘は、〔たしかに〕分岐する〔両者の〕諸立場にとって本質的な意義を有しているが、しかし、〔だからといって〕すでに前哨戦において〔皮相なところに留まって〕原則的な探究を逸脱させるわけにはいかない。とりわけ、〔両者間の〕決定的な分岐にもかかわらず、公共性〔公開性〕概念の発展史が〔両者の〕議論におけるパラレルなもの〔共通性〕を証明（aufweisen）しているときには、そうはいかないのである。それゆえに、この文脈において、ケネディの〔両者間の〕連続性テーゼそのものを疑わしいものとはじめから決めつけるわけにはいかない。[59] ジェイ（Jay, Martin）は、両著者の共通の分析ではなく、かれらの異なる意図を、強調しているが、かれの討論への寄与もまた、似かよった意味において遇されるべきである。ジェイの見解によれば、「ハーバーマスがブルジョア的・公共〔公開〕的な領域の存続に関して導入した討論（Diskussion）は――ケネディが想定しているのとは異なり――議会主義討論の終焉についてのシュミットの分析によって励起されていたのではなく、何か意義深いもの〔公共的討議〕が失われかねないであろう、という懸念〔配慮〕によって規定されて[60]」いたのである。これ〔このジェイの見解〕については、次のように言っておかなければならない。すなわち、如何にして〔両者間に差異性が存するという〕第二の部分命題は本来的に〔両者間に共通性が存するという〕第一の部分命題を論理的に締め出すことになるのか――このことは、あとづけうる（nachvollziehbar）とは思えない、と。適切な言明は、手段と目的の諸平面の混淆によって獲得しえない。それよりもなによりも、ケネディは、異なる「規範的諸目的と政治的な価値諸表象[61]」において表出される、シュミットとハーバーマスの間の差異を、一貫して認識していたのである。しかし、何故にハーバーマスにおけるシュミット受容という現象は、そのこと〔両者それぞれの規範的目的や価値表象について差異性が存する、という認識〕によって、影響をうけることになるのか、このことは洞察されえていないのである。

V　民主制理解

【自己同一性的民主制――統治者と被治者の自己同一性、人民の自己決定という要請、真正な人民意思という表象：ルソーをめぐるシュミットとハーバーマスの民主制理解の共通性と差異性 ↓ 共通性――形式的民主制と形式的法治国家に対する批判：議会主義的民主制――議会多数派と人民意思との擬制的な自己同一性：差異性――拒絶、社会的異質性、価値多元性を受容するハーバーマス：自己同一性（Identität）と同質性（Homogenität）についてのケネディにおける混同――プロイスとゼルナーによるケネディ批判】

民主制理解の分析には、ユルゲン・ハーバーマスにおけるシュミットの思惟範疇の受容（Rezeption）、あるいはそれどころか内面化（Internalisierung）、という問題にとってエレメンタールな意義が帰せられる。それゆえに、「ケネディ論争」においては、きわめて議論の余地のある諸点の一つ〔である両者の民主制理解〕が問題となる。それらのもっとも重要な言明を、ここで記しておくことにしよう。それらの諸々の説明において、エレン・ケネディはシュミットの反自由主義を指摘しているが、その民主制理解はルソーの急進民主制的な構想に結びつけられているとしている。[62] ところで、ケネディは、こうした反自由主義的感情を、ハーバーマスにおいてもまた認識しようとしている。ハーバーマスは、民主制的法治国家は単なる形式的な民主制である、という見解に縛られているとされるからである。[63] ハーバーマスにおけるシュミットの思惟範疇の受容は、統治者と被治者との自己同一性（Identität von Regierenden und Regierten）についての意見の一致においてもまた、証明しうる。ハーバーマスは、シュミットと同じく、誤って思い込まれた法実証主義的な国家観に反対する議論をしているとされる。というのは、シュミットもまた、「民主制的である、という要求を掲げるすべてのシステムにおいて、統治者と被治者の自己同一性というひとつの原理が係留されていなければならない」[64]という見解を、主張しているからである。テクストの事例を以てするケネディの証明（Textbelag）は、いずれにしても、その種の〔両者の民主制理解の共通性についての〕包括的な言明にとっては、まことに乏しいもの（knapp）であるようにと思われる。[65]ハーバーマスは、かれの論説「政治的参加の概念に寄せて（*Zum Begriff der politischen Beteiligung*）」において、議会多数派と人民の意思との間の擬制的な自己同一性（eine fiktive Identität）に注意を喚起しているとされる。ここから、ケネディにとって、「すなわち、拒絶（Weigerung）、社会的異質性（soziale Heterogenität）、価値多元主義（Wertepluralismus）を受け入れる」[66]ハーバーマス的思惟のひとつの更なる含意が帰結する。ケネディの見解によれば、ハーバーマスは、シュミットの同質性（Homogenität）概念に結びつけられている。「ハーバーマスの民主制は、キルヒハイマー（Kirchheimer, Otto, 1905-1965）の価値民主制（Wertedemokratie）と同じく、ひとつの同質的共同体（ein homogenes Gemeinwesen）においてのみ実現されうるにすぎず、そして、〈〔実践的価値の優劣を問いうる〕真理能力のある〉実践的諸問題（die »wahrheitsfähigen« praktischen Probleme）というかれ自身の構想は、価値多元主義（der Wertepluralismus）そのもの〔価値相対主義〕は何か悪しきものである、ということから出発しているのである」[67]。いずれにしても、ケネディは、シュミットとハーバーマスの同質性（Homogenität）と同一性（Identität）という誤って思い込まれたひとつの共通した概念を、厳格に〔テクストの事例を以て〕証明（belegen）できない。プロイス（Preuß, Ulrich）の見解によれば、ケネディは、対立する見解〔両者の差異性〕に有利な証拠となる諸言明を無視している。プロイスは、ケネディが指摘された僅かな資料から引き出している論理的帰結を、あまりに大胆なもの（kühn）として特徴づけている。[68]「この大胆さ（Kühnheit）が憤り（Ärgernis）に変わるのは、ケネディが、統治者と被治者との自己同一性という理想に義務づけられている「人民の自己決定」という要請（das Postulat der »Selbstbestimmung des Volkes«）を、立憲（構成）化も合理化もされない「真正な」人民の意思（ein unkonstituierter und unrationalisierter »authentischer« Volkswille）

という表象と、短兵急に同一化しているときである……」[69]。〔初期の〕ハーバーマスは『公共性の構造転換』[70]において、かつて政治的に機能していた公共性（公開性）の再構成というかれの諸表象を実現するために、まさしく〔労組などの〕多元主義的諸集団に賭けている〔いた〕、ということをケネディは認識しそこねているのであろう。こうしたこと〔多元主義的諸集団に賭けること〕は、〔初期の〕ハーバーマスには、制度化された公共性（公開性）の機能不全によって必要であるとも思われている〔いた〕のである。厳格にルソー的な意味で理解されうる人民主権（Volkssouveränität）という概念を、ハーバーマスは、プロイスの――同意されうる――見解によれば、周知のように、共有していない[71]。ケネディの諸言明に対する、とりわけ、ハーバーマスは統治者と被治者の自己同一性をプロパガンダしている、というテーゼに対する、ゼルナー（Söllner, Alfons）の批判は、プロイスの批判よりも、さらにより明確なものとなった。ゼルナーの見解によれば、「自己同一的民主制理論はハーバーマスにおいて〈ただ消極的に表現されている（nur negativ ausgedrückt）〉にすぎないこと、それ〔自己同一的民主制理論〕はただ〈論理的な仕方でのみ前提され（logischerweise vorausgesetzt）〉ざるをえないこと、これをケネディが認めざるをえないとき、彼女は自分が行っているパラレル化（共通化）の想定の性格を、まったくあからさまに暴露している」[72]。ハーバーマスが自由主義の諸矛盾を強調しているとすれば、このことは、原則的な自由主義への敵対性と何ら係わらず、むしろ、「内在的な批判」の手続き（das Verfahren der »immanenten Kritik«）に係っているのであり、この内在的批判は、より高次の平面で要求と現実の対立を宥和させるために、ブルジョア的理想の諸表象の受容によって刻印されている（とされる）。これは、ゼルナーの見解によれば、シュミットにおいては見られない基本的態度である[73]。

【人民の自己同一性 ↓ 直接的参加、能動的市民：ハーバーマスの中には見出せない、シュミットにおける反啓蒙主義的・自己同一的・反自由主義的なルソー主義（Öffentlichkeit の表現としての Akklamation）】

実際、シュミットとハーバーマスにおける自己同一性的な民主制理論がパラレル（共通）であるというケネディの想定は、正しく維持されえない。ハーバーマスは自己同一的民主制と完全には一線を画していないとしても、[74]テクストを手掛かりにして、そうした〔両者の理論がパラレルであるという〕事態は証明されえない。ハーバーマスの関心の中にあったであろうことは、かれにとってひとつの――別様に解釈されうるとしても――直接的参加（direkte Partizipation）という思惟範疇が重大であったとすれば、ルソー的な諸理念の総体からは距離を置かない、ということである。[75]いずれにしても、ルソー的民主制観のいくつかのアスペクトへの〔ハーバーマスの〕誤って思い込まれた近さは、それ自身から「シュミット主義」としては解釈されえない。[76]シュミットの民主制理解において問題なのは反啓蒙主義的に方向づけられたルソー主義的な立場であってみれば、それだけに、そうしたものとしては解釈されえない。ハーバーマスは、直接的参加という思惟範疇を、一個の能動的市民（ein aktiver Bürger）というモデル表象と結びつけている。[77]参加の諸構成要因を、ハーバーマスは、いつもその参加がかれに実現可能と思われるところで、貫徹しようと試みている。『公共性の構造転換』においては、かれ〔初期のハーバーマス〕には〔労組などの〕多元主義的諸集団はこうした発展の担い手と思われているが、[78]〔一九〕八〇年代の諸著作においては、ハーバーマスは諸々の他の解決を求めている。[79]シュミットにおけるような、完成された公共性（公開性）の表現としての喝采（Akklamation）は、かれ〔ハーバーマス〕においては見出されえない。[80]ハーバーマスのしばしば不明確に思われる用語法こそ、ケネディを誤った推論に誤って導いた当のものであったであろう。ハーバーマスの「反議会主義（Antiparlamentarismus）」は、シュミットのルソー主義的な自己同一性表象と一致しえないのである。

【両者における同質性概念（Homogenitätsbegriff）：異民族の排除を前提として Akklamarion において啓示される国民（民族）の意思（シュミット）――Totalitarismus?：公共的な理性的論議（das öffentliche

Räsonnement）において開示される人民の意思（ハーバーマス）――ブルジョア的公共性（公開性）の同質性概念（Homogenitätskonzept bürgerlicher Öffentlichkeit）】

ハーバーマスは誤って思い込まれている自己同一的民主制表象を信奉するであろう、というケネディの主張を退けることによって、シュミットの同質性（Homogenität）概念への〔ハーバーマスの〕依存に対する非難が、それだけより強く弱められているわけではない。ハーバーマス自身がブルジョア的公共性（公開性）の誤って思い込まれた機能について、「政治的に機能する公共性（公開性）の内部では、諸々のコンフリクトは、……もっぱら相対的に同質的な利害関心に基づき、そして、もっぱら審議（Deliberation）の相対的に理性的な論議の諸形式においてのみ決着がつけられる[81]」と述べていたとすれば、こうした非難はまったく見当違い（不条理）ではありえなかった。いずれにしても、ハーバーマスの同質性概念には、シュミットの実存的鋭さが欠けている。なるほど、イェーガー（Jaeger, Wolfgang）の見解によれば、「ハーバーマスもまた階級の差異の廃棄以後のひとつの同質的な実体（eine homogene Substanz）を前提にしてはいる。とはいえ、それよりもなによりも、人民の意思（der Wille des Volkes）は、公共（公開）的な理性的論議（das öffentliche Räsonnement）において明晰化（artikulieren）されなければならない[82]」。シュミットとハーバーマスの同質性〔概念〕の明らかな差異は、この人民（国民）（Volk）の意思が具体的な特徴づけ（刻印）の諸形式において示されるとき、開示される。シュミットが、国民（Staatsvolk）（自国民）の同質性を招来させるために、異邦の諸民族を移住させたり、あるいはトルコ化したりする、トルコの例を、引用しているとすれば[83]、かれの思惟のこうした急進性において、ハーバーマスやフランクフルト学派との対立が示されている。フランクフルト学派は、それが正当か否かはともかく、ジェイ（Jay, Martin）の見解によれば、「完全な同質性の原理を現代の全体主義の決定的な原因[84]」と見なした。とはいえ、ハーバーマスもまた、かれのブルジョア的公共性（公共性）の同質性構想（Homogenitätskonzept bürgerlicher Öffentlichkeit）を現代にまで移行させることに成功はしていないであろう。[85]

【シュミットのそれと通底すると見られる反自由主義的感情（antiliberalistischer Affekt）にもかかわらず、自由主義的法治国家に現前する民主制化の潜在力を利用しようとするハーバーマス：制度的かつ合法主義的に保障された自由主義的な政治的自由に対する批判→ブルジョア的法治国家と民主制原理の切断】

これに対して、『公共性の構造転換』におけるハーバーマスの諸々の説明は本質的に非自由主義的な特徴を有している、というケネディの言明は、形式的民主制概念に固執されるかぎり、信ずるに足らないものとは思われない。[86] 自由主義に対するかれ〔ハーバーマス〕の距離については、かれが当時マルクス主義に近いところに位置していたこともまた、有利な証言を与えるであろう。[87] いずれにしても、ハーバーマスの態度は、ケネディが想定しているように思われるようには、シュミットと類比されるように厳密に反自由主義的というわけではない、というプロイス（Preuß, Ulrich）の指摘は正鵠を射ている。ハーバーマスは、かれ〔プロイス〕の見解によれば、自由主義的法治国家において現前している民主化の潜在力（Demokratisierungspotential）を利用しようとし、そして、それゆえに、自由主義の更なる弁証法的な発展を見ている。[88][89] 誤って思い込まれたシステム内在的なハーバーマス批判というゼルナー（Söllner, Alfons）の指摘もこの方向にある。いずれにしても、自由主義的な諸価値の大掛かりな意義転換という事実構成要件については、何ら変わりはない。それゆえに、ひとつの――注意深く定式化すれば――反リベラル的（antiliberal）ないし反自由主義的（antiliberalistisch）な感情はかれら〔シュミットとハーバーマス〕の民主制観の最小限の共通項と見られうる、ということは当を得ている。両者〔シュミットとハーバーマス〕が「政治的自由についての自由主義的理解（*das liberale Verständnis von politischer Freiheit*）[90]」に反対しているのは、これが「制度的かつ〈合法主義的〉に保証された自由のそれ（*das einer institutionell und »legalistisch« gesicherten Freiheit*）[91]」だからである。[92]

両者〔シュミットとハーバーマス〕はブルジョア的法治国家と民主制原理の切り離し（Dissoziierung）を先取りしている。あくまで確認されるべきことは、ケネディの諸々の説明に反して、〔両者間の〕如何なる密接な親近性も、ハーバーマスの民主制理解に係わることでは証明されえない、ということである。——ハーバーマスにおける諸々のシュミット的思惟範疇の受容が証明されえないことは言うまでもない。ケネディは、この箇所で、ハーバーマスの諸見解を認識しなかったように思われる。したがって、ゼルナー（Söllner, Alfons）がケネディに対して社会史的背景〔の認識〕の欠如と文献学的曲解という非難を投げかけたことは、必ずしもまったく不当というわけではない。[93]

VI　議会主義の誤って思い込まれた没落

【理想化された古典期議会主義理念——公共性と一般意思が再現前されるトポスとして議会、議会で可決された法律が真実と共同福祉に一致する条件としての公開討論、公共圏、言論出版の自由：現代議会における〔一般意思の〕再現前（代表）の消失——諸政党の玩具に退化した議会、取引に転化した決断、代議士への自由委任の形骸化：古典的モデルにおける議会主義及び自由主義国家の諸原理と政治的現実との乖離・齟齬：議会制的民主制と形式的民主制との批判のための基礎的諸概念を提供したシュミット】

両著者〔シュミットとハーバーマス〕に共通しているのは、B章とC章で充分明らかになったはずの現存する議会制システムに対する大掛かりな批判である。このことは〔一九二〇年代初めの〕カール・シュミットについても、同じく〔一九〕五〇年代の終わりと〔一九〕六〇年代の初めのユルゲン・ハーバーマスについても言える。いずれにしても、ハーバーマスの〔議会主義〕批判は、ヴァイマール共和国についてではなく、ドイツ連邦共和国について妥当する。両著者には、過去と現在の〔議会主義の〕様式化（Stilisierung）が正反対の意味で先取りされることによって、〔議論の〕方法的な進め方が共通しているように思われる。議会主義の古典的な位相における公共〔公開〕的討論という理想は、今日の議会主義を堕落し衰退しているものとして叙述することを意図して、誇張されて叙述され、そして、現在の情況と比較される。[94] その際、〔両者における〕議論上の親和力（Wahlverwandschaft）は明らかに見て取れる。[95]〔もちろん〕両者には、古典的な議会主義像の誇張した特徴づけは、意識されていたであろう。[96] とにかく、両者に共通しているのは、かれらの学問科学的な分析の〔実証的客観性の〕疑わしさである。ハーバーマスの『公共性の構造転換』においては、シュミットの議会主義批判との議論上の諸々の共通性が見出されるであろう、というケネディの指摘は、[97] プロイス（Preuß, Ulrich）の興味深い指摘にもかかわらず、当を得ているであろう。[98] ケネディは、とりわけ、現代議会主義の機能喪失に関係づけられている章句における、[99] シュミットへのハーバーマスの依存を指摘している。両者は、ケネディの見解によれば、〔どちらも〕〔現代議会において〕公共性（公開性）が自律性を喪失していること（ein Autonomieverlust der Öffentlichkeit）を跡付けている。公共性（公開性）は領域として現代の大衆民主制（Massendemokratie）によって膨張させられているように見えるからである。ケネディは、彼女の叙述において、両著者の間に現存するニュアンスの違いを指摘することを忘れてはいない。「公論の支配（ハーバーマス）あるいは議会主義の諸原理（シュミット）は、ギゾー（Guizot）のものだった。公共（公開）的討論（öffentliche Diskussion）、公共圏（Publizität）、言論出版の自由（eine freie Presse）――これらは、可決された諸法律が真実（Wahrheit）と共同福祉（Gemeinwohl）に一致する、ということを保証することになるであろうとされた。というのは、それらだけが議会の権力を正当化するからである」。[100] ケネディの見解によれば、ハーバーマスは、かれが、議会制システムからはその伝統的な再現前（代表）（Repräsentaion）という課題が失われている、と想定するとき、シュミットの弟子たち、ヴェルナー・ヴェーバー（Werner Weber）やリュディガー・アルトマン（Rüdiger Altmann）と瓜二つである。[101] 議会は諸政党の玩弄物（Spielball）に退化し、諸決断は「取引（bargaining）」によって下され、代議士たちの自由委任（das freie Mandat）は書類上行われているにすぎないとされる。ケネディのレジュメによれば「こうした初期の諸労作においては、ハーバーマスによるシュミットやかれの弟子たちからの知的借用〔剽窃〕（die intellektuelle Anleihen）は明らかである。かれらの諸々のカテゴリーやコンセプトは、ハーバーマスに、かれの議会制的民主制及び法治国家の批判の〔ための〕概念的基礎を提供している。ハーバーマスの形式的論証はシュミットのそれを繰り返している。古典的なモデルにおける議会主義と自由主義的国家の諸原理は、政治的現実と矛盾しているのである」[102][103]。ハーバーマスがシュミットのそれと並んで数多の他の諸資料を汲み尽くしている（渉猟し尽くしている）ことを、[104]ゼルナー（Söllner, Alfons）は指摘しているが、こうした指摘は、ハーバーマスの精神的環境を探り当てるには役立つように思えるが、しかし、ハーバーマスにおけるシュミット受容についてのケネディの非難の核心に当たる、ハーバーマスの『公共性の構造転換』における議会に敵対的な諸箇所から、その〔ケネディの非難の〕力を何ら殺ぎえなかった。「ヴァイマールの一反民主派（Antidemokrat）〔であるシュミット〕の諸思想（思惟範疇）と連邦共和国の特異な親民主派的（prodemokratisch）な思想家たちの一人〔ハーバーマス〕とが原理的に一致しないこと」[105]を、ゼルナーは概括的に指摘しているが、こうした概括的な指摘はわれわれを満足せしめえない。ゼルナーのハーバーマス像は、この点で独立〔孤立〕しているように思える。何故にハーバーマスはヴァイマール共和国についてのより堅固な諸資料ではなく、例えば、B・ブラッヒャー（Bracher）の著作ではなく、シュミットの議会主義についての著作を支えにしているのか、という問題に、ゼルナーは適切に答えることができないし、この問題を回避している。[106]おそらく、ハーバーマスがシュミットの疑わしい分析に立ち戻っているのは、かれがこの著作の中で、かれが自分の諸々の説明のためにたまたま利用しえた〔シュミットの〕説得力のある諸議論を認識しているからにすぎない。そのかぎりで、ハーバーマスとシュミットとの間の精神的な親近性について語られることは許されないのである。[107]

【形骸化した現代議会主義に対する両者の異なる対案：議会主義そのものを退けて、国民意思の直接的表出（再現前）を志向するシュミットに対して、議会制システムに内在する審議能力を再構成し、合法性システム（これを批判しながら）に固執するハーバーマス】

シュミットとハーバーマスにおける共通の分析の諸々の異なる意図について指摘しておいたが、この章でこれに触れないでおくわけにはいかない。イェーガー（Jaeger, Wolfgang）は、〔両者の〕さまざまな（異なる）規範的な基本的態度と治療提案（Therapievorschlägen）について語っている。[108] シュミットの見解によれば、議会主義が現存し続けてはならないのは、とりわけ、人民（国民、民族）意思からの直轄権の剥奪（Mediatisierung des Volkswillens）によって、かれが主張する急進民主制的なコンセプトにおいては、必然的に、より僅かな程度の民主制しか達成されていないからである。[109] これに対して、ハーバーマスは、古典的議会の誤って思い込まれているシステム内在的な審議能力（Fähigkeit zur Deliberation）を再構成しようと試み、そして、かれの諸表象をユートピアとして未来に投影している。ハーバーマスがなお『公共性の構造転換』において主張していたコミュニケーション的エレメント、討議能力のある審級による人民意思の媒介（die Vermittlung des Volkswillens durch eine diskursiven Instanz）、こうしたことはシュミットの人民投票的な企図（der plebiszitäre Entwurf）とは無縁である。[110] とはいえやはり、ハーバーマスにおける自由主義的な公共性（公開性）の再建という思想（思惟範疇）は、議会のような自由主義的な諸制度の更新に関係づけられてはいない、というハウンクス（Haungs, Peter）の指摘は正鵠を射ている。[111] ハーバーマスは『公共性の構造転換』においては、議会や諸政党には懐疑を以て向き合っている。ハーバーマスは、現存するシステムの諸構造に固執することによって、「諸政党を従来の自由主義的な憲政秩序（憲法）の中に統合する手探りの試み[112]」を示している、というプロイス（Preuß, Ulrich）の指摘は、婉曲的な言い回し（euphemistisch）のように思われる。これ〔このプロイスの指摘〕を支える根拠は存在しない。今日の議会主義についての〔両者の〕分析は広く重ねられていて、この議会主義はカール・シュミットにとっても、同じくユルゲン・ハーバーマスにとっても、信憑性（Glaubwürdigkeit）を失っていた、ということは依然として確認しておかなければならない。シュミットがこの制度を一般的に否認しようとしているのに対して、ハーバーマスにおいては――すくなくともより新しい諸著作においては――かれが間に合わせに合法性システムの誤って思い込まれた弱点を異論の提起（Dissidenz）及び市民的不服従（ziviler Ungehorsam）によって排除しようとしているにしても、原則的には、合法性システムへの固執について語られなければならない。これらの諸提案の諸々の実際的な危険については、すでに指摘された。

Ⅶ　法治国家における合法性と正当性の間の緊張関係に寄せて

【シュミットにおける合法性――形式的（手続きの）秩序の適法性（Rechtmäßigkeit einer formalen（Verfahrens-ordnung）→議会制統治システム（立法国家・形式的法治国家）によって媒介された合法性の否認→実体的かつ民主制的な正当化（substantielle und demokratische Rechtfertigung）としての正当性（Legitimität）→形式的法治国家的な諸エレメントを度外視した内容的民主制：シュミットにおける決断主義（＝法律実証主義）：合法性と正当性の間の緊張感関係】

カール・シュミットは、〔一方で〕合法性（Legalität）概念を、形式的な（手続きの）秩序の適法性（Rechtmäßigkeit）の意味において、そして、〔他方で〕正当性（Legitimität）概念を、かれの実体的かつ民主制的な正当化（Rechtfertigung）――こうした正当化を、かれ〔シュミット〕は議会制的統治システムによって媒介されている合法性を一般的に否認（generell aberkennen）することを以て、締め括っているのであるが――の意味において、精密に探究した。ケネディは、こうした諸概念の中で、ハーバーマスをもまた再認識（wiedererkennen）している〔シュミットにおけるこうした意味での合法性と正当性という概念をハーバーマスもまた受容している〕と考えている。〔ケネディによれば〕ハーバーマスは、シュミットと同じく、自由主義のかれの分析において、正当性という批判基準に遡及している（とされる）。とりわけ、ハーバーマスの『後期資本主義における正当化の諸問題（*Legitimationsprobleme im Spätkapitalismus*）』（1973）において、ケネディはシュミットの形式的論証の継承を見極めようとしている。〔ケネディによれば〕シュミットと同じく、ハーバーマスは、形式的な法治国家的諸エレメントが度外視されるという帰結を伴った内容的な民主制という見解を主張した。[113]〔けれども〕ケネディの非難は、『後期資本主義の正当化の諸問題』という著作からの諸々の実証（肯定）的な引用を以てしては証明しえない。[114]反対に、この著作においては、シュミットからの〔ハーバーマスの〕決定的な方向転換が認識されうる。シュミットの決断主義（Dezisionismus）は、ハーバーマスには誤って思い込まれた法律実証主義（legalistischer Positivismus）〔権威主義的合法主義〕と見なされるからである。[115]ハーバーマスによる憲政秩序（憲法）の理念と現実に対する批判は、強引にシュミットにまで引き戻されえない、というゼルナー（Söllner, Alfons）の指摘は、おそらく正鵠を射ているであろう。[116]プロイス（Preuß, Ulrich）の見解によれば、シュミットとハーバーマスの見解の分岐（Divergenz）は、かれらの異なる目標設定によって示しうる。シュミットは議会制的合法性を正当性のために否認しようとするのに対して、ハーバーマスは合法性と正当性の間の緊張関係（Spannungsverhältnis）を維持しようとしている。[117]合法性と正当性が対置され、そして人民が主権者として語られるところでは、いたるところでカール・シュミットが待ち構えているわけではない。[118][119]合法性と正当性という概念に関する〔ハーバーマスによる〕シュミット受容は、〔証拠を以て〕証明されえない。いずれにしても、如何にして、〔ケネディには〕ハーバーマスによって適用された憲政秩序（憲法）の諸概念（Verfassungsbegriffe）において、シュミットやかれの弟子たちとの論争がないように見えるのか、吃驚する他ない。[120]

【ハーバーマスのシュミット受容（形式的法治国家・合法的システムの限界の批判と対案――合法性システムの完全な機能不全としての例外事例において実質的な正当性を要求する人民投票的民主制、シュミット的ルソー主義――人民主権）についてのケネディによる誤解（非難）に対するゼルナー、プロイス、ジェイ（Alfons Söllner, Ulrich Preuß, Martin Jay）による指摘】

エレン・ケネディは、〔ハーバーマスの〕シュミット受容についての彼女による非難を、ハーバーマスの初期の著作だけに制限しなかっただけでなく、現在の〔ハーバーマスの最近の著作の〕中にも外挿した。ケネディは次のように書いている。「けれども、かれの最新の諸労作の中で、ハーバーマスは、正当性の人民投票的コンセプトのための正当化（Rechtfertigung für ein plebiszitäres Konzept von Legitimität）を、合法性と正当性のコンフリクトの意味で提供している」[121]。ハーバーマスは、ケネディの見解によれば、かれの著作『市民的不服従（*ziviler Ungehorsam*）』において――シュミットの誤って思い込まれた権威主義的な合法主義（ein autoritärer Legalismus）〔権威によって定立された法律の遵守の要求〕及びシュミットがこれら〔合法性と正当性という〕両概念を以てはたらいた「狼藉（ばかげたこと）（Unfug）」をかれ自身が指摘しているにもかかわらず――人民投票的民主制（plebiszitäre Demokratie）のシュミットの定義に立ち戻っている（とされる）[122]。ケネディは、正面切ってハーバーマスとシュミットの間の概念的な近さを参照するように指示している[123]。ケネディは、法治国家はその合法性システムの中で解消されない、ということについてハーバーマスが語っている、かれの作品『市民的不服従』の諸々の箇所、を指摘しているのである。法治国家は、その機能不全という例外事例（Ausnahmefall）において、その適法性（合法性）（Rechtmäßigkeit）（Legalität）を、その時のなおその正当化（正当性）を保証しうる人たちの裁量に付さなければならない（とされる）。ハーバーマスにおいては、公民（Staatsbürger）は、想像上の主権者（imaginärer Souverän）として確立されている〔とされる〕[124]。こうした〔ケネディによるハーバーマスの〕解釈は、〔ケネディ〕論争において、批判に晒されることになった。ゼルナー（Söllner, Alfons）の見解によれば、自分の議論に「実質的な正当性要求」（materialer Legitimitätsanspruch）[125]を負荷させることは、ハーバーマスには無縁である。〔ゼルナーによれば〕とりわけ、市民的不服従に関するかれ〔ハーバーマス〕の著作には、どのようなシュミット受容も見当たらない。わたしの見るところ、ゼルナーがハーバーマスの諸々の説明のアングロ・アメリカ的な諸々の根源――ロールズ受容とドゥオーキン受容――を指摘していることは、当を得ている[126]。これに加えて、ゼルナーは例外事例（Ausnahmefall）というハーバーマスの概念の〔ケネディの〕誤解も証明しうる。例外事例は、ハーバーマスにおいては――シュミットのそれのようには――合法性システムの完全な機能不全によって標識づけられていない。〔ゼルナーによれば〕公民的な共同決定（eine staatsbürgerliche Mitbestimmung）というハーバーマスの諸表象は、それよりもなによりも、かれ〔シュミット〕の正当性概念（Legitimitätsbegriff）を介して媒介されているシュミットの人民投票的な鼓吹（plebiszitäre Aspirationen）〔喝采（Akklamation）〕を以てしては、捉えられない〔とされる〕[127]。プロイス（Preuß, Ulrich）は、同様に、市民的不服従とシュミットの用語法とによって担われている、ハーバーマスの人民投票的な構成諸要件との間の明確な区別に、最大の価値を置いている。かれ〔プロイス〕が強調するところによれば、「エレン・ケネディにとって……問題だったことは、そこ〔市民的不服従〕に含まれている、人民投票的なエレメントとシュミットのルソー主義におけるその表向きの源泉であった[128]」のであり、彼女は証明に成功しなかった〔とされる〕。プロイスは正面切って、人民投票的諸エレメントは合法性システムと一致しうる、と指摘している。もちろん、両方とも人民主権（Volkssouveränität）に基づいているからである[129]。ジェイ（Jay, Martin）はケネディの見当はずれの解釈を指摘しているが、その解釈が見当はずれであることの根拠は、他の諸々の局面や源泉を同時に無視して、カール・シュミットの諸々の影響を誇張して示しているところにあるであろう[130]。かれ〔ジェイ〕によれば、これに加えて、〔ハーバーマスにおける〕資格づけられた〔特別の〕合法（Rechtsgehorsam）の要求は、シュミットの権威主義的な合法主義（der autoritäre Legalismus）〔権威よって定立された法律の遵守要求〕とは一致しえないのである。(131)

【シュミットとハーバーマスにおける形式的民主制批判——実質的民主制に対する無理解：シュミットにおける憲法の番人としてのライヒ大統領の正当性と議会制立法国家の合法性との対置↓合法性システムにおける権力濫用とこれに対する抵抗権の無責任な放棄とに対する警告：議会制多数決システムに対するハーバーマスの両義的態度】

ケネディに対するこうした批判は、この点において実に包括的であり、そして——諸々の非難のきわめて広範な正当化にもかかわらず——若干の諸注を必要とする。ハオンクス（Haungs, Peter）の指摘によれば、ケネディの観察は本源的であり、かつ慎重（自制的）に定式化されている。「ハーバーマスは、〈合法性と正当性という概念対を以て……多くの狼藉（ばかげたこと）（Unfug）がなされた〉ことを正面切って想起しているが、しかし、かれは、やはり、それ〔その概念対〕で操作（hantieren）することを、まったく手放してしまうわけにはいかない……」(132)。ケネディの指摘の中に、ハオンクスは、形式的な民主制（die formale Demokratie）に対するシュミットとハーバーマスのひとつの共同の正面作戦（eine gemeinsame Frontstellung）を見ている、と考えている。両者〔シュミットとハーバーマス〕に共通するのは、今日の意味における実質的な民主制（die materielle Demokratie）に対する無理解である。そして、この無理解はハーバーマスの最新の諸著作においてもまた続いている。(133)ハオンクスは、とりわけ、シュミットは、無条件の法律遵守（der unbedingte Gesetzgehorsam）を要求する権威主義的な法律遵守主義者（autoritäerer Legalist）であった、というケネディ批判家たちの言明が有用たりえないものであることを、指摘している。「しかし、カール・シュミットは、周知のように、〈憲法の番人（Hüter der Verfassung）〉としてのライヒ大統領の正当性

(Legitimität) を、議会制的立法国家の〔単なる〕合法性(Legalität) と対抗させて、漁夫の利を占めた(ausgespielt haben)」[134]。就中、合法性システムにおける誤って思い込まれた権力濫用(Machtmißbrauch) に対して警告を発し、抵抗権の放棄(der Verzicht auf das Widerstandrecht) を無責任なものとして標識づけたのは、まさにシュミットだったのである[135]。こうした主題化の下で、ケネディの指摘はまったく有用でありえないというわけではない。あくまで確認しておくべきは、ケネディがハーバーマスの比較的新しい諸著作における人民投票的諸エレメントをシュミットの諸々の思惟範疇に還元するとき、彼女は不当であると思われる、ということである。ケネディは、許容しがたいことであるが、ハーバーマスの〔シュミット〕受容のアングロ・アメリカ的な諸根源をフェード・アウトしている。議会制的多数決システム(Majoritätssystem) に対するハーバーマスの最近の再びアンビヴァレントな態度は、ロールズ(Rawls、John) に遡及されうるであろう[136]。いずれにしても、ケネディの注目を引いた、カール・シュミットとの〔ハーバーマスの〕概念的な近さは、ハーバーマスが対立する意味づけであるにしても放棄しえない特定の諸々の思惟構造を証拠立てているように思われる。しかし、確かなことはまた、シュミットとハーバーマスにおける当該の諸概念の内容的な形象化(Ausgestaltung) は[137]、それほど異なるものではありえないであろう、ということである。ケネディがそれについて語っている、隠された受容は[138]、『市民的不服従』という著作には見極められない。いずれにしても、結びつけようとする中傷的な意図を伴うケネディの誤解は[139]、不適切であると思われる。

Ⅷ　現代的福祉国家への転回

【現代社会国家分析に関するハーバーマスとフォルストホフの親近性：大衆民主制における同質的ブルジョア層の解体 → 自由主義的立憲システムの諸矛盾：集団的「生存配慮(Daseinsvorsorge)」の担い手へと展開した

ブルジョア的法治国家 ↓ 諸規範の一般性、個人的諸権利、権力分立という政治的諸原理の没落——現代的福祉国家における国家と社会の分離の廃棄 ↓ 社会国家（Sozialstaat）、福祉国家（Wohrfahrtsstaat）、給付国家（Daseinsfürsorgestaat）】

ケネディは彼女の労作において、欄外においてにすぎないにせよ、ハーバーマスとシュミットの弟子であるフォルストホフ（Forsthoff, Ernst）との間の現代的社会国家（der moderne Sozialstaat）についての諸々の分析における特定の親近性を指摘している。フォルストホフは、大衆民主制（Massendemokratie）における同質的なブルジョア的土台の解体を通じて、自由主義的な立憲システム（das liberale Verfassungssystem）に対するさまざまな矛盾が現れた、ということを確認しえると考えていた。ケネディの説明によれば、「ハーバーマスは、『学生と政治（*Student und Politik*）』（1956）においてこれらのテーゼを繰り返し、その際に、〔一方では〕ブルジョア的法治国家は集団的「生存配慮」の担い手（Träger der kollektiven »Daseinvorsorge«）へと展開している、というフォルストホフの分析に自らを関係づけ、そして、フォルストホフを介して、〔他方では〕これらの構造的変化は、モンテスキュー（及び、かれと関係づけられて、シュミット）が法治国家の本質的諸標徴、すなわち1．諸規範の一般性（Generalität der Normen）、2．個人の諸権利（Individualrechte）、3．両者を保護するための権力分立（Gewaltenteilung）、として同定していた、政治的組織の諸原理の没落を、包含している、というテーゼに、自らを関係づけている」[140]。現代的な福祉国家（Wohlfahrtsstaat）への発展を通じて、両者「ハーバーマスとフォルストホフ」にとっては、国家と社会の古い分離はまったく廃棄されているように思われている。ハーバーマスとフォルストホフは、ケネディの見解によれば、こうした——法律において可視化された——発展を、法治国家を損ねるものとして捉えている。フォルストホフに依拠して、ハーバーマスは、法律概念の一般性（Allgemeinheit des Gesetzesbegriff）の中に〔その本質が〕存する法治国家的原則は攻撃されている、と推論している。「特定の社会的目的諸集団（soziale Zielgruppen）のためにつくられる諸法律は、社会国家の立法にとって特徴的であるように、一般的（allgemein）なものではありえない。この点で、ハーバーマスはフォルストホフに同意している」[141]。ケネディの指摘は、その際、新しいものではない。すでに一九七九年に、ローンハイマー（Rhonheimer, Martin）は、かれの博士論文で[142]、自由主義的な法治国家と社会国家との誤って思い込まれた不一致についてのかれらの諸見解における、フォルストホフと——かれを介してまたシュミットと——ハーバーマスとの間の明らかな親近性を、指摘している[143]。ハーバーマスによるフォルストホフの分析の受容——これは証明可能であるが——は、一般的にいえば、異論の余地がない。かくして、ヴィッガーハウス（Wiggerhaus, Rolf）は次のように書いている。「とりわけ、ある種の悪意のある視線を備えた若干の保守的・権威主義的な大衆民主制の批判家たち——エルンスト・フォルストホフ、カール・シュミット、ヴェルナー・ヴェーバー（Werner Weber）、リュディガー・アルトマン（Rüdiger Altmann）——に支えられて、ハーバーマスは、〈自由主義的な法治国家の集団的な《生存配慮》への発展〉という様式化された〔型通りの〕イメージを標識づけた」[144]と。ゼルナー（Söllner, Alfons）だけが、ハーバーマスの分析にとってのこうした受容の意義を軽くあしらっている（heruntersspielen）[145]。かれ〔ゼルナー〕の見解によれば、「社会国家（Sozialstaat）あるいは……生存配慮国家（給付国家）（Daseinsfürsorgestaat）の形成は、諸々のヨーロッパ的民主制のグローバルで同じく簡潔（lapidar）な事実であって、それを承認することは、歴史的な現実感覚の単純な問題なのであって、ひとが誰からそれを文献学的に受け取っているか、フォルストホフ、シュムペーター（Schumpeter）であれ、アーベントロート（Abendroth）であれ——ハーバーマスは三人すべてを引用している——そんなことはまったくどうでもよいことである」[146]。もちろん、誰から分析がもともと受け取られたか、ということは非本質的なことではない、とハオンクス（Haungs, Peter）は、わたしの見るところ、正しく指摘している。これに加えていえば、ゼルナーによるシュムペーターの指摘は当を得ていない。なぜならば、ハーバーマスはこの著者〔シュムペーター〕をかれの諸著作、『公共性の構造転換』、と「政治的参加の概念に寄せて」の中で、それぞれ一度だけ引用しただけであり、しかも、それも他の文脈においてである。[147] ハーバーマスのフォルストホフ受容を拭い去ろうとするゼルナーの試みは成功しえないのである。

【ハーバーマスにおけるアーベントロート的な社会主義的法治国家構想――社会国家における Gleichheitsgebot の現実化】

分析における証明しうるあらゆる類比にもかかわらず、あくまでもゼルナーには、ハーバーマスの異なった目標設定の指摘が形づくられているに違いない。ハーバーマスが、かれの議論を支えるために、シュミットの弟子、フォルストホフに依拠しているにしても、あくまでもハーバーマスは社会主義的な法治国家（ein sozialistischer Rechtsstaat）のアーベントロート的なコンセプトに一義的に結びつけられている。[148] ゼルナーがこうしたエレメンタール（根本的）に意図的な差異に注意を向けていることは正しい。「フォルストホフが、シュミット的な諸思想（思惟範疇）を明確に推し進めて、社会国家的特性（Sozialstaatlichkeit）は自由主義的法治国家の諸原理を廃棄する……、ということを示すことを企てたのに対して、アーベントロート（Abendroth, Wolfgang）は、社会国家（der Sozialstaat）においては、平等の厳命（規則）（Gleichheitsgebot）がようやくはじめて社会的現実となる、という反対の証明を主張した」のである。[149][150]

【部分的な諸利益の代理人が支配する現代多元主義国家：ブルジョア的法治国家からアーベントロート的社会的福祉国家への展開の中に批判的公共性（公開性）の再建機会を見ようとした初期ハーバーマス：国家的実体の再獲得を志向するシュミット】

現代の福祉国家（Wohlfahrtsstaat）の分析において、フォルストホフとハーバーマスの間の言及された諸々の共通性を介して、シュミットとハーバーマスの間の諸々の共通性もまた見出される。シュミットと類比される形で、ハーバーマスは、〔一九〕七〇年代に至るまで、現代の多元主義的な国家への歴史的な発展を衰退として捉えている。「自由主義的な立憲国家（der liberal verfaßte Staat）は変化した諸条件のもとでなお諸々の弱点を通じて全体的であるにすぎず、その国家は、その国家において部分的な諸利害関心の代理人（Vertreter partikularer Interessen）たちが支配することによって、支配している、といったシュミット的な思惟形象」は、ユルゲン・ハーバーマスの「思惟範疇システムの中にも」適合している「定式である」[151]。国家と社会の交錯（Verflechtung）は、両者によって、両領域の溶解（Verschmelzung）として誇張して解釈されている。両著者〔シュミットとハーバーマス〕には、現代の多元主義における国家と社会の厳格な分離の揚棄（廃棄）（Aufhebung）の本来的な理解が欠けているように思われる。ハーバーマスは、この〔国家と社会の揚棄の〕状態の中に——シュミットとは対立して——ブルジョア的法治国家がアーベントロート起源の社会的福祉国家にさらに展開されることによって批判的公共性（公開性）（kritische Öffentlichkeit）を再建するためのチャンスを見ている。国家は、『公共性の構造転換』においては、社会的諸集団と並んで、なお補助的に登場するにすぎない。これに対して、シュミットにとって問題になるのは、国家的実体（staatliche Substanz）を再獲得することであり、そして、〔かれは〕このために、さしあたり、ひとつの権威主義的な、後には全体主義的な、ヴァリアントに立ち戻っている[152]。

【自由主義的法治国家（der liberale Rechtsstaat）の発展（衰退）からの二者択一（対案）～ entweder 民主制的社会的法治国家（der demokratische soziale Rechtsstaat）（ハーバーマス）oder 権威主義的全体国家（der autoritäre totale Staat）（シュミット）：合理化（Rationalisierung）・中性化（Neutralisierung）・官僚制化（Bürokratisierung）→ 脱政治化（Entpolitisierung）】

シュミットとハーバーマスには、かれらの思惟においてパラレル〔共通〕なものがある、ということは証明しうることである。両者は自由主義的な国家存在（Staatswesen）から権威主義的あるいは社会的なそれへの更なる発展の無条件的な必然性から出発している。自由主義的な法治国家の――そして、それとともに、議会主義の――その本源的な形態における維持は、両著者には不可能なことと思われている。[153] ハーバーマスは次のように書いている。「事実、社会的状況はひとつの歴史的対案（二者択一）を示唆しているように思われる。すなわち、自由主義的な法治国家（der liberale Rechtsstaat）が、遅かれ早かれ、その諸々の固有の意図を民主制的かつ社会的な法治国家（der demokratische und soziale Rechtsstaat）において充たすことになるか、あるいは、しかし、その最深奥の本質を転倒させ、多かれ少なかれ、明らかに権威主義的な形姿をとることになるか、このいずれかである……」[154]。カール・シュミットもまた、一九三二年に正面切ってツィーグラー（Ziegler, Heinz）の著作[155]へのかれの指摘において、同じ事態に注意を促している。かれによれば、自由主義国家は解体に瀕しており、そして、「必然的な諸々の脱政治化（Entpolitisierung）に取り組み、そして、全体国家から再び自由の諸領域と生活領域とを獲得するために、安定的な権威……」を必要としている。[156] このことが後に実現されえなかったとき、カール・シュミットは誤って思い込まれた脆弱な国家の一つである強力な全体国家（ein starker totaler Staat）への変容（形態転換）に賭けたのである。こうした発展についての諸々の希望は、両著者において共有されている。シュミットならば、ハーバーマスの用語法における「権威主義的」な解決を選好し、アーベントロート的な刻印を帯びる社会国家への更なる発展をまったくの没落と見なすであろうが、これに対して、ハーバーマスはシュミット的用語法における全体的（totalitär）な解決を理想と見なしている。もっとも、ハーバーマスはこの権威主義的な国家構想を退けてはいるが。あくまでも確認しておくべきことは、自由主義的な法治国家の分析に関して、ハーバーマスにおけるフォルストホフ受容について語られうるし、その分析におけるシュミットとパラレル（共通）なものが現存している、ということである。ハーバーマスがアーベントロートに対して義務を負っていることは、いずれにしても、明らかに見て取れることであり、そして、そのことは他の諸関係を相対化しうるのである。

E　結語

【シュミットのシステム超越的議会主義批判と不適切な対案】

カール・シュミットが議会制的システムに対して一般的に拒否的な態度をとっていることは、充分明らかになったであろう。古典的な議会主義と現在のそれとのかれの叙述は様式化（stilisieren）された（型どおりの）ものであることが明らかにされた。議会主義の諸々の理念型的な基礎は、シュミットによって誤って思い込まれて、古典的な位相において実現を見た、とされたのであるが、こうしたことは誇張されて示されている、ということに注意が促された。現存する議会主義に対する、ところによっては光彩陸離たる〔シュミットの〕批判は、さらなる部分では、システム超越的（systemtranszendent）なもの〔議会制システム、合法性システムを廃棄してしまうもの〕として暴露されえた。これに加えて、シュミットの解決の諸提案〔大統領の委任独裁、全体国家、権威主義国家、ファシズム国家〕は、時代に関係づけられたものであり、そして——多元主義社会の諸々の特殊態についての今日の視点からのみならず——不適切であることが明らかにされた。

【ハーバーマスの議会主義（合法性システム）批判の穏健化――合法性システムを補完する人民投票的エレメント（市民的不服従）→コミュニケーションにおいて支配を解体する批判的公共性（公開性）の創設：形式的法治国家と実質的法治国家といった概念使用の問題性：現実性が薄弱な解決提案】

ユルゲン・ハーバーマスは、初期には、制度化された公共性（公開性）の諸形態〔議会制システム、合法性システム〕に対して、原理的に否定するわけではないとしても、拒否する態度をとっていたが、この態度は、最近、穏健な立場に変化している。合法性システムにおいて、かれは補助的に〔市民的不服のような〕人民投票的な諸エレメント (subsidiär plebiszitäre Elemente) を統合しようとしている。いずれにしても、これら補助的に人民投票的な諸エレメントは、従来の〔議会制システム、合法性システムにおける〕諸表象とは一致しえないものではあるが。ハーバーマスにとって、いつの時期においても問題になったことは、支配をコミュニケーションの中に解消する、批判的公共性（公開性）(eine kritische Öffentlichkeit, die Herrschaft in Kommunikation auflöst) を創設することであった。かれは、かつてのブルジョア的公共性の誤って思い込まれた理想に対して真率なる共感を抱いており、しかもそれは、カール・シュミットのような、悪魔の如き審問者 (Advokatus diaboli) としてではない。議会制の現在と過去の様式化と並んで、疑わしい諸帰結に導かれる若干の諸概念の――例えば、形式的法治国家と実質的法治国家の――適用に際しての伝承された理解から逸脱する理解は、問題含みである〔疑わしい〕ように思われる。ハーバーマスの解決諸提案が現実との関係を欠いていることは、かれの分析の弱点として特徴づけられなければならない。

【シュミットの再現前（代表）(Repräsentation) 理念を受容したハーバーマス：支配 (Herrschaft) と民主制 (Demokratie) の諸表象において対立するシュミットとハーバーマス：公共性（公開性）概念をめぐる両者の精神の差異性――同質的民族（国民、人民）の大衆忠誠を追求するシュミット、公共的討議への信仰を促進するハ

ーバーマス――能動的かつ公民的な不服従を行使する市民というイメージ：アメリカへのシュミット紹介に際してのハーバーマスのシュミット批判】

ユルゲン・ハーバーマスは、受容することを吝かとしない著者として知られているが、正面切って強調されなければならないような、議会主義の分析のかなりの部分で、つまり、『公共性の構造転換』と「政治的参加の概念に寄せて」という著作において、形式的にカール・シュミットの議論を利用した。再現前（代表）の理念（die Idee der Repräsentation）を、ハーバーマスはシュミットから受け入れている。これに対して、支配の諸表象と民主制の諸表象（die Herrschafts- und Demokratievorstellungen）は、一義的に対立している。シュミットの民主制表象とハーバーマスのそれとの一致可能性についてのケネディの諸々の思弁は、ここでは退けられなければならない。ハーバーマスが公共（公開）的な討議へと分岐している公共性（公開性）概念は、異なる精神の態度を示している。ハーバーマスが公共（公開）的な討議への信仰を促進しているとすれば、シュミットには、一つの同質的民族（人民）の大衆忠誠（Massenloyalität eines homogenen Volkes）が追求する価値のあるものと思われている。議会制的多数決原理や市民的不服従を喧伝することに対するハーバーマスの近頃再びアンビヴァレントになっている態度を厳密に評価することは、依然として困難である。ハーバーマスの一定の〔シュミットとの〕概念的近さや曖昧な用語法がシュミット受容の第二の反省された位相を利しているのは上辺のことにすぎない。かれの思惟のアングロ・アメリカ的な諸々の根源は、このことと一義的に対立している。それよりもなによりも、能動的でかつ公民的不服従を行使するブルジョア（市民）というイメージは、シュミットの諸見解とは相容れない。どんな時期についても、ハーバーマスにおいて、左派シュミット主義について語ることは許されない。ハーバーマスの諸々の政治的な意図（例えば、アーベントロートの社会国家構想）は、シュミットの諸見解とは一致しえない。こうした諸言明やシュミットに対する敵対の宣言にもかかわらず、ユルゲン・ハーバーマスはなおまた、すくなくとも、シュミットに密着した態度をとらせる特定の思惟諸構造を保持しておかなければならないように思える。本質的に確認しておかなければならないように思えるのは、「自律性の恐怖（*Der Schrecken der Autonomie*）」（1986）という論稿におけるシュミットに対する批判は、対応する形で、上で名指されたかれの初期の諸著作そのものに立ち戻っている、ということである。〔一九〕八〇年代の中葉の合衆国におけるシュミットの諸著作の公刊後、ハーバーマスは、かれの権威によって、カール・シュミットの人格に、同じく、かれの政治的哲学に、烙印を押しはじめた。想定されうるのは、マシュケ（Maschke, Günther）が指摘しているように、ハーバーマスがアメリカ合衆国における積極的なシュミット受容と、そしてこれとともに、この迂回路を介して、ドイツにおけるかれの反議会主義の好意的受け入れとを、妨げようとしたということである。[1]

［注］

【日本語版へのまえがき】

（1）Vgl. Friese, Eberhard, Philipp Franz von Siebold（1796-1866）und sein Japanwerk heute, in: Japanisches Kulturinstitut Köln (hrsg.): *Kulturvermittler zwischen Japan und Deutschland. Biographische Skizzen aus vier Jahrhunderten*, Frankfurt a. M.; New York 1990, S. 31-49.

（2）Vgl. Schneck, Paul-Christian, *Der deutsche Anteil an der Gestaltung des modernen japanischen Rechts- und Verfassungswesens. Deutsche Rechtsberater im Japan der Meiji-Zeit*, Stuttgart 1997. Vgl. Ando, Junko, Die Entstehung der Meiji-Verfassung, Zur Rolle des deutschen Konstitutionalismus im modernen Staatswesen, *Monographien aus dem Deutschen Institut für Japanstudien der Philipp Franz von Siebold Stiftung*, Bd. 27, München 2000.

（3）Vgl. Shiyake, Masanori, Zur Lage der Carl Schmitt-Forshung in Japan. Ein bibliographischer Überblick, in Quaritsch, Helmut (hrsg.): *Complexio Oppositorum. Über Carl Schmitt*, Vorträge und Diskussionsbeiträge des 28. Sonderseminars 1986 der Hochschule für Verwaltungswissenschaften Speyer, Berlin 1988, S. 491-502, hier S. 492 ff.

（4）Vgl. Usui, Ryuichiro, Schmitt-Rezeption im heutigen Japan, in Voigt, Rüdiger (Hrsg.): *Der Staat des Dezisionismus. Carl Schmitt in der internationalen Debatte*, Baden-Baden 2007, S. 219-238, hier S. 231.

（5）Vgl. ebda., S. 236.

（6）Vgl. Reese-Schäfer, Walter, *Jürgen Habermas*, 3. Aufl., Frankfurt a. M. 2001, S. 37.

（7）Vgl. Huang, Chung-Cheng, *Das Verhältnis von moralischem Diskurs und rechtlichen Diskurs bei Jürgen Habermas*, Berlin 2007, S. 13.

（8）Vgl. Becker, Hartmuth, *Die Parlamentarismuskritik bei Carl Schmitt und Jürgen Habermas*, Beiträge zur Politischen Wissenschaft, Bd. 74, Duncker & Humblot, Berlin 1994 (ISBN3-428-07979-5) bzw. Becker, Hartmuth, *Die Parlamentarismuskritik bei Carl Schmitt und Jürgen Habermas*, BPW 74, Zweite Auflage mit einer neuen Vorbemerkung, Duncker & Humblot, Berlin 2003 (ISBN 3-428-11054-4).

(9) これに対して、本著が断固たるハーバーマス批判として引き合いに出されたことは、比較的稀であった。しかしそうだとすれば、その場合、そのことは、正当性理解の領域において一つのシュミット関係を論証したさまざまな主題にあっては、決して偶然ではなかった。Vgl. Miliopoupolos, Lazaros, Die Frage der Westbindung Deutschlands im sogenannten "Historikerstreit" — Das Verhältnis des Habermasschen Westverständnisses zu seiner Theorie kommunikativer Rationalität, in: Kronenberg, Volker (Hrsg.): *Zeitgeschichte, Wissenschaft und Politik: Der "Historikerstreit" — 20 Jahre danach*, Wiesbaden 2008, S. 136-151, hier S. 145. Vgl. Mensur, Kustura, *Zur Begründung der Legitimität und Ausübung von Macht in neueren Theorien der Zivilgesellschaft*, Diss., Osnabrück 2002, Anmerkungen 463, 466, 485 und 490 auf den S. 206 f., 216 und 219.

(10) Vgl. Deutsche Nationalbibliographie und Bibliographie der im Ausland erschienenen deutschsprachigen Veröffentlichungen, Reihe E: Monographien und Periodika — Frühjahresverzeichnis, 1991-1995, Erster Teil, Bd. 2, Frankfurt a. M. 1998, S. 2221.

(11) Vgl. Benoist, Alain de, *Carl Schmitt, Internationale Bibliographie der Primär- und Sekundärliteratur*, Graz 2010, S. 358. 言及されている著作は以下のものである。Waldstein, Thor von, *Der Beutewert des Staates. Carl Schmitt und der Pluralismus*, Graz 2008, S. 190

(12) 第二版への論評で新たに印刷されているのは以下のものである。N. N. in: *Junge Freiheit*, Nr. 48/03 vom 21 November 2003, S. 14; N. N., Próxima publicación en Anuario Filosófico, 1/2004, enero; Nae Spinosa, Hartmuth Becker, *Die Parlamentarismuskritik bei Carl Schmitt und Jürgen Habermas*, 2. Aufl., Berlin 2003, in Edición para Internet No. 21 1-2/2003 de Filosofia, Resena de Libros, Instituto de Filosofia Práktica, Facultad de Ciecias Jurídicas y Sociales, Universidad de Mendoza, Mendoza (Argentina). Zitiervorschlag: www.um.edu.ar; N.N., Becker, H., *Die Parlamentarismuskritik bei Carl Schmitt und Jürgen Habermas*, Duncker & Humblot, 2003, S. 174 p., Zitiervorschlag: http://law.kuleuven.ac.be/jura/art40n4/boekbesprekingen.html; RED, Becker Hartmut, *Die Parlamentarismuskritik bei Carl Schmitt und Jürgen Habermas*, 2. Aufl., Berlin 2003, in: *Zeitschrift für Politikwissenschaft*, 14. Jg., 1/2004, S. 359; N/N. Novedades Bibliográficas, Siglo XX hasta 1968: Becker, Hartmut, *Die Parlamentarismuskritik bei Carl Schmitt und Jürgen Habermas*, 2. Aufl., Berlin 2003, in *Anuario Filosófico*, Volumen XXXVII/ 2/2004 Universidad de Navarra, S. 508; Kat/dum, Einig in der Tradition? *Die Parlamentarismuskritik bei Schmitt und Habermas*, in: *Die Berliner Literaturkritik, Onlinekurzbesprechung von 09.08.04*. Zitiervorschlag: http:// www.berlinerliteraturkritik.de/index.cfm?id=7104; N.N. Hartmut Becker, *Die Parlamentarismuskritik bei Carl Schmitt und Jürgen*

Habermas, 2. Aufl., Berlin 2003, in *Revue Helnique des droits de l' homme*, Nr. 30, 2006, S. 786.

(13) Hofmann Hasso, *Legitimität gegen Lgegalität. Der Weg der politischen Philosophie Carl Schmitts*, 3. Auflage, Berlin 1995, Vorwort, S.1.

(14) Vgl. Somek, Alexander/ Forgó, Nikolaus, *Nachpositivistisches Rechtsdenken: Inhalt und Form des positiven Rechts*, Wien 1996, S. 272, Anmerkung 11.

(15) Vgl. Hernández Arias, José Rafael, *Donoso Cortés und Carl Schmitt: eine Untersuchung über die staats- und rechtsphilosophische Bedeutung von Donoso Cortés im Werk Carl Schmitts*, Paderborn usw. 1998, S. 206 mit Anmerkung 552.

(16) Vgl. Brodocz, André, Carl Schmitt: Die politische Theorie des Dezisionismus, in: Brodocz, André/ Schaal, Garry S. (hrsg.): *Politische Theorien der Gegenwart*, B. I, Tübingen 2002, S. 286-315, hier S. 299, Anmerkung 9. Siehe ebenfals Brodocz, André, *Die symbolische Dimension der Verfassung*, Wiesbaden 2003, S. 284.

(17) Vgl. Pawlik, Michael, "Selbstgesetzgebung der Regierten": Glanz und Elend einer Legitimationsfigur, in: Joerden, Jan C./ Wittmann, Roland (Hrsg.): *Recht und Politik*. Jahrestagung der Internationalen Vereinigung für Rechts- und Sozialphilosophie (IVR), Deutsche Sektion, Frankfurt (Oder), 26. Bis 29. September 2002, Stuttgart 2004, S. 115-132, hier S. 126, Anmerkung 108: S. 128, Anmerkung 129.

(18) Vgl. Groh, Kathrin, Quod omnes tangit: Repräsentation und parlamentarische Demokratie in der Weimarer Staatsrechtslehre, in: Gusy, Christoph/ Haupt, Heinz-Gerhard (Hrsg.): *Inklusion und Partizipation: Politische Kommunikation im historischen Wandel*, Frankfurt; New York 2005, S. 141-175, hier S. 150, Anmerkung 31. Vgl. Sander, Florian, Repräsentation und Kompetenzverteilung, *Hamburger Studien zum Europäischen und Internationalen Recht*, Bd. 38, Berlin 2005, S. 67. Vgl. Póza, Kálmán, *Parlamentarismus und politische Repräsentation. Carl Schmitt kontextualisiert*, Baden-Baden 2014, S. 34.

(19) Vgl. Bocchini, Claudia, *La Teoria Schmittiana Delle Democrazia*, Diss., Padua 2008, Zitiervorschlag:http://paduareseach.cab.unipd.it739/C_Bocchini_La_teoria_schmittiana_della_democrazia.pdf, S.248, Anmerkung 605; S. 254 mit Anmerkung 620.

(20) Keppeler, Lutz Martin, *Oswald Spengler und die Jurisprudenz, Beiträge zur Rechtsgeschichte des 20. Jahrhunderts*, Bd. 76, Tübingen 2014, S. 259, Anmerkung 192.

(21) Vgl. Landois, Leonard, *Konterrevolution von links. Das Staats- und Gesellschaftsverständnis der "68" er und dessen Quellen bei Carl Schmitt*, Baden-Baden 2008, S. 22, Anmerkung 34.

(22) Voigt, Rüdiger, Carl Schmitt in der Gegenwartsdiskussion, in: Voigt, Rüdiger (Hrsg.): *Der Staat des Dezisionismus: Carl Schmitt in der internationalen Debatte*, Baden-Baden 2007, S. 13-36, hier S. 13 f. Siehe ebda., S. 14, Anmerkung 5. Vgl. Voigt, Rüdiger, *Den Staat denken. Der Leviathan im Zeichen der Krise*, Baden-Baden 2007, S. 324.

(23) Vgl. Meier, Heinrich, *Carl Schmitt, Leo Strauss und der "Begriff des Politischen". Zu einem Dialog unter Abwesenden*, 3. Aufl., Stuttgart; Weimar 2013 (^{1}1988).

(24) Vgl. Gross, Raphael, *Carl Schmitt und die Juden: Eine deutsche Rechtslehre*, Frankfurt a. M. 2000, S. 18 f. mit Anmerkung 40. この著作には仏訳がある。Gross, Raphael, *Carl Schmitt et les Juifs*, Paris 2005.

(25) Vgl. Campagna, Norbert/ Hidalgo, Oliver, Carl Schmitt und Tocquevilles, "Liberalismus einer neuen Art" – Zwei konträre Konzepte der Politischen Theologie, in: *Internationale Zeitschrift für Philosophie*, Bd. 16, 2007, S. 107-129, hier S. 129, Anmerkung 66.

(26) Vgl. Mehring, Reinhard, Liberalism as a 'Metaphysical System': The Methodological Structure of Carl Schmitt's Critique of Political Rationalism, in: Dyzenhaus, David (Hrsg.): *Law as Politics, Carl Schmitts Critique of Liberalism*, Durham and London 1998, S. 131-158, hier S. 150, Anmerkung 3. Vgl. Mehring, Reinhard, Rekonstruktion und Historisierung: zur neueren Carl Schmitt-Forschung, in: *Zeitschrift für Geschichtswissenschaft*, 49. Jg., 2001, S. 1000-1011, hier S. 1010, Anmerkung 5. Vgl. Mehring, Reinhard, Der "Nomos" nach 1945 bei Carl Schmitt und Jürgen Habermas, in: *forum historiae iuris, Erste europäische Internetzeitschrift für Rechtsgeschichte*, Artikel vom 31. März 2006, Zitiervorschlag: http://www.forhistiur.de/Zitat/0603mehring.htm, S. 16, Anmerkung 35.

(27) Hofmann, Hasso, *Legitimität gegen Legalität. Der Weg der politischen Philosophie Carl Schmitts*, 3. Auflage, Berlin 1995, Vorwort, S. IX.

(28) Hofmann, Hasso, *Rechtsphilosophie nach 1945. Zur Geistesgeschichte der Bundesrepublik Deutschland*, Berlin 2912, S. 50. Siehe ebda. S. 50, Anmerkung 139.

(29) Vgl. Durner, Wolfgang, *Antiparlamentarismus in Deutschland*, Würzburg 1997, (Diss. 1995), S. 105, Anmerkung 72:「シュミットの議会主義批判をきわめて詳しく叙述しているのは、ケネディの「歴史的コンテクストにおけるカール・シュミットの議会主義批判」と、いまでは、ベッカーの『カール・シュミットとユルゲン・ハーバーマスにおける議会主義批判』である……」S. 138,

Anmerkung 58;「いまでは、ベッカーは、エレン・ケネディの諸テーゼに対するバランスのとれた批判を以て、〈カール・シュミットとユルゲン・ハーバーマスにおける議会主義批判〉(S. 132 ff.) を概括している」; S. 139, Anmerkung 61:「ベッカーはまた〈議会主義批判〉についてきわめて的確な議論をしている (S. 145 ff.)」

(30) Vgl. Stöber, Rudolf, *Die erfolgverführte Nation: Deutschlans öffentliche Stimmungen 1866 bis 1945*, Stuttgart 1998, S. 27f. mit Anmerkung 112. Siehe auch Stöber, Rudolf, Wird Öffentlichkeit immer komplexer? Anmerkung zum Öffentlichkeitsdiskurs, in: Szyszka, Peter (Hrsg.): *Öffentlichkeit, Diskurs zu einem Schlüsselbegriff der Organisationskommunikation*, Wiesbaden 1999, S. 77-92, hier S. 88.

(31) Brenner, Michael, §44 Das Prinzip Parlamentarismus, in: Isensee, Josef/ Kirchhof, Paul (Hrsg.): *Handbuch des Staatsrechts der Bundesrepublik Deutschland*, Bd. 3, 3. Aufl., Heidelberg 2005, S. 477-519, hier S. 490. Siehe dort ebenfalls die Anmerkung 58.

(32) Bavaj, Riccardo, Otto Kirchheimers Parlamentarismuskritik in der Weimarer Republik. Ein Fall von "Linksschmittianismus"?, in: *Vierteljahresheft für Zeitgeschichte*, 55. Jg., 1/2007, S. 33-51, hier S. 34 mit Anmerkung 5.

(33) Vgl. Unruh, Peter, *Weimarer Staatsrechtslehre und Grundgesetz. Ein verfassungstheoretischer Vergleich*, Berlin 2004, S. 88, Anmerkung 216. Vgl. Branco Pedo, *Die unvollendete Säkularisierung: Politik und Recht im Denken Carl Schmitts, übersetzt von Markus Hediger*, Stuttgart 2013, S. 5. Anmerkung 1.

(34) Oberreuther, Heinrich, Mehr Demokratie wagen? Parlamentskritik und Parlamentsreformen in den 60 er und 70er Jahren, in: Recker, Marie-luise (Hrsg.): *Parlamentarismus in Europa: Deutschland, England und Frankreich im Vergleich*, München 2004, S. 179-194, hier S. 182. Siehe ebda. S. 182, Anmenrkung 14.

(35) Müller-Doohm, Stefab, *Jürgen Habermas. Eine Biographie*, Frankfurt a. M. 2014, S. 620, Anmerkung 81.

(36) Vgl. Dews, Peter, *Habermas. A Critical Reader*, Oxford 1999, S. 172, Anmerkung 7. Vgl. Scheuer, William E., Between Radicalism and Resignation: Democratic Theorie in Habermas's Between Facts and Norms, in: Schomberg, René von/ Baynes, Kenneth, (Ed.), *Discorse and Democracy: Essays on Habermas's Between Facts and Norms*, New York 2002, S. 61-85, hier S. 80, Anmerkung 8. Vgl. Divellec, Armel Le, *Le gouvernement parlementaire en Allemagne: Contribution à une théorie générale*, Paris 2004, S. 377, Anmerkung 235.

(37) Vgl. Divellc, Armel Le, *Le gouvernement parlementaire en Allemagne: Contribution à une théorie générale*, Paris 2004, S. 377,

Anmerkung 235.

(38) けれども、手続きにおいては諸々の類似性が残っていた。ハーバーマスが『事実性と妥当』というかれの著作において、憲法とは一つの開かれたプロジェクトである、という見解をとったとすれば、ハーバーマスはかれのマルクス主義の師匠、アーベントロート——アーベントロートは基本法をいわゆる民主制的な社会主義の意味で変更しようとしていた——に似ていた。Vgl. Gesternberg, Oliver, Verfassung als unvollendetes Projekt. Zu Habermas' Rechts- und Verfassungstheorie, in: Schaal, Gray s.(Hrsg.): *Das Staatsverständnis von Jürgen Habermas*, Baden-Baden 2009, S. 275-286, hier S. 275; vgl. Abendroth, Walter, Zum Begriff des demokratischen und sozialen Rechtsstaates im Grundgesetz der Bundesrepblik Deutschland (1954) in: Forsthoff, Ernst (Hrsg.): *Rechtsstaatlichkeit und Sozialstaatlichkeit. Aufsätze und Essays*, Darmstadt 1968, S. 114-144. Zu den Antworten der Schmitt-Schule in der Forsthoff-Abendroth-Sozialstaatsdebatte vgl. Forsthoff, Ernst, Verfassungsprobleme des Sozialstaates (1954), in ders. (Hrsg.): *Rechtsstaatlichkeit und Sozialstaatlichkeit. Aufsätze und Essays*, a.a.O., S. 145-164; vgl. Forsthoff, Ernst, Begriff und Wesen des sozialen Rechtsstaates (1954), in, (Hrsg.): *Rechtsstaatlichkeit und Sozialstaatlichkeit. Aufsätze und Essays*, a.a.O., S. 165-200.

(39) できるだけ完璧を期すために、シュミット・ハーバーマス関係について、さらに以下の文献を挙げておこう。Vgl. Zellenberg, Ulrich E., Verfassungsstaat und Wahrheit. Zur Aktualität neokonservativer Argumente zur Verteidigung der liberalen Demokratie, in: Becker, Hartmuth u.a. (Hrsg.): *Die 68er und ihre Gegner. Der Widerstand gegen die Kulturrevolution*, Stocker-Verlag, Graz usw. 2003, S. 12-36, hier S. 31, Anmerkung 31. Siehe auch Gegner, Martin, Die Entmaterialisierung der Öffentlichkeit. Über die Verengung eines dialektischen Konzepts und den Gebrauch in neo-liberalen Zeiten, in: Laberenz, Lennart (Hrsg.): *Schöne, neue Öffentlichkeit. Beiträge zu Jürgen Habermas "Strukturwandel der Öffentlichkeit"*, Hamburg 2003, S. 58-88, hier S. 85. Vgl. Niethammer, Lutz, Die polemische Anstrengung des Begriffs. Über die exemplarische Faszination Carl Schmitts, in: Lehmann, Hartmut/ Oexle, Otto Gerhard (Hrsg.): *Nationalsozialismus in den Kulturwissenschaften*, Bd. 2: Leitbegriffe—Deutungsmuster—Paradigmenkämpfe. Erfahrungen und Transformationen im Exil, Göttingen 2004, S. 41-82, hier S. 42 mit Anmerkung 3. Vgl. Eberl, Mathias, *Verfassung und Richterspruch: rechtsphilosophische Grundlegung zur Souveränität, Justiziabilität und Legitimität der Verfassungsgerichtsbarkeit*, Berlin 2006, hier S. 107, Anmerkung 193. Vgl. Schulte, Dietmar, Carl Schmitt "frankfurterisch". Eine Quelle von "68", in: *Junge Freiheit*, Nr. 48/08 vom 21. November 2008, S. 16.

【第二版へのまえがき】

（1） Vgl. N. N. Rezension zu Hartmuth Becker, *Die Parlamentarismuskritik bei Carl Schmitt und Jürgen Habermas*, in: *To Syntagma*（Die Verfassung/ Griechenland）, 21. Jahrgang, 1995, S. 16; Carrino, Agistino, Riferimenti Bibliografici（Sammelbesprechung, dort S. 185 f.）, in: *Diritto e Cultura*, 8. Jahrgang, 1998, S. 185-194; Duméry, Henry, Rezension zu Becker（Hartmuth）, *Die Parlamentarismuskritik bei Carl Schmitt und Jürgen Habermas*, Berlin 1994. in: *Bibliographie de la Philosophie*, 45. Jahrgang, 1995. S. 698.

（2） Vgl. Hofmann, Hasso, *Legitimität gegen Legalität*, 3. Auflage, Berlin 1995, S. I bzw. S. IX.

（3） Vgl. Wiegandt, Manfred H., Besprechungen（»Schmitt und Habermas: Der Versuch, Äpfel mit Birnen zu vergleichen«, S. 544 ff.）, in: *Kritische Justiz*, 29. Jahrgang, 1996, S. 534-547.

（4） Vgl. Phahl-Traughber, Armin, Parlamentarismuskritik, in: *Neue Politische Literatur*, 41. Jahrgang, 1996, S. 104.

（5） Vgl. Hughes, Robert, Rezension zu Hartmuth Becker, *Die Parlamentarismuskritik bei Carl Schmitt und Jürgen Habermas*, in: *Jahrbuch für Extremismus & Demokratie*, 7. Jahrgang, 1995, S. 306-307.

（6） Vgl. Wiegandt, Manfred H., Besprechungen, S. 544.

（7） Vgl. Geiss, Imanuel, *Die Habermas-Kontroverse, Ein deutscher Streit*, Bremen 1988, S. 48 ff.

（8） Vgl. Thiele, Willi, Rezension zu Hartmuth Becker: *Die Parlamentaismuskritik bei Carl Schmitt und Jürgen Habermas*, in: *Deutsches Verwaltungsblatt*, 109. Jahrgang, 1994, S. 1374-1375.

（9） すなわち、ケネディの応答が公刊されたのは、『歴史と社会』においてではなく、他の箇所においてであった。Vgl. Kennedy, Ellen, Carl Schmitt and the Frankfurt School: A Rejoinder, in: *Telos*, 73. Jahrgang, 1987, S. 102-116.

（10） Vgl. Maschke, Günther, Carl Schmitt in den Händen der Nicht-Juristen, in: *Der Staat*, 34. Band, 1995, S. 104-129, Rezension S. 116 f. Vergleich auch Vollrath, Ernst, Proteus und Medusa. Die politische Apperzeption der deutschen Staatsrechttradition im Werk von Jürgen Habermas, Rezensionsessay zu Hartmuth Becker, *Die Parlamentarismuskritik bei Carl Schmitt und Jürgen Habermas*, in: *Politische Vieteljahresschrift*（*PVS*）, 37. Jahrgang 1996, S. 341- 356, hier S. 354. Fußnote 7.

（11） Kennedy, Ellen, Carl Schmitt and the Frankfurt School: A Rejoinder, S. 116.

（12） Schüle, Christian, *Die Parlamentarismuskritik bei Carl Schmitt und Jürgen Habermas*, hrsg. von Ottmann Henning, Reihe Politisches Denken Band 2, Neuried 1998,（Diplomarbeit）S. 6.

(13) Ebda., S. 170. Fußnote 488.

(14) Maschke, Günther, Carl Schmitt in den Händen der Nicht-Juristen, S. 116 f.

(15) このことが明確に示されているのは、Habermas, Jürgen, Vorwort 1990. S. 35 である。

(16) アーベントロートの助手であったアルトマン（Altmann）はかつてアーベントロートとシュミットの関係について次のように述べた。「なるほど、左派シュミット主義というものは存在しませんでした。しかしながら、シュミットに対する深甚なる理解は存在しました。アーベントロートはやはり〈第三帝国への道を知的に用意した〉という問題に大いにコミットしていたのですが、かれがカール・シュミットについて原理的に何か否定的なことを言ったことを、聞いた覚えがありませんし、そして、カール・シュミットも同じく、アーベントロートについて何か否定的なことを言ったことを、聞いた覚えがありません。アーベントロートの意見はこうでした。シュミットの『独裁』においてようやくはじめて、例外状態は、単に古典的な意味においてではなく、かれらの側で例外状態を説明する革命家たちの権利として……使われ、そして展開されましたが、たしかにこの点には、一つの理由があったのです」（ヘルマン・リュッベの講演、リベラルに受け取られたシュミットについての言明）in: Quaritsch, Helmut (Hrsg.): *Complexio Oppositorum*, Berlin 1988, S. 427-445, hier S. 444).

(17) Vollrath, Ernst, Proteus und Medusa, S. 345.

(18) Vgl. ebda., S. 348. この点について指摘されているもの：Abendroth, Wolfgang, *Demokratie als Institution und Aufgabe*（1954）, 復刻版 in: ders., *Arbeiterklasse, Staat und Verfassung*, hrsg. von Joachim Perels, Frankfurt a. M.; Köln 1975. S. 21-32. ここには、S. 26, Fußnote 22 に、プーフェンドルフへの参照が見られる。関連して、Schmitt, Carl, *Die geistesgeschichtliche Lage des heutigen Parlamentarismus*, 7. Auflage, Berlin 1991, S. 20 には、Pufendorf, Samuel von, *De jure Naturae et Gentium*, 1672, Buch VII, Kapitel VI, §8 が同じく参照されている。

(19) この意味で、アンソロジーである、Quaritsch, Helmut (Hrsg.): *Complexio Oppositorum — Über Carl Schmitt*, Berlin 1988 は、実り多きものと言えよう。

【A　序論】

(1) Vgl. Hofmann, Hasso, Carl Schmitt oder: die eigene Frage als Gestalt, in: *Zeitschrift für neuere Rechtsgeschichte*, 1985, S. 64-68, hier S. 67.

（2）Vgl. Habermas, Jürgen, Der Schrecken der Autonomie. Zu zwei früheren Publikationen des deutschen Staatslehrers Carl Schmitt, in: *Babylon-Beiträge zur jüdischen Gegenwart*, Heft 1/1986, S. 108-117, hier S.116.

（3）二つの立場の叙述と批判の分離、すなわち、プラトン以来確立されている一つの仕方は、意図された比較に鑑みて、必要なものと見なされざるをえない。したがって、特定の過剰な切断は不可避である。シュミットの議会主義批判に際しては否定について、しかしハーバーマスに際しては肯定について語られるとすれば、二つの議会主義批判のニュアンスの差異が、この点において、指摘されるべきである。

（4）事柄に即した個々の章分けの技術的な仕方や批判基準の選択については、三つの章（B、C、D）のはじめに付されている〈まえがき〉と〈諸注〉の節で述べられる。

（5）ここで示唆されている諸著作は次のものである。Schmitt, Carl, *Die geistesgeschichtliche Lage des heutigen Parlamentarismus*, Berlin 1923, und Habermas, Jürgen, *Strukturwandel der Öffentlichkeit, Untersuchungen zu einer Kategorie der bürgerlichen Öffentlichkeit*, Neuwied am Rhein und Berlin 1962.

（6）Vgl. Hofmann, Hasso, Carl Schmitt oder: die eigene Frage als Gestalt, S. 65f., vgl. auch die dortigen Hinweise auf Bendersky, J. W., *Theorist for the Reich*, Princeton 1983.

（7）Quaritsch, Helmut, *Positionen und Begriffe Carl Schmitts*, Berlin 1989, S. 79ff. und S. 112ff.

（8）Vgl. Krockow, Christian Graf von, *Die Entscheidung. Eine Untersuchung über Ernst Jünger, Carl Schmitt, Martin Heidegger*, Frankfurt/M., New York 1990, S. 2 und 94.

（9）Vgl. Wieland, Claus-Dietrich, Die Linke und Carl Schmitt, in: *Recht und Politik*, 2, 1985, S. 107-113, hier S. 110, vgl. Haungs, Peter, Diesseits oder jenseits von Carl Schmitt?, Zu einer Kontroverse um die »Frankufurter Schule« und Jürgen Habermas, in: Meier, Hans/ Matz, Ulrich/ Sontheimer, Kurt/ Weihnacht, Paul-Ludwig（Hrsg.）, *Politik, Philosophie, Praxis, Festschrift für Wilhelm Hennis zum 65. Geburtstag*, Stuttgart 1988, S. 526-544. Zitierweise: Diesseits oder jenseits von Carl Schmitt, hier S. 532.

（10）ローンハイマーの明確な指摘によれば、シュミットは彼の独裁制概念を「プロレタリア独裁制」という階級闘争のシナリオから獲得したのである（Vgl. Rhonheimer, Martin, *Politisierung und Legitimitätsentzug. Totalitäre Kritik der parlamentarischen Demokratie in Deutschland*, Freiburg/ München 1979, S. 107f.）。

（11）例えば、カール・シュミットが実証主義的な刻印を帯びたヴァイマール憲法の形式民主制的な改正手続きを批判しているとすれば、誤信された形式的な連邦共和国的民主制に対立しているハーバーマスとの類比は皮相に与えられているにすぎない。

【B　議会主義批判 I――カール・シュミットによる否定】

（1）Vgl. Quaritsch, Helmut, *Positionen und Begriffe Carl Schmitts*, S. 12.

（2）この点については、一九五八年のカール・シュミット生誕七〇周年に寄せられたフォルストホフの論文に反対する公開書簡におけるカウフマンの鋭い反論を指摘しておけば十分であろう。カウフマンは次のように説明している。「あなたは結論として次のように書いておられます。〈後の諸世代は、かれの著作においてはヨーロッパ秩序の三〇〇年にわたる画期という重要な思想が強い光度で集められている、ということを認識するであろう〉と。これに対立して、わたしが思うところでは、時代はすでに次のことを認識するようになりました。すなわち、カール・シュミットの強い光度は、かれに従った人たちを国民社会主義〔ナチ〕のニヒリズムとその変種の泥沼へと導いた鬼火の鈍くちらちらと輝く光度であったのです」（Kaufmann, Erich, Carl Schmitt und seine Schule, in: *Deutsche Rundschau*, Jg. 84, 1958, S. 1013-1015, hier S. 1015）。

（3）Vgl. Gil, Thomas, Die gegenaufklärische Grundperspektive der Rechts- und Staatsphilosophie C. Schmitts, in: *Archiv für Rechts- und Sozialphilosophie*, 74/1988, S. 521-530, hier S. 521.

（4）Vgl. Bendersky, J. W., *Theorist for the Reich* ――そこにおいてベンダースキーは、①なるほどシュミットが自由主義的な議会制システムに敵対しながら、それでもやはり〔ヴァイマール〕憲法――少なくともその第二部――を保持しようと試みた、ヴァイマール共和国におけるカール・シュミットの活動と、そして、②かれに多くの敵対者をもたらした、一九三三年―一九三六年におけるシュミットの国民社会主義〔ナチ〕へのコミット、この①と②の分離に、大きな価値を置いている。この見解には異論の余地がないわけではない。ヴィーラントは、一九三二年に公刊され、そこで〔ヴァイマール〕憲法第二部を保持することが指摘されている、シュミットの著作『合法性と正当性』を、まさしく、その著作においては合法性と正当性という概念がたがいに対立し合っているように操作されていたがゆえに、きわめて憲法に敵対的なものとして叙述しようと試みた（vgl. Wieland, Claus-Dietrich, Die Linke und Carl Schmitt, S. 112）。

（5）Vgl. Schmitt, Carl, *Der Begriff des Politischen*, unveränderter Nachdruck der 1963 erschienenen Auflage, Berlin 1978, (1. Auflage 1932; in kürzerer Aufsatzfassung bereits 1927 im *Archiv für Sozialwissenschaft und Sozialpolitik*, Tübingen usw., Band 58, S.

1-33 erschienen), S. 20ff.

（6）「シュミットの『政治的なるものの概念』はドイツの『君主論（Il Principe）』である」というマシュケの指摘は、この意味で理解されることが許される（Vgl. Maschke, Günther, *Der Tod des Carl Schmitt. Apologie und Polemik*, Wien 1987, S. 132ff.）。

（7）Vgl. Quaritsch, Helmut, *Positionen und Begriffe Carl Schmitts*, 25ff.

（8）これに属しているのは、否定的人間学（原罪の教義）、主権概念、正当化概念である。

（9）Vgl. Gil. Thomas, Die gegenaufklärerische Grundperspektive der Rechts- und Staatsphilosophie C. Schmitts, S. 522ff.

（10）以下のテクストに明確な指摘が見られる。Schmitt, Carl, *Politische Theologie*, 2. Auflage, München, und Leibzig 1934（1. Auflage 1922）, S. 82. はっきりこれを言っているのはタウベスである。かれはカール・シュミットの中に反革命の黙示録作者を再認すると考えている（Vgl. Taubes, Jacob, Carl Schmitt — eine Apokalyptiker der Gegenrevolution, in: *taz*, 20.07. 1985, S. 10-11, hier: S. 10）。

（11）マルクァルトは世俗化定理を「ロマン主義及び反近代主義の態度」として特徴づけている（Marquard, Odo, Neuzeit vor der Neuzeit? Zur Entdramatisierung der Mittelalter-Neuzeit-Zäsur, in: Beckmann, Jan P./ Honnefelder, Ludger/ Schrimpf, Gangolf/ Wieland, Georg（Hrsg.）, *Philosophie im Mittelalter, Entwicklungslinien und Paradigmen*, Hamburg 1987, S. 396-373. Zitierweise: Neuzeit vor der Neuzeit, S. 370）。

（12）Vgl. Schmitt, Carl, *Politische Theologie*, Vorbemerkungen, ohne Zeitenzahl.

（13）Ebd., S. 49.

（14）「神学的観点は……シュミットの法学的諸目的に役立っている」（Nicoletti, Michele, Die Ursprünge von Carl Schmitts »Politischer Theologie«, in: Quatitsch, Helmut（Hrsg.）, *Complexio Oppositorum*, Berlin 1988, S. 109-128, hier S. 126）。

（15）Vgl. Kröger, Klaus, Bemerkungen zu Carl Schmitts »Römischer Kathorizismus und politische Form«, in: Quaritsch, Helmut（Hrsg.）, *Complexio Oppositorum*, Berlin 1988, S. 159-165, hier S. 160.

（16）Vgl. Leicht, Robert, Ein Staatsrecht ohne das Recht. Über Carl Schmitt（1978）, in: Ders.（Hrsg.）, *Aufbruch zur politischen Vernunft, Die Herausforderungen des deutschen Parlamentarismus*, München 1983, S. 109-117, hier S. 116. マシュケもまたシュミットを政治的カトリシズムの擁護者として決して特徴づけていない（Vgl. Maschke, Günther, *Der Tod des Carl Schmitt*, S. 123）。

(17) Vgl. Gil, Thomas, Die gegenaufklärerische Grundperspektive des Rechts- und Staatsphilosophie C. Schmitts, S. 528.

(18) Schmitt, Carl, *Politische Theologie*, S. 11.

(19) このさしあたり馴染みのない定式を、E・R・フーバーは次のように説明している。「われわれは一〇年にわたる諸々の変転する例外状態を、――占領されたラインラントにおいては――外国の軍隊というそれも経験していたが、こうしたわれわれ青年たちにとって、この命題は体験された〔ヴァイマール〕憲政秩序（憲法）の現実の精髄であった」(Huber, Ernst Rudorf, Carl Schmitt in der Reichskrise der Weimarer Endzeit, in: Quaritsch, Helmut (Hrsg.), *Complexio Oppositorum*, Berlin 1988, S. 33-50. Zitierweise: Reichskrise, S. 34)。

(20) Vgl. Schmitt, Carl, *Verfassungslehre*, 7. Auflage, Berlin 1989, (1. Auflage 1928), S. 147.

(21) Vgl. ders. *Politische Theologie*, S. 20.

(22) Vgl. ebd., S. 18ff.

(23) Scmitt, Carl, *Politische Theologie*, S. 18.

(24) 例外状態という概念は、これがおそらく思われているほど一義的には明らかにされていない。これは、後に立ち入って論じられる、委任独裁制と主権独裁制という異なる諸概念と関連している。シュナイダーはこの事態の顕著な意義を指摘している。「いまや、すべてはやはり、例外状態の下で何が理解されるか、に帰着する。『憲法論』において読み取りうることは、憲政秩序（憲法）を維持するという関心から、例外状態において停止されることは、自明のことながら、憲政秩序（憲法）そのもの、すなわち、人民〔国民〕が根拠を定立する決断ではなく、その決断を説明するために発布される諸々の法律的な規範化にすぎない」(Schneider, Peter, *Ausnahmezustand und Norm*, Stuttgart 1957, S. 187)。

(25) 興味深いことに、この自己評価は何人かの著者たちには分有されない。例えば、他の文脈（友－敵の区別）において、ショイナーは次のように述べている。「ひとがこの立場の選択を実存主義から演繹されうる決断主義的な思惟に還元するか、あるいは、おそらく、むしろやはり、究極の根拠において、ここに、もっぱら受動的－審美的な、そして、それゆえに、政治的なるものに対立して諸々のロマン主義化に傾く態度が効果を表しているのを見るのか、こうしたことはともかく、明らかであるのは、闘争の諸契機のそのカテゴリー的な先鋭化を伴う〈友－敵〉の定式は、権力の実体化の伝統において、超個人的なるもの、自然的なるものに嵌まり込んでいる、ということである」(Scheuner, Ulrich, Das Wesen des Staates und der Begriff des Politischen in der neueren Staatslehre, in: Hesse, Konrad/ Reicke, Siegfried/ Scheuner, Ulrich (Hrsg.), *Staatsverfassung und Kirchenordnung*,

Festgabe für Rudolf Smend, Tübingen 1962, S. 225-260, hier S. 242)。

（26）Schmitt, Carl, *Politische Theologie*, S. 22.

（27）いずれにしても、この章句は、シュミットの決断主義はもっぱら実存的に解明される必要はない、ということをはっきり示している。シュミットの表面には現れないロマン主義的な――しかし少なくとも、反近代主義的な――態度は見極めうる。このことを証言しているのは、»occasio« という概念のかれ自身の評価である。シュミットはこの概念を機会（Gelegenheit）あるいは偶然として捉え、そして因果性（Kausalität）あるいは規範性（Normativität）に対して厳格に対立するものと見ている。»occasio« は、結局のところ、例外（Ausnahme）から規則（Regel）へと解放される（Vgl. Rumpf, Helmut, *Carl Schmitt und Thomas Hobbes. Ideelle Beziehungen und aktuelle Bedeutung mit einer Abhandlung über: Die Frühschriften Carl Schmitts*, Berlin 1972, S. 24）。

（28）Vgl. Kröger, Klaus, *Einführung in die jüngere deutsche Verfassungsgeschichte*（*1806-1933*）, München 1988, S. 99ff.

（29）Schmitt, Carl, *Politische Theologie*, S. 26.

（30）Vgl. ebd., S. 40 und S. 31.

（31）Vgl. ebd., S. 32.

（32）Vgl. ebd., S. 42.

（33）Vgl. ebd., S. 46.

（34）Vgl. ebd., S. 80.

（35）Ders., *Verfassungslehre*, S. 223.

（36）Vgl. Schmitt, Carl, *Verfassungslehre*, S. 223.

（37）Vgl. ebd., S. 224.

（38）五〇%と一票の意味で理解された。

（39）Vgl. Schmitt, Carl, *Verfassungslehre*, S. 224.

（40）例えば法実証主義者ハンス・ケルゼンが主張する見解（Vgl. Kelsen, Hans, *Vom Wesen und Wert der Demokratie*, 2. Neudruck der 2. Auflage Tübingen 1929, Aalen 1981, S. 3ff.）。

（41）Vgl. Schmitt, Carl, *Verfassungslehre*, S. 224f.

（42）「自由主義と民主制の区別としての自由と平等の区別は、W・ハスバハ（Hasbach）の著作、*Die moderne Demokratie*, 2.

Auflage 1923を基礎にしている」(Schmitt, Carl, *Verfassungslehre*, S. 225)。

(43) Vgl. Schmitt, Carl, *Verfassunslehre*, S. 225.

(44) Vgl. Schmitt, Carl, *Die geistesgeschichtliche Lage des heutigen Parlamentarismus*, 7. Auflage, Berlin 1991, (1. Auflage 1923). Zitierweise: *Parlamentarismus*, S. 13 und S. 32.

(45) シュミットにとって、一般的な人間的平等を道徳的に貶めることが問題なのではない。しかし、そうした平等が政治的に言明されることは不適切であるとされる。「この一般的な人間性 (allgemeines Menschentum) への指摘は、特定の硬さ (どぎつさ) を和らげたり、穏当なものにしたり、相対化したりすることはできるが、しかし、如何なる概念も構成しえない」(Schmitt, Carl, *Verfassungslehre*, S. 226)。「すべての人間は人間である、ということからは、宗教的にも、道徳的にも、政治的にも、経済的にも、何か特殊なことを取り出すことはできない」(Ebd., S. 226)。

(46) Vgl. Schmitt, Carl, *Verfassungslehre*, S. 226f.

(47) Vgl. ders., *Parlamentarismus*, S. 16ff., vgl. auch ders., *Verfassungslehre*, S. 234.

(48) Ders., *Verfassungslehre*, S. 227.

(49) Vgl. ebd., S. 228f.

(50) 同質性 (Homogenität) という思惟カテゴリー――平等概念 (Gleichheitsbegiff) とは別の言葉――と後のより厳密に捉えられうる同一性概念 (Identitätsbegriff) とは、シュミットにとっては民主制的国家の基礎である。「これは民主制的思惟の最強かつもっとも首尾一貫した表現である。ジャコバン独裁制において、民主制的平等のこの前提の意義が示された。政治的敵対者は、如何なる〈徳〉(“vertu”) も持たなかったし、すなわち、正しい政治的信条を持たなかったし、如何なる〈国家市民的特性〉(“civisme”) も持たなかったし、かれは愛国者 (Patriot) ではなく、それゆえ、法の外に (*hors la loi*) あった。どれほど政治的平等に政治的相関項としてのひとつの不平等が対応しているか、これがここでとりわけはっきり表れる」(Schmitt, Carl, *Verfassungslehre*. S. 230)。

(51) Vgl. Schmitt, Carl, *Verfassungslehre*, S. 230.

(52) これらの議論は、他の平等の諸実体にとってもまた、類比的に妥当する。ソヴィエト共和国においては、同質性 (Homogenität) は、プロレタリア階級を通じて創出されなければならないであろう。その場合、異質なもの (Heterogenes) を実存的に否認することは、いわゆるブルジョアジーという社会的集団に関係している。カール・シュミットは、啓蒙された教育独裁制がマルクス主義と一致しないことを、正しく指摘していたであろう（Vgl. Schmitt, Carl, *Parlamentarismus*, S. 76 und S. 85）。今日、ヤキモヴィッチは、こうした見解を分有している。「ロシアのボルシェヴィストたちには、かれら自身に阿《おもね》っていた役割が、フランスのジャコバン主義者たちや啓蒙された絶対的な理性の他の過激派たちの後継者の役割が、押し付けられた」（Jakimowitsch, Alexander, Die große Unordnung im Osten, in: *Die Zeit*, Nr. 51, 11. 12. 1992, S. 55）。

（53）Vgl. Schmitt, Carl, *Verfassungslehre*, S. 231f.

（54）かれは、かれの見解が、その国民的同質性を作り出すために諸々の少数派を移住させた当時のトルコ政府の振舞いによって確証されている、と見ている。他の例として、かれはオーストラリア国家の厳格な移民受け入れ立法を挙げている（Vgl. Schmitt, Carl, *Parlamentarismus*, S. 14）。

（55）Schmitt, Carl, *Parlamentarismus*, S. 14.

（56）Vgl. ders., *Verfassungslehre*, S. 232, vgl. auch ders., *Parlamentarismus*, S. 14ff.

（57）異邦人（der Fremde）という概念の下で、シュミットは、その排除が一貫してあとづけうるものと思われる外国人（Ausländer）のみならず、国内で〈生まれた〉少数派の人たちもまた、捉えている。それゆえに、シュミットは、少数者保護を非民主制的なこととして厳格に拒否している。この実存的に捉えられうる同質性を作り出すための啓蒙された教育独裁制は、シュミットにあっては、考えられないことと思われている。

（58）Vgl. Hofmann, Hasso, *Legitimität gegen Legalität*, Neuwied und Berlin 1964, S. 148.

（59）Schmitt, Carl, *Parlamentarismus*, S. 19.

（60）Ebd., S. 20.

（61）Ebd., S. 20.

（62）ハルトマンはルソー的一般意思（volonté générale）のシュミットによる解釈（意義転換）を明確に指摘している（Vgl. Hartmann, Volker, *Repräsentation in der politischen Theorie und Staatslehre in Deutschland*, Berlin 1979, Zitierweise: *Repräsentation*, S. 207）。この違いをライヒトもまた見ていた。しかし、かれが次のように書いているとき、かれはシュミットが自覚的にルソーから距離をとっていることについては説明していないように思える。「やはり、シュミットが訴えているルソーにおいては、一般意思（volonté générale）は合理主義的な契約理論の事後的虚構と思われるのに対して、シュミットにあっては同質的な総体意思から、先取りされた強引なすべての推論を伴うひとつの非合理主義的な、それどころか反合理的な同一性が成立している」（Leicht,

Robert, Ein Staatsrecht ohne das Recht, S. 112)。

(63) Vgl. Krockow, Christian von, Zur Analyse autoritärer Parlamentarismuskritik, in: *Aus Politik und Zeitgeschehen*, B. 49/1969, S. 39-47, hier S. 41.

(64) Schmitt, Carl, *Verfassungslehre*, S. 234.

(65) この同一性（Identität）が現前していない官憲国家においてとは異なる。

(66) Vgl. Schmitt, Carl, *Verfassungslehre*, S. 235.

(67) 他の箇所で、かれは更なる諸々の同一性を浮き彫りにしている。「……国家的権威の主体と客体、議会における人民とその代表との同一性、国家とその都度投票する人民との同一性、国家と法律の同一性、最後に、量的なもの（数の上の多数決あるいは全会一致）と質的なもの（法律の正当性 Richtigkeit）との同一性」（Schmitt, Carl, *Parlamentarismus*, S. 35）.

(68) Vgl. Schmitt, Carl, *Parlamentarismus*, S. 35.

(69) この箇所で、シュミットの民主制理解は際立てられるはずである。カール・シュミットは、結局のところ、自身では、この（同一制的）民主制の構成にどのように関係しているのか、かれはこの意味でデモクラットと見なされなければならないのかどうか、こうしたことには、この拙論の枠の中では、二義的な関心しか向けられない。こうしたことについてのシュミットの懐疑的な説明を考慮されたし（Vgl. Schmitt, Carl, *Parlamentarismus*, S. 35）。

(70) Vgl. Schmitt, Carl, *Parlamentarismus*, S. 34f.

(71) Ebd., S. 34.

(72) 諸々の個別意思の集積である全体意思（volonté de tous）には、シュミットにおいては、僅かなウェイトがかけられているにすぎない。こうした見解はもっぱら条件づけられた形でのみルソーと一致するにすぎない、ということをシュペーマンは説明している。「大部分の人たちの事実上の合意である全体意思（volonté tous）は、理性的合意である一般意思（volonté générale）を唯一代表（再現前）するものである。しかし、前者は必然的に後者を代表（再現前）するわけではなく、いつもそうするわけでもない。そして、前者が後者を代表（再現前）しないのであれば、そのとき、一般意思（volonté générale）は沈黙したままである」（Spaemann, Robert. Die Utopie der Herrschaftsfreiheit, in: *Merkur*, XXVI. Jahrgang, 1972, S. 735-752, hier 743）。

(73) Schmitt, Carl, *Verfassungslehre*, S. 243.

(74) Vgl. ebd., S. 243.

(75) Vgl. ders., *Parlamentarismis*, S. 19.
(76) Vgl. ders., *Verfassungslehre*, S. 246.
(77) Vgl. *Parlamentarismus*, S. 37.
(78) Vgl. ebd., S. 37f.
(79) ホフマンは、シュミットにおける教育独裁制の見かけの可能性を明確に指摘している。その際、一つの逆説的な状況が現出する。「国民の平等の様態が、より緊密に、より無条件的に、より疑いのないものに、なればなるほど、統治は、それだけ、より厳格、より苛酷、「より決然としたもの」になりかねない。かくして、シュミットにとっては、通常のフロント（前後）が逆転して、独裁制は民主制的な基礎の上にのみ可能である。それどころか、さらに、かれが、訴権委任（Aktionskommission）として、もっとも外部の（極端な）領域の最高度の支配として、理解している独裁制は、それがあらゆる規範性やあらゆる図式性から解放されて、なおもっぱら内在的に、国民の実体的な同質性によって保持され、そしてそれに伴い、実存的、民主制的な同質性の、〈純粋な〉民主制の、他の限界事例を標示するかぎりで、まさしく民主制的支配の純粋かつ典型的な現象形態である」（Hofmann, Hasso. *Legitimität gegen Legalität*. S. 149f.）。いずれにしても強調されなければならないのは、シュミットにとっては、〈政治的なるもの〉の批判基準としての実存的な〈友 - 敵〉の区別を正しく保持するがゆえに、〈異質な〉人民（民族）の政治的な同質性を作り出すための教育独裁制は考えることができない、ということである。かれにとって、考慮に値することは、異邦人たちの排除あるいは同一性を変化させるかれらの同化だけである。わたしの見るところ、カール・シュミットは、教育独裁制を、かれ自身に意識されることになる、ひとつの不完全な同質的人民（民族）としてのみ、補完能力のあるものとしてのみ、見なしうるにすぎない。
(80) Vgl. Schmitt, Carl, *Parlamentarismus*, S. 52.
(81) Vgl. ebd., S. 13f.
(82) Vgl. ders., *Verfassungslehre*, S. 294ff. und S. 276f.
(83) ホフマンは代表（再現前）と同一性という相互に異なる形式（形相）諸原理に関するシュミットの議論の特定の齟齬を指摘している。「……一人民（民族）の国民的統一性という理念がきわめて異なる諸内容に開かれているかぎり、代表（再現前）は本質的に代表（再現前）をめぐる闘争、そして、代表（再現前）をめぐる闘争は、いつも〈政治的権力をめぐる闘争〉である。これに伴い、如何なる範囲で代表（再現前）という理念は、その際そもそもなお同一性論から区別されるのか、という問いがたちまち浮かんでくる。……政治的権力をめぐる、すなわち人民（民族）の政治的実存の様式と形式と、とことん真剣に友と敵を規定する現実的可能性をめぐる闘争は、国民的統一性の理念の代表（再現前）という名において導かれるのか、あるいは、人民の実体的な同質性の実現の旗幟の下で導かれるのか、このことは、かなりの程度で、同じことに帰着する」(Hofmann, Hasso, *Legitimität gegen Legalität*, S. 152f.)。

(84) 人民は人民投票においてはそれにたてられた問いに対して、諾あるいは否をもってしか答えることができない、というシュミットの見解は、今日、アロー（Arrow）によって発見された「民主制の機能不全（Demokratieversagen）」の現象によって支持される。

(85) Vgl. Schmitt, Carl, *Verfassungslehre*, S. 277.

(86) Vgl. ebd., S. 277.

(87) Ebd., S. 281.

(88) ウルメンは、この著作の中に、マックス・ヴェーバーの「プロテスタント的倫理」に対するシュミットの回答を見ている（Ulmen, G. L., Politische Theologie und politische Ökonomie — über Carl Schmitt und Max Weber, in: Quaritsch, Helmut (Hrsg.), *Complexio Oppositorum*, Berlin 1988, S. 341-365. Zitierweise: Politische Theologie, S. 342)。

(89) Kröger, Klaus, Bemerkungen zu Carl Schmitts »Römischer Katholizismus und politische Form«, S. 160.

(90) Vgl. ebd., S. 159ff.

(91) 形式（形相）についての能力は、修辞についての能力において示される。「……この能力は、議論や理性批判の能力ではなく、そう名付けることが許されるならば、代表（再現前）する語り口（Rede）が決定的なもの（である：著者ベッカーの挿入）」(Schmitt, Carl, *Römischer Katholizismus und politische Form*, 2. Auflage von 1925, Stuttgart 1984, (1. Auflage 1923), S. 40)。

(92) Vgl. Schmitt, Carl, *Römischer Katholizismus und politische Form*, S. 11 und S. 14.

(93) Vgl. ebd., S. 21ff.

(94) シュナイダーが詳述しているように、聖職者制度（Pristertum）は、それによって単なる個人性を表現しようとはしない、聖職取得者の人格性の表現である（Vgl. Schneider, Peter, *Ausnahmezustand und Norm*, S. 75)。——カール・シュミットは教会の権威を「具体的人格性を具体的、人格的に代表（再現前）するものとして捉えている」(Schmitt, Carl, *Römischer Katholizismus und politische Form*, S. 31)。

(95) シュミットは代表（再現前）という思惟カテゴリーの特徴をかつて帯びていたものとして、イギリス上院、プロイセン参謀本部、フランス・アカデミーの名を挙げている。

(96) Schmitt, Carl, *Römischer Katholizismus und politische Form*, S. 32.

(97) 経済的な権力が政治的な権力へと転換されなかったかぎり、そして、これに伴い、国家的代表（再現前）が可能になるかぎり、シュミットの見解によれば、聖職者は、かれの天賦の代表（再現前）の力により、私人にすぎない技術者や商人の上位にいる（Vgl. Schmitt, Carl, *Römischer Katholizismus und politische Form*, S. 33ff. und S. 40ff.）。

(98) クレーガーは、シュミットにとっては、代表の理念と事柄に即した経済的思惟との間には明瞭な対立がある、ということを的確に指摘している（Vgl. Kröger, Klaus, Bemerkungen zu Carl Schmitts »Römischer Katholizismus und politische Form«, S. 162）。

(99) 議会主義の民主制的正当化は、Expeditivität（解放性、足枷が解かれていること）にあるとされる。議会は自由な選挙によって正当化されるとされる。議会はそれ自身人民の委員会であるとされる（Vgl. Schmitt, Carl, *Parlamentarismus*, S. 42）。

(100) Vgl. Schmitt, Carl, *Römischer Katholizismus und politische Form*, S. 43ff.

(101) Ders., *Verfassungslehre*, S. 207.

(102) 代表（再現前）の原理は、同一性原理を決して完全には否定しえない。絶対的な君主制においてもまた、人民は大きなものとして一国家存在の中に存立し続けざるをえない。「このことは、すでに、公共性なしの代表（再現前）は存在しないし、人民なしに公共性は存在しないがゆえに、不可能である」（Schmitt, Carl, *Verfassungslehre*, S.208）。

(103) Vgl. Schmitt, Carl, *Verfassungslehre*, S. 208f.

(104) Vgl. ebd., S. 209ff.

(105) Vgl. Steiger, Heinhard, *Organisatorische Grundlagen des parlamentarischen Regierungssystems*, Berlin 1973, S. 153, vgl. auch Schmitt, Carl, *Verfassungslehre*, S. 218.

(106) Schmitt, Carl, *Verfassungslehre*, S. 218.

(107) ホフマンの指摘しているところによれば、シュミットにとっては、かれにおいて幾分同一制的民主制の概念の背後に退いているように見える代表（再現前）の理念は、かれの政治的議論にとって中心的な意義を有している。「実際、かれの代表（再現前）の理念は、したがって、まさに、かの空疎な、単純に現状に結びついている合法性の表象にすべての規範性を克服する正当性原理を対置する試みである」（Hofmann, Hasso, *Legitimität gegen Legalität*, S. 152）。

(108) 代表（再現前）は統治という事象に関連している。それゆえに、一国家の行為能力を有する政府（統治）は、シュミットの見解によれば、「政治的実存の精神的原理」を呈示する（Schmitt, Carl, *Verfassungslehre*, S. 212）。

(109) 代表（再現前）の本質にとって、代表者の独立した地位は構成的である。代表者は他の人たちの指示に拘束されることは許されない。これに伴って、かれは一介の役員あるいは委員とは区別される（Vgl. Schmitt, Carl, *Verfassungslehre*, S. 212）。

(110) Vgl. Hartmann, Volker, *Repräsentation*, S. 206.

(111) Schmitt, Carl, *Verfassungslehre*, S. 217.

(112) Vgl. ebd., S. 216f. und S. 292f.

(113) Vgl. Schneider, Peter, *Ausnahmezustand und Norm*, S. 74f.

(114) Schmitt, Carl, *Verfassungslehre*, S. 217.

(115) Vgl. ebd., 218f.

(116) Hofmann, Hasso, Carl Schmitt oder: Die eigene Frage als Gestalt, S. 67.

(117) とりわけマックス・ヴェーバーに対する一批判（Vgl. Schmitt, Carl, *Verfassungslehre*, S. 307）。

(118) Schmitt, Carl, *Verfassungslehre*, S. 308.

(119) Vgl. ebd., S. 310ff.

(120) Vgl. ders., *Parlamentarismus*, S. 5f. シュミットは議会主義をこうした諸々の構造原理を手立てにして解明している。代表（再現前）の理念との内容的な近さは明らかに見て取れる。

(121) シュミットの諸言明を判断することにとってきわめて重要になることは、かれがかれの諸々の説明において本質的にギゾーを支えにし、このギゾーを「絶対的に典型的な議会主義の代表者」として申し立てていることである（Schmitt, Carl, *Parlamentarismus*, S. 43）。

(122) Schmitt, Carl, *Parlamentarismus*, S. 43.

(123) Ebd., S. 45.

(124) 興味深いことに、シュミットは修辞的意図において、「決断」と「真実」を一緒にしている。

(125) Vgl. Schmitt, Carl, *Parlamentarismus*, S. 44ff.

(126) Vgl. Schmitt, Carl, *Parlamentarismus*, S. 47ff.

(127) Ebd., S. 49.
(128) Vgl. ebd., S. 49.
(129) 政府（統治）に対する制御機能の意味で：政府（統治）を引き受ける能力もまた存在しなければならない。
(130) Vgl. Schmitt, Carl, *Parlamentarismus*, S. 50ff.
(131) Vgl. ders., *Verfassungslehre*, S. 308f.
(132) Vgl. ders., *Parlamentarismus*, S. 41f.
(133) Schmitt, Carl, *Parlamentarismus*, S. 57.
(134) Vgl. ebd., S. 12.
(135) Vgl. ebd., S. 60.
(136) ヴァイマール共和国という議会制的立法国家とその誤認されたシステム内在的な諸問題との包括的な分析を手立てにして、かれはその衰退を証明しようとする（Vgl. Schmitt, Carl, *Legalität und Legitimität*, 4. Auflage, Berlin 1988, (1. Auflage 1932), S. 7)。『合法性と正当性』という著作は、クロコフの見解によれば、もはや決断主義に基づいていない。具体的な秩序の思惟が前面に現れている（Vgl. Krockow, Christian Graf von, *Die Entscheidung*, S. 94)。
(137) Schmitt, Carl, *Verfassungslehre*, S. 87.
(138) Vgl. ebd., S. 88.
(139) Vgl. ders., *Politische Theologie*, S. 59ff.
(140) Vgl. Schmitt, Carl, *Verfassungslehre*, S. 90f.
(141) 三ないし六の国家形態は共通である。君主制、貴族制、民主制：それらの堕落様式、僭主制、寡頭制、衆愚制（Vgl. Aristoteles, *Politik*, übersetzt und herausgegeben von Otto Gigon, 6. Auflage, Zürich und München 1986, insbesondere die Bücher III und IV)。
(142) Schmitt, Carl, *Legalität und Legitimität*, S. 11.
(143) Ebd., S. 10f.
(144) Ebd., S. 14.
(145) Vgl. ebd., S. 15ff.

(146) Ebd., S. 7.

(147) 立法国家（Gesetzgebungsstaat）は諸々の他の国家形態と並立している。司法国家（Jurisdiktionsstaat）は判事の個別事例の判決によって、統治国家（Regierungsstaat）は高権的－人格的な意思（der hoheitlich-persönliche Wille）と権威的な命令によって、特徴づけられるとされる。行政国家（Verwaltungsstaat）は諸々の合目的性を志向するとされる。この国家には支配的実体が欠けているとされる（Vgl. Schmitt, Carl, *Legalität und Legitimität*, S. 9f.）。

(148) Schmitt, Carl, *Legalität und Legitimität*, S. 19.

(149) Vgl. ebd., S. 20ff.

(150) Ebd., S. 24.

(151) Ebd., S. 25.

(152) Vgl. ebd., S. 25.

(153) Vgl. ders., *Verfassungslehre*, S. 143.

(154) 君主制に対して議会の権力を強化する意図において。

(155) Schmitt, Carl, *Legalität und Legitimität*, S. 27.

(156) Vgl. ebd., S. 25f.

(157) Vgl. ders., S. 142. Vgl. dazu auch ders., *Legalität und Legitimität*, S. 27.

(158) Vgl. Fijalkowski, Jürgen, *Die Wendung zum Führerstaat. Ideologische Komponenten in der politischen Philosophie Carl Schmitts*, Köln und Opladen 1958. Zitierweise: *Die Wendung zum Führerstaat*, S. 36.

(159) Vgl. Schmitt, Carl, *Legalität und Legitimität*, S. 28.

(160) Ebd., S. 32.

(161)「議会票数の同質性の五一票が議会における多数決となる」（Schmitt, Carl, *Legalität und Legitimität*, S. 30）。

(162) Schmitt, Carl, *Legalität und Legitimität*, S. 33.

(163) Ebd., S. 33.

(164) 後にシュミットはヒトラーの権力獲得をこれと関連づけた。「しかも、ヒトラーは、合法性のこの狭き門から、ポツダム及びヴァイマールへのかれの入場の凱旋門を作ることに成功した。ライヒ首相への指名の初日から、かれはかれの賞金をかれの合法的権力占有に体系的かつますます仮借なく賭けることを理解した。ライヒ首相へのかれの指名は、次々と続く合法的な諸革命への第一歩にすぎなかった」（Schmitt, Carl, Die legale Weltrevolution-Politischer Mehrwert als Prämie auf juristische Legalität und Superlegalität, in: *Der Staat*, 3/1978, S. 321-339. Zitierweise: Die legale Weltrevolution, S. 333）。

（165）このことは個別的には次の諸節で叙述されることになろう。特別多数決を、シュミットは後にモーリス・オリュー（Maurice Hauriou）に依存して、超合法性（Superlegalität）と名づけている（Vgl. Schmitt, Carl, Die legale Weltrevolution, S. 324）。

（166）Schmitt, Carl, *Legalität und Legitimität*, S. 35. ――この命題の主たる部分はシュミットによって隔字体で強調された。

（167）Schmitt, Carl, *Legalität und Legitimität*, S. 35.

（168）Vgl. ebd., S. 34ff.

（169）Vgl. ebd., S. 36f.

（170）Ebd., S. 38.

（171）描出されたディレンマを除くために中立的な第三者を置き入れることは、合法性システムの破綻と見なされざるをえないとされる。その場合、政治的意思はもはや議会の諸党派の均衡を通じて構成されないとされる（Vgl. Schmitt, Carl, *Legalität und Legitimität*, S. 37f.）。

（172）Schmitt, Carl, *Legalität und Legitimität*, S. 40, vgl. auch ders., Schlußrede vor dem Staatsgerichtshof in Leipzig（1932）, in: Ders., *Positionen und Begriffe im Kampf mit Weimar-Genf-Versailles 1923-1939*, Hamburg 1940, S. 180-184. Zitierweise: Schlußrede, S. 180ff.

（173）Vgl. Schmitt, Carl, *Legalität und Legitimität*, S. 40f. 議論を単純化するために、シュミットは連邦参議院（Reichsrat）のありうべき諸々の影響力を度外視している。

（174）Vgl. Schmitt, Carl, *Legalität und Legitimität*, S. 42ff.

（175）Vgl. Schmitt, Carl, *Legalität und Legitimität*, S. 49ff.

（176）Vgl. ebd., S. 54f.

（177）Vgl. ebd., S. 62f.

（178）Ebd., S. 63.

（179）Schmitt, Carl, *Legalität und Legitimität*, S. 64ff.

(180) Ebd., S. 70.

(181) Vgl. ebd., S. 70f.

(182) かれは武器を携えて介入しうる。帝国議会（Reichstag）が廃棄した諸措置を、かれは新た発布しうるとされるという（Vgl. Schmitt, Carl, *Legalität und Legitimität*, S. 72f.）。

(183) Vgl. Schmitt, Carl, *Legalität und Legitimität*, S. 73ff.

(184) Ebd., S. 80.

(185) Vgl. ebd., S. 83.

(186) Vgl. Preuß, Ulrich, K., Die latente Diktatur im Verfassungsstaat, im: *taz*, 12. 07.1983, S. 9.

(187) Schmitt, Carl, Die Wendung zum totalen Staat, in: Ders., *Positionen und Begriff im Kampf mit Weimar-Genf-Versailles 1923-1939*, Hamburg 1940, S. 146-157, hier S. 146.

(188) Vgl. ebd., S. 150ff.

(189) Vgl. Schneider, Peter, *Ausnahmezustand und Norm*, S. 139.

(190) Schmitt, Carl, *Der Begriff des Politischen*, S. 45.

(191) それを通じて一人民が自己そのものを実存的な友と敵との区別において他のものから境界付け、そして、それに伴って、（外交—）政策の能力を有するようになる、そうしたシュミットの同質性の基準との関連を、確認されたし。

(192) Schmitt, Carl, Weiterentwicklung des totalen Staates in Deutschland (Januar 1933), in: Ders., *Positionen und Begriffe im Kampf mit Weimar-Genf-Versailles 1923-1939*, Hamburg 1940, S. 185-190. Zitierweise: Weiterentwicklung des totalen Staates, S. 187.

(193) Schmitt, Carl, Weiterentwicklung des totalen Staates, S. 187.

(194) Vgl. ebd., S. 188f.

(195) 今日では、シュミットの諸々の説明は、さまざまな経済的な民主制理論の特定の範囲で確証される。それらの理論においては、共同福祉が官僚制的な自己利益最大化の「リサイクル製品（Abfallprodukt）」として嘲罵なしに定義されることはない。

(196) Vgl. Schmitt, Carl, Weiterentwicklung des totalen Staates, S. 188f.

(197) Ebd., S. 188.

(198) Vgl. Schmitt, Carl, *Der Hüter der Verfassung*, 2. Auflage, Berlin 1969,（1. Auflage 1931）, S. 86f.

(199) ders., *Verfassungslehre*, S. 311ff.

(200) シュミットは憲法典と誤って思い込まれている憲政秩序の現実との間の乖離を明確に指摘している。ライヒ憲法二一条は次のように述べている。代議士たちは人民の代表者（代理人）である。かれらはかれらの良心にのみ従い、諸々の委託には拘束されない（Vgl. hierzu Schmitt, Carl, *Parlamentarismus*, S. 10）。

(201) Schmitt, Carl, *Parlamentarismus*, S. 61.

(202) Vgl. ders., *Verfassungslehre*, S. 319. Vgl. auch ders., *Parlamentarismus*, S. 62.

(203) Vgl. ders., *Parlamentarismus*, S. 60f.

(204) Ebd., S. 63.

(205) Vgl. ebd., S. 63.

(206) 諸侯の秘密政治（Arkanpolitik）に対する自由主義的批判は、今日、それ自身、まさにその批判に跳ね返っている。「ところで、一七世紀や一八世紀のかの閣内政治の諸対象は、今日問題になっている、そして今日あらゆる種類の秘密の対象である諸々の運命と並んで、如何に無害で牧歌的であることか」（Schmitt, Carl, *Parlamentarismus*, S. 63）。

(207) Vgl. Schmitt, Carl, *Verfassungslehre*, S. 319.

(208) Vgl. ders., *Parlamentarismus*, S. 60ff.

(209) 諸権力の均衡化は、シュミットによれば、議会主義のさらなる前提であるが、立法機関による執行機関の構成によって危うくされているとされる（Vgl. Schmitt, Carl, *Parlamentarismus*, S. 62）。

(210) Schmitt, Carl, *Legalität und Legitimität*, S. 91.

(211) Vgl. ebd., 90ff.

(212) シュミットは議会主義を外政的観点において、すなわちヴェルサイユ条約の修正に関して、発展する能力を欠くシステムとして捉えている（Vgl. dazu die Hinweise aus Hofmann, Hasso, *Legitimität gegen Legalität*, S. 94 und Maschke, Günther, *Der Tod des Carl Schmitt*, S. 135ff.）。

(213) Schmitt, Carl, *Legalität und Legitimität*, S. 98.

(214) ヴァイマール憲法は、矛盾した形で、議会制的民主制のための決断と並んで、きわめて異なった種類の政治的、社会的、宗教的な内容と確信が基礎にある、諸々の効力と規定を含んでいるとされる。人格的自由のブルジョア（市民）的・個人主義的な保障、私有財産、社会主義的な綱領規程、カトリック的自然法が、しばしば些か混乱した形で綜合されて、互いに混在している（Schmitt, Carl, *Verfassungslehre*, S. 30）.

（215）「これらは、双方の譲歩により得られた実質的決定に関するものではなく、その本質はこの決定を保留し、延期することにあるので、外見上の妥協と呼ぶことができよう。すなわちこの場合の妥協は、あらゆる対立する要求を充たし、多義的な言い回しで本来の争点を決定しないでおくような方式を見出すことにある」（Schmitt, Carl, *Verfassungslehre*, S. 31f.）〔邦訳、カール・シュミット『憲法論』阿部照哉・村上義弘訳、四九頁〕。

（216）後にシュミットはかれの試みを以下のように性格づけた。「ヴァイマール憲法の、より狭くなっているが、決して完全に閉じられてはいない扉を、その修正諸規定（ＷＲＶ七六条）によって修復しようとするわたし自身の努力は、解釈の一部は懐疑的な、一部はイロニー的な態度で挫折した」（Schmitt, Carl, Die legale Weltrevolution, S. 333）。

（217）Schmitt, Carl, *Legalität und Legitimität*, S. 93. かれはこれとの関連でツィーグラーの著作の参照を指示している（Ziegler, Heinz O., *Autoritärer oder totaler Staat*, Tübingen, 1932）。

（218）Vgl. Schmitt, Carl, *Der Hüter der Verfassung*, S. 15, 45ff. und 55ff., vgl. auch Schneider, Peter, *Ausnahmezustand und Norm*, S. 175 und S. 179ff.

（219）「民主制的な観点からすれば、〈法服貴族制（Aristokratie der Robe）〉にこのような諸機能を委ねることは不可能であろう」（Schmitt, Carl, *Der Hüter der Verfassung*, S. 156）。

（220）もともとはパオル・ラーバント（Paul Laband）が刻印した概念（Vgl. Huber, Ernst Rudolf, Reichskrise, S. 36）.

（221）Vgl. Schmitt, Carl, *Der Hüter der Verfassung*, S. 15f.

（222）今日のドイツ連邦共和国にとっては、シュミットは、憲法保護の諸々の可能性に関して、かれの見解を第三権力によって修正したように見える。いずれにしても憲法の生みの親たちは、法実証主義的に刻印されたヴァイマール憲法を意識的に拒否して、連邦憲法裁判所を明確に憲法を保護するものとして規定し、そしてこれに伴い、ひとつの決定能力を有する制度を総説した（Vgl. Schmitt, Carl, Das Reichsgericht als Hüter der Verfassung（1929）, in: Ders., *Verfassungsrechtliche Aufsätze aus den Jahren 1924-1958*, S. 63-109, hier S. 105ff.）。

（223）Vgl. Fijalkowski, Jürgen, *Die Wendung zum Führerstaat*, S. 134.

（224）Schmitt, Carl, Schlußrede, S. 183.

(225) Vgl. ders., *Der Hüter der Verfassung*, S. 132 und S. 137ff.
(226) Vgl. ders., *Verfassungslehre*, S. 111.
(227) Vgl. Hofmann, Hasso, *Legalität und Legitimität*, S. 70.
(228) Vgl. Schmitt, Carl, *Hüter der Verfassung*, S. 150 und S. 159, vgl. auch Hofmann, Hasso, *Legitimität gegen Legalität*, S. 100.
(229) Vgl. Schmitt, Carl, *Legalität und Legitimität*, S. 18.
(230) Vgl. Schneider, Peter, *Ausnahmezustand und Norm*, S. 187.
(231) Vgl. Schmitt, Carl, *Der Hüter der Verfassung*, S. 159.
(232) Vgl. ebd., S. 119.
(233) Schneider, Peter, *Ausnahmezustand und Norm*, S. 191.
(234) 一九三四年にいわゆる「レーム一揆（Röhm-Putsch）」においてヒトラーの諸措置を正当化するかれの試みは、周知のものとなった。「ここで、それゆえに、政治的指導者は、犯罪者の認定（Qualifikation）に従って、さらに特殊な仕方で、最高の判事となった」（Schmitt, Carl, Der Führer schützt das Recht（1934）. アドルフ・ヒトラーの一九三四年七月一三日の帝国議会演説については、in: Ders., *Positionen und Begriffe im Kampf mit Weimar-Geng-Versailles 1923-1939*, Hamburg 1940, S. 199-203. Zitierweise: Der Führer schützt das Recht, hier S. 203）。
(235) Maschke, Günther, Ein Gefangener der Dialektik. Leviathan und Behemot（h）, in: *FAZ*, 12.7.1983, S. 21.
(236) その概念は、この連関において、マルクス主義的な用語法の意味で適用される。
(237) このことについて、とりわけハーバーマスの態度を比較されたい（Vgl. Habermas, Jürgen, Zur Kritik an der Geschichtsphilosophie, in: Ders.（Hrsg.）, *Philosophisch-politische Profile*, 2. Auflage, Frankfurt/M. 1991, S. 435-444,（1. Auflage）, S. 441）。
(238) わたしの見解によれば、シュミットの友－敵の区別でさえ、転釈（意義転換）されうるのはきわめて困難である。政治的な敵は、シュミットにとって、友よりも道徳的に劣ってはいない。一民族（人民）の人種的優越という要請は、政治的なるもののシュミット的概念を以て支えることはできない。
(239) Vgl. Quaritsch, Helmut, *Positionen und Begriffe Carl Schmitts*, S. 49f. Dort auch der Hinweis auf Schmitt, Carl, Weiterentwicklung des totalen Staates, S. 189.
(240) Quaritsch, Helmut, *Positionen und Begriffe Carl Schmitts*, S. 49.

（241）Schmitt, Carl, *Weiterentwicklung des totalen Staats*, S. 189.

（242）Ders., *Parlamentarismus*, S. 80.

（243）Vgl. ebd. S. 76ff. und S. 88f.

（244）かくして、かれはトーマ（Thoma）のこれについての批判に対して書いている。「トーマがかれの書評の末尾で示唆的にわたしにおいて憶測している、きわめて空想的な政治的諸目標を、わたしはおそらく黙ってやり過ごすことが許されるであろう」（Schmitt, Carl, *Parlamentarismus*, S. 5（Vorwort））。

（245）Vgl. Schmitt, Carl, *Parlamentarismus*, S. 89.

（246）Vgl. Maschke, Günther, *Der Tod des Carl Schmitt*, S. 135.

（247）Schmitt, Carl, *Politische Theologie*, S. 11.

（248）ライプホルツは以下のような鋭い批判を表明した。「とりわけ、〈例外状態を（について）決断する者〉が主権者であるわけではない。法治国家的民主制において決断する権限そのものは、主権者から演繹された、したがって憲法によって内容的に制限された権限であるからである」（Leibholz, Gerhard, *Strukturprobleme der modernen Demokratie*, Karlsruhe 1958, S. 256）。

（249）Vgl. Schneider, Peter, *Ausnahmezustand und Norm*, S. 187ff.

（250）Vgl. Schmitt, Carl, *Politische Theologie*, S. 18.

（251）「一共和国の大統領が決してこの意味で主権者ではありえないことは自明である。それゆえに、四八条に発する、通例のそれと並行して行われる異例の国家組織化についてもまた語りえないのである」（Schmitt, Carl, *Die Diktatur. Von den Anfängen des modernen Souveränitäsgedankens bis zum proletarischen Klassenkampf* 2. Auflage 1964,（1. Auflage 1928）, S. 237）。これに対して、君主については、〔次のことが〕言えるとされる。「この事例（例外状況：著者ベッカーによる挿入）が存在したかどうか、についての決断が君主の掌中にあるかぎり、かれは現実に主権者である……」（Ebd. S. 236）。

（252）Hofmann, Hasso, *Legitimität gegen Legalität*, S. 71.

（253）Ebd., S. 71f.

（254）Schneider, Peter, *Ausnahmezustand und Norm*, S. 111.

（255）Vgl. Löwith, Karl, Der okkasionelle Dezisionismus von Carl Schmitt, in: Ders.,（Hrsg.）, *Gesammelte Abhandlungen — Zur Kritik der geschichtlichen Existenz*, Stuttgart 1960. S. 93-126, hier: S. 98f. マシュケの指摘は握りつぶされるべきではない。かれの見解

によれば、シュミットはこの点で意識的に誤って解釈されたとされる。「シュミットにとっては、「余すところのない定義」ではなく、政治的なるものの基準だけが問題であったのである」（Maschke, Günther, *Der Tod des Carl Schmitts*, S. 127）。

（256）Schmitt, Carl, *Politische Theologie*, S. 22.

（257）シュミットは例外状態を喧伝することによって憲法における自由の原理を古くさいものに思わせることに成功した、という事態を、シュナイダーは指摘した。公民たちの諸々の自由主義的な自由は、シュミットによれば、例外状態において停止される。「最高のものは、自由あるいは国家のいずれかである。……したがって、自由の主権性は通常状態において存在し、国家の主権性は例外状態においてアクチュアルである」（Schneider, Peter, *Ausnahmezustand und Norm*, S. 110f.）――例外事例の参照基準においては、類比的に、審議的議会主義は否定される。

（258）Vgl. Hofmann, Hasso, *Legitimität gegen Legalität*, S. 66, vgl. auch Marcuse, Herbert, Der Kampf gegen den Liberalismus in der totalitären Staatsauffassung, in: Ders.（Hrsg.）, *Kultur und Gesellschaft*, 1. Band, Frankfurt/M. 1965, S. 17-55,（zuerst in: *Zeitschrift für Sozialforschung*, 3. 1934, S. 161-195）, S. 44.

（259）Vgl. Hofmann, Hasso, *Legitimität gegen Legalität*, S. 67. ――この点についてはいまだまったく不明確なところが残っていることを、プリース（Pries, Christine）の論文は示している。»Phänomen« oder »böser, dummer Mensch«, in: *taz*, 05.04.1986, S.11.

（260）Heller, Hermann, *Staatslehre*, hrsg. von Gerhart Niemeyer, 3. Auflage, Leiden 1963,（1. Auflage 1934）, S. 277.

（261）Krockow, Christian Graf von, *Die Entscheidung*, S. 6.

（262）Vgl. ebd., S. 60 und S. 66. ――シュナイダーもまた、シュミットの決断主義は、結局のところ、ひとつの〈実証主義的な〉規範に帰着しうる、と考えている。法（権利）は決断に基づいている、という前提は、最高の規範として呈示されるとされる（Vgl. Schneider, Peter, *Ausnahmezustand und Norm*, S. 261f.）。

（263）Vgl. Schmitt, Carl, *Legalität und Legitimität*, S. 25.

（264）Hofmann, Hasso, *Legitimität gegen Legalität*, S. 131.

（265）Vgl. ebd., S. 131, vgl. auch diesbezüglichen Aussagen von Beneyto, José Maria, *Politische Theologie als politische Theorie*, Berlin 1983, S. 113.

（266）Vgl. Sontheimer, Kurt, *Antidemokratisches Denken in der Weimarer Republik*, 4. Auflage, München 1967, S. 97.

（267）Vgl. Kaufmann, Erich, Carl Schmitt und seine Schule, S. 1013.

(268) Marcuse, Herbert, Der Kampf gegen den Liberalismus in der totalitären Staatsauffassung, S. 49.

(269) Vgl. Hofmann, Hasso, *Legitimität gegen Legalität*, S. 68.

(270) Leicht, Robert, Die unseelige Lust an der Ausnahme, in: *Süddeutsche Zeitung*, 11.04.1985, S. 11.

(271) Vgl. Badura, Peter, Die parlamentarische Demokratie, in: Isensee, Josef und Kirchhof, Paul (Hrsg.), *Handbuch des Staatsrechts der Bundesrepublik Deutschland*, Band I, Grundlagen von Staat und Verfassung, Heidelberg 1987, S. 953-986, hier S. 974.

(272) Vgl. Schwab, George, *The Challenge of the Exception. An Introduction to the Political Ideas of C. Schmitt between 1921 and 1931*, Berlin 1970. Zitierweise: *Challenge of the Exception*, S. 67.

(273) Vgl. Thoma, Richard, Zur Ideologie des Parlamentarismus und Diktatur, in: *Archiv für Sozialwissenschaft und Sozialpolitik*, Band 53, 1925, S. 212-217, hier S. 216.

(274) Vgl. Ritter, Gerhard A., Der Antiparlamentarismus und Antipluralismus der Rechts- und Linksradikalen, in: Sontheimer, Kurt, u.a. (Hrsg.), *Der Überdruß an der Demokratie. Neue Linke und alte Rechte — Unterschiede und Gemeinsamkeiten*, Köln 1970, S. 43-91, hier S. 70f.

(275) Vgl. Hofmann, Hasso, *Legitimität gegen Legalität*, S. 153f.

(276) Vgl. Leibholz, Gerhard, *Die Auflösung der liberalen Demokratie in Deutschland und das autoritäre Staatsbild*, München 1933. Zitierweise: *Auflösung*, S. 12, vgl. auch Steiger, Heinhard, *Organisatorische Grundlagen des parlamentarischen Regierungssystems*, S. 165f.

(277) 社会的諸対立は、規定されうる日常生活の慣習、例えば共通の服装、挨拶、等々によって、程度は鈍化されうる (Vgl. Heller, Hermann, Politische Demokratie und soziale Homogenität (1928), in: Ders., *Gesammelte Schriften*, Zweiter Band; Recht, Staat, Macht; Leiden 1971, S. 421-433, hier S. 431, vgl. ebd., S. 427f.).Vgl. auch Smend, Rudolf, Verfassung und Verfassungsrecht, in: Ders., *Staatsrechtliche Abhandlungen und andere Aufsätze*, Berlin 1955, S. 119-276, hier S. 221.

(278) Vgl. Schmitt, Carl, *Der Begriff des Politischen*, S. 26ff., vgl. auch die Ausführungen von Hofmann, Hasso, *Legitimität gegen Legalität*, S. 148.

(279) Badura, Peter, Die parlamentarische Demokratie, S. 971.

(280) Krockow, Christian Graf von, *Die Entscheidung*, S. 63.

(281) このような危機克服のための諸々の手立ての喪失はあまりにも高価である（ソ連邦の例においては：社会的労働の担い手の圧殺、精神的な不自由と政治的未成年状態との創出、より低い文明段階への退歩）。敵として宣言された社会的諸集団（例えば、ブルジョアジー、ユダヤ人）を抹殺することによってすべての問題を永遠に解決するという信仰は、もっぱらナンセンスと見なされうる。

(282) なるほど、シュミットは——スメントと似たような形で——諸々の基本権の中に特定の実質的な価値を見ているが、しかし、これらには周辺的な意義しか帰されていない。それらは、シュテルンによれば、それらの限界を民主制的多数決原理の中に有している（Vgl. Stern, Klaus, *Das Staatsrecht der Bundesrepublik Deutschland*, Band I, 2. Auflage, München 1984, S. 772）。

(283) Vgl. Ritter, Gerhard A., Der Antiparlamentarismus und Antipluralismus der Rechts- und Linksradikalen, S. 70.

(284) これは、すでに指摘された教育独裁制ではありえない。その教育独裁制には、人民（民族）の実存的同質性を外交政策的な輪郭づけによって作り出すという課題が帰される。

(285) Hofmann, Hasso, *Legitimität gegen Legalität*, S. 149.

(286) Maus, Ingeborg, *Bürgerliche Rechtstheorie und Faschismus — Zur sozialen Funktion und der aktuellen Wirkung der Theorie Carl Schmitts*, 2. Auflage, München 1980, (1. Auflage 1976), S. 85.

(287) キリスト教的ヨーロッパにおいては一三世紀のアリストテレス受容以来、慣習的なものである。とりわけ、トマス・アクィナスにおいてそうである（Vgl. Matz, Ulrich, Nachwort, in: Thomas von Aquin, *Über die Herrschaft der Fürsten*, übersetzt von Friedrich Schreyvogel, Stuttgart 1987, S. 73-89, hier S. 82）。

(288) Kaiser, Josef H., Die Dialektik der Repräsentation, in: Barion, Hans/ Forsthoff, Ernst/ Weber, Werner (Hrsg.), *Festschrift für Carl Schmitt zum 70. Geburtstag dargebracht von Freunden und Schülern*, Berlin 1959, S. 71-80, hier S. 72.

(289) Vgl. Schneider, Peter, *Ausnahmezustand und Norm*, S. 75.

(290) Smend, Rudolf, Verfassung und Verfassungsrecht, S. 213.

(291) Vgl. Hofmann, Hasso, *Legitimität gegen Legalität*, S. 152ff.

(292) Vgl. Hartmann, Volker, *Repräsentation*, S. 205f.

(293) シュピナーの対立的見解（Vgl. [Aussprache] zum Vortrag von Klaus Kröger, Bemerkungen zu Carl schmitts »Römischer Katholizismus und politische Form«, in: Quaritsch, Helmut (Hrsg.), *Complexio Oppositorum*, Berlin 1988, S. 167-180. Zitierwese: [Aussprache] zum Vortrag Römischer Katholizismus, S. 168）は、クレーガーによって正しく定立された（Vgl. Kröger, Klaus, in

[Aussprache]zum Vortrag Römischer Katholizismus, S. 180).

(294) 代表（再現前）の理念は、シュミットにおいては自立化されるように思われる。かくして、シュミットにおいては、「統治は……一共同存在の秩序づける権力としてではなく、そこから切り離されて、現実の前に横たえられる人民の統一性として証明される。こうした事象的平面の固有性は、現実を非固有性へと低める」(Hartmann, Volker, *Repräsentation*, S. 206)。

(295) Vgl. Badura, Peter, Die parlamentarische Demokratie, S. 974 —— 以下の節で、この主題は深められる。

(296) Vgl. Schmitt, Carl, *Verfassungslehre*, S. 247f.

(297) Zunächst Thoma: vgl. Thoma, Richard, Zur Ideologie des Parlamentarismus und der Diktatur. この議論は、シュミットの論文、「議会主義と現代の大衆民主制との対立(Der Gegensatz von Parlamentarismus und moderner Massendemokratie)」——これは、本質的な部分において、議会主義についての著作の第二版のまえがきとして再び印刷された——によって、さらに継続された(Vgl. die Hinweise hierzu bei Smend, Rudolf, Verfassung und Verfassungsrecht, S. 152, insbesondere die Anmerkungen der Fußnote 15)。

(298) Thoma, Richard, Zur Ideologie des Parlamentarismus und der Diktatur, S. 214.

(299) Thoma, Richard, Zur Ideologie des Parlamentarismus unf der Diktatur, S. 214. 引用文は、原典では、隔字体で印刷されている。

(300) Ebd., S. 214.

(301) Vgl. ebd. S. 214.

(302) Schmitt, Carl, *Parlamentarismus*, S. 6 (Vorbemerkung).

(303) Ebd. S. 7f. (Vorbemerkung).

(304) Ebd., S. 8 (Vorbemerkung).

(305) Vgl. ebd., S. 8 (Vorbemerkung).

(306) Vgl. ebd., S. 6 (Vorbemerkung).

(307) Vgl. Smend, Rudolf, Verfassung und Verfassungsrecht, S. 152f.

(308) Smend, Rudorf, Verfassung und Verfassungsrecht, S. 152.

(309) Hofmann, Hasso, Carl Schmitt oder: Die eigene Frage als Gestalt, S. 67.

(310) Vgl. Fraenkel, Ernst, *Deutschland und die westlichen Demokratien*, Stuttgart 1964, S. 22.

(311) Vgl. Sternberger, Dolf, Irrtümer Carl Schmitts — Bemerkungen zu einigen seiner Hauptschriften, in: *FAZ*, 01.06.1985, Rubrik »Bilder und Zeiten«, ohne Seitenangabe. Ziterweise: Irrtümer Carl Schmitts.
(312) Vgl. Kröger, Klaus, *Einführung in die jüngere deutsche Verfassungsgeschichte (1806-1933)*, S. 69f.
(313) Vgl. Sternberger, Dolf, Irrtümer Carl Schmitts, ohne Seitenangabe.
(314) Vgl. Streifthau, Klaus, Einleitung, in: Bagehot, Walter, *Die englische Verfassung*, übersetzt von Klaus Streiftau, Neuwied und Berlin 1971, S. 9-44, hier S. 12, vgl. auch Loewenstein, Karl, *Der britische Parlamentarismus, Entstehung und Gestalt*, Hamburg. 1964, S. 88).
(315) Schmitt, Carl, *Parlamentarismus*, S. 12f.
(316) Krockow, Christian Graf von, Zur Analyse autoritärer Parlamentarismuskritik, S. 41.
(317) 「かくも教養のあるカール・シュミットがこの構成要件を、すなわち、かれの“government”概念の不適切さを、見なかったなどということは、奇妙であるし、ありえないことである」(Krockow, Christian Graf von, Zur Analyse autoritärer Parlamentarismuskritik, S. 41)。
(318) Krockow, Christian Graf von, Zur Analyse autoritärer Parlamentarismuskritik, S. 39.
(319) Vgl. Rhonheimer, Martin, *Politisierung und Legitimitätsentzug*, S. 104.
(320) Sontheimer, Kurt, *Antidemokratisches Denken in der Weimarer Republik*, S. 94.
(321) Jäger, Wolfgang, *Öffentlichkeit und Parlamentarismus. Eine Kritik an Jürgen Habermas*, Stuttgart, usw. 1973, S. 78f.
(322) カウフマンは「衰退理論の歴史哲学的図式」について語っている。「これによれば、巧みな修正によって、過去の古典的な〈黄金時代〉のイメージが描かれ、そして、このイメージは、再び巧みな修正に従って描かれた現代のイメージ、〈罪障の完成態〉を以て、対比される」(Kaufmann, Erich, Carl Schmitt und seine Schule, S. 1014)。
(323) Vgl. Heller, Hermann, »Genie und Funktionär« in der Politik, in: Ders., *Gesammelte Schriften*. Zweiter Band: Recht, Staat, Macht; Leiden 1971, S. 611-623, hier, S. 613.
(324) ここでは、カール・シュミットに意識的に逸脱した概念適用がなされて、定式化されている。
(325) Vgl. Gil, Thomas, Die gegenaufklärerische Grundperspektive der Rechts- und Staatsphilosophie C. Schmitts, S. 526.
(326) Sternberger, Dolf, Irrtümer Carl Schmitts, ohne Seitenanlage.

(327) Vgl. Smend, Rudolf, Verfassung und Verfassungsrecht, S. 215.

(328) Ebd., S. 216.

(329) Schmidt-Aßmann, Eberhard, Der Rechtsstaat, in: Isensee, Josef und Kirchhof, Paul (Hrsg.), *Handbuch des Staatsrechts der Bundesrepublik Deutschland*, Band I, Grundlagen von Staat und Verfassung, Heidelberg 1987, S. 987-1043, hier S. 997.

(330) Vgl. Merten, Detlef, Gewaltmonopol im Rechtsstaat. Überlegungen zur Krise des Rechtsstaates, in: Krems, Gerhard (Hrsg.), *Veröffentlichugen der Katholischen Akademie Schwerte, Akademie-Vortträge 14, Rechtsfrieden im Rechtsstaat*, Schwerte 1984, S. 33-46. Zitierwese: Gewaltmonopol im Rechtsstaat, S. 37.

(331) Heller, Hermann, *Staatslehre*, S. 275.

(332) Vgl. Schmidt-Aßmann, Eberhard, Der Rechtsstaat, S. 997, vgl. auch Stern, Klaus, *Das Staatsrecht der Bundesrepublik Deutschland*, Band I, 2. Auflage, München 1984.

(333) Vgl. Hennis, Wilhelm, Legitimität, in: Kielmannsegg, Peter, Graf (Hrsg.), *Legitmationsprobleme politischer Systeme*, Politische Vierteljahresschrift, Sobderheft 7/1976. Opladen 1976, S.9-38, hier S. 17f.

(334) Heller, Hermann, *Staatslehre*, S. 221.

(335) Rhonheimer, Martin, *Politisierung und Legitimitätsentzug*, S. 129.

(336) Mußgnug, Reinhard, Carl Schmitts verfassungsrechtliches Werk und sein Fortwirken im Staatsrecht der Bundesrepublik Deutschland, in: Quaritsch, Helmut (Hrsg.), *Complexio Oppositorum*, Berlin 1988, S. 517-528, hier S. 519.

(337) Schmitt, Carl, *Legalität und Legitimität*, S. 98.

(338) Vgl. Heller, Hermann, *Staatslehre*, S. 276. ——わたしの見るところ、シュミットが一貫して心得ているのはひとつの実質的な法律概念である。しかし、このシュミットの法律概念は、それが状況に関係づけられることを通じて、法実証主義の形式的な法律概念がそうであるのと同じく、使用不能のものとなる。

(339) Vgl. Stern, Klaus, *Das Staatsrecht der Bundesrepublik Deutschland*, S. 773.

(340) Vgl. Sontheimer, Kurt, *Antidemokratisches Denken in der Weimarer Republik*, S. 96.

(341) シュミット＝アスマンの見解によれば、問題は言われているような「法治国家の内容が空疎であること」にあったというよりも、むしろ「内容を些末な形式的保障制度で括弧に入れてしまうという欠陥」にあったのである（Schmidt-Aßmann, Eberhard, Der

Rechtsstaat, S. 96)。

(342) Vgl. Schmitt, Carl, *Verfassungslehre*, S. 32, vgl. zur Verdeutlichung auch die Ausführungen von Sontheimer, Kurt, *Antidemokratisches Denken in der Weimarer Republik*, S. 96.

(343) Heller, Hermann, »Genie und Funktionär« in der Politik, S. 621.

(344) Vgl. Mußgnug, Reinhard, Carl Schmitts verfassungsrechtliches Werk und sein Fortwirken im Staatsrecht der Bundesrepublik Deutschland, S. 523.

(345) Heller, Hermann, *Staatslehre*, S. 276.

(346) Vgl. Sontheimer, Kurt, *Antidemokratisches Denken in der Weimarer Republik*, S. 95.

(347) Vgl. Lenk, Kurt, *Wie demokratisch ist der Parlamentarismus. Grundposition einer Kontroverse*, Stuttgart usw. 1972, S. 45.

(348) Mußgnug, Reinhard, Carl Schmitts verfassungsrechtliches Werk und sein Fortwirken im Staatsrecht der Bundesrepublik Deutschland, S. 519ff.

(349) Heller, Hermann, »Genie und Funktionär« in der Politk, S. 620.

(350) Vgl. Sontheimer, Kurt, Staatsidee und staatliche Wirklichkeit heute, in: Fraenkel, Ernst/ Sontheimer, Kurt/ Crick, Bernhard (Hrsg.), *Beiträge zur Theorie und Kritik der pluralistischen Demokratie*, 3. Auflage, Bonn 1970, S. 17-24, hier S. 19f.

(351) フィヤルコフスキーの見解によれば、多元主義に伴って成立した問題は、シュミットによって喧伝された国家の無政府主義的分解にあるというよりも、むしろこれらの集団の諸利害に国家が対処しえないことにある（Vgl. Fijalkowski, Jürgen, *Die Wendung zum Führerstaat*, S. 127)。

(352) シュミットの批判は、その際、傾向からして、まったく根拠づけられていないわけではない（Vgl. Eschenburg, Theodor, *Herrschaft der Verbände*, Stuttgart 1958, S. 28)。

(353) Rupp, Heinrich, Die Unterscheidung von Staat und Gesellschaft, in: Isensee, Josef und Kirchhof, Paul (Hrsg.), *Handbuch des Staatsrechts der Bundesrepublik Deutschland*, Band I, Grundlagen von Staat und Verfasung, Heidelberg 1987, S. 1187-1223, hier S. 1190ff.

(354) Vgl. Leibholz, Gerhard, *Strukturprobleme der modernen Demokratie*, S. 26.

(355) Leibholz, Gerhard, *Strukturproblem der modernen Demokratie*, S. 26.

(356) Vgl. Sontheimer, Kurt, Staatsidee und Staatliche Wirklichkeit heute, S. 20f.

(357) Vgl. Bracher, Karl Dietrich, *Zeit der Ideologien. Eine Geschichte politischen Denkens im 20. Jahrhundert*, Stuttgart 1982, S. 242.

(358) Vgl. Krockow, Christian Graf von , Zur Analyse autoritärer Parlamentarismuskritik, S. 41.

(359) Ebd., S. 41.

(360) Vgl. Schröder, Heinrich Josef, *Gesetzgebung und Verbände*, Berlin 1976, S. 47.

(361) Verateyl, Ludger Anselm, *Der Einfluß der Verbände auf die Gesetzgebung*, Kleve 1972, S. 50.

(362) Leibholz, Gerhard, *Auflösung*, S. 68, Fußnote 176.

(363) Vgl. ebd., S. 68, Fußnote 176.

(364) Vgl. ders., *Strukturprobleme der modernen Demokratie*, S. 6ff.

(365) Weber, Werner, Die Teilung der Gewalten als Gegenwartsproblem, in: Barion, Hans/ Forsthoff, Ernst/ Weber, Werner (Hrsg.), *Festschrift für Carl Schmitt zum 70. Geburtstag dargebracht von Freunde und Schülern*, Berlin 1959, S. 253-272, hier S. 259f.

(366) 憲法の司法上の保護に対するシュミットの批判には時間的限定がないように思われる。連邦憲法裁判所は、たしかに、憲法破壊を阻止しうるし、裁判所が決定しなければならない、事態に即して異論のある諸事例においては、当該裁判所は、民主制的な基本的諸原則に従って成立した多数決を事例化する政治的権能を保持してはいるが。

(367) Vgl. Fijalkowski, Jürgen, *Die Wendung zum Führerstaat*, S. 135.

(368) Vgl. Kennedy, Ellen, Introduction: C. Schmitts Parlamentarismus in Its Historical Context, in: C. Schmitt, *The Crisis of Parliamentary Democracy*, Cambridge/Mass. 1985, S. XIII-L. Zitierwese: Introduction, S. XXIXf.

(369) Schneider, Peter, *Ausnahmezustand und Norm*, S. 187.

(370) Vgl. Mußgnug, Reinhard, Carl Schmitts verfassungsrechtliches Werk und sein Fortwirken im Staatsrecht der Bundesrepublik Deutschland, S. 523.

(371) Vgl. Hofmann, Hasso, Carl Schmitt oder: Die eigene Frage als Gestalt, S. 66, vgl. ders., *Legitimität gegen Legalität*, S. 71f.

(372) フィヤルコフスキーはこのことをきわめてドラスティックに表現している。「誤って思い込まれている中立的な憲法の番人は、したがって、憲法の番人は仮象として存在するにすぎないのか、それとも、まさしくやはり憲法の番人であるのか、というディレンマの前にある」(Fijalkowski, Jürgen, *Die Wendung zum Führerstaat*, S. 136)。

(373) Golo Mann zitiert nach: Wördehoff, Bernhard, Geschaute Vergangenheit, in: *Die Zeit*, Nr. 52, 18.12. 1992, S.17.

(374) Thoma, Richard, Zur Ideologie des Parlamentarismus und der Diktatur, S. 217.

【C　議会主義批判 II――ユルゲン・ハーバーマスによる肯定】

(1) Wiggerhaus, Rolf, *Die Frankfurter Schule. Geschichte, Theoretische Entwicklung, Politische Bedeutung*, 2. Auflage, München und Wien 1987, S. 11.

(2) Vgl. Jay, Matin, *Dialektische Phantasie. Die Geschichte der Frankfurter Schule und des Instituts für Sozialforschung 1923-1950*, Frankfurt/M. 1976, S. 366, Fußnote 95.

(3) Vgl. Wiggerhaus, Rolf, *Die Frankfurter Schule*, S. 628.

(4) この言明はハーバーマスの後の自己評価によって確証される（Vgl. Habermas, Jürgen, Vorwort zur Neuauflage 1990, in: Ders., *Strukturwandel der Öffentlichkeit. Untersuchugen zu einer Kategorie der bürgerlichen Gesellschaft*, 2. Auflage, Frankfurt/M. 1990, S. 11-50,（1. Auflage 1990）. Zitierweise: Vorwort 1990, S. 26f.）。

(5)「学派（Schule）」という標識づけを、ハーバーマスは、とにかく、不適切なものと見なしている。というのは、この性格づけは、「例外はあるにしても、数年のうちにニューヨークでは存在しなくなったひとつの関連の統一性を示唆している」からである（Habermas, Jürgen zitiert nach: Linder, Christian, Philosophie ohne Pathos. Zu einem Symposium über die »Frankfurter Schule und ihre Folgen«, in: *Süddeutsche Zeitung* vom 29./30.12.1984, S. 15. Zitierweise: Philosophie ohne Pathos, S. 15）。

(6) Vgl. Bambach, R, Habermas, in: Nida-Rümelin, Julian（Hrsg.）, *Philosophie der Gegenwart in Einzeldarstellungen. Von Adorno bis v. Wright*, Stuttgart 1991, S. 210- 217, hier S. 210.

(7) Bracher, Karl Dietrich, *Zeit der Ideologien. Eine Geschichte politischen Denkens im 20. Jahrhundert*, Stuttgart 1982, S. 309, Fußnote 19.

(8) Vgl. Habermas, Jürgen, *Strukturwandel der Öffentlichkeit, Untersuchungen zu einer Kategorie der bürgerlichen Gesellschaft*, 3. Auflage, Neuwied am Rhein und Berlin 1968,（1. Auflage 1962）. Zitierweise: *Strukturwandel*.

(9) Vgl. Jäger, Wolfgang, *Öffentlichkeit und Parlamentarismus*, S. 6.

(10) とりわけ、強調されるべき諸労作は以下のものである。Habermas, Jürgen, Zum Begriff der politischen Beteiligung (1958), in: Ders., *Kultur und Kritik. Verstreute Aufsätze*, Frankfurt/M. 1973, S. 9-60; Ders., *Ligitimationsprobleme im Spätkapitalismus*, Frankfurt/M. 1973.

(11) Vgl. Habermas, Jürgen, *Protestbewegung und Hochschulreform*, Frankfurt/M. 1969.

(12) このことは最新の言明において確認できる。「わたしは……批判的社会理論の規範的な基礎をより深く置くことを提案した」(Habermas, Jürgen, Vorwort 1990, S. 34)。

(13) Bambach, R. Habermas, S. 212.

(14) これに伴い、自然科学の手続き方法と類比して、社会科学において諸客体へ科学的に志向することの拒否が含まれている。

(15) Vgl. Beyme, Klaus von, *Die politische Theorien der Gegenwart*. 6. Auflage, München 1986, S. 55.

(16)「認識と関心」についてのハーバーマスの就任講義は、闘争宣言として価値づけられた (Vgl. Wiggerhaus, Rolf, *Die Frankfurter Schule*, S. 638f.)。

(17) すでに問題設定のところで述べられたように、ハーバーマスはかれの活動のさまざまな位相においてかれの諸見解を部分的にはっきりと修正している。以下の叙述において、対応する箇所で、諸々の変容された諸々の立場への指摘が行われることになろう。

(18) Jäger, Wolfgang, *Öffentlichkeit und Parlamentarismus*, S. 9.

(19) 人民投票的な局面を、かれは意識的に締め出した (Vgl. Habermas, Jürgen, *Strukturwandel der Öffentlichkeit*, S. 8)。——このことをかれは後に欠陥のある評価と標識づけた。最近では、「農村部の下層階級や都市部の労働者住民をもう一つの展望へと政治的に動員させる」諸労作が公刊されているとされる (Ders., Vorwort 1990, S. 16)。

(20) Habermas, Jürgen, Öffentlichkeit [ein Lexikonarbeit] (1964), in: Ders., *Kultur und Kritik. Verstreute Aufsätze*, Frankfurt/M. 1973, S. 61-69, Zitierweise: Öffentlichkeit, S. 62.

(21) Vgl. ders., Strukfurwandel, S. 12, vgl. auch ders., Öffentlichkeit, S. 62.

(22) Vgl. Eder, Klaus, Politik und Kultur, in: Honneth, Axel, u.a. (Hrsg.), *Zwischenbetrachtungen, Im Prozeß der Aufklärung, Jürgen Habermas 60. Geburtstag*, Frankfurt/M. 1989, S. 519-548, hier S. 527.

(23) Habermas, Jürgen, *Strukturwandel*, S. 11.

(24) Vgl. ebd., S. 13f.

(25) Vgl. Habermas, Jürgen, *Strukturwandel*, S. 14f.
(26) Vgl. ebd., S. 16ff.
(27) Vgl. ebd. S. 19f. ——ハーバーマスはバロック的諸祭礼の代表（再現前）的性格を指摘している。「それらは参加者たちの楽しみよりも、それらの主催者の威勢を、まさしく権勢（grandeur）を、示威することに、役立った——最高に楽しんだのは、傍観する他なかった民衆であった」（Ebd., S. 20）。
(28) Vgl. Habermas, Jürgen, *Strukturwandel*, S. 20ff.
(29) その際、ハーバーマスは、ヴィッティッヒ（Wittich, Werner）の以下の詳説を支えにしている。Der soziale Gehalt von Goethes Roman »Wilhelm Meisters Lehrjahre«, in: *Erinnerungsgabe für Max Weber*, Band II, S. 278-306.
(30) 詳述の精髄と見なしうるのは以下の箇所である。「貴族（der Edelmann）というものは、かれが代表（再現前）するところのものであり、ブルジョア（市民）というものは、かれが生産するところのものである。〈貴族というものは自分の人格を呈示する（darstellen）ことですべてを与えるとすれば、ブルジョア（市民）というものはかれの人格性によって何も与えないし、何も与えるべきでもない……〉」（Habermas, Jürgen, *Strukturwandel*, S. 23）。
(31) Habermas, Jürgen, *Strukturwandel*, S. 22ff.
(32) ここでハーバーマスはヴィッティッヒに添った叙述を離れている。ヴィッティッヒは、ヴィルヘルムが役者として公共的人格になる、ということの原理的不可能性を指摘しているにすぎない（Vgl. Wittich, Werner, Der soziale Gehalt von Goethes Roman »Wilhelm Meisters Lehrjahre«, S. 293）。
(33) Vgl. Schmitt, Carl, *Verfassungslehre*, S. 208.
(34) Habermas, Jürgen, *Strukturwandel*, S. 17.
(35) ハーバーマスは、シュミットの詳説を支えにしている。Schmitt, Carl, *Römischer Katholizismus und politische Form*, S. 32f.
(36) Vgl. Habermas, Jürgen, *Strukturwandel*, S. 17f., Fußnote 12.
(37) Vgl. ebd., S. 18.
(38) あるよく知られた言葉に従えば、「イギリスの上院、プロイセンの参謀本部、フランス・アカデミー、そしてローマのヴァチカンが代表（再現前）の最後の支柱であった。最後に残ったのは教会であるが［そして、ハーバーマスは、シュミット（Schmitt, Carl）の『ローマ・カトリシズムと政治的形態（形相）』S. 26を引用している；著者ベッカーの挿入］、この教会はきわめて孤立していたので、教会において外面的形式のみを見る人は、エピグラム的嘲笑をもって、教会はなお代表（再現前）を代表（再現前）しているにすぎない、と言うに違いない」（Habermas, Jürgen, *Struktutwandel*, S. 18）。

（39）「こうした……公共性の類型は公共的コミュニケーションの現代的諸形態にとっての歴史的背景を形成する、とわたしは相変わらず考えている」（Habermas, Jürgen, Vorwort 1990, S. 17）。

（40）Vgl. Habermas, Jürgen, *Strukturwandel*, S. 69. ――フランスで同じ世紀の中頃に始まる発展（Vgl. ebd., S. 78）。

（41）このことを、ハーバーマスは、シュミット（Schmitt, Carl, *Die Diktatur*, S. 14ff.）に依拠して述べている。Vgl. die Textstelle bei Habermas, Jürgen, *Strukturwandel*, S. 64.

（42）Vgl. Habremas, Jürgen, *Strukturwandel*, S. 65f.

（43）Vgl. ebd., S. 69.

（44）公共性（Öffentlichleit）は本源的には議会主義の形式（形相）原理ではなかった、という事態を、ハーバーマスは一貫して自覚していた。しかし、かれは公開性（公共圏）（Publizität）の導入をもって、議会主義の本質においてひとつの質的な飛躍を見極めた、と考えているのである。

（45）Vgl. Habermas, Jürgen, *Strukturwandel*, S. 73ff.

（46）Vgl. Habermas, Jürgen, *Strukturwandel*, S. 85.

（47）Ebd., S. 86.

（48）Ebd., S. 86.

（49）Vgl. ebd., S. 87ff.

（50）ハーバーマスはシュミットの詳説（Schmitt, Carl, *Verfassungslehre*, S. 148）を支えにしている。Vgl. Habermas, Jürgen, *Strukturwandelm*, S. 94 insbesondere Fußnote 56.

（51）Habermas, Jürgen, *Strukturwandel*, S. 94.

（52）ここでもまた、ハーバーマスは明確にシュミットの詳説にたちもどっている（Vgl. Schmitt, Carl, *Verfassungslehre*, S. 139）。

（53）Habermas, Jürgen, *Strukturwandel*, S. 94.

（54）Habermas, Jürgen, *Strukturwandel*, S. 94.

（55）Vgl. ebd., S. 94f.

(56) Ebd., S. 96f.

(57) Vgl. ebd., 98f.

(58) Ebd., S. 100.

(59) ハーバーマスは特定の修正をしながらも、今日もなおまたこの分析に固執している。かれが認めているところであるが、「(§11で展開された)ブルジョア(市民)的な法治国家における矛盾に満ちた制度化のモデルは、あまりにも硬直して設定されて[いた：著者ベッカーの挿入]。自由主義的公共性において突発している諸々の緊張は、自己転態の潜在能力よりもより明確に現出してこざるをえない。この場合には、一九世紀中葉までの初期の政治的公共性と社会国家的大衆民主制の権力化された〔権力を介して成立する〕公共性とを対照させるのにもまた、理想主義的に祭り上げられた過去と文化批判的に歪曲された現代との対立といった形をとる必要はなくなる」(Habermas, Jürgen, Vorwort 1990, S. 21)。

(60) ホッブズは»opinion«という概念に一つの本質的な寄与を果たしたとされる。内乱における正面衝突を回避するという意図で、宗教的良心を私的な領域へと移そうとする努力において、ホッブズは信仰を単なる私的な意見(private Meinungen)の領域へと転釈(価値転換)させるとされる。カール・シュミット(Vgl. Schmitt, Carl, *Leviathan*, Hamburg 1938, S. 94)に依拠して、ハーバーマスは、ブルジョア(市民)的法治国家の発展の行程において、こうして発展が転回されて、私的意見に価値が置かれることとなった、ということについて語っている(Vgl. Habermas, Jürgen, *Strukturwandel*, S. 103f.)。

(61) 「公共精神(public spirit)において、二つのことがなお合致している。すなわち、〔一方の〕直接的には、法(権利)と正しいこと(das Recht und Richtige)のそこなわれない無垢の意味と、〔他方の〕諸議論の公共的決着による意見(opinion)の判断(judgement)への明確化(分節化)(Artikulation)が」(Habermas, Jürgen, *Strukturwandel*, S. 107)。

(62) Vgl. Habermas, Jürgen, *Strukturwandel*, S. 104ff.

(63) Vgl. ebd., S. 112.

(64) Ebd., S. 110.

(65) ハーバーマスは後にもう一度ルソーに対する批判を強めている。「なぜならば、ルソーは、一般意思を、議論の同意よりも心情の同意としてとらえているからである」(Habermas, Jürgen, Vorwort 1990, S. 38)。

(66) Vgl. Habermas, Jürgen, *Strukturwandel*, S. 119f.

(67) Vgl. Habermas, Jürgen, *Strukturwandel*, S. 112, vgl. auch ders., Zur Kritik an der Geschichtsphilosophie, S. 438.

（68）アルントは、ハーバーマスのルソーに対する批判にも関わらず、ルソーにおいて一定の連続性を見ている。ルソーは「密かに将来の出来事の〈ものさし（Meßlatte）〉としてさらに利用される。結局のところ、文化ペシミストたちの議論の中にもまた、一抹のジャコバン主義が潜んでいるのである」（Arndt, Hans-Joachim, Buchbesprechung. Habermas, Jürgen: *Strukturwandel der Öffentlichkeit*, in: *Der Staat*, 3. Band, 1964, S 335-345. Zitierwese: Besprechung *Strukturwandel*, S. 337）.

（69）Habermas, Jürgen, *Strukturwandel*, S. 114.

（70）Ebd. S. 145. 強調は著者ベッカーによる。

（71）Vgl. ebd., S. 145ff.

（72）選挙権の改革とこれに伴う公共圏（Publikum）の拡大は、ハーバーマスの見解によれば、それゆえに、当然ながら、一九世紀のひとつの重要なテーマであった（Vgl. Habermas, Jürgen, *Strukturwandel*, S. 147）.

（73）Habermas, Jürgen, *Strukturwandel*, S. 150.

（74）「民主制の理念を宣言し、一定の仕方でまた制度化すること、そして、やはりひとつの少数派の民主制をひとつの社会的なヒエラルヒーに基づいて実際に運営すること、この矛盾は、自由主義的な法治国家に固有のことである」（Habermas, Jürgen, Zum Begriff der politischen Beteiligung, S. 18）。

（75）Vgl. Habermas, Jürgen, *Strukturwandel*, S. 155f.

（76）かくして、例えば、契約の自由の中に（Vgl. Habermas, Jürgen, *Strukturwandel*, S. 166）。

（77）Vgl. Habermas, Jürgen, *Strukturwandel*, S. 158ff., vgl. auch ders, Zum Begriff der politischen Beteiligung, S. 19f.

（78）Ders., Zum Begriff der politishen Beteiligung, S. 19.

（79）Vgl. Habermas, Jürgen, *Strukturwandel*, S. 158, vgl. ders., Zum Begriff der politischen Beteiligung, S. 18.

（80）Vgl. ders., *Strukturwandel*, S. 166f.

（81）Ebd., S. 170.

（82）Vgl. ebd., S. 168ff.

（83）Ebd., S. 176.

（84）Vgl. ebd., S. 177ff.

（85）ハーバーマスが今日の観点から投げ出している一つの評価。「その諸々の文化的習慣において諸々の階級的制限から出現する、多元主義的な、内向きにきわめて分化された一つの大衆の公共圏（Massenpublikum）の抵抗能力や批判的潜在力を、わたしはかの時代にはあまりに悲観的に判断した」（Habermas, Jürgen, Vorwort 1990, S. 30）。

（86）Vgl. Habermas, Jürgen, *Strukturwandel*, S. 199ff.

（87）Ebd., S. 201.

（88）Vgl. ebd., 202ff.

（89）Ebd. S. 205.

（90）Vgl. Eder, Klaus, Politik und Kultur, S. 528.

（91）Vgl. Habermas, Jürgen, *Strukturwandel*, S. 206f.

（92）ハーバーマスは、公共性が市民層と労働者層との間で分割されている類型を指摘している。このことによって、商業的宣伝がひとつの政治的言明となるとされる。公報（宣伝）諸関係（public relations）の諸方法は、こうした関連を意識することになるであろうとされる（Vgl. Habermas, Jürgen, *Strukturwandel*, S. 210ff）。しかし、ハーバーマスはこうした発展を著しく大げさに特徴づけて、公共的な報道機関は決して大部分が宣伝から構成されているわけではない、ということを誤認しているようにおもえる。それに、宣伝は、それに帰される代表的性格のみならず、情報不足、»Signaling« 等々をもまた、示してもいるのである。

（93）フォルストホフに依拠して、かれはひとつの自立化過程についてさえ語っている（Vgl. Habermas, Jürgen, Zum Begriff der politischen Beteiligung, S. 23）。

（94）議会は官僚制的な専門的能力（Fachkompetenz）に依存し、政府（Regierung）はその見通しと綱領（Visionalität und Programmatik）が事柄の合理性（Sachrationalität）の中に解消されていると見ているとされる（Vgl. Habermas, Jürgen, *Strukturwandel*, S. 214ff.）。

（95）ヴェルナー・ヴェーバー（Werner Weber）に依拠して、ハーバーマスはパラ国家的行政（parastaatliche Verwaltung）について語っている（Vgl. Habermas, Jürgen, *Strukturwandel*, S. 215f.）。

（96）Vgl. Habermas, Jürgen, Zum Begriff der politischen Beteiligung, S. 22ff., vgl. auch ders., *Strukturwandel*, S. 217.

（97）Habermas, Jürgen, *Strukturwandel*, S. 216.

（98）Vgl. ebd., S. 217f.

（99）Vgl. ebd. S. 218ff.

(100) Ebd., S. 220.
(101) Vgl. ebd., S. 220
(102) Vgl. ebd., S. 220ff.
(103) Habermas, Jürgen, *Strukturwandel*, S. 223.
(104) Ebd., S. 223, vgl. ders., Zum Begriff der politischen Beteiligung, S. 31.
(105) 例えば、イギリスの代議士たちのかれらの選挙区への依存性について考慮されたし。
(106) Vgl. Habermas, Jürgen, *Strukturwandel*, S. 223f.
(107) 現代の諸政党は、一般的に、もはや、旧ＳＰＤのような階級政党ではないし、ＢＨＥ（難民同盟）のように単なる利益団体でもないとされる（Vgl. Habermas, Jürgen, Zum Begriff der politischen Beteiligung, S. 27）。
(108) Habermas, Jürgen, *Strukturwandel*, S. 224.
(109) Vgl. ebd., S. 224.
(110) Ebd., S. 225, いくぶん違いがあるが本質的には同じ内容の定式化も見よ。in: Ders, Zum Begriff der politischen Beteiligung, S. 28.
(111) Vgl. Habermas, Jürgen, *Strukturwandel*, S. 225.
(112) Ders., Zum Begriff der politischen Beteiligung, S. 28 in Anlehnung an Leibholz, Gerhard, *Strukturprobleme der modernen Demokratie*, S. 94.
(113) Habermas, Jürgen, *Strukturwandel*, S. 226.
(114) Ebd., S. 228.
(115) ハーバーマスは、今日においてもまたなお、「ひとつの権力化された公共性の変化したインフラストラクチャーの記述に大体固執……」しようとしている（Habermas, Jürgen, Vorwort 1990, S. 29）。
(116) Vgl. Habermas, Jürgen, *Strukturwandel*, S. 232f.
(117) Vgl. ebd., S. 233f.
(118) Habermas, Jürgen, *Strukturwandel*, S. 235.
(119) Vgl. ebd. S. 235f., vgl. ders., Zum Begriff der politischen Beteiligung, S. 40.

（120）選挙は、今日、反省されない大衆忠誠を作り出すことによって勝ち取られる、とハーバーマスは考えている。一九五七年の連邦選挙は、もちろん、選挙戦のテーマ、〈年金改革〉によって決定されたとされる。選挙戦対策上の積極的な諸効果は、ハーバーマスの見解によれば、年金生活者たちの集団に制限され続けはしなかった。その上、さまざまな調査において、人口の大部分は年金自動スライド制のことなど何も分かっていなかった、ということが明らかになった。合理的な議論ではなく、心理学的な諸エレメントが決定的なものであることが証明されたのである（Vgl. Habermas, Jürgen, *Strukturwandel*, S. 239ff.）。

（121）Habermas, Jürgen, *Strukturwandel*, S. 239.

（122）Vgl. ebd., S. 239.

（123）Vgl. Habermas, Jürgen, *Strukturwandel*, S. 242f., vgl. ders., Zum Begriff der politischen Beteiligung, S. 34f.

（124）Vgl. ders., *Strukturwandel*, S. 243f. ――私的自律性の喪失についてのこうした諸言明は、ハーバーマスの議会主義理解にとっての帰結である。「国家機関としての議会において立憲化された公共性でさえも、たしかに、それが公共圏の私的に自律した交通から由来していることを意識し続けている」（Ebd., S. 244）。

（125）いずれにしても、かれはこのことに、〈民主制的・社会主義的なもの〉と標識づけられる、社会的法治国家のアーベントロート的構想を結びつけている。

（126）フォルストホフの理解とは対立して、法治国家的な諸原則と社会国家的な諸原則とは原則的には対置されていない、というハーバーマスの見解は、今日の法理解と重ねられる（Vgl. Habermas, Jürgen, Zum Begriff der politischen Beteiligung, S. 38ff.）。

（127）初期には、かれは、自由主義的な憲政秩序（憲法）に関して、一度は次のように言明していた。「憲法の現実はこれまで民主制とは矛盾」（Habermas, Jürgen, Zum Begriff der politischen Beteiligung, S. 13）しており、そして、コンフリクトを二〇世紀まで覆い隠すことができた。それ（コンフリクト）はそれに〈その枠の中で〉（Ebd., S. 14）決着をつけたからである。

（128）その転回は、とりわけ基本法の五、八、九条に該当しているはずとされる（Vgl. Habermas, Jürgen, *Strukturwandel*, S. 246ff.）。

（129）Vgl. Habermas, Jürgen, *Strukturwandel*, S. 244f.

（130）Ders., Zum Begriff der politischen Beteiligung, S. 36.

（131）多元主義的諸集団は、ハーバーマスの見解によれば、それらによって、制度化された公共性の最後に残ったものが破壊されるであろうから、きわめて危険である。ハーバーマスは次のように説明するとき、ひとつの神話に近づいている。「支配が合理的な権威に移っていかなかったかぎりで、官憲（Obrigkeit）が、すなわち、ヴェルナー・ヴェーバーのような保守的な国法学者たちが〈国家的実体〉と名づけるところのものが、存在せざるをえない」（Habermas, Jürgen, Zum Begriff der politischen Beteiligung, S. 40f.）。

（132）アーベントロート（Abendroth, W., Zum Begriff des demokratischen und sozialen Rechtsstaats im Grundgesetz der Bundesrepublik Deutschland, in: Sultan und Abendroth, *Bürokratischer Verwaltungsstaat und soziale Demokratie*, Hannover, Frankfurt 1955, S. 97f.）に広範に依存して、定式化されている（Vgl. Habermas, Jürgen, *Strukturwandel*, S. 249f.）。

（133）この連関において、ハーバーマスは、言葉通りに次のように述べている。社会的な諸団体は、「それらの上部構造のひとつの対応する内部の秩序のお蔭を被って（に義務づけられて）」（Habermas, Jürgen, *Strukturwandel*, S. 248）いることになるであろう。私的な自律性は、その際、なお存立しうるであろうが、しかし、国家的側面から演繹されているとされる。社会的な法治国家の目標は、この意味で、自らにおいて民主制的に構造化された社会的な諸集団のひとつの正しい利害均衡を招来することであるとされる。

（134）Habermas, Jürgen, *Strukturwandel*, S. 253.

（135）行政の自立化という結果を伴う政治家の専門家や官僚たちへの依存性の増大は、この過程に反しているとされる（Vgl. Habermas, Jürgen, Verwissenschaftlichte Politik und öffentliche Meinung, in: Reich, Richard (Hrsg.), *Humanität und politische Verantwortung*, Erlenbach-Zürich und Stuttgart 1964, S. 54-73, hier S. 56, vgl. auch ders., *Strukturwandel*, S. 253）。

（136）Habermas, Jürgen, *Strukturwandel*, S. 253.

（137）Vgl. ders., Zum Begriff der politischen Beteiligung.

（138）今日の観点からすると、ハーバーマスは上記の詳説から一定の距離をとっている。「そこからわたしが公共性の構造転換の研究をした民主制理論的なパースペクティブは、民主制的かつ社会的な法治国家の社会主義的な民主制への更なる発展というアーベントロートのコンセプトのお蔭を被っていた。一般的にいえば、このパースペクティブは、社会と社会的な自己組織化との、その間に疑わしいものになっていた、全体性のコンセプトにとらわれ続けていた」（Habermas, Jürgen, Vorwort 1990, S. 35）。――左派とハーバーマスとの間の関係の変化については、Vgl. auch [*Provokativ*], *Die Linke antwortet Jürgen Habermas*, Frankfurt/M. 1968, S. 49.

（139）Vgl. Habermas, Jürgen, Die Krise des Wohlfahrtsstaates und die Erschöpfung utopischer Energien, in: Ders., *Die neue Unübersichtlichkeit*, Frankfurt/M. 1985, S. 141-163. Zitierweise: Krise des Wohlfahrtsstaates, S. 141ff.

(140) Vgl. Habermas, Jürgen, Krise des Wohlfahrtsstaates, S. 146ff.
(141) Ebd., S. 152.
(142) Vgl. ebd., S. 149f.
(143) Ebd., S. 151. ——社会国家の発展は法制化（Verrechtlichung）の推進力によって標識づけられた、とかれは語っている。これはハーバーマスがシュミット及びヘラーと共有する見解である（Vgl. Habermas, Jürgen, *Theorie des kommunikativen Handelns*, 2. Band, 3. Auflage, Frankfurt/M. 1985, S. 524）。
(144) Habermas, Jürgen, Krise des Wohlfahrtsstaates, S. 151.
(145) 「議会主義によって獲得された統治権力は、無垢であるのと同じく不可欠の資源であるように思われた。この統治権力から、経済のシステム的に固有の意味に対して、介入主義的な国家は、強さと行為能力を自らに創造するに違いないであろう」（Habermas, Jürgen, Krise des Wohlfahrtsstaates, S. 150）。
(146) 労働組合の権力喪失を通じて、〈社会国家的正当主義者たち（sozialstaatliche Legitimisten）〉は防御的になっているとされる。
(147) Habermas, Jürgen, Krise des Wohlfahrtsstaates, S. 154.
(148) Vgl. ebd., S. 153ff.
(149) Ebd., S. 155.
(150) Ebd., S. 155.
(151) ハーバーマスはこの諸権力（Gewalten）をまた資源と名づけている。
(152) Habermas, Jürgen, Krise des Wohlfahrtsstaates, S. 157.
(153) Vgl. ebd., 157f.
(154) Vgl. ders., Vorwort 1990, S. 36.
(155) Habermas, Jürgen, Krise des Wohlfahrtsstaates, S. 159f.
(156) Vgl. ebd., S. 160f. ——これ〔支配から自由なコミュニケーションというユートピア〕をもってハーバーマスは、政治的に機能する公共性を更新しようと試みている。しかし、問題は、かつてのブルジョア（市民）的な公共性を再建することではない（Vgl. — in abweichendem Kontext — Jäger, Wolfgang, *Öffentlichkeit und Parlamentarismus*, S. 65）。
(157) かれはかれのユートピア思想に対する批判にすでに前哨戦において遭遇している。「ヘーゲルからカール・シュミットを介してわれわれの時代に至るまでジャコバン主義の凶事の前兆を壁に描いているユートピア批判は、ユートピアがテロルを不可避的に伴うとして、このことを不当に否定している」(Habermas, Jürgen, Krise des Wohlfahrtsstaates, S. 162)。

（158）Habermas, Jürgen, Legitimationsprobleme im modernen Staat, in: Kielmannsegg, Peter Graf (Hrsg.), Legitimationsprobleme politischer Systeme, *Politische Vierteljahresschrift*, Sonderheft 7/1976, S. 39-61, hier S. 39.

（159）Ders., Legitimationsprobleme im modernen Staat, S. 43.

（160）Vgl. Habermas, Jürgen, Wie ist Legitimität durch Legalität möglich?, in: *Kritische Justiz*, 1987, S. 1-16, hier S. 11f.

（161）Ders., *Legitimationsprobleme im Spätkapitalismus*, S. 134.

（162）かれは、カール・シュミットこそが、合法的な諸決定のほとんど動機もなしに行われた受容を指摘していた、ということを正面切って指摘している（Vgl. Habermas, Jürgen, Legimationsprobleme im modernen Staat, S. 41）。

（163）〔これは〕実質的な法治国家を構成することによって充たされることになるであろう要求である。こうした見解をハーバーマスは共有しない。形式的な法治国家と実質的なそれというハーバーマス・アーベントロート的な概念理解については、以前の箇所で指摘された。

（164）Vgl. Habremas, Jürgen, *Legitimationsprobleme im Spätkapitalismus*, S. 135f., vgl. Habermas, Jürgen, Theorie der Gesellschaft oder Sozialtechnologie? Eine Auseinandersetzung mit Niklas Luhmann, in: Habermas, Jürgen/ Luhmann, Niklas (Hrsg.), *Theorie der Gesellschaft oder Sozialtechnologie — Was leistet die Systemforschung*, Frankfurt/M. 1982, S. 142-290, (Erstdruck 1971), S. 243f.

（165）シュミットの著作『リヴァイアサン』を、しかしまた、二〇年代の決断主義を志向する諸著作を、ハーバーマスは手続きの正当性のオポチュニスト的受容という意味で、転釈している。これは、この形式においてシュミットの事実上の立場をまったく通り過ぎている見解である。シュミットはやはり、あらゆる時代において、マックス・ヴェーバーによって主張（代表）される議会主義の敵対者として示される。まさしく、議会主義には決断への意思が欠けているであろうからである。フォン・クロコフは、この事態を指摘した最初の人であった。かれは「……戦線の奇妙な転倒」について語っている（Krockow, Christian von, Freund oder Feind. Parlamentarismus oder Diktatur, in: *Die Zeit*, Nr. 46, 11.11.1983, S. 15 (Politische Buch)）。

（166）Habermas, Jürgen, *Theorie der Gesellschaft oder Sozialtechnologie?*, S. 243.

（167）Vgl. ders., Wie ist Legitimität durch Legalität möglich?, S. 13.

(168) Vgl. ders., *Legitimationsprobleme im Spätkapitalismus*, S. 153ff.

(169) Habermas, Jürgen, *Legitimationsprobleme im Spätkapitalismus*, S. 55.

(170) ハーバーマスによれば、議会制システムは、誤信された後期資本主義的システムの諸構造との広範にわたる両立可能性を通じて維持されてきた、という憶測が存続している。権威主義的福祉国家のモデルも、ファシスト国家のモデルも、いわゆる形式的民主制の対案として問題にされることはなかった（Vgl. Habermas, Jürgen, *Legitimationsprobleme im Spätkapitalismus*, S. 105）.

(171) Habermas, Jürgen, *Legitimationsprobleme im Spätkapitalismus*, S. 154.

(172) Vgl. Lenk, Kurt, *Wie demokratisch ist der Parlamentarismus*, S. 44.

(173) Vgl. Habermas, Jürgen, *Legitimationsprobleme im Spätkapitalismus*, S. 54f.

(174) Habermas, Jürgen, Recht und Gewalt — ein deutsches Trauma, in: Ders., *Die neue Unübersichtlichkeit*, Frankfurt/M. 1985, S. 100-117. Zitierweise: Recht und Gewalt, S. 100.

(175) Ebd., S. 101.

(176) ハーバーマスは、かれが疑似・決断主義的なものと捉えているように思える国家的支配の奇妙に一面的な見方を、開示している。

(177) Vgl. Habermas, Jürgen, Recht und Gewalt, S. 100ff.

(178) Ebd., S. 106.

(179) Ebd., S. 107.

(180) Ebd., S. 109.

(181) Vgl. Habermas, Jürgen, Recht und Gewalt, S. 109ff.

(182) Vgl. ders., *Strukturwandel*, S. 228f. und S. 269.

(183) ドゥビエルの見解によれば、ハーバーマスはこうした諸集団のために、支配の増大ではなく、自律性の増大を獲得しようとしている（Vgl. Dubiel, Helmut, Herrschaft oder Emanzipation?, in: Honneth, Axel, u.a. (Hrsg.), *Zwischenbetrachtungen. Im Prozeß der Aufklärung. Jürgen Habermas zum 60. Geburtstag*, Frankfurt/M. 1989, S. 504-518, hier S. 509）。

(184) Vgl. Habermas, Jürgen, Zum Begriff der politischen Beteiligung, S. 56.

(185) Vgl. Habermas, Jürgen, Zum Begriff der politischen Beteiligung, S. 56ff.

(186) Vgl. ders., Krise des Wohlfahrtsstaates, S. 150.

(187) Vgl. Rawls, John, *Theorie der Gerechtigkeit*, Übersetzt von Hermann Vetter, Frankfurt/M. 1975, S. 399ff.
(188) Habermas, Jürgen, Ziviler Ungehorsam — Testfall für den demokratischen Rechtsstaat, in: Ders., *Die neue Unübersichtlichkeit*, Frankfurt/M. 1985, S. 79-99. Zitierweise: Ziviler Ungehorsam, S. 84.
(189) Vgl. Ebd., S. 81f.
(190) Ebd., S. 90.
(191) Habermas, Jürgen, Ziviler Ungehorsam, S. 83.
(192) Vgl. ebd., S. 85f. —カール・シュミットをあてこすって、かれは説明している。「合法性／正当性の概念対を以て、あまりに多くのばかげたことが行われた。このことが多くの法学者の自制を説明している」(Ebd., S. 86)。
(193) Vgl. Habermas, Jürgen, Ziviler Ungehorsam, S. 86ff.
(194) Ebd., S. 88.
(195) Ebd., S. 94.
(196) Vgl. ebd., S. 94ff.
(197) Vgl. Habermas, Jürgen, Ziviler Ungehorsam, S. 91.
(198) Ebd., S. 90.
(199) Vgl. ders., Der Schrecken der Autonomie. これは、シュミットの諸著作の英語への翻訳をきっかけに起草された *Times* の書評のドイツ語版である（Vgl. Habermas, Jürgen, Sovereignty and the Führerdemokratie, in: *The London Times Literary Supplement*, 26.09.1986, S. 1053-1054）。
(200) Habermas, Jürgen, Der Schrecken der Autonomie, S. 109.
(201) ハーバーマスは両著の分析においてシュミットのホッブズ作品『リヴァイアサン』に立ち戻っている。
(202) ハーバーマスが〈シュミット的ホッブズ主義〉として理解している思想像である（Vgl. dazu Habermas, Jürgen, Der Schrecken der Autonomie, S. 109f.）.
(203) Habermas, Jürgen, Der Schrecken der Autonomie, S. 111.
(204) Ebd., S. 111.
(205) Vgl. ebd., S. 111f.

(206) Vgl. ebd., S. 113f.
(207) シュミットは、「深奥に導かれ、そして同時に、汚らわしい現実を暴露する」形而上学者であった（Habermas, Jürgen, Der Schrecken der Autonomie, S. 113）。
(208) Habermas, Jürgen, Der Schrecken der Autonomie, S. 116.
(209) Ebd., S. 116.
(210) Ebd., S. 117.
(211) Ebd., S. 117.
(212) Ders., Vorwort 1990, S. 35.
(213) Wellmer, Albrecht, *Praktische Philosophie und Theorie der Gesellschaft. Zum Problem der normativen Grundlagen einer kritischen Sozialwissenschaft*, Konstanz 1979. Zitierwese: *Praktische Philosophie*, S 9.
(214) Vgl. Behrmann, Günther C., *Soziales System und politische Sozialisation. Eine Kritik der politischen Pädagogik*, Stuttgart usw. 1972, S. 73.
(215) Luhmann, Niklas, Systemtheoretische Argumentationen. Eine Entgegnung auf Jürgen Habermas, in: Habermas, Jürgen/ Luhmann, Niklas（Hrsg.）, *Theorie der Gesellschaft oder Sozialtechnologie — Was leistet die Systemforschung?* Frankfurt/M. 1982, S. 291-405,（Erstdruck 1971）. Zitierwese: Systemtheoretische Argumentationen, S. 338, vgl. auch ebd., S. 366.
(216) Jäger, Wolfgang, Repräsentative Demokratie oder Gelehrtenrepublik, in: Oberndörfer, Dieter/ Jäger, Wolfgang（Hrsg.）, *Die neue Elite. Eine Kritik der kritischen Demokratietheorie*, Freiburg, 1975, S. 45-58, hier S. 50, vgl. auch Löwenthal, R., Gesellschaftliche Transformation und demokratische Legitimität, in: Schulenberg, W.（Hrsg.）, *Reform der Demokratie*, Hamburg 1975, S. 25-45, hier S. 37.
(217) ハーバーマス自身は、「問題化している妥当要求の根拠づけに役立つ討議という通常事例（例えば、学問的討論）」について語っている（Habermas, Jürgen, Vorbereitende Bemerkungen zu einer Theorie der kommunikativen Kompetenz, in: Habermas, Jürgen/ Luhmann, Niklas（Hrsg.）, *Theorie der Gesellschaft oder Sozialtechnologie — Was leistet die Systemforschung?*, Frankfurt/M. 1982, S. 101-141,（Erstdruck 1971）, S. 121）。――これとは、革新を目標とする討議（授業の手段としての討議に代わる討議による学習、自由な演習討論のフンボルト的モデル）は区別されるべきであろう（Ebd., S. 121）。

(218) Vgl. Spaemann, Robert, Die Utopie der Herrschaftsfreiheit, S. 746.

(219) Willms, Bernhard, *Kritik und Politik, Jürgen Habermas oder das politische Defizit der »kritischen Theorie«*, Frankfurt/M. 1973, S. 152.

(220) Vgl. Maschke, Günther, *Der Tod des Carl Schmitt*, S. 148.

(221) Behrmann, Günther C., *Soziales System und politische Sozialisation*, S. 77.

(222) Weinrich, Harald, System, Diskurs oder Diktatur des Sitzfleisches, in: *Merkur*, XXVI. Jahrgang, 1972, S. 801-812, hier S. 804.

(223) ハーバーマスは議論を通じての厳密な決定作成を要求している。「何故に背後のドアを通じて決断主義が再び導入されることになるのであろうか?」(Habermas, Jürgen, Die Utopie des guten Herrschers, in: Ders., *Kultur und Kritik. Verstreute Aufsätze*, Frankfurt/M. 1973, S. 378-388, (zuerst erschienen in *Merkur*, XXVI. Jahrgang, 1972), S. 385., vgl. dazu auch die pointierten Bemerkungen von Weinrich, Harald, System, Diskurs oder die Diktatur des Sitzfleisches, S. 809). ―― シュペーマンはハーバーマスに対して、討議の終了の不可避性を指摘した。ところで、ハーバーマスの見解によれば、討議の参加者たちはその中断を決定することになるとき、かれ〔ハーバーマス〕もまた決断の契機を免れえないとされる。参加者たちの多数が決定するとすれば、そこから帰結するのは、「決断、すなわち支配」である(Spaemann, Robert, aus: Spaemann, Robert/ Habermas, Jürgen, Die Utopie des guten Herrschers. Eine Diskussion zwischen Jürgen Habermas und Robert Spaemann, in *Merkur*, XXVI, Jahrgang, 1972, S. 1266-1278, hier S. 1275)。

(224) Spaemann, Robert, Die Utopie der Herrschaftsfreiheit, S. 750.

(225) Vgl. Jäger, Wolfgang, Repräsentative Demokratie oder Gelehrtenrepublik, S. 52f.

(226) Beyme, Klaus von, *Die politischen Theorien der Gegenwart*, S. 70.

(227) Spaemann, Robert, Die Utopie der Herrschaftsfreiheit, S. 752.

(228) このもとで、代表制的公共性、心情の同意によって標識づけられるルソーの公共性概念、そしてブルジョア(市民)的公共性が、捉えられうる。

(229) Behrmann, Günther C., *Soziales System und politische Sozialisation*, S. 120.

(230) Vgl. Ritter, Gerhard, Der Antiparlamentarismus und Antipluralismus der Rechts- und Linksradikalen, S. 78.

(231) ハーバーマスの説明を参照。Habermas, Jürgen, *Legitimationsprobleme im Spätkapitalismus*, S. 153ff.

(232) ハーバーマスは、たしかにルソー的テーゼに対して好意的な態度をとっているが、しかし、それが実現不可能であることを一貫して意識している。「なるほど、産業社会の組織化においては、統治者と被治者の区別は廃棄され難いが、しかし、それはそれゆえにすでに自立化して政治的支配から切り離されるべきであろう……、という結論は拙速である」（Habermas, Jürgen, Zum Begriff der politischen Beteiligung, S. 12）。

(233) かくして、例えば、マッツは次のような雑駁な言明によってハーバーマスを適切に遇していない。「疑いもなく、かれはルソー的な直接民主制の何らかのヴァージョンに好意をもっている」（Matz, Ulrich aus: [Plenumsdiskussion]zu Beiträgen von Isensee und Matz, Leitung: Hermann Rudolf, in: Zöller, Michael（Hrsg.）, *Der Preis der Freiheit. Grundlagen, aktuelle Gefährdungen und Chancen der offenen Gesellschaft*, Köln 1988, S. 41-63. Zitierweise: [Plenumsdiskussion]Beiträge von Isensee und Matz, S. 55f.）。

(234) イーゼンゼーは、ハーバーマスのブルジョア（市民）的公共性の賞賛は自由主義的な起源を有していない、ということを強調している。マルクスからスメント及びハーバーマスまでの反自由主義は citoyen という威厳のあるイメージを繰り返し持ち出して、それに援けられて、立憲国家における存在と当為との間の矛盾の仮面を剥ぎ取り、自由主義的な人権の現実的システムをブルジョアジーが貶めているものとして、〈エゴイズムを保証するもの〉として貶価している」（Isensee, Josef, Bürgerfreiheit und Bürgertugend — Der Lebensbedarf des freiheitlichen Gemeinwesens, in: Zöler Michael（Hrsg.）, *Symposium: Der Preis der Freiheit. Grundlagen, aktuelle Gefährdungen und Chancen der offenen Gesellschaft*, Köln 1988, S. 19-31. Zitierweise: Bürgerfreiheit und Bürgertugend, S. 22f.）。

(235) Vgl. Jäger, Wolfgang, *Öffentlichkeit und Diskussion*, S. 33.

(236) Willms, Bernhard, *Kritik und Politik*, S. 120.

(237) 「公共的諸徳は、とりわけ現代社会においては、その場所を、……直接政治的な領域においてよりも、むしろ家族において、……労働の場において、友人との出会いにおいて、有している。ハーバーマスは疑いもなく正しい。それらがかつて始まったところでは、公共性はもはや存在しない。しかし、公共性の死を嘆くこともまた、平準化された中産社会がそうであるように、脱構造化のひとつのイデオロギーである。このイデオロギーは、ひとつの古い制度が新たな形姿に変化しうることを見逃している」（Dahrendorf, Ralf, *Gesellschaft und Demokratie in Deutschland*, München 1965, S. 339f.）。

(238) Vgl. Dahrendorf, Ralf, *Gesellschaft und Demokratie*, S. 335ff.

(239) Dahrendolf, Ralf, *Gesellschaft und Demokratie*, S. 372.
(240) Jäger, Wolfgang, *Öffentlichkeit und Diskussion*, S. 22.
(241) これらの説明もまた、かれが人民投票的公共性の潜在力を低く評価した、という新版のまえがきにおけるかれの指摘と矛盾していない。この言明は、人民投票的公共圏の誤って思い込まれた理性的批判能力（Räsonnementfähigkeit）から見てのみ、理解されうる。このことと、政治的に機能する公共性のかれの性格づけの如何なる変容も結びつけられていない。
(242) Arndt, Hans-Joachim, Besprechung *Strukturwandel*, S. 334.
(243) Vgl. Jäger, Wolfgang, *Öffentlichkeit und Parlamentarismus*, S. 25.
(244) Vgl. Luhmann, Niklas, Öffentliche Meinung, in: *Politische Vierteljahresschrift*, Jg. 11, 1970, S. 2-28, hier S. 4, Fußnote 9.
(245) Vgl. Jäger, Wolfgang, Repräsentative Demokratie oder Gelehrtenrepublik, S. 50.
(246) Luhmann, Niklas, Öffentliche Meinung, S. 4, Fußnote 9.
(247) 「いったい誰が Marquise de Rambouillet のサロンに、Club de l' Entresol に、ベルリンの Romanisches Café に、いたくなかったであろうか！このようなぼんやりしたノスタルジーから、ハーバーマスが討議の理想的な碾臼（とどまることないお喋り）へと導く、一定の合意への心構えは、明らかに流れ出てくるのである」（Weinrich, Harald, System, Diskurs und die Diktatur des Sitzfleisches, S. 811）。
(248) Schneider, Franz, *Pressefreiheit und politische Öffentlichkeit*, Neuwied am Rhein und Berlin 1966, S. 13.
(249) Vgl. Jäger, Wolfgang, *Öffentlichkeit und Parlamentarismus*, s. 61.
(250) Vgl. Hirschberger, Johannes, *Geschichte der Philosophie*, II. Teil, Neuzeit und Gegenwart, 13. Auflage, Freiburg usw. 1988, S. 351f.
(251) Vgl. Jäger, Wolfgang, *Öffentlichkeit und Parlamentarismus*, S. 33.
(252) Vgl. Maschke, Günther, *Der Tod des Carl Schmitt*, S. 145.
(253) Jäger, Wolfgang, *Öffentlichkeit und Parlamentarismus*, S. 34.
(254) Vgl. ebd., S. 34f.
(255) Vgl. Habermas, Jürgen, *Strukturwandel*, S. 73ff.
(256) Jäger, Wolfgang, *Öffentlichkeit und Parlamentarismus*, S. 19.

（257）とにかく問題になるのは、ハーバーマスによって批判されている多くの諸現象がようやく現代の大衆政党にはじめて確認されうるのかどうか、ということである。大衆政党には、名望家政党とは異なる諸々の可能性が裁量しうるとしても、特定の諸現象はすでに以前にも観察されえたのである（例えば、諸政党における〈上からの〉政治的意思形成）。

（258）Ritter, Gerhard A., Der Antiparlamentarismus und Antipluralismus der Rechts- und Rinksradikalen, S. 80.

（259）Vgl. Loewenstein, Karl, *Der britische Parlamentarismus*, S. 90.

（260）Jäger, Wolfgang, *Öffentlichkeit und Parlamentarismus*, S. 26.

（261）かれはとりわけ大土地所有者の影響を指摘している（Vgl. Bagehot, Walter, *Die englische Verfassung*, übersetzt von Klaus Streifthans, Neuwied/ Berlin 1971, S. 158ff.）。

（262）Vgl. Habermas, Jürgen, *Strukturwandel*, S. 217.

（263）Vgl. Ritter, Gerhard A., Der Antiparlamentarismus und Antipluralismus der Rechts- und Linksradikalen, S. 79f. ここでは、バークが議会において諸利害の均衡を指摘しているかれの一七七四年一一月三日の演説への指摘も参照。

（264）ここで、ハーバーマスにおいて示されているのは、公共性をなお手段としてのみ目的のために利用する不透明かつ非合理的な政治によって、公共的討議の原理と誤って思い込まれた暴力から自由な支配とが解体することに対する、根拠づけられていないわけではない恐怖である。いずれにしても、かれが誤認しているのは、かれが、歴史において何ら対応するものを持たなかった理想に縋り付いている、ということである。すでにかれの教授資格論文のタイトルが推測させることであるが、公共性原理を大げさに標識づけることを通じて、かれの分析は、才気煌めくものであるとしても、やはり著しく一面的なものに留まっているのである。かれに好意的な批評家たちの一人はこの事態を適切に数語で標識づけた。「かれはひとつの純粋なモデルから出発し、このモデルは、それから、歴史的な発展において歪曲され、そして〈構造転換〉される。しかし、この純粋な状態はひとつの歴史的理想化である。理性的批判を行う公共圏の討議は、それはそれで成果があるにしても、虚構であった」（Eder, Klaus, Politik und Kultur, S. 528）。

（265）Vgl. Rhonheimer, Martin, *Politisierung und Legitimitätsentzug. Totalitäre Kritik der parlamentarischen Demokratie in Deutschland*, Freiburg/ München 1979, S. 170f.

（266）Habermas, Jürgen, *Strukturwandel*, S. 216.

（267）Rhonheimer, Martin, *Politisierung und Legitimitätsentzug*, S. 171.

(268) Vgl. Jäger, Wolfgang, *Öffentlichkeit und Parlamentarismus*, S. 26.
(269) Vgl. ebd., S. 41.
(270) Vgl. Rupp, Heinrich, Die Unterscheidung von Staat und Gesellschaft, S. 1191.
(271) Ebd., S. 1204.
(272) Ebd., S. 1205.
(273) Ebd., S. 1201.
(274) 国家の機能していない権力分立（Gewaltenteilung）に対するハーバーマスの攻撃は、理念型的な大げさな標識づけとして退けられなければならない。「これ〔権力分立〕は、〈分離（Trennung）〉としてではなく、まさしく分立（分割）（Teilung）として、すなわち、権力集中を阻止するための、さまざまな審級の〈機能分割（Funktionsaufteilung）〉として考えられているのである。その際、これらがオーバーラップされることは排除されえない。その際、絶えず制御し均衡化する緊張関係が保証されなければならない」（Rhonheimer, Martin, *Politisierung und Legitimitätsentzug*, S. 179）。——権力（Macht）、貨幣、連帯（Solidarität）という三つの強制力（Gewalten）についてのハーバーマスの最近の説明は、これに加えて、ひとつの思惟アプローチを明示しているが、これは、法治国家にとって必要な国家と社会の区別と一致しない。
(275) Rupp, Heinrich, Die Unterscheidung von Staat und Gesellschaft, S. 1202f.
(276) Vgl. Zacher, Hans, Das soziale Staatsziel, in: Isensee, Josef und Kirchhof, Paul (Hrsg.), *Handbuch des Staatsrechts der Bundesrepublik Deutschland*, B. I, Grundlagen von Staat und Verfassung, Heidelberg 1987, S. 1045-1111, hier S. 39.
(277) Vgl. Jäger, Wolfgang, *Öffentlichkeit und Parlamentarismus*, S. 39.
(278) Mann, Golo, *Deutsche Geschichte des neunzehnten und zwanzigsten Jahrhunderts*, Frankfurt/M. 1958, S. 210.
(279) Vgl. Arndt, Hans-Joachim, Besprechung *Strukturwandel*, S. 337.
(280) Eder, Klaus, Politik und Kultur, S. 528 (hier in anderem Zusammenhang).
(281) Vgl. Arndt, Hans-Joachim, Besprechung *Strukturwandel*, S. 341.
(282) 議会による〈政府のコントロール〉は、ビスマルク統治時代における多年にわたる困難な予算危機が示していたように、いずれにしても、形式的にのみ保証されえていたにすぎない。
(283) 諸々の事実上の権力関係が形式的な諸構造と合致しているかどうか、これを問うことは禁じられていない。いずれにしても、この種の不一致は、議会制システムの特殊な現象ではないであろう。どんな時代でも、そして、どのような国家システムあるいは統治システムかに係わらず、この種の現象は観察しうる。反対に、憶測されうるのは、議会主義における諸々の権力構造は、他の政治的諸システムにおけるよりも、より透明であり、そして、このことによって、さまざまな濫用の事実構成要件は阻止されえた、ということである。

(284) Fraenkel, Ernst, *Deutschland und die westlichen Demokratien*, Stuttgart 1964, S. 125.

(285) Vgl. ebd., S. 124f.

(286) Vgl. Naschold, Frieder, *Organisation und Demokratie*, Stuttgart usw. 1969, S. 7

(287) 他の関連において、レーヴェンタールは、こうした態度を標識づけた。「ハーバーマスが民主制のこうした社会を変える役割をまったく無視していることは、次のことにおいて明らかである。かれは現実の民主制を、その諸業績においてではなく、〈実質的な〉民主制というユートピア的・理想的なイメージにおいて測っている、ということにおいて。こうした〈実質的な〉民主制においては、公民たちは政治的な意思形成諸過程に、明らかに直接的に、そして、代表者たちや諸政党を通じてではなく、参加するであろう——こうした民主制は複雑社会においては決して現存しなかったのみならず、そのために決して具体的に構想されもしなかった」(Löwenthal R., Gesellschaftliche Transformation und demokratische Legitimiät, S. 32)。

(288) Vgl. Beyme, Klaus von, *Das politische System der Bundesrepublik Deutschland nach der Vereinigung*, 6. Ausgabe, München 1991, S. 50.

(289) Vgl. Zacher, Hans, Das soziale Staatsziel, S. 1059f.

(290) Vgl. Matz, Ulrich aus: [Plenumsdiskussion]Beiträge von Isensee und Matz, S. 56.

(291) Vgl. Ritter, Gerhard A., Der Antiparlamentarismus und Antipluralismus der Rechts- und Linksradikalen, S. 83f.

(292) Löwenthal, R., Gesellschaftliche Transformation und demokratische Legitimität, S. 33.

(293) Vgl. Jäger, Wolfgang, *Öffentlichkeit und Parlamentarismus*, S. 23f., vgl. auch Ritter, Gerhard A., Der Antiparlamentarismus und Antipluralismus der Rechts- und Linksradikalen, S. 81.

(294) Luhmann, Niklas, Öffentliche Meinung, S. 6.

(295) Vgl. dazu die Redewendung von Habermas, Jürgen im *Strukturwandel*, S. 256, vgl. ders., Krise des Wohlfahrtsstaates, S. 152 und S. 162.

(296) その際、このユートピアが、単なる熟慮として、長期的な考察の必要性の意味で、現代の社会の形象化のために、定式化されているのであれば、原則的にはユートピア思想においては、何ら非難されえないであろう。いずれにしても、ユートピアにはそのことを通じて、自ずから、特別な厳格さは帰されない。ユートピアは他の戦略的な熟慮の下でのひとつの提案に留まり、そして、分析的かつ経験的な検証を必要としない。――ハーバーマスの諸々のユートピアは、いずれにしても、経験的な検証を免れているし、そして、純粋に思弁的な性格を帯びている（Vgl. Jäger, Wolfgang, *Öffentlichkeit und Parlamentarismus*, S. 77）。

(297) この連関において、デムラーの簡潔だが才気煌めく詳述を参照されたし（Vgl. Demmler, Horst, *Einführung in die Volkswirtschaftslehre*, München usw. 1990, S. 319ff.）。

(298) Löwenthal, R., Gesellschaftliche Transformation und demokratische Legitimität, S. 39.

(299) シュミットヒェンはハーバーマスにおける正当性概念の切り詰めを指摘した。「われわれが正当化と見なしうるのは、いまや役割や権力の差異をひとつの社会的に貫徹された了解手段に関係づけることである。……したがって、正当化は社会における行為の信頼と自動化とを保証する。これに伴い、同時にハーバーマスの見解とは対立して、言われているのは、正当化過程は政治的諸制度に制限されていないし、正当化を必要とするのは政治的な諸秩序だけではない、ということである」（Schmidtchen, Gerhard, Ist Legitimität meßbar? , in: *Zeitschrift für Parlamentsfragen*, Jg. 8, 1977, S. 232-242, hier S. 233f.）。

(300) Vgl. Löwenthal, R., Gesellschaftliche Transformation und demokratische Legitimität, S. 37.

(301) Rammstedt, Ottheim, Zum Legitimationsverlust von Legitimität, in: Kielmannsegg, Peter Graf（Hrsg.）, *Legitimationsprobleme politischer Systeme, Politische Vierteljahresschrift*, Sonderheft 7/1976, S. 108-122, hier S. 116.

(302) Vgl. Hennis, Wilhelm, Legitimität, S. 19.

(303) Vgl. Schmidt, Reiner, Lebensgefühl und Legitimation, in: *Juristenzeitung*, 38, 1983, S. 725-731, hier S. 726.

(304) Würtenberger, Thomas, Legalität und Legitimität, in: Görres-Gesellschaft（Hrsg.）, *Staatslexikon*, 3. Band, 7. Auflage, Freiburg usw. 1987, S. 873-878, hier S. 873f.

(305) Vgl. ebd., S. 873f., vgl. Granderath, Reinhard, Legalität und Legitimität, S. 31f.

(306) Vgl. Matz, Ulrich, Herrschaft durch Widerstand? ― Über die Anmaßung neuer Eliten, in: Zöller, Michael（Hrsg.）, *Symposium: Der Preis der Freiheit. Grundlagen, aktuelle Gefährdungen und Chancen der offenen Gesellschaft*, Köln 1988, S. 32-40, hier S. 38, vgl. auch Granderath, Reinhard, Legalität und Legitimität. Entscheidungen im demokratischen Rechtsstaat, in: Böhme,

Wolfgang (Hrsg.), *Ziviler Ungehorsam? Vom Widerstandsrecht in der Demokratie*, Karlsruhe 1984, S. 30-44, hier S. 30.

(307) Granderath, Reinhard, Legalität und Legitimität, S. 40.

(308) Vgl. Löwenthal, R., Gesellschaftliche Transformation und demokratische Legitimität, S. 38.

(309) Kriele, Martin, Widerstansrecht in der Demokratie? — Über die Legitimität der Staatsgewalt, in: Streithofen, Basilius (Hrsg.), *Frieden im Lande*, Bergisch Gladbach 1983, S. 139-154. Zitierwese: Widerstandsrecht, S. 142.

(310) Vgl. Granderath, Reinhard, Legalität und Legitimität, S. 41.

(311) 神の恩寵による正当化と対立して。

(312) Vgl. Würtenberger, Thomas, Legalität und Legitimität, S. 875.

(313) Vgl. ebd., 877f.

(314) Marquard, Odo, Entlastungen. Theodizeemotive in der neuzeitlichen Philosophie, in: Ders., *Apologie des Zufälligen*, Stuttgart 1986, S. 11-32, hier S. 11.

(315) Vgl. Beyme, Klaus von, *Das politische System der Bundesrepublik Deutschland nach der Vereinigung*, S. 50.

(316) Vgl. Matz, Ulrich aus: [Plenumsdiskussion]Beiträge von Isensee und Matz, S. 56.

(317) Löwenthal, R., Gesellschaftliche Transformation und demokratische Legitimität, S. 31f.

(318) Vgl. Neumann, Volker, Rechts- und Verfassungstheoretische Positionen der staatsrechtlichen Linken, in: *Der Staat*, Bd. 21, 1982, S. 551-575, hier S. 563.

(319)「緊急事態立法（Notstandsgesetzgebung）の過程で基本法の中に導入されたこの権利は、クーデタや内乱の状況における例外的な緊急権である。これは、民主制的かつ社会的な連邦国家、代表制的かつ権力分立的な民主制、そして法治国家の特性を、上と下からの一揆主義者から保護する。緊急権は極限的な例外状況においてのみ施行される」（Wassermann, Rudolf, Gibt es ein Recht auf zivilen Ungehorsam?, in: *Zeitschrift für Politik*, 30. Jahrgang, 1983, S. 343-348, hier S. 346）。

(320) Vgl. Kröger, Klaus, Bürgerprotest zwischen Friedenspflicht und Widerstand, in: Krems, Gerhard (Hrsg.), *Veröffentlichungen der Katholischen Akademie Schwerte, Akademie-Vorträge 14, Rechtsfrieden im Rechtsstaat*, Schwerte 1984, S. 47-61, hier S. 51.

(321) Vgl. Isensee, Josef, Grundrecht auf Ungehorsam, S. 161f.

(322) Wassermann, Rudolf, Gibt es ein Recht auf zivilen Ungehorsam?, S. 348.

(323) Vgl. Maschke, Günther, *Der Tod des Carl Schmitt*, S. 154, vgl. auch dort die Fußnote 100.

(324) Wassermann, Rudolf, Gibt es ein Recht auf zivilen Ungehorsam?, S. 347.

(325) Vgl. Rudzio, Wolfgang, *Das politische System der Bundesrepublik Deutschland*, 3. Auflage, Opladen 1991, A. 487f.

(326) Müller-Dietz, Heinz, Was ist Gewalt im strafrechtlichen Sinn? Was ist gewaltfrei?, in: Böhme, Wolfgang (Hrsg.), *Ziviler Ungehorsam? Vom Widerstandsrecht in der Demokratie*, Karlsruhe 1984, S. 16-29. Zitierweise: Gewalt im staatsrechtlichen Sinn, S. 16.

(327) Wassermann, Rudolf, Gibt es ein Recht auf zivilen Ungehorsam?, S. 347.

(328) 「Gewalt（暴力）は、きわめて gewaltig（暴力的）な言葉である」という箴言は、こうしたコンテクストでふさわしい。

(329) Müller-Dietz, Heinz, Gewalt im staatsrechtlichen Sinn, S. 18.

(330) Kröger, Klaus, Bürgerprotest zwischen Friedenspflicht und Widerstand, S. 52.

(331) Vgl. Matz, Ulrich, Herrschaft durch Widerstand? —Über die Anmaßung neuer Eliten, S. 33.

(332) Müller-Dietz, Heinz, Gewalt im strafrechtlichen Sinn, S. 19.

(333) Habermas, Jürgen, Ziviler Ungehorsam, S. 96.

(334) Vgl. Isensee, Josef, *Grundrecht auf Ungehorsam*, S. 159f.

(335) Vgl. Habermas, Jürgen, Ziviler Ungehorsam, S. 87.

(336) 「極端にならずにほどほどのバランスをとること（Balance des Erträgliches〉）（Jürgen Habermas）は、進歩を——それを少なくとも保障されている形では知らずに——希望している社会的活動家たちが絶えず肝に銘ずべきことである」というドゥビエルの指摘（Dubiel, Helmut, Herrschaft oder Emanzipation, S. 518）は、期せずして同じことを、すなわち、自分の諸提案のディレッタンティズムから出発するハーバーマスの完全無欠な意図と潜在的な危険とを、表現している。

(337) Maschke, Günther, *Der Tod des Carl Schmitt*, S. 156.

(338) Vgl. Habermas, Jürgen, Ziviler Ungehorsam, S. 86f.

(339) Vgl. Isensee, Josef, Ein Grundrecht auf Ungehorsam gegen das demokratische Gesetz?, in: Streithofen, Basilius (Hrsg.), *Frieden im Lande*, Bergisch Gladbach 1983, S. 155-173. Zitierweise: Grundrecht auf Ungehorsam, S. 155.

(340) 〔一九〕六八年の反抗（Revolte）について、マルクァルトはこのことを次のように表現した。「ファシズムは、それに対して反抗がなされなかったことであった。そうであったがゆえに、ファシズムはまた、いまやそれに対して反抗が呼び戻されたことでもあるはずであり、そして、……そのように様式化されもするのである。というのは、そうでなかったら、もっぱら事後的な不服従などということの内実は不条理であることはあまりにも明白であろうし、そして、そうしたもっぱら事後的な不服従は、現在では通常、快適な不服従であり、不服従者たちに殆ど負担をかけないことは、あまりにも分かりきっているであろうからである」(Marquard, Odo, Abschied vom Prinzipiellen, in: Ders., *Abschied vom Prinzipiellen*, Stuttgart 1987, S. 4-22, hier S. 11)。

(341) Matz, Ulrich, Herrschaft durch Widerstand?, S. 33.

(342) Wassermann, Rudolf, Gibt es ein Recht auf zivilen Ungehorsam?, S. 345.

(343) Isensee, Josef, Grundrecht auf Ungehorsam, S. 164.

【D 対置：親近性と差異性】

(1) Söllner, Alfons, Jenseits von Carl Schmitt. Wissenschaftsgeschichtliche Richtigstellungen zur politischen Theorie im Umkreis der »Frankfurter Schule«, in: *Geschichte und Gesellschaft*, 12, 1986, S. 502-529, hier S. 502.

(2) ハオンクスの指摘によれば、このことは、ゼルナー（Söllner）の鋭い反論が示しているように、今日もまた妥当性を保持しているであろう（Vgl. Haungs, Peter, Diesseits oder jenseits von Carl Schmitt, S. 531）。

(3) Kennedy, Ellen, Carl Schmitt und die »Frankfurter Schule«. Deutsche Liberalismuskritik im 20. Jahrhundert, in: *Geschichte und Gesellschaft*, Jg. 12, 1986, S. 380-419, hier S. 401.

(4) Jay, Martin, Les extrêmes ne se touchent pas. Eine Erwiderung auf E. Kennedy, in: *Geschichte und Gesellschaft*, Band 13, 1987, S. 542-558, hier S. 547f., vgl. auch Söllner, Alfons, Jenseits von Carl Schmitt, S. 514f.

(5) 受容におけるこうした変化を、ハーバーマスは、三〇年代の初めのフランクフルト学派の仕事について間接的に確証している。「ところで、まだカール・コルシュ（Karl Korsch）はカール・シュミットの理論の強みを強調している。そして、ようやくハンス・シュパイヤー（Hans Speier）は、政治的なるものの友・敵・関係への還元に対して懸念を申し立てている。次の次の号で、雰囲気は一気に変わった。同じ著作、カール・シュミットの『政治的なるものの概念』の第三版が公刊されるとき、マルクーゼ（Marcuse）は、その著者が一九三三年一月三〇日以後に暗黙のうちに先取りすることを必要と見なしていた、一面ではオポチュニスト的で、また一面では煽動者的な諸々のテクストの変更を端的に数え上げることに、自らを制限することができる」（Habermas, Jürgen, Max Horkheimer. Die Frankfurter Schule in New York, in: Ders.（Hrsg.）, *Philosophisch-politische Profile*, 2.

Auflage, Frankfurt/M. 1991, S. 441-425,（1. Auflage 1987）. Zitierweise: Frankfurter Schule in New York, S. 421）。

（6）Vgl. Kennedy, Ellen, Carl Schmitt und »Frankfurter Schule«, S. 402f. ——ケネディの立場の核心的箇所は、そこで彼女が自由主義的な法治国家に対するシュミットとハーバーマスに共通する敵対関係を指摘しているそれである。「けれども、こうした考察の仕方は、ハーバーマスをシュミットから分かつ、規範的な目的や政治的な価値表象における重要な差異にもかかわらず、自由主義的な諸理念や諸制度に対するシュミットの批判の核を構成するかの諸エレメントやかの形式的な議論を含んでいる。すなわち、実体的な同一性としても民主制の定義、核心において非民主制的なものとしての自由主義的な民主制やその諸制度（諸政党、国家的行政、公論）の批判、合法性に対立するものとしての人民投票的な正当性の強調、そして最後に、西ドイツ的政治システムの分析のための決定的な方法的アプローチとしての、自由主義的憲法の諸原理と現実との緊張関係の構成がそれである」（Ebd., S. 402f.）。

（7）Kenndy, Ellen, Carl Schmitt und die »Frankfurter Schule«, S. 402.

（8）Vgl. Jäger, Wolfgang, *Öffentlichkeit und Parlamentarismus*, besonders S. 78ff.

（9）Haungs, Peter, Diesseits oder jenseits von Carl Schmitt, S. 530. ——ハーバーマスが、今日、新版へのまえがきにおいて、イェーガー（Jäger）の著作を知っている、ということへの言及を見ておくべきであろう（Vgl. Habermas, Jürgen, Vorwort 1990, S. 12, Fußnote 4）。

（10）こうした反響として挙げられるのは：Söllner, Alfons, Jenseits von Carl Schmitt; Preuß, Ulrich K., Carl Schmitt und die Frankfurter Schule: Deutsche Liberalismuskritik im 20. Jahrhundert. Anmerkungen zu dem Aufsatz von Ellen Kennedy, in: *Geschichte und Gesellschaft*, Jg. 13, 1987, S. 400-418; Jay, Martin, Les extrêmes ne se touchent pas; Haungs, Peter, Diesseits oder jenseits von Carl Schmitt. しかしまた、ハーバーマス自身からも鋭く距離がとられていることも、その反響であろう。

（11）このことは、そこでケネディが彼女の諸テーゼを提示していたルートヴィッヒブルク会議（Ludwigburger Tagung）において起こっていた（Söllner, Alfons, Jenseits von Carl Schmitt, S. 502）。

（12）Habermas, Jürgen, zitiert nach: Linder, Christian, Philosophie ohne Pathos, S. 15.

（13）『公共性の構造転換』と『政治的参加の概念に寄せて』におけるシュミットの思想財の積極的な受容は、もちろん、より厳密な価値づけを要求しているが、ケネディの非難が単に虚構的な性格を持ちえない、ということを示している。

（14）対応する箇所は、第三章において指摘された。シュミットは、ハーバーマスにとっては、西欧的合理主義の敵対者（Vgl.

Habermas, Jürgen, Der Schrecken der Autonomie, S. 117）として、権威主義的合法主義者（Vgl. ders, Recht und Gewalt, S. 104, S. 109）として、ユートピア思想の否定者（Vgl. ders, Krise des Wohlfahrtsstaates, S. 162）として、そして二〇年代のプレ・ファシスト（Vgl. ders., Zur Kritik an der Geschichtsphilosophie, S. 441）として見なされている。かれはハーバーマスにとっては、ホッブズ主義者的な権力理論家（Vgl. Habermas, Jürgen, Nachholende Revolution und linker Revisionsbedarf. Was heißt Sozialismus heute?, in: Ders., *Die nachholende Revolution. Kleine politische Schriften VII*, Frankfurt/M. 1990, S. 179-204, hier S. 185）と見なされているのである。シュミットの内部の敵という定義を、かれはファシスト的自己了解（Vgl. Habermas, Jürgen, Briefwechsel mit Kurt Sontheimer, in: Ders., *Kleine politische Schriften (I-IV)*, Frankfurt/M. 1981, 367-406, hier S. 398）として誹謗している。——その際、ハーバーマスは、ジェイの見解によれば、シュミットの〈消極的受容〉において、ときに行き過ぎをやっている。「政治的思惟の危険な伝統をめぐる論争に関して、指摘されなければならないのは、近頃、ハーバーマス自身がシュミットを、青年保守派という評価の定まらないカテゴリーの中に押し込めようと試みたことである。他の箇所で、かれは、こうした伝統の後継者たちは、バタイユから始まるポスト構造主義者である、と主張している」（Jay, Martin, Les extrêmes ne se touchent pas, S. 557, Fußnote 56, vgl. auch Habermas, Jürgen, *Der philosophische Diskurs der Moderne*, 3. Auflage, Frankfurt 1986, S. 257f.）。マシュケの見解によれば、ハーバーマスは、シュミットを誹謗することによってシュミットと公共圏との間にくさびを打ちこむという目的を追求しているのである（Vgl. Maschke, Günther, *Der Tod des Carl Schmitt*, S. 137）。——最近ハーバーマスにおいて証明されうる唯一の半ば積極的な引用は、その文筆家的資質に係っている。シュミットは、「概念的厳密さを驚くべき才気溢れる諸々の連想と結びける」（Habermas, Jürgen, Der Schrecken der Autonomie, S. 113）ことができたとされる。

（15）フィヤルコフスキー（Fijalkowski）の著作、『総統国家への方向転換（Wendung zum Führerstaat）』を参照しても、ハーバーマスがその——なるほど主張しうるものであるが、しかし、たしかにまた一面的でもある——立場を受け入れ、そして、それに伴い、意識的に（それはかれの反シュミット的コンセプトの中に組み入れられる）シュミット的思惟の積極的なアスペクトを捻じ曲げている、ということが示されている（Vgl. Habermas, Jürgen, Zur Kritik an der Geschichtsphilosophie, S. 442, Fußnote 4）。

（16）エルトによれば、「著者（Autorin）が、学問的論争に寄与しようとするよりも、政治的に否定しようとした、という嫌疑はあきらかである」（Erd, Reiner, Über die Zivilisierung der Streit- und Eßlust. Blick in sozialwissenschaftliche Zeitschriften, in: *Frankfurter Rundschau*, 17.1.1987, Zeit und Bild S. 2. Zitierweise: Zivilisierung der Streits- und Eßlust, S. 2）。

（17）Vgl. Maschke, Günther, *Der Tod des Carl Schmitt*, S. 158.

(18) Schmitt, Carl, *Der Begriff des Politischen*, S. 61.
(19) Ebd., S. 64.
(20) Vgl. Maschke, Günther, *Der Tod des Carl Schmitt*, S. 128ff. Dort auch die pointierte Wendung:「シュミットはド・メーストル（De Maestre）とドノーソ（Donoso）の修辞的激情と黙示録的雰囲気とを継承し、それとともに、ホッブズの綱領をしょいこんでいる」（Ebd., S. 131）。
(21) アルントはその種の分類を先取りしている。かれはハーバーマスの自由主義的な基本的構成要因について語っている（Vgl. Arndt, Hans-Joachim, Buchbesprechung *Strukturwandel*, S. 342）.
(22) Vgl. Bergfleth, Gerd, Die zynische Aufklärung, in: Ders.（Hrsg.）, *Zur Kritik der palavernden Aufklärung*, München 1984, S. 180-197, hier S. 187ff.
(23) ここでプロイスは、わたしの見るところ、シュミットの立場がハーバーマスの立場とまったく一致しないことを見極めている。ハーバーマスは、「合理的かつ討議的な社会的諸関係のシステムを理論的に構成すること」に努力を傾けているとされるが（Preuß, Ulrich K., Carl Schmitt und die Frankfurter Schule, S. 410）、このことはカール・シュミットの「政治的諸関係の非合理化の方法」（Ebd., S. 410）とはまったく一致しないとされる。
(24) いずれにしても、討議による支配の解体というハーバーマスのコンセプトは、ひとつの深刻な問題に導かれる。権力の真空は、中長期的には、一国家存在において、存立し続けることはできないであろう。支配の解体は、ひとつの事実上の新たな権力分割へと導かれざるをえない（権威ではなく真実が法律を作る veritas, non auctoritas facit legem のか、あるいは、真実ではなく、権威が法律を作る auctoritas, non veritas facit legem のか、これはともかくとして）。シュミットは社会学的実証主義者である、というヘラーの非難は、ハーバーマスの主権概念に対する形式的な批判にもまた、他の平面においてであれ、同じように移行しうるように思われる。
(25) 興味深いものではあるが、形式においては当を得ていないアスペクトに、ヘーファーは言及している。かれの見解によれば、ハーバーマスもまた、かれがＮＡＴＯの軍備増強決議あるいは原発設備の建設に反対して抗議するに際して、議会主義的な多数決原理を市民的不服従のために疑問に付すとすれば、『政治的なるものの概念』におけるシュミット的な友・敵の区別を免れることはできない（Vgl. Höfer, Max A., Auch Habermas lieh bei ihm aus, in: *Rheinischer Merkur/Christ und Welt*, Nr. 28 vom 08.07.1988, S. 8）。ハーバーマスにおいては、政治的な敵対関係は決してシュミットの実存的な鋭さを獲得していない。諸々のコンフリクトは、機能している合法性システムの内部でのハーバーマス・モデルにおいては、行われることになるであろう。しかし、所与の現実がハーバーマス・モデルを逸脱し、そして、ラディカルなエコローゲたちと国家装置との間の仮借のない正面衝突が生じかねない、ということはヘーファーの指摘に当てはまるところであろう。ヘーファーが引いている平行線は、つまり、「万国のエコローゲよ、団結せよ！」は、一貫して、政治的なるもののシュミット的概念を以て、捉えることができる。

（26）論理の帰結するところ、シュミットの政治的実存主義における敵は、友よりもより重要である。外政的な敵を境界づけることによって、ひとつの政治的共同体そのものが定義される。言葉を変えるならば、一民族（人民）はその同質性を見出す。この関連において、シュミットのコンセプトにおけるひとつの理論的な矛盾が指摘されることになろう。すべての敵を圧伏させることは、政治的な多元的競争関係（Pluriversum）を解消することへと、そしてこれに伴い、国家的なものに変えられた政治的なものにとって構成的なものである、外政的な抗争の可能性の終焉へと、導かれる。友・敵の区別は、その際、場合によっては、内政的には生じるであろうが、政治的なるものは解消されるであろう。

（27）Habermas, Jürgen, aus: Dews, Peter (Hrsg.), *Autonomy and Solidarity, Interviers mit Jürgen Habermas*, London 1986, S. 194.

（28）Vgl. Habermas, Jürgen, Frankfurter Schule in New York, S. 423, vgl. Marcuse, Herbert, Der Kampf gegen den Liberalismus in der totalitären Staatsauffassung, S. 55.

（29）かれが決断主義的なものとして貶価している、手続き的正当性についてのかれの説明を考えてみられたし。ハーバーマスは議会制システムに必要な行為能力を無視している。これに対して、シュミットの決断主義は、部分的に、その実用主義的な諸エレメントによって貫徹された。かくして基本法における構成的な不信の意思表示〔首相の罷免を要求する建設的不信任案〕はシュミットの熟慮に帰着されうる（Vgl. Mußgnug, Reinhard, Carl Schmitts verfassungsrechtliches Werk und sein Fortwirken im Staatsrecht der Bundesrepublik Deutschland, S. 525）。

（30）Vgl. Habermas, Jürgen, Der Schrecken der Autonomie, S. 109 ――因みに、これはクロコフ（Krockow）によって共有される見解である。

（31）Maschke, Günther, *Der Tod des Carl Schmitt*, S. 128.

（32）Vgl. Schmitt, Carl, *Der Begriff des Politischen*, S. 33. ――「というのは、敵の概念が必要とするのは、現実（実在）的なものの領域にある闘争の偶発性（*Eventualität*）であるからである」（Ebd., S. 33, 強調は著者ベッカーによる）。

（33）Schmitt, Carl, *Politische Theologie*, S. 11.

（34）Habermas, Jürgen, Vorwort 1990, S. 44. 強調は著者ベッカーによる。

（35）Vgl. Maschke, Günther, *Der Tod des Carl Schmitt*, S. 129.

（36）Habermas, Jürgen, Ziviler Ungehorsam, S. 97.

（37）異なる意見を持つ者の主権は国家の主権を境界づける。ハーバーマスは、「国家の自己課題への逐条的な義務」を不当（過当）に要求している。「しかし、その際、国家は〈正当性の番人〉をなおまた、十分基準に照らしてではあっても、罰することになる」（Maschke, Günther, *Der Tod des Carl Schmitt*, S. 155）。

（38）この点については、ハーバーマスの〈肯定（積極）的な〉引用を参照のこと。Habermas, Jürgen, *Strukturwandel*, S. 17f., Fußnote 11 und 12, S. 18, Fußnote 14.

（39）教えるところの多いのは、わたしの見るところ、従来注目されなかった以下の関連である。すでに言及されたように、ハーバーマスは、代表制的公共性の終焉を、ゲーテの小説、『ヴィルヘルム・マイスターの修業時代』を例証にして叙述している。かれは、その際、あきらかに、ヴェルナー・ヴィッティヒの仕事に立ち戻っている（Vgl. Habermas, Jürgen, *Strukturwandel*, S. 22ff., insbesondere Fußnote 26）。この指摘を、かれはおそらくカール・シュミットに負っているであろう。かれがこのことをまたはっきりとは証示しなかったとしても、そして、もう一つの根拠づけが一貫して考えうるように思えるとしても、いずれにしてもハーバーマスは、以下の章句をシュミットの『憲法論』から免れたままにしておくことはできない。なぜならば、かれは他の関連において明らかにこの元になる言明を、まさしく、代表制的公共性の叙述が見られる§2において、利用しているからである（Vgl. ebd., S. 17. Fußnote 11; 問題になるのは、シュミットの著作の208ff. である）。「社会学的文献からは、わたし〔シュミット〕には、代表（再現前）の概念にとってきわめて意義深い、とにかくきわめて重要な仕事だけがお馴染みである。すなわち、マックス・ヴェーバーを想起するための出版物におけるヴェルナー・ヴィッティヒの論文 Bd. II, S. 287ff.：「ゲーテの小説『ヴィルヘルム・マイスターの修業時代』の社会的内実」がそれである。〈代表（再現前）〉という言葉は、なるほど、ここには出てこないが、〈公共性〉、〈公共的人格〉、そして〈仮象〉についてのそれ以上に的確な諸注において、いつも新たに湧き出ている。概念の危機は、貴族がその代表（再現前）的地位を失い、市民層がひとつの代表（再現前）を創造しえないであろう、という点にある」（Schmitt, Carl, *Verfassunglehre*, S. 209）。

（40）ケネディは、わたしの見るところ、今日の議会主義における代表（再現前）という思惟カテゴリーの衰退という見解に関する、シュミットとハーバーマスの間の一致について、不正確に語っている（Vgl. Kennedy, Ellen, Carl Schmitt und die »Frankfurter

Schule«, S. 411)。シュミットは、すでに古典的な議会主義を――より小さな程度にすぎないとはいえ――代表（再現前）的な偉大さのより初期の位相に対する衰退（貴族制に代わる名望家たち）として概念把握している。ハーバーマスは、これに対して、古典的な議会主義において代表制（再現前）的公共性を越えるブルジョア（市民）的公共性の優越性を認識することを考えている。今日の議会主義においては、大衆諸政党を通じてひとつの再封建制化が、そして、これに伴い代表制（再現前）的公共性の再構成が、現れている。――すでに議会主義の初期の位相における代表（再現前）という思惟カテゴリーの衰退についてのシュミットの見解を、ブラントは指摘している。「立憲主義的な教養と実践において議会制的な代議士が代表の顕著な原型となって以来、――とりわけ選挙の契機を通じて――代表（再現前）は〈コミュニケーションの領域〉へと変化した。しかし、まさにこの点において、シュミットは終わりの始まりを、かれの代表（再現前）概念の空洞化の始まりを、見ているのである」（Brandt, Hartwig, *Landständische Repräsentation im deutschen Vormärz. Politisches Denken im Einflußfeld des monarchischen Prinzips*, Neuwied und Berlin 1968, S. 16)。

（41）Habermas, Jürgen, *Strukturwandel*, S. 23.

（42）Vgl. ebd., S. 17.

（43）Schmitt, Carl, *Römischer Katholizismus und politische Form*, München 1925, S. 32f., zitiert nach: Habermas, Jürgen, *Strukturwandel*, S. 17f., Fußnote 12.

（44）Jäger, Wolfgang, *Öffentlichkeit und Parlamentarismus*, S. 80.

（45）ハーバーマスによれば、代議士は、利害の代理人でも、代表者でもなく、公共圏の公共的討議の独立した参加者にすぎないということになる。

（46）Vgl. Habermas, Jürgen, *Strukturwandel*, S. 17.

（47）シュミットとハーバーマスにおいては、ニュアンスにおいてのみならず、代議士の地位もまた、異なる解釈によって区別される。シュミットは議会人（Parlamentarier）の代表（再現前）的機能を指摘しているが、これに対して、ハーバーマスはその独立した地位を主張しているにすぎない（Vgl. Habermas, Jürgen, *Strukturwandel*, S. 223f., vgl. Schmitt, Carl, *Verfassungslehre*, S. 218f)。いずれにしても、両者は、一致して、教養市民層を機能しうる議会制的・代表制的なシステムの参照基準として捉え、いずれもこのシステムに起源的に民主制的な性格を否定している（Vgl. Habermas, Jürgen, *Strukturwandel*, S. 98. und S. 150ff., vgl. Schmitt, Carl, *Verfassungslehre*, S. 218)。

(48) これは、シュミットも同じくこの形式では否認するであろう発展である。なぜならば、人民の喝采は国家には妥当しないからである。ハーバーマスの批判は、これに対して、喝采あるいは大衆忠誠そのものに向かっている。これに対して、多元主義的諸集団において機能している公共性は、かれには望ましいことに思われている。

(49) シュミットの代表（再現前）概念への広範にわたるハーバーマスの依存は、この意味で理解されなければならない。わたしには、無意義ではないと思われることであるが、カトリック教会においてのみ、今日なお代表制的公共性が示されている、というシュミットの見解は、ハーバーマスによって広く——しかも、おそらく反省されることなく、というのは、後期の詳説とは、代表という思惟カテゴリーの歴史的発展はきわめて一致し難いからである——分有されるのである（Vgl. Habermas, Jürgen, *Strukturwandel*, S. 18 auch Fußnote 14)。このことは、共通の理論的基礎を背景にしてのみ、跡付けうるとおもわれる。

(50)「ライプホルツ、連邦憲法裁判所、そしてハーバーマスもまた、これに対して、代表制的議会主義を民主制の現象形態と見なしており、いずれにしても、これは本質的な社会的な諸前提を失い、それゆえに今日ではなお政党国家的・人民投票的（ライプホルツ）ないし社会国家的（ハーバーマス）な民主制として現存しうるにすぎないとされる」（Preuß, Ulrich K., Carl Schmitt und die Frankfurter Schule, S. 413)。

(51) Hartmann, Volker, *Repräsentation*, S. 265 ——シュミットとライプホルツは、共通して、「代表（再現前）」という言葉の本源的と思い込まれた言語使用に遡及している。かれらは両者とも、代表（再現前）原理と同一性原理とを厳格に区別している。「これによって、ライプホルツが見ているような、代表（再現前）の本来的かつ現実的な意義は、C・シュミットの諸著作において見出されうるのである」（Ebd., S. 266f.)。

(52) このことは、結局のところ、ハーバーマスにも妥当する。代表（再現前）的公共性は議論を欠く公共性であろう。

(53) Vgl. Kennedy, Ellen, Carl Schmitt und die »Frankfurter Schule«, S. 410.

(54) Habermas, Jürgen, Der Schrecken der Autonomie, S. 117.

(55) マシュケの見解によれば、自由主義的な思惟においては、まさしく議会の諸決定への公共的な影響に対するひとつの距離が見出されえたのである（Vgl. Maschke, Günther, *Der Tod des Carl Schmitt*, S. 145)。

(56) 興味深くないわけではないのは、選挙民の地位に関してシュミットとハーバーマスにおいて特定の諸々の共通性が確定されうることである。ここでもまた、諸々の成果への異なるウェイトの置き方は、歴史的な分析におけるひとつの差異に帰着されえないであろう。シュミットは、公共性概念の衰退を、とりわけ選挙民の増大している私化された地位において確定している。

主権者は、強調された定式化によれば、投票用紙記入ボックスにおいて、消滅しているとされる（Vg. Schmitt, Carl, Wesen und Werden des fascistischen Staates（ベッケラート（Beckerath）の同じ名前の著作への書評）, in: *Schmollers Jahrbuch*, Band 53, 1929, S. 107-113, hier S. 109）。国家は公共性を失い、これに伴って、実体を失っているとされる。喝采の能力は失われるとされる。ハーバーマスもまた、公共性の喪失から出発している。これに対して、〈私的な〉ブルジョア（市民）的な社会への一九世紀における発展を、かれはあっさり衰退とは見なしていない。なぜならば、かれは、そうした発展の中に、総じて理性批判を行うひとつの公共圏（ein räsonierendes Publikum）を産出する理想を瞥見していたからである。ようやく後期において、ハーバーマスは、私化過程においてひとつの衰退の発展を確認している。なぜならば、私的な権力の集中の増大化を通じて、批判的な公共性が代表的公共性に取って代わられるとされるからである。今日の国家存在という現象は、それゆえに、諸政党、諸集団、諸々の大企業の新たな品位の担い手に対する大衆忠誠の産物であるとされる。ハーバーマスは、貶価する形で、その »Show-character« や予想もされなかった〈人民投票的機能〉について語っている（Vgl. Habermas, Jürgen, Zum Begriff der politischen Beteiligung, S. 28）。とりわけ政治的選挙は、喝采というひとつの活動に退化しているとされる（Vg. Ders., *Strukturwandel*, S. 231）。ここで疑いなく問題になっているのは、〔ハーバーマス的理解が〕シュミット的なそれと真っ向から対置された関係になっている、という事態である。共通の分析と異なる結論、という似たようなパラドックスは、両サイドにおける古典古代的公共性への遡及においてもまた示される。シュミットが〔そこに〕かれの公共性概念の諸エレメントを再認識していると考えている（Vgl. Schmitt, Carl, *Verfassungslehre*, S. 243）のに対し、このことをハーバーマスもまたかれの逸脱している公共性概念のために要求している（Vgl. Habermas, Jürgen, *Strukturwandel*, S. 13f.）。

（57）そこにおいて諸々の共通の価値表象や習俗によって決定がになわれている、直接民主制というルソーの構想においては、公共的な討論の放棄は一貫して同意されている。なぜならば、それに伴ってデマゴーグのための活動領域が締め出されるからである。

（58）プロイスはこの見解に結びつけられているが、ケネディはこの見解を、いってみれば、アンチ・テーゼとして対置している（Vgl. Preuß, Ulrich K., Carl Schmitt und die Frankfurter Schule, S. 412）。

（59）Schäfer, Albert, Ein Traum, in: *FAZ*, Nr. 41, 18.02.1987, S. 33.

（60）Jay, Martin, Les extrêmes ne se touchent pas, S. 553.

（61）Kennedy, Ellen, Carl Schmitt und die »Frankfurter Schule«, S. 402.

（62）Vgl. Kennedy, Ellen, Carl Schmitt und die »Frankfurter Schule«, S. 387.

(63) Vg. Ebd., S. 405.

(64) Ebd., S. 406. ——こうした見解をいだいているのは彼女だけではない。すでに一九七九年に、ローンハイマーはこの種の合意について語っていた (Vgl. Rhonheimer, Martin, *Politisierung und Legitimitätsentzug*, S. 175)。

(65)「政府や議会におけるその都度の諸政党の多数派の意思との人民投票的・民主制的な同一性は、実際には、人民の意思のひとつの虚構的な同一化である。これは、本質的に、誰が、人民の意思を操作的あるいは示威的に形成する強制手段と教育手段を裁量するか、これにかかっている。諸政党は、意思形成の道具であるが、しかし、人民の掌中ではなく、政党装置を支配する者たちの掌中にある」(Habermas, Jürgen, Zum Begriff der politischen Beteiligung, S. 31, zitert nach: Kennedy, Ellen, Carl Schmitt und die »Frankfurter Schule«, S. 406, Fußnote 63)。

(66) Kennedy, Ellen, Carl Schmitt und die »Frankfurter Schule«, S. 417.

(67) Kennedy, Ellen, Carl Schmitt und die »Frankfurter Schule«, S. 417

(68) 上で名指した出典の指摘は、「なにはともあれ、彼女がハーバーマスによるシュミットの民主制概念の受容についての証拠としてもたらしている」唯一のそれである (Preuß, Ulrich K., Carl Schmitt und die Frankfurter Schule, S. 413)。

(69) Preuß, Ulrich K., Carl Schmitt und die Frankfurter Schule, S. 413.

(70) 言われたことは「政治的参加の概念に寄せて」という著作にもまた妥当する。

(71) Vgl. Preuß, Ulrich K., Carl Schmitt und die Frankfurter Schule, S. 414f.

(72) Söllner, Alfons, Jenseits von Carl Schmitt, S. 519.

(73) Vgl. ebd., S. 519f.

(74) ハーバーマスの二つの言明はその不明確な用語法を明らかにしている。「このことに関して、人民の支配は殆どまったく忘れられている。あたかも、この〔人民の支配という〕理念は次のことを指摘することによって、正当に扱われるかのように。すなわち、直接民主制の形姿における支配者と被支配者との同一性は、現代の(領域)国家 (Flächenstaat) の諸関係の下ではユートピア的である、という指摘によって」(Habermas, Jürgen, Zum Begriff der politischen Beteiligung, S. 11)。同じく、「たしかに、産業社会の組織化においては、統治者と被治者との差異は簡単には廃棄されえない。しかし、それゆえにすでに政治的支配の自立化に際して、被治者は慎ましくしていなければならないであろう、という結論は拙速である……」(Ebd. S. 12)。

(75) ジェイはこれに関するハーバーマスの諸々の親近性を強調している。「〔シュミットのように〕かれはルソーに訴求しているが

――いずれにしても、それは全く他の理解においてである。ルソーが――そして同時に、シュミットのような後のすべてのルソー主義者たちが――誤りに導かれてしまった地点は、前進する合理性を直接的民主制支配と同一視したことであるとされる」（Jay, Martin, Les extrêmes ne se touchent pas, S. 554）。

（76）ハーバーマスの見解とは、すでに言及されたように、とりわけ、それを以て民主制において諸決定が下されることになる、ルソー的かつシュミット的な心情の合意――喝采を通じて表現される――は合致しえない（Vgl. Ritter, Gerhard, A., Antiparlamentarismus und Antipluralismus der Rechts- und Linksradikalen, S. 78f.）。

（77）市民を喝采する大衆の一部としてのみ捉えているシュミットと対立して、述べられている。

（78）ハーバーマスが人民の意思の自立性の弱体化（Mediatisierung）を嘆いているとすれば、その根拠は、諸政党や諸団体が今日、かれの意見によれば、批判的公共性に対して拒否的に対立している、ということだけであり、しかし、〔かれは〕そこで将来こうした諸発展が前向きにもたらされることを望んでいるのである。

（79）これに数え上げられるのは、産業国家において異論を唱えるものたちの市民的不服従である。

（80）かれらは（例えば、NS独裁による）〔権力〕濫用の危険について自覚していたがゆえに、ラディカル・デモクラシーに対して、フランクフルト学派――ハーバーマスも含めて――がますます大きな距離をとるようになっていることについて語っているが、これは信ずるに値することのように思われる。「同一性論理は、フランクフルト学派の全てのメンバーにとってその機能的意義を失ったのである」（Jay, Martin, Les extêmes ne se touchent pas, S. 553）。

（81）Habermas, Jürgen, *Strukturwandel*, S. 216.

（82）Jäger, Wolfgang, *Öffentlichkeit und Parlamentarismus*, S. 81.

（83）Vgl. Schmitt, Carl, *Parlamentarismus*, S. 14.

（84）Jay, Martin, Les extrêmes ne se touchent pas, S. 553.

（85）Vgl. Maschke, Günther, *Der Tod des Carl Schmitt*, S. 146.

（86）すでにローンハイマーはハーバーマスの非自由主義的な態度を指摘していた。「自由主義と民主制の結合は歴史的なものとして考察され、そして乗り越えられたものとして説明される」（Rhonheimer, Martin, *Politisierung und Legitimitätsentzug*, S. 173）。

（87）Rhonheimer, Martin, *Politisierung und Legitimitätsentzug*, S. 187.

（88）Vgl. Preuß, Ulrich K., Carl Schmitt und die Frankfurter Schule, S. 410f.

(89) Vgl. Habermas, Jügen, Zum Begriff der politischen Beteiligung, S. 45.
(90) Rhonheimer, Martin, *Politisierung und Legitimitätsentzug*, S. 188.
(91) Ebd., S. 188.
(92) この箇所では、ハーバーマスが今日立場を変容させていることを指摘しておかないわけにはいかない。『自律性の恐怖』という著作において、かれは、今日なおネオ・マルクス主義において見られる、シュミットの自由主義・議会主義と民主制との区別を難じている。マシュケはこの転向を数語でコメントしている。「かくして、マルクス主義からのハーバーマスの長き訣別は、シュミットの民主制と自由主義の分離の却下を以て終わる、ということは筋が通っているというわけである」(Maschke, Günther, *Der Tod des Carl Schmitt*, S. 144)。ハーバーマスは、これに伴い、自分の初期の諸見解をばかげたものとしている (ad absurdum führen) のである。シュミットの反自由主義に対する批判は、一定の意味で、自分自身の立場の相対化としても見ることができる (Vgl. ebd., S. 122)。
(93) Vgl. Söllner, Alfons, Jenseits von Carl Schmitt, S. 507.
(94) Vgl. Jäger, Wolfgang, *Öffentlichkeit und Parlamentarismus*, S. 76ff., vgl. Lenk, Kurt, *Wie demokratisch ist der Parlamentarismus*, S. 44ff. und Rhonheimer, Martin, *Politisierung und Legitimitätsentzug*, S. 170.
(95) Haungs, Peter, Diesseits oder jenseits von Carl Schmitt, S. 531ff. ——議会主義分析の明らかに見て取れる類似と並んで、「ハーバーマスがかれの『公共性の構造転換』においてシュミットをかれの分析の〈共犯証人 (Kronzeuge)〉と名づけている」という行為事実は、この事実構成要件に有利な証言になっている (Jäger, Wolfgang, *Öffentlichkeit und Parlamentarismus*, S. 78)。
(96) Vgl. Ritter, Gerhard A., Der Antiparlamentarismus und Antipluralismus der Rechts- und Linksradikalen, S. 78ff., vgl. Jäger, Wolfgang, *Öffentlichkeit und Parlamentarismus*, S. 78ff.
(97) Kennedy, Ellen, Introduction, S. xl.
(98) プロイスは、ライプホルツの思惟がハーバーマスに影響を与えていると誤って思い込まれていることを、指摘している。ライプホルツもまた、シュミットと類似して、自由主義的な憲法（憲政秩序）と大衆民主制とが構造的に相容れないものであるという見解に与していた。その積極的な証拠は現前しているとされる。とりわけ、そこにおいては、議会が、そこで「すでに下された諸決定を登録させるために、指示に拘束された政党応嘱者（被委任者）たちがしかるべく振る舞う」場所として、記述されている、そういう引用 (Leibholz, Gerhard, *Strukturprobleme der modernen Demokratie*, S. 94, zitiert nach: Preuß, Ulrich K., Carl

Schmitt und die Frankfurter Schule, S. 412）は、ライプホルツによるとされている。こうした指摘は当を得ている。ハーバーマスの当該箇所における文献提示が、プロイスの言明に反して、このことをすぐに見極められるために、必要な配慮を示していないとしても（Vgl. dazu Habermas, Jürgen, Zum Begriff der politischen Beteiligung, S. 28）。いずれにしても、プロイスは、ハーバーマスのシュミットとの諸々の繋がりが存在する、ということを認めざるをえない。指摘されたように、これに加えて、ハーバーマスとライプホルツの間には、数多くの一致しえないところがある。ライプホルツにおける国家と社会あるいは人民投票的・政党国家的な民主制との分離がそれに当たる。さらにいえば、ライプホルツは〔そのことを〕シュミットとの活発な交渉において告白していたように思えるし、そして、まさにこの点で、現代国家に対する批判に関して、プロイスの諸々の説明が却下している、共通性が明らかになるのである（Vgl. Leibholz, Gerhard, *Auflösung*, z. B.: S. 14, 21, 38, 43, 77, 79）。

（99）Vgl. Kennedy, Ellen, Carl Schmitt und die »Frankfurter Schule«, S. 409, ――ライプホルツの詳述についての諸注の後に、決定的な件《くだり》が続いている。「議会は、そのことを通じて、すでに下された諸決定を登録させるために、指示に拘束された政党応嘱者（全権被委託者）たちがしかるべく振る舞う場所となる。似たようなことは、すでにカール・シュミットがヴァイマール共和国期に観察した」（Habermas, Jürgen, Zum Begriff der politischen Beteiligung, S. 28, zitiert nach: Kennedy, Ellen, Carl Schmitt und die »Frankfurter Schule«, S. 409, Fußnote 70. 強調は著者ベッカーによる）。

（100）Kennedy, Ellen, Carl Schmitt, und die »Frankfurter Schule«, S. 410f.

（101）ケネディは、この点におけるハーバーマスのシュミットを忌避する態度について意識していない（Vgl. Kennedy, Ellen, Carl Schmitt und die »Frankfurter Schule«, S. 411）。ハーバーマスは、議会を、すでに詳述されたように、理念型的に、代表（再現前の場としても、利害代表の場としても、見ていない。

（102）Kennedy, Ellen, Carl Schmitt und die »Frankfurter Schule«, S. 412.

（103）ケネディの非難は、その場合、決して新しいものではない。すでに、ヘンニースが一九六八年に似たようなことを定式化していた。このことで、彼女は、エルトによる（Vgl. Erd, Rainer, Über die Zivilisierung der Streit- und Eßlust, S. 2）、ヘンニースの女弟子である、との正当化されない非難を、招いた（Vgl. Haungs, Peter, Diesseits oder jenseits von Carl Schmitt, S. 527 und S. 530）。

（104）ゼルナーは、「引用度合の測定（Zitiervermessung）」（Söllner, Alfons, Jenseits von Carl Schmitt, S. 518）を先取りしているが、これをかれは嫌みなく注釈しているわけではない。シュミットと並んで、『公共性の構造転換』に刻印を印した数多の著者たちが見出せるであろう。フォルストホフとヴェーバーといった、シュミットの弟子たち、しかしまた、ノイマン、キルヒハイマー、フレンケル、アーベントロート、リッダーといった名の公然たるシュミット敵対者たち――アングロ・アメリカ的著者はまったく除いても（Vgl. ebd., S. 517）――がそれである。これを以て、かれ〔ゼルナー〕は、ケネディがハーバーマスの初期の諸労作へのシュミットの影響力をあまりにも過剰に評価した、ということを証明しようとしているのである。

（105）Söllner, Alfons, Jenseits von Carl Schmitt, S. 518.

（106）Vgl. Haungs, Peter, Diesseits oder jenseits von Carl Schmitt, S. 540f.

（107）何人かのケネディ批判者たちが、とりわけゼルナーが、彼女の諸言明の中に見極めようとしている、ハーバーマスに対する左派シュミット主義の非難は、根拠薄弱である。わたしに違和感を覚えさせるように思われるのは、もっぱら、殆ど口頭侮辱罪（Verbalinjurien）を思わせるような、ケネディに対する諸々の脱線（Entgleisungen）である。この関連において、シェーファーは、ケネディに対するあらゆる批判にもかかわらず、次のことを確認している。「ゼルナーは、彼女の議論における著者〔ケネディ〕の弱点や誤謬を証明することでは些かも満足しない。かれの学問（科学）史的な正確な位置どりは、とりわけ彼女の知的誠実性に対する怒り狂った攻撃である」（Schäfer, Albert, Ein Traum, S. 33）.

（108）Vgl. Jäger, Wolfgang, *Öffentlichkeit und Parlamentarismus*, S. 82.

（109）Vgl. Preuß, Ulrich K., Carl Schmitt und die Frankfurter Schule, S. 405.

（110）Vgl. Jäger, Wolfgang, *Öffentlichkeit und Parlamentarismus*, S. 80f., vgl. Ritter, Gerhard A., Der Antiparlamentarismus und Antipluralismus der Rechts- und Linksradikalen, S. 79.

（111）Haungs, Peter, Diesseits oder jenseits von Carl Schmitt, S. 537. ――この関連において、ハオンクスはゼルナーの主張を根拠薄弱として退けている。そのゼルナーの主張というのは、参加度を高めることへのハーバーマスの要求は、「代表制的な民主制のための弁済と補完として（Söllner, Alfons, Linke Schüler der konservativen Revolution? Zur politischen Theorie von Neumann, Kirchheimer und Marcuse am Ende der Weimarer Republik, in: *Leviathan*, 11, (1983), S. 214ff. hier S. 521, Fußnote 18, zitiert nach: Haungs, Peter, Diesseits oder jenseits von Carl Schmitt, S. 537）理解されなければならない、というものである。諸政党を特別に顧慮しない純粋に社会的な諸集団（原型としては労働組合）の価値上昇や権力増大は、この意味では、解釈されえないとされる（Vgl. Haungs, Peter, Diesseits oder jenseits von Carl Schmitt, S. 537）。

（112）Preuß, Ulrich K., Carl Schmitt und die Frankfurter Schule, S. 413.

（113）Vgl. Kennedy, Ellen, Carl Schmitt und die »Frankfurter Schule«, S. 413.

（114）ゼルナーはこの関連において誤って思い込まれたケネディの解釈者としての誤謬を指摘している。彼女は、『後期資本主義における正当化の諸問題』のような書物がおよそようやくはじめて可能にした決定的な転轍設定（Weichenstellung）、すなわち、ルーマンのシステム理論の統合による社会学的な諸基礎の修正（Söllner, Alfons, Jenseits von Carl Schmitt, S. 523）を誤認し、シュミットとの誤った関連の中に置いたというわけである。

（115）Vgl. Habermas, Jürgen, *Legitimationsprobleme im Spätkapitalismus*, S. 135f. ――いずれにしても、かれがこの著作で導入し（Vgl. ebd. S. 153ff.）、そして、かれがまたはっきり見てくれの妥協として特徴づけている、カール・シュミットの引き伸ばしのための形式上の妥協（dilatorischer Formelkompromiß）を手がかりにして、導いている、「見てくれの妥協（Scheinkompromiß）」というハーバーマスの概念が、参照されるべきであろう（Vgl. Schmitt, Carl, *Verfassungslehre*, S. 31ff.）。

（116）Vgl. Söllner, Alfons, Jenseits von Carl Schmitt, S. 521.

（117）Vgl. Preuß, Ulrich K., Carl Schmitt und die Frankfurter Schule, 414ff.

（118）Ebd., S. 416.

（119）ジェイの答えもまた明確に定式化されている。ケネディが、シュミットのあれかこれかの論理（Entweder-Oder-Logoik）と完全に一致して、……一社会に妥当している法（権利）を一応（halbherzig）支持している誰もがルソーの直接民主制的主権の意味での批判を行使する、と主張するならば、彼女は彼女の解釈において間違っているとされる。こうした見方は、実定法の正当性は一貫して自然法の長い伝統に照らして測られ、そして、問いに付されうるにもかかわらず、現存する諸法律を非正当的なものとして攻撃する多様な可能性を無視している」（Jay, Martin, Les extrêmes ne se touchent pas, S. 554）。

（120）Vgl. Hennis, *Wilhelm, Verfassung und Verfassungswirklichkeit. Ein deutsches Problem*, Tübingen 1968, S. 35, Fußnote 74.

（121）Kennedy, Ellen, Carl Schmitt und die »Frankfurter Schule«, S. 414.

（122）Vgl. Kennedy, Ellen, Carl Schmitt und die »Frankfurter Schule«, S. 414f.

（123）ハーバーマスは、「正当性の番人」や「例外事例」というシュミットの表現に訴求している（Vgl. Kennedy, Ellen, Carl Schmitt und die »Frankfurter Schule«, S. 415, Fußnote 87）。

（124）Vgl. Kennedy, Ellen, Carl Schmitt und die »Frankfurter Schule«, S. 415, vgl. auch Habermas, Jürgen, Ziviler Ungehorsam, S. 90f.

（125）Söllner, Alfons, Jenseits von Carl Schmitt, S. 523.

(126) Vgl. ebd. S. 523f. ——ケネディはここで実際に理解しがたい切り詰めに誤導された。ハーバーマスの著作におけるロールズ(Rawls)への数多の参照——これらは他の解釈を許すのであるが——については沈黙されている(Vgl. Habermas, Jürgen, Ziviler Ungehorsam, S. 83ff.)。

(127) Vgl. Söllner, Alfons, Jenseits von Carl Schmitt, S. 524.

(128) Preuß, Ulrich K., Carl Schmitt und die Frankfurter Schule, S. 418.

(129) Vgl. Preuß, Ulrich K., Carl Schmitt und die Frankfurter Schule, S. 418.

(130) 「市民的不服従」についてジェイは書いている。「ところで、この公刊物でさえ、ケネディは突飛な仕方で彼女の議論の図式へと裁断している。その際、彼女は、ソロー（Thoreau）、マーチン・ルーサー・キング、ジョン・ロールズに至るまでのアメリカの政治学者たちへのハーバーマスの密接な関係を、まったく公然と顧慮しないままにしているが、かれらの断固たる市民的不服従の擁護はシュミット主義的な賛嘆とはまるで別のものであった」(Jay, Martin, Les extrêmes ne se touchent pas, S. 556)。

(131) Vgl. Jay, Martin, Les extrêmes ne se touchent pas, S. 556f.

(132) Haungs, Peter, Diesseits oder jenseits von Carl Schmitt, S. 537.

(133) ハオンクスはシュミットとハーバーマスに対して合法性と正当性の対置を批判している。「形式的民主制と実質的ないし「真実の」民主制との対照化と、そしてこれと対応する合法性と正当性の区別とは、不適切な議論の形象である。なぜならば、それらは実質的目標と形式的手続きの交錯を考慮していないからである……」(Haungs, Peter, Diesseits oder jenseits von Carl Schmitt, S. 543)。——ローンハイマーは、誤って思い込まれた機能的合法性に対するシュミットとハーバーマスの共同の正面作戦を指摘している(Vgl. Rhonheimer, Martin, *Politisierung und Legitimitätsentzug*, S. 187)。

(134) Haungs, Peter, Diesseits oder jenseits von Carl Schmitt, S. 543.

(135) Vgl. Schmitt, Carl, *Legalität und Legitimität*, S. 23ff. ——これに加えて、合法的な権力占有へのプレミアム（シュミット）は、政権政党が選挙戦において明白に有利であることについてのハーバーマスの説明においても、再びみられる(Vgl. Habermas, Jürgen, *Strukturwandel*, S. 238ff.)。いずれにしても、ここには、他の数多の出典が提供されている。Z. B. Schumpeter, Josef A., *Kapitalismus, Sozialismus und Demokratie*, München 1950, insbesondere Kapitel 22: »Eine andere Theorie der Demokratie«.

(136) 多数決原理に対する批判はシュミットとハーバーマスにおいて明白に区別される、ということは忘れられるべきではないであろう。シュミットが特別多数決を民主制的な多数決原理の否認として価値づけているのに対して、ハーバーマスはまさに単純多数決を批判している（Vgl. Habermas, Jürgen, Ziviler Ungehorsam, S. 94, Vgl. Schmitt, Carl, *Legalität und Legitimität*, S. 40ff.）。

(137) 合法性と正当性、例外事例、主権の番人、友‐敵—関係、等々の諸概念は共通している。

(138) このようなことはまた、大いにありえたであろう。なぜならば、ケネディはハーバーマスの最近の著作については何ら積極（肯定）的な引用を提示することができなかったからである。

(139) Vgl. Söllner, Alfons, Jenseits von Carl Schmitt, S. 523.

(140) Kennedy, Ellen, Carl Schmitt und die »Frankfurter Schule«, S. 406f.

(141) Ebd., S. 407.

(142) ハオンクスの指摘を参照。Haungs, Peter, Diesseits oder jenseits von Carl Schmitt, S. 527.

(143)「個人的生存への配慮の完全な組織化に関する業績の担い手としての行政国家という概念は、実際のところ、自由主義的な法治国家という理念とは矛盾している。ハーバーマスは、かつてのフォルストホフと同じく、この可能性を歴史的な必然性として標識づけているが、このことによって、かれは自由なる法治国家という理念を不条理なものに導いている」（Rhonheimer, Martin, *Politisierung und Legitimitätsentzug*, S. 176）。

(144) Wiggerhaus, Rolf, *Die Frankfurter Schule*, S. 609.

(145) そして、このことについていえば、かれは上ではこのような書評の疑わしさ——いずれにしてもシュミットの人格についての——を自身で指摘していたにもかかわらず（Vgl. Söllner, Alfons, Jenseits von Cal Schmitt, S. 502）。

(146) Söllner, Alfons, Jenseits von Carl Schmitt, S. 521.

(147) Vgl. Haungs, Peter, Diesseits oder jenseits von Carl Schmitt, S. 535f.

(148) Vgl. Rhonheimer, Martin, *Politisierung und Legitimitätsentzug*, S. 173.

(149) Söllner, Alfons, Jenseits von Carl Schmitt, S. 521.

(150) ハーバーマスは後に断固としてこのアーベントロートとの関係を一旦は明らかにした。「五〇年代の後半にわたしに重要な影響力を及ぼしたのは、ヴォルフガング・アーベントロートであった。かれはかれの人格にいくつかの側面を持っていたが、しかし、かれは、他のことはさておき、国法学者であったし、この改革者的な側面が私に訴えるものを持っていた。とりわけ、人権と福祉国家についてのかれの解釈が」（Habermas, Jürgen, in: Dews, Peter（Hrsg.）, *Autonomy and Solidarity*, S. 193）。

(151) Rhonheimer, Martin, *Politisierung und Legitimitätsentzug*, S. 182. ——ここではネオ・マルクス主義との関連で表明されている。

かれはハーバーマスをネオ・マルクス主義の代表と捉えている。

(152) Vgl. Rhonheimer, Martin, *Politisierung und Legitimitätsentzug*, S. 181.

(153) Vgl. ebd., S. 184.

(154) Habermas, Jürgen, Zum Begriff der politischen Beteiligung, S. 45.

(155) Vgl. Ziegler, Heinz O., *Autoritärer oder totaler Staat*, vgl. den Hinweis bei Schmitt, Carl, *Legalität und Legitimität*, S. 93.

(156) Schmitt, Carl, *Legalität und Legitimität*, S. 93.

【結語】

(1) Vgl. Maschke, Günther, *Der Tod des Carl Schmitt*, S. 118.

◆解題にかえて――理性（ratio）と意思（voluntas）の相互限定

永井健晴

はじめに、著者ハルトムート・ベッカーの略歴を（著者ベッカー自身から訳者に送付されたCurriculum Vitaeに基づき）記《しる》しておきたい。ベッカーは一九六六年、ヴェッツラー／ラーン（Wetzlar/Lahn）で生まれ、ギーセン（Gießen）大学で、経済学、政治学、哲学を研究し、ポツダム（Potsdam）大学で学位を取得した。現在、ドイツやアメリカの各種の財団や団体で勤務するかたわら、ベルリンで著述生活をしている。取り組んでいる主要なテーマは、国家諸科学と教説史（Staatswissenschaften und Dogmengeschichte）、政治理論、国家政策学（Staatspolitik）（財政政策と経済政策、対外政策と対外経済政策）である。なお、目下、カール・シュミットに関する比較的大きなモノグラフィーに取り組んでいる。公刊書には、以下に挙げるものがある。

＊ *Die Parlamentarismuskritik bei Carl Schmitt und Jürgen Habermas*, Duncker & Humblot, Berlin 1994（2003）.

＊ *Die Kategorie öffentlicher Güter als Grundlage von Staatstheorie und Staatswissenschaft*, Duncker & Humblot, Berlin 2002（Diss., Potsdam 2001）.

＊ Mitherausgeber des Sammelbandes, *Die 68er und ihre Gegner. Der Widerstand gegen die Kulturrevolution*,

Stocker-Verlag, Graz 2003（2004）.

＊ Herausgeber, *Gustav Stresemanns Reden und Schriften. Politik — Geschichte — Leteratur 1897-1926*, 2. Auflage, Duncker & Humblot, Berlin 2008.

＊ *Politische Lageanalyse Kulturkritik, Essays aus den Jahren 2007-2011*, Telesma-Verlag, Treuenbrietzen 2013.

＊ *Versachlichung und Entpolitisierung der staatlichen Praxis—Ein polizeiwissenschaftlicher Ansatz*, Telesma-Verlag, Treuenbrietzen 2014.

＊

本著は、「第二版へのまえがき」や「日本語版へのまえがき」にあるように、一九八〇年代中葉以降の、「議会主義批判」に関する「ハーバーマスにおけるシュミット受容」をめぐる、いわゆる「ケネディ論争」を契機として、認《したた》められた。この論争は、著者によれば、本著を以て決着がつけられた、とのことである。この論争の内容、とくにシュミットとハーバーマスの間の親和性と差異性については、とりわけ本著の第四部（D）で、かなり詳しく論点が詳説され評価されているし、この論争についての著者自身の評価については、二つの「まえがき」で明確に示されている。

また、この論争の発端となったエレン・ケネディの「カール・シュミットとフランクフルト学派」という論文については、以下のテクストをご覧いただきたい（Ellen Kenndy, Carl Schmitt und die „Frankfurter Schule", Deutsche Liberalismuskritik im 20. Jahrhundert, in: *Geschichte und Gesellschaft*, 12. 1986, S. 380-419; Carl Schmitt and Frankfurt

School, in: *Telos*, No. 71, 1987, pp. 37-66)※。シュミットとハーバーマスとの理論的な関係だけでなく、一九二〇年代末から三〇年代を通じて『社会研究（*Zeitschrift für Sozialforschung*）』（ホルクハイマーが主催した、後に「西欧マルクス主義」と呼ばれる立場に基づく、哲学、経済学、法学、政治学、等々の社会科学全般に関する総合的な研究誌）に関係した、ユダヤ系ドイツ人研究者、例えば、日本でも夙にお馴染みの、W・ベンヤミン、F・ノイマン、O・キルヒハイマー、F・ボルケナウ、F・ポロック、K・ヴィットフォーゲル、H・マルクーゼ、E・フロム、T・W・アドルノ、等々が、どのように、一九二〇年代末から三〇年代に、直接的にせよ、間接的にせよ、シュミットと係わりを持ったのか、あるいは、持たなかったのか、興味深いところではある。しかし、ここでは、「カール・シュミットとフランクフルト学派」の関係全般については、敢えて立ち入らないことにしよう。

※このケネディ論文やこれに関連する諸論文の邦訳を、当初参考文献として巻末に付す予定であったが、時間内に版権について当該の雑誌社との連絡がつかず、残念ながら、断念を余儀なくされた。

ドイツ国制の変遷

周知のように、一九世紀初頭、夙に全く名目化されていた神聖ローマ帝国は、ナポレオン戦争を通じて消滅した。大陸（中欧）国家ドイツが、中世以来の封建制的諸領邦の割拠状態を脱し、欧州における東西諸国家間の緊張関係の只中で、プロイセン主導の下に近代的統一国家をようやく達成したのは、普仏戦争後の一八七一年であった。一九世紀後半からの帝国主義的諸列強間の熾烈な競合状況において、さらには、いずれもドイツの敗北に終わった二〇世紀前半の二つの世界大戦（総力戦）を通じて、近現代ドイツ国制は、ベルリン・ライヒ君主制（第二帝国）、ヴァイマール・ライヒ共和制、ファシズム的ヒトラー独裁制（第三帝国）、ボン連邦共和制（西独）・社会主義民主制（東独）、そして再びベルリン連邦共和制（東西再統一国家）へと、二転・三転しながらその相貌を変えてきた。

シュミットとハーバーマスにおける議会主義批判：『現代議会主義の精神史的状況』（シュミット）と『公共性の構造転換』（ハーバーマス）

国法学者カール・シュミット（一八八八―一九八五）は、その長い生涯において最後の国制を除く全ての国制を直接経験し、紆余曲折（あるいは理論的変節?）を経ながらも、また毀誉褒貶を浴びながらも、それぞれの時代に応答する光彩陸離たる数多の著作を残した。シュミットは、一貫していわば「（西欧）近代の超克」を志向する信条を堅持しながら、近代主権国家の「政治的統一性」の確立に固執するエタティスト・ナショナリストの立場から、法と政治の関係を、Recht と Macht の関係を、理論的に考え抜こうとした。とりわけ、ヴァイマール期においては、本著が取り上げている『現代議会主義の精神史的状況』（1923）を公刊し、大衆社会状況における現代議会主義（自由主義的民主制）の理念と現実の乖離、その欺瞞性（イデオロギー性）を的確かつ鋭利な概念を以てラディカルに批判し、その後の著作において対案を示そうとした。

社会（哲学）学者ユルゲン・ハーバーマス（一九二九―）は、第二次大戦後、ボン基本法に基づく連邦共和国体制（西独）を背景にして、実に様々な現代の諸理論や諸立場、哲学的人間学、西欧マルクス主義、批判理論、実証主義科学、解釈学、社会システム論、言語行為論、ポスト・モダニズム、保守主義（歴史修正主義）等々との論争を飽くことなく繰り返しながら、自らの議論を展開してきた。それどころか、かれは内外の政治状況に関してさまざまな時務論を表明し、物議を醸すことさえ憚らなかった。ハーバーマスは、いわゆる「西欧マルクス主義」ないし「批判理論」の「イデオロギー批判」に共感しながらも、あらゆる形而上学や近代的意識哲学のパラダイムを揚棄して、しかも、やはり一貫して「未完のプロジェクトとしての（西欧）近代」の完成を志向しながら、「共同主観性」のパラダイムを前提として、ある種のユートピア的普遍主義者として「支配から自由なコミュニケーション的理性」の実現に拘り続けている。

後期のハーバーマスがカール・シュミットをエタティスト・ナショナリスト、決断主義者、あるいは反ユダヤ主義者として激しく峻拒していることに鑑みるならば意外なことであるが、初期のハーバーマスは、その教授資格論文『公共性の構造転換』(1962) において、シュミットがマックス・ヴェーバーから継承している「正当性 (Legitimität)」や「合法性 (Legalität)」のみならず、シュミット自身の「公共性 (公開性) (Öffentlichkeit, Publizität)」「再現前 (代表) (Repräsentation)」、「同一性 (Identität)」、「同質性 (Homogenität)」といった思惟範疇 (概念) をも、さらにはシュミットの批判的な論理展開そのものをも、ヴォルフガング・アーベントロートを介して直接的・間接的に受容しながら、現代議会主義とリベラル・デモクラシーの歴史的・制度的・理論的な意義と限界を見極めようとしていた。

ハルトムート・ベッカーのスタンス

本著『カール・シュミットとユルゲン・ハーバーマスにおける議会主義批判』の著者、ハルトムート・ベッカーは、一九八〇年代中葉、エレン・ケネディの「カール・シュミットとフランクフルト学派」という論文の公刊によって惹起された、シュミットといわゆるフランクフルト学派周辺の人びとや、就中ハーバーマスとの関係をめぐる論争を契機として、とりわけ「議会主義批判」に関するシュミットとハーバーマスが展開した議論の同一性と差異性を、改めて的確に捉え返している。

ベッカーは、両者の対立を、かれらの価値観をめぐって、シュミットを単純な決断主義者、国家主義者として、ハーバーマスを単純な自由主義者、普遍主義者として、仕立て上げることによって、単純な左右のイデオロギー対決に還元するような態度を、退けている。その上で、かれは、「議会主義批判」に関する両者の (顕在的・潜在的な)

概念的・理論的な継受関係を能うかぎり明晰に剔抉し、両者それぞれの時代におけるそれぞれの理論的意義ばかりでなく、それぞれの限界をも、見極めようとしている。ここには、著者ベッカーにおける、シュミットとハーバーマスに対する、マックス・ヴェーバーの謂うところの――ここでは理論的な意味においてであるが――適切かつ冷徹な「(批判的)距離への習熟」の意識が、感じ取られるように思われる。(もっとも、ベッカーは、すくなくとも価値意識・国法論的な意義に限るならば、どちらかというと、カール・シュミットの方に親和力(Wahlverwandschaft)を感じている気配を示しているのではあるが。)

ベッカーは、理論の形成と展開に際しての事実認識と価値意識(quid facti と quid iuris)のレヴェルの峻別を前提にして、それぞれのアスペクトにおける両者の差異性と親近性を鋭利に腑分けしている。かれがこのテクストで試みたことは、シュミットとハーバーマスの議会主義批判に通底する歴史的事実認識の不正確さ・不的確さの指摘に留まらない。もちろん、ベッカーは両者における現代「議会主義批判」という特殊的な理論的諸問題に焦点を絞って議論を展開しているのであるが、しかし、まさにそのことを通じて、かれは古典古代以来の西欧世界における「政治的なるもの」の理解の根底にある、主知主義(Intellektualismus)と主意主義(Voluntarismus)、理性(ratio)と意思(voluntas)、合法性と正当性、Macht と Recht、法(正義)と力(権力)との、対立と相互限定の関係という、きわめて普遍的なプロブレマティックを、浮き彫りにしている。

批判を遂行するメタ批判の根拠　quid iuris と quid facti の循環　petitio principii

周知のように、ヘーゲルは、一九世紀初頭に、前世期までに展開された啓蒙思想の知識とその現実化・実践化の試みとして捉えられたフランス革命とナポレオン戦争の生々しい経験を踏まえて、世界史(人類史)＝西欧史を、「情念(受苦)(Leidenschaft)」と「理性(Vernunft)」を経糸・緯糸にして織られたテクストに譬え、まさにこの不条理の氾濫する盲目的な「情念（受苦）の演劇」、「屠殺台」としての歴史的現実、「世界審判としての世界史（Weltgeschichte als Weltgericht）」を貫いて、必然的かつ不可逆的に、「大文字の理性」がまさにこの不条理を手段として自己実現していく過程として物語《ものがた》った。この比喩によれば、世界史は不可謬の理性と意思を備えた超越神・唯一神が操る操り人形劇（Marionettentheater）であり、世界史を物語るということは、ライプニッツの謂う「神義論（Theodizee）」を語るということである、というわけである。

「階級闘争」を通じて「人類の解放」を目指したマルクス主義も、「理想的発話状況」を「反事実的（kontrafaktisch）」に想定して「支配から自由なコミュニケーション理性」の実現に固執しているハーバーマスも、いずれも、ヘーゲルのグランド・セオリーとしての世界史観を、イデオロギーとして、あるいは形而上学として、退けるであろう。しかしながら、マルクスにせよ、ハーバーマスにせよ、まさにそれぞれが語るところは、歴史意識・価値意識において、いわば単なる「神義論」なしの一八世紀的「物語」にすぎないのではないか。

もちろん、こうした批判は陳腐なものであろう。すでにヘーゲル自身が、巨大な歴史的役割を演じた「世界史的個人」でさえ、所詮、「時代の子（Sohn der Zeit）」である、と述べている。哲学者であれ、歴史家であれ、社会科学者であれ、個人であれ、集団であれ、超越神・唯一神ならざる「死すべき人間」が、事実としての歴史の総体の外に立てるはずがない。そもそも、人間存在のあらゆる行為・活動は、所与の歴史的・社会的諸条件によって制約されているのみならず、行為・活動を動機づける「認識関心（Erkenntnisinteresse）」によっていつもすでに条件づけられているのである。センス・データは、時間・空間の直観形式に制約されているだけでなく、いつもすでに所与の思惟範疇に依存しているし、さらには、この思惟範疇はまた所与の認識パラダイムに依存しているからである。とするならば、批判を遂行する主体のメタ批判の根拠は、それが何であれ、論理的には、「権利問題（quid iuris）」と「事実問題（quid facti）」の循環、あるいは「倒逆論法（prosteron-hysteron）」、要するに、「先験的問題要求の詐取（petitio principii)」以外にはなりえないはずである。

理性（合理性）の主観化・道具化とそのメタ批判としての理性の自己批判

人間のあらゆる実践と理論が、「認識関心」の「存在被拘束性（Seinsgebundenheit）」をいつもすでに前提にしている以上、右であれ左であれ、何らかの「理論」に対する「イデオロギー批判」を遂行する「行為」は、翻って、この批判を可能ならしめる批判意識の当の根拠を反省する自己批判意識なしには、単なる欺瞞とならざるをえない。アスケシスを前提にして遂行されるいわゆる実証科学的営為において標榜される事実認識に際しての思惟範疇の一義性（同義反復性）・中立性・客観性・普遍性にさえ、すでに一定の価値関心・利害関心（認識関心）が潜んでいる。不可逆とされる「啓蒙化」、「合理化＝脱呪術化」の過程には、いつもすでに、主観化された「道具的理性」（「目的合理性」）による、個人であれ集団であれ、人間を含めた他者（外異なるもの）としての内外の自然に対する「支配」への関心、あるいは「権力意思」が潜在している、ということは、夙にニーチェやヴェーバーのみならず、ホルクハイマーやアドルノがより的確に指摘しているところである。

このような西欧的理性（合理性）に関するいわばメタ批判は、後期カントの批判哲学以降、ヘーゲルのカント主義批判、マルクスの経済学批判、ヴェーバーの宗教社会学、後期ニーチェの権力意思論、ホルクハイマーの批判理論、初期ルカーチや後期ハイデガーなどにおいて、さまざまな形で展開された。西欧的理性（合理性）の主観化、形式化、道具化という問題構制はまた、社会科学一般における実証主義のイデオロギー性のみならず、法学（国法学）のそれ（法実証主義、権威主義、合法主義、規範主義と決断主義の循環）に対する批判の遂行という形で取り組まれた。本著の「カール・シュミットとユルゲン・ハーバーマスにおける議会主義批判」という主題も、西欧近代の自由・平等・友愛の理念に係わる理性（広義の自由主義）とそのイデオロギー性のメタ批判というより広い理論的モティーフにおいて位置づけることができるであろう。

諸範疇思惟——議会主義批判のための概念的ストイケイア

議会主義批判あるいは自由主義批判に関する詳しい議論については、本著や、シュミットとハーバーマスの当該テクストを改めて紐解いていただくこととして、ここではそれぞれの著者がそれらを用いて議論しているいくつかの主要な概念（Leitbegriffe）について、訳者の理解を示して参考に供したい。

議会（Parlament）

人間存在というものが、近現代においてさえ、本質的にいえば、政治的動物（Zoon politikon）にして、言語能力と理性能力をいわば類として潜在的に備えている存在（homo loquens, homo sapiens）であるかぎり、古今東西の何らかの政治的集団における集団意思の決定に際して、もちろん、ときにカリスマ的指導者が現れたとしても、しかし、いつも何らかの議会ないし会議があったし、あるであろう、ということは想像に難くない。議会（parliament, Parlament）という言葉は、語源からして、parler, parole を交すこと、あるいはそのトポスを含意するが、衆議・公論・討議を通じてより公共性・一般性・妥当性の高い決定を得ようとする試みは、時処を問わず、見られるところであるからである。例えば、周知のように、我邦の（七世紀ないし八世紀に厩戸皇子によって起草されたとされる）「十七条憲法」、十七では、「事を論《あげつら》ふことに諧《かな》ふときは、事理自《おの》づからに通ふ」、「衆と相弁《あいわきま》ふるときは、辞則《すなわ》ち理を得む」と記《しる》されている。西欧世界においてもまた、古典古代のポリスやキーヴィタース、ゲルマン諸部族社会、後期中世以降の封建制的諸領邦、絶対主義国家及びこの枠組みにおいて成立する近代主権国家、これらのいずれにおいても、建前であれ、「万機公論ニ決スベシ」（五箇条の御誓文、一）という態度をまったく峻拒するような極端な例外は、むしろ稀であったであろう。

しかし、より重要なことは、政治的集団が存立するかぎり、そこには征服民と非征服民、統治者と被治者、これらの間に、黙示的にせよ明示的にせよ、何らかの「契約（symtheke, pactum, Vertrag）」が、つまり支配契約、統治契約が、あったし、あるであろう、ということである。支配（統治）の安定的存立には、被支配者（被治者）の事実上の承認（正当化）が必要だからである。両者の契約は——柄谷行人が言っているような——「略取と再分配」の「交換」契約ともいえよう。議会とはこうした意味での契約の再更新のトポスでもあったはずである。中世末以降の西欧においては、イングランドにおいても、大陸ヨーロッパにおいても、封建制的領邦諸国家内部の主従関係、皇帝と諸侯との関係、とりわけ絶対王政の形成過程において、貴族、聖職者、ブルジョアなどの代表からなり、執行権を牽制・監督し、立法権及び予算議定権を有するようになる「議会（Parlament）」（Stände は、諸身分代表からなる「身分制議会」を意味する）が制度化されていく。要するに、議会とは、政治集団（広義の国家）において公共的事柄、とりわけ予算配分に関する決定を、衆議・討論を通じて、制定律（法律）の形で成立させるトポスなのである。

議会主義と自由主義（Parlamentarismus und Liberalismus）

一六世紀以降の西欧世界は、経済史的に見れば、資本制的商品交換システムの形成期であり、そこではブルジョア階層（商業資本家、産業資本家、金融資本家）が台頭し、政治的・社会的・文化的に主要な役割を演じるようになる。マルクスによれば、経済活動（「社会的労働」）（「生産力」と「生産関係」の関係のダイナミクス）は、要するに、生存のために必要な財の社会的な生産と交換・配分は、人類史（文明史）を貫くあらゆる人間社会の土台である。巨視的に見れば、不可逆な生産力（技術革新・テクノロジー）の発展は、「必要労働」からの限定的な解放とこの解放に基づく自由（「善く生きること」）の可能性のみならず、「生産手段」の不合理と見なされた「所有関係」と、社会的財の再配分の不合理と見なされうる諸制度とを、問題化する可能性をもたらすとされる。けれども、経済システムが人間社会の土台になり、社会システム（経済・政治・文化）〈überleben〉と〈gut leben〉の総体が「目的合理的（機能合理的・システム合理的）」な経済システム・行政システムに還元されてしまうのは、むしろ、まさに近現代の資本制社会システムにおいてなのである。

一六世紀以降、この資本制商品交換システムの形成と発展に伴い、一方では、あらゆる伝統的社会（共同体）は解体・脱統合に向かい、人間の生存そのものを人間自身が深刻に脅かす内乱・宗教戦争にまで至るが、他方では、まさにこの脱統合の危機（Krisis der Deintegration）の経験（empeira, Empirie）の只中において、この危機を、集権国家・主権国家の再統合機能を通じて回避することが図られる。他方、一七世紀・一八世紀以降には、理念的に、商品交換の普遍的発展と市場メカニズムに基づく楽観的な古典的自由主義（啓蒙主義、進歩主義）が成立する。ある意味では、ライプニッツの「予定調和」、カントの「非社交的社交性」、ヘーゲルの「理性の狡知」、マルクスの「疎外」と「搾取」が揚棄された「コミューン主義社会」、ハーバーマスの反事実的な「支配から自由なコミュニケーション的理性」等々も、この古典的自由主義のヴァリアントと見なしうるであろう。それどころか、いまなお、アングロ・アメリカン世界を中心に、「新自由主義、自由至上主義、新保守主義」などと称されるイデオロギーないし幻想が浸透し、「小さな政府」が無批判に称揚されてさえいる。しかしながら、現実には、近現代の経済（資本制的商品交換システム）の存立と発展の可能性は、重商主義、重農主義、帝国主義、国家資本主義、等々、いずれの段階においても、いつもすでに何らかの政治（主権国家の統治機能）を前提にしてのみ、現実化していたのであり、この事情はいまなお本質的には何ら変わっていない。

議会主義と自由主義の理念と制度が、一定の強い現実性を帯びて見えたのは、地域（特に英・仏・独）によって区々であったにしても、とりわけ一八世紀から一九世紀にかけてのある一定の時期である。議会主義と自由主義の理念の核心は、敢えて語弊を懼れずに端的にいえば、ヘーゲル的な意味できわめて「抽象的」な、個人主義と普遍主義である。これが形而上学的・神学的な性格を帯びるのは、ホッブズであれロックであれ、あるいはルソーであれ、現実にはプロテスタンティズムないしカルヴィニズムを背景にして成立したからである。ここで、人間の類性、共同性、集合性が問題になるのは、これまたきわめて「抽象的」(形式合理的、目的合理的)な(商品交換)契約によってにすぎない。原子論的かつ自己完結的な「抽象的」個人(不可分態)を前提にするかぎり、一般性であれ普遍性であれ、「抽象的」でしかありえないからである。

現実には可死かつ可謬の人間個人を、不死かつ無謬な全能の神の似姿(「自然権」の主体)として設定し、これに自由(自己決定)を委ねれば、現実には虚栄・放縦・恣意(無際限の欲望 pleonexia)が跋扈せざるをえないから、社会生活(社会統合)を可能にするためには、可死にして、しかもあたかも無謬の神の如き、リヴァイアサン(国家権力、主権)を、成立させなければならない、というわけである。だが、そもそも、原子論的・自己完結的な個人などというものは、人間でさえありえない。なぜならば、人間は、過去・現在・未来、いかなる時代にあっても、社会的・歴史的な関係の中ではじめて人間になりうる存在以外ではありえないからである。人間に「完成可能性(perfectibilité)」が備わっているとしても、個人であれ類であれ、自己陶冶の過程は完成に至ることはありえない、と考えるのが現実的であろう。けれども、さらにいえば、それがありえないとしても、人間はそれを志向せざるをえない存在でもある、ということも認めざるをえないであろう。

シュミットやハーバーマスが、ギゾーなどを引用して議会主義批判の対象としている、理念型としての議会主義とは、このような自由主義的個人、ブルジョア的個人が、自らを self-made man として、あるいは国家公民(Staatsbürger, citoiyens)として、僭称し、形式的法治国家(合法性システム)を手段としながら、公開の理性的討論を介して、公共善を制定法として実現する、とされるシステムである。このいわゆるブルジョア的「公共性（公開性）（Öffentlichkeit）」を前提とした議会主義（議会制システム）を構成する諸エレメントは、①抽象的個人（原子論的個人）とその自然権、②抽象的な形式法（権利）（私法）とその一般性・普遍性、③権力機能の分割とその諸機能（立法権と執行権）の相互規制（司法権は、それが合法性システムに還元されるかぎり、執行権に包摂される）である。ここでは、形式的法治国家が実質的法治国家と、合法性が正当性と、無媒介に同一視されるかぎり、討論の公開制、代議制、権力分立制、多数決制、複数政党制などの諸制度が整備されたとしても、成立した公共善と僭称されるものが実質的な公共性ないし正当性を表現しているという保障はないし、私人にすぎないブルジョア（Bürger）が公人たる国家公民（Staatsbürger）になりうる保障もない。ここでは、ブルジョアがブルジョアであるかぎり、〈私益〉が〈代理〉されうるにすぎず、〈私益〉の競合メカニズム（市場）を通じて結果的に何らかの〈公益〉が現出するとしても、「公共性」、「一般意思」が「再現前」されることはないが、にもかかわらず、後者が可能だとされるような、あらゆる言説は、欺瞞（イデオロギー性）を免れえないからである。

公共性（Öffentlichkeit）と再現前（Repräsentation）――〈公〉と〈私〉

ドイツ語のÖffentlichkeitは、ラテン語に由来するPublizität（← publicus）と同じく、公共性と公開性の両義を含意している。というよりも、字面からすれば、もともとそれは〈開かれていること〉、〈衆目に晒されていること〉を意味しているが、このことが「公共性」という意味に繋がるのである。象形文字である漢字の〈公〉も、ほぼ同義であろう。〈公〉は〈開かれている〉という意味から発し、さらに公共性・一般性・普遍性を含意しうる。対比して使われる漢字の〈私〉は、排他性、利己性、内閉性ないし私秘性、要するに〈閉じられていること〉を意味している。ラテン語に由来するprivat（← privatus ← privo）は〈略取する〉という他動詞の完了分詞の形、〈略取された〉という意味であるが、ドイツ語の geschlossen（閉じられた）という意味だけでなく、上に挙げた〈私〉のさまざまな含意を分有する。ここで、注意すべきことは、第一に、〈公〉と〈私〉が、人間の共同（協働）生活において、語義においても現実においても、対立するのみならず、しかも、いつも相互限定関係にある、ということであり、第二に、この相互限定関係には、いつもさまざまなレヴェル（家族、社会、国家、人類、等々）がある、ということである。例えば、後期のカントは、「啓蒙とは何か」について論じ、個人が、法律的にも精神的にも、「未成年状態（後見を必要とする状態）（Unmündigkeit）」を脱して自律するために、「敢えて賢かれ！（aude sapere!）」と述べているところで、「理性を公的に使用する」という言い方をしているが、この場合の「公的」というのは、もちろん、現実の都市国家、領邦国家、主権国家のレヴェルではなく、反事実的な世界市民国家のそれにおける公共性・普遍性を含意しているであろう。そのかぎりで、このことは、カントが、後期中世のハンザ同盟都市ケーニヒスベルクの根っからの市民《ブルジョア》であり、よかれあしかれ、基本的に一八世紀的な啓蒙思想家、コスモポリタンに属していることを示唆しているであろう。

「公共性（公開性）」あるいは〈公〉という両義的な概念と関連して、カール・シュミットは、かれの議会主義批判・自由主義批判に際して、「再現前（代表）（Repräsentation）」という——カトリック神学の用語に由来するとされる——これまた両義的な概念を用いている。この Repräsentation という言葉は、Darstellung, Vorstellung というそれと同じく、さしあたりの抽象的な予想概念（Begriff）ないし理念（観念）（Idee）を、何らかの具体的に臨在する形象（Gestalt）として呈示することである。けれども、例えば、一神教における超越神・創造神は、その形姿を具体的に描きえないもの、あるいは、その形象を表象することを禁じられたものである。ギリシア語に由来する idea, eidos, Idee という言葉は、語源からして、対象化された視覚像を、そして、さまざまな個物像の原型ないし範型（paradeigma）を意味するが、プラトンのいわば〈範型の範型〉としての「善のイデア（he tou agathou idea）」そのものは、具体的な形姿として表象しえない。神や聖霊といった、形象化しえないものを、あるいは、そうすることを禁じられたものを、敢えてイエス・キリストという具体的人格（Person）として形象化・臨在化させて呈示することが、キリスト教的神学用語としての「再現前（Repräsentation）」ということになろうか。

もっとも、このキリスト教神学における神の「受肉（incarnatio）」、「流出（emanatio）」、「自己疎外（Entfremdung）」といった普遍の個物化という発想は、ヴィーコ、フォイエルバハ、初期マルクスなどにおけるように、普遍たる神のイメージは、個物たる人間の現実において喪失された類性（Gattungswesen）のそれを理念において投影（自己疎外）させたものにすぎない、と考えることもできよう。しかし、このいわゆる神人同形論（Anthropomorphismus）は、存在論（Ontologie）や神学（Theologie）の〈形相・質料〉論的な（phylemorphistisch）立場からは、あっさり退けられることになろう。というのは、そこでは、普遍と個物、存在と定在、一般と特殊、本質と現象、全体と部分、等々、これらの関係において、後者の個物、定在、特殊、現象、部分などを、唯名論的ないし経験論的な形で、どれだけ帰納的に積み重ねても原理的には前者に至らないからである。要するに、前者が後者に「再現前」されることがありえるとしても、その逆はありえない、と考えられるからである。より優れたもの、より高次のもの、より普遍的なもの、より権威のあるもの、より公共的なもの、こうしたものだけが「再現前」されるのであって、その逆はありえない、あるいは、あるはずがない、というわけである。

〈公共的なるもの（公共性）〉の「再現前」というシュミットの概念は、ルドルフ・スメントの謂う意味での政治的「統合（Integration）」概念に係っていよう。カトリック教会制度における教皇の人格がそうであるように、世俗国家の君主ないし指導者の人格が「統合」機能を果たしうるのは、その人格において「再現前」された公共性についての信憑性が、あるいは、その正当性信仰が、事実上、現存しているかぎりにおいてである。公共性を「再現前」しているという信憑性を有することで「統合」あるいは「再統合」の機能を果たしうる具体的人格を否定し、この「統合」機能をブルジョアの理性的な公開討論によって公共善を成立させる、とされる議会制システム（合法性システム）そのものに、移行させるのが、議会主義である。ここでは、いわゆる「公開の理性的討論（öffentliches Räsonnement）」こそ、〈私人（Priatmensch）〉にすぎないビュルガー（Bürger, bourgeois）を〈公人〉たるシュターツ・ビュルガー（Staatsbürger, citoyens）にせしめうる、と考えられている。ハーバーマスはこのフランス語に由来する「理性的論議（Räsonnement）」という語を積極的な意味で使っているが、夙にヘーゲルは、この語を、形式的・抽象的な悟性といったむしろ否定的かつ批判的な意味で使っている。

マルクスは近代以前の伝統的諸社会における「人格的支配（Persönliche Herrschaft）」に対して、ブルジョア社会・資本制社会における商品交換システムに基づく「物件化された支配（Versachlichte Herrschaft）」について語っている。かれは、ブルジョア社会・資本制社会における形式的な等価交換に構造的に潜む実質的な不等価交換を析出し、この乖離する事態から生ずるイデオロギー性・欺瞞性（あるいは構造的「搾取」）の機制を論証しようとしたわけである。すでにヘーゲルが的確に示しているように、ブルジョア社会の存立は、そこにおけるシステムとしての自律性や理念としての自由や平等がいかに揚言されようとも、形式的法治国家（消極国家）の存立を前提にしている。ヘーゲルによれば、両者は、相互に前提にし合っていて、いわば表裏の関係にあるのである。

そうであるかぎり、ブルジョア社会において標榜される議会主義・自由主義においていかに公開の理性的な討論の意義が強調されても、それは、結局のところ、実質的な正当性にではなく、形式的な合法性に、つまり、抽象的に一般的なもの、形式的に普遍的なものに、帰着する以外ないのである。とはいえ、具体的な実質的正当性を希求する過程において、この抽象的一般性、形式的普遍性を、あっさり放棄する必要もなければ、放棄するわけにもいかないであろう。問題の本質は、この抽象的な形式的合法性の被限定性・被媒介性に対して対自的（自覚的・反省的）でありうるか否か、に存する。たしかに、とりわけ一九世紀後半以降、ブルジョア社会は大衆社会へと、消極国家は積極国家へと、国際関係は苛烈な帝国主義的競合状況へと、ドラスティックに転換し、いずれにおいても形式合理化・官僚制化の趨勢は留まるところを知らない。しかし、にもかかわらず、形式性と実質性、合法性と正当性、これら関係の枠組みと相互限定という問題構制は、本質的には変わらないのである。

民主制（demokratia, Demokratie）――同一性（Identität）、同質性（Homogenität）

「民主主義（民主制）」という言葉は、「自由主義」がそうであるように、敗戦後の日本においては、そして、冷戦体制の崩壊以後においても、いまなお殆ど自明の政治的な理念・原理・制度として普及している。――改めてそれをラディカルに問い直す必要など、まるでないかのように。その理念は現行の日本国憲法においては、「国民主権」及び「人権」という形で表現されている。しかしながら、これら両語は自明のものとして事実上殆ど無批判に受け入れられているとしても、実際には、「民主主義」とか「自由主義」とか称されるところのものは、自己批判なしには、自己否定に至らざるをえないこと、このことは数多の歴史的事例によって示されている。「自由主義」が孕む問題については上で若干触れたので、ここではデモクラシーについていくらか考えてみよう。

言うまでもなく、現代語として浸透しつくしているデモクラシーという言葉は、古代ギリシア語におけるポリスの国制の一類型を標示するデーモクラティアー（demokratia）という語に由来している。プラトン（『国家』篇）においては、理念上の最善国制（いわゆる哲人王制）を基準にして、事実上の悪しき不善なる国制が、その堕落の程度に応じて名誉制（timokratia）、寡頭制（oligarxia）、民衆制（demokratia）、僭主制（turannis）の順で叙述されているが、民衆制（いわば多頭制）は金権制（plutokratia）としての寡頭制から現出し、最悪の専制（僭主制）を自ら産出していく過渡的な国制として描かれている。アリストテレスは、次善の国制としていわゆる混合国制を提起したが、国制（politeia）一般と同じ名辞で呼ばれる多数制（politeia）の堕落形態として、民衆制（demokratia）＝衆愚制（oxlokratia）を呈示している（『政治学』）。

ラケダイモーン・スパルタの国制において典型的なものとして示されているような、戦争経済・奴隷制経済システムに基づいた古典古代のポリスの祖型は、ブルクハルトとヴェーバーに従うならば、戦士市民共同体（Kriegerzunft）――プラトンが呈示している名誉制（timokratia）は基本的にこれを含意している――である。そして、そうだとすれば、ここで自由と平等を享受しえたのは、基本的に戦士市民（polites）のみであったはずである。すなわち、ポリス内外の排除・差異（差別）を前提として、成人男子の戦士市民のみが相互に平等な市民権（politeia）（ポリス polis を前提としたオイコス oikos における土地と奴隷の私有権）と政治的決定に関する直接的な参政権とを、要するに平等なポリス的自由（eleutheria）を、有していたのである。今日では、大抵、この国制の一形態としてのデモクラシーとポリスの祖型とが、概念的に無差別に混同されている。

いずれにしても、この古典古代的デモクラシーに対して、近現代デモクラシーの理念には、キリスト教神学――とりわけプロテスタンティズム――の教説に従ってイメージされた、超越神（法）の前での万人の平等と、原理的に抽象的・普遍的な諸個人の神与の（つまり生得の）自由権（自然権）が含意されている。夙にマルクスやヴェーバーが的確に指摘しているように、古典的自由主義におけるキリスト教的人間観に根源を有している理念的な個人のイメージは、商品交換システムにおいて私益を目的合理的に追求する現実のブルジョア的個人のそれと重ねられた。上で触れたように、こうした自由主義においては、一方で神与の生得権の抽象的な諸主体（個人）が、他方ではこれらの原子論的諸個人間の形式的な社会契約が想定される。このような特殊近代的な自由主義の理念と制度は、古典古代ギリシアの国制あるいは民主制の理念と諸制度とは原理的には相容れない。後者においては、近代特有の抽象的な個人主義と、これに対応する形式的な政治的諸制度、代議制、権力分立制、多数決制、複数政党制といった諸制度とは、原理的にありえないからである。

戦後日本においては、現在に至るも、近現代デモクラシーの訳語は、「民主制」あるいは「民主政」（democracy）ないし「民主主義」（democratism）」とされている。ここでは、こうした西欧近代的な「自由主義」の理念と制度と古典古代的な「民主制」（「民主主義」）のそれらとの原理的な齟齬・乖離が対自化されることなく、無媒介・無批判に受け入れられ、「民主」という言葉には、特殊近代的な、「人民主権」あるいは「国民主権」という概念が、しばしば無意識に含意され、しかも、こうした概念には、自己完結的な抽象的個人の生得的「人権」という、神学的かつ特殊近代的な概念が、これまた自明の如く前提にされながら、無媒介・無批判に融解されている。

しかしながら、そもそも「主権（souverainité）」という概念は、「一般意思（volonté générale）」という概念と同じく、本来的には超越神・唯一神の属性を示すものであって、比喩的に使用しうるにすぎない。このことを想起することもなく、人民主権・国民主権などという言葉が――倨傲にも――自明のこととして声高に叫ばれたりするならば、まさにそのことによって、多数の民衆（大衆）は、それどころか、人間存在そのものは、その本性の堕落・腐敗へと、要するに自己破壊へと、向かわざるをえない。だからこそ、すでに一八世紀に、しばしば近代デモクラシーの思想的源流と目されてきた当のジャン＝ジャック・ルソーでさえ、デモクラシー（démocratie）という理念は神々の世界でしか現実化しえない、と述べているのである。ルソーは反事実的なデモクラシー理念を、いわば「政治権力の正当化」という権利問題（quid iuris）と事実問題（quid facti）の相互限定関係の問題として論じていたのであり、この理念を直接無媒介的に実現しようとすれば、近現代史においても繰り返し示されたように、それはテロルや独裁（専制）に帰着せざるをえないのである。この点に関してルソーから大いに影響を受けたとされる後期カントもまた、現実には独裁制に帰着せざるをえない、原理的に代表制と権力分立制を欠いた民主制（Demokratie）という用語を避けて、それらの自由主義的諸制度を備えた、共和制（共和主義）（Republikanismus）という用語を用いて、自説を展開している。しかし、カント的な共和制（共和主義）概念には、古典古代と西欧近代とが、民主制と自由主義の理念と制度が、すでに混在している。

ところが、この問題構制はすでに多くの思想家・理論家たちによって指摘されてきたにもかかわらず、またわれわれはこの点に関して数世紀にわたってさまざまな歴史的経験を繰り返し閲してきたにもかかわらず、専門家においてであれ、一般大衆においてであれ、「自由主義」と「民主主義」、「議会主義」と「民主主義」とが（「自由民主主義」や「人民民主主義」といった言い方で）、概念的に無批判に結合されてきた。それぞれ異なる時代（現実）、異なる国制を背景にして展開された「カール・シュミットとユルゲン・ハーバーマスにおける議会主義批判」は、それぞれ異なる立場から、異なる価値観に基づいて、立場や価値観が異なっているとしても、まさに基本的には類似の問題構制に取り組んでいたのである。

ベッカーのテクストにおいては、議会主義批判に関するシュミットとハーバーマスの間でそれぞれによって使用されている思惟範疇の受容・継受の関係が、そして、民主制概念の理念と制度に関する両者における異同が、問題にされているのであるが、ここではそれには立ち入らない。ここでは、両者の「議会主義批判」において共通に使用されている、近現代民主制概念のストイケイア（エレメンタ）としての――すでに上で触れた――「公共性（公開性）(Öffentlichkeit)」、「再現前（Repräsentation）」と、これらとの関連において、とりわけ、「（自己）同一性（Identität）」、「同質性（Homogenität, Gleichartigkeit）」といった諸概念とを、考えておきたい。

すでに述べたように、Öffentlichkeit と Publizität という語には、公共性と公開性の両義が含意されているが、これと関連して、Publikum という語も多義的である。これは、世間一般、世論・輿論・公論（öffentliche Meinung）と、議会外（außerparlamentarisch）での公共（公開）的な言説空間一般とを、コンテクストに応じて意味している。〈開かれている〉ということについても、〈公〉・〈私〉関係一般との関連において、すでに触れたが、公開性は、狭義においては、とりわけ封建制国家や絶対主義国家の「秘密政治（Arkanpolitik）」と対比されたブルジョア的公共性、議会主義、自由主義の特性を含意している。上で触れたように、シュミットにおいては、神学概念としての「再現前（Repräsentation）」は、法学的・政治学的な概念に転用されて、公共性・公益性、一般意思（これもまたもとは神学概念であるが）などの抽象的・一般的な理念が人格化、臨在化、具象化されることを意味する。ブルジョア的公共性、議会主義・自由主義（議会制システム）においては、理性的な討議能力を有するとされる代議士たちが、選挙人たちから自由委任されて、特殊意思や私益を代表（vertreten）するのみならず、一般意思や公益を再現前（repräsentiern）するとされる。この議会主義における理念と現実の間の乖離は、とりわけ一九世紀後半以降の、ブルジョア的消極国家から社会的積極国家（給付国家、大衆国家）への移行期において、歴然と明確化していく。この議会主義が孕む矛盾とイデオロギー性が、マルクスやマルクス主義においてと同じく、立場は正反対であれ、シュミットとハーバーマスにおいて、それぞれの形で、鋭く剔抉されるわけである。

「議会制的民主制」、「代表制的（議会主義的・自由主義的）民主主義」、「リベラル・デモクラシー」といった理念が孕む原理的矛盾は、民主制概念の原理的要諦としての「（自己）同一性」や「同質性」といった概念に照らして、明らかになる。民主制が原理的には統治者と被治者との実質的な（自己）同一性を意味するかぎり、夙にルソーが明言しているように、そもそも代表制（議会制）における選挙人と被選挙人との差異そのものは――たとえ輪番制のような形をとったとしても――民主制とは原理的に相容れない。制度的には、自由主義における権力分立制、多数決制、複数政党制も、同じく民主制と矛盾する。民主制は、原理的には、個体性と共同性、特殊性と一般性、合法性と正当性、これらを、自由主義におけるようには、抽象的に分離した上で形式的に結合させようとはしないからである。すなわち、民主制においては、原理的にいえば、それぞれの両契機を具体的かつ実質的に、あるいは直接的に、媒介させなければならないからである。

民主制における、このような統治者と被治者の具体的かつ実質的な同一性（Identität）は、政治的統合体を構成するメンバー総体の、その能力における同じく実質的かつ具体的な同質性（Homogenität）を前提としてのみ成立しうる。ここでの同質性とは、少なくとも原理的には、その語の字面からして誤解されかねない、人種や民族の生物学的な共通性ではない。そうではなく、個体性と共同性の両レヴェルにおける、人間が生きる意味を可能にせしめるアイデンティティ形成の基礎となる、言語、文化、歴史、伝統の共通性であるはずである。いずれにしても、こうした具体的かつ実質的な同一性と同質性とは、いわば、それ自身との差異性・異質性とのそれ自身における相互限定作用を通じて、はじめて成立しうる。自我（あるいは人格）が他我との区別と媒介の活動を通じて確立していくように。同一性と差異性、同質性と異質性（Heterogenität）は、概念論理的にも、行為事実的にも、それぞれ他方との関係を通じてのみ形成され、かつ存立しうるからである。このように考えるかぎり、とりわけ一八世紀以来繰り返し現出している、抽象的な個人主義と形式的な合法主義、進歩主義と復古主義、決断主義と規範主義、等々の循環（Zirkel）ないしWeckselspielを弄び、支配、統治、闘争、疎外、搾取、国境、これらの完璧な廃棄を夢想するような、自由主義や世界市民主義が、単なるイデオロギーとユートピアしか示しえていないことは明らかであろう。

正当性（Legitimität）と合法性（Legalität）——正当化需要（Legitimationsbedarf）——法と法律（Recht und Gesetz）、憲法と憲法律（Verfassung und Verfassungsgesetz）、正義と権力（Recht und Macht）、そして理性と意思（ratio et voluntas）

生存ということを括弧に入れてから、人間にとって、単純ではあるが、もっとも基本的な、そういう事柄（条件）を、確認しておこう。人間は言語（理性）（Sprache, Vernunft）を有する存在である。言語は、考えること、自己表出すること、意思疎通すること、これらを可能にする手段となりうる。しかし、語ることは、騙ることである。言語は、人間の欺瞞・偽善・虚栄を可能にもする。ところで、暴力（Gewalt）もまた、ある意味で、人間存在に固有の属性である。人間は、自余の万物に対して、否、それどころか、同胞に対してさえ、暴力を揮いうる。そして、この暴力を究極的に制御しうるものもまた、敢えて語弊を懼れずいえば、より大きな暴力以外ではない。万物に対する、そして同胞に対する、支配（Beherrschung）――これは本質的には暴力以外ではない――は、理性（悟性）を手段として遂行されうるが、この暴力的支配を自覚的に抑制せしめうるのもまた、理性以外ではない。もちろん、理性は秩序形成の手段にもなりうる。しかし、この暴力を抑圧せしめる理性そのものが、そもそも暴力以外のものではないのではないか。これが「啓蒙の弁証法（Dialektik der Aufklärung）」に関して起点となる問いである。

「文明と国家」の成立以降、古今東西、人間のあらゆる社会と国家の存立の基礎にあるのは、広義の法秩序と政治権力である。社会や国家で現実的に機能する広義の〈法〉には、習律、徳律、法律などのさまざまなアスペクトがある。〈律〉は、広義においては、自然発生的・客観的な、あるいは作為的・主観的な、規則一般を意味しうるが、狭義においては、後者、制定律を意味する。）いずれにしても、カントの顰に倣い、必要な変更を付すならば（mutatis mutandis）、Recht ohne Macht ist leer. Macht ohne Recht ist blind.（力を欠く法は空虚であり、法を欠く力は盲目である）という定式が、通時的にも共時的にも、人間の社会と国家に妥当しうる、と言っておこう。

他のところで繰り返し指摘したところであるが、Recht は、そもそも dikaion, ius, justice, **правота** などと同じく、Gerechtigkeit、すなわち、均衡、秩序、公正、正義などを意味している。これに対して、Gesetz は、nomos, lex, loi, law, **закон** などと同じく、setzen という他動詞の完了分詞・所相、Recht が定立・措定されたところもの、つまり制定律ないし法律を意味する。それは、この定立が時間の経過の中で無意識に行われれば、習俗規範（Sitten, mores）一般の、定立主体が明確になっていれば、制定律、法律の、意味になる。とりわけ近代主権国家においては、主権者――君主であれ人民であれ――が定立（制定）した〈法（Recht）〉が〈法律（Gesetz）〉となり、両語は同義として使われることになる。この制定律、法律、実定法が問題化（problematisieren）し、それ自身に正当化需要（Legitimationsbedarf）が生じたとき、実定法を正当化・根拠づける——無限に遡及しうる——根本法・自然法（Grundrecht, Naturrecht）の概念が成立する。現実には、後者があって、前者が成立するというよりも、むしろ逆に、前者があって後に、後者の必要が生じるのである。法、法律、正義、これらの概念的な区別と相関——必要な変更を付すならば、近代法治国家における、「正当性」と「合法性」の概念的な区別と相関——という問題構制は、西欧哲学史においては、ソフィストたちとソクラテス、とりわけ初期プラトン以来、成立している。

こうした西欧語の語義の文法的関係構造は、憲法概念についても言える。Constitution, Verfassungという言葉は学史的には、もともとはギリシア語のpoliteia（国制）の訳語である。いずれにしても、これらの言葉は、自然発生的であれ、人為的であれ、すでに成立している一定の構成秩序、統合秩序を意味している。すでに歴史的に形成され妥当している所与の〈法秩序（Rechtsordnung）〉を概念把握し、その要諦を定立したものが、constitutional code, Verfassungsgesetz（憲法典、憲法律）である。問題になりうるのは、この定立（制定）主体、いわゆる憲法制定権力（pouvoir constitutiant, verfassungsgebende Macht）が、理念的に、そして現実的に、誰なのか、ということである。一八世紀後半以降、世界各国で成立した憲法典・憲法律の大方は、現行の日本国憲法を含めて、アメリカ憲法や旧ソ連邦憲法において典型的に見られるように、文化や伝統の歴史的連続性の意識的・無意識的な断絶を前提とした、しかも、人権であれ、国民主権であれ、空疎な——無自覚的・無批判的に——抽象的な原理に基づいて、設計主義的に構成されている、という性格を著しく帯びている。たしかに、西欧近代の——とりわけ一八世紀的な啓蒙主義・個人主義やそれ以後の技術主義・設計主義の——合理主義的な諸原理が、旧来の陋習や非合理な抑圧を打破することにおいて、大きな歴史的役割を演じてきたことは事実である。しかしながら、すでに繰り返し指摘されているように、西欧近代の合理主義と個人主義の原理が孕む形式性・抽象性・普遍性そのものには、人間本性の自己破壊に向かう性格が潜んでいる、ということも確かであるように思われる。

問題は〈法なるもの〉とは何か以前に、〈法なるもの〉と〈法律なるもの〉との差異と関係についての意識である。法律、憲法律、政令、条例——実定法（制定律）として成文化されたいずれの〈法律なるもの〉も、定立（制定）の時点での定立（制定）主体による〈法なるもの〉の解釈を含意している。〈法律なるもの〉は、いわゆる「法的安定性の保障（Recht-sicherheit-garantie）」のために、時処を問わず、可能なかぎり一義的・一般的・普遍的でなければならない。しかし、それが現在一定の妥当性・実効性を有していても、自然言語が用いられているかぎり、それについての解釈はいつの時点でも開かれているはずである。現存する〈法秩序〉の基体と現行の〈法律〉（実定法）について既成の解釈といまここ（hic et nunc）での現在の解釈水準とがあまりにも乖離してしまえば、すなわち、〈法なるもの〉の「正当性」と「合法性」のアスペクトが齟齬をきたしてしまえば、後者の改正なり廃棄が必然化する。そうでなければ、〈法秩序〉そのものの安定的維持は不可能であるからである。〈法律なるもの〉、「合法性システム（System der Legalität）」、「（法律の）実定性（Positivität）」は、支配あるいは統治の手段になりうるが、現存する支配あるいは統治のシステムに対する抵抗・反乱の手段にもなりうる。しかし、「合法性システム」が自己目的化・形骸化して、それ自身が権力濫用の手段となってしまえば、〈法律なるもの〉の外に出て、これを相対化することが必要になる。しかし、いずれにしても、人間が人間であるかぎり、〈法なるもの〉——〈法秩序〉そのもの——の外に出ることはできない。

西欧近代国家の特性は、主権国家であると同時に法治国家（Rechtsstaat）であることである。このことの歴史的背景は、資本制的商品交換システムの形成と発展に対応する、形式法・抽象法（私法）のシステムの発展、いわゆる「法制化（Verrechtlichung = Vergesetzlichung）」の趨勢である。これは、マルクスの謂う「物件化（Versachlichung）」——すなわち、人格（Person）と人格との関係が物件（Sache）（商品 Ware）と物件（商品）との関係として現象すること――に照応している。この資本制的経済システムにおける「物件化」に対応する「法（＝法律）制化」は、近代主権国家における「官僚制化（bürokratisieren）」された行政システムにおける行政法とその執行に反映される。古代の形式的な「ローマ私法」を基礎にして整備された近代私法システムの形式性・一般性・抽象性は、近代主権国家内外の、行政法、憲法律、さらには国際慣習法にまで反映され、かつ貫徹されることになる。これは、マックス・ヴェーバーが定式化した「世俗世界の一般的合理化（allgemeine Rationalisierung der Welt）」、あるいは「官僚制化（Bürokratisierung）」という西欧近代の不可逆な歴史的趨勢の一アスペクトである。

シュミットやハーバーマスにおける「議会主義批判」の主旨（と思われるところ）に従えば、近現代における「立法国家（der gesetzgebende Staat）」、「立憲国家（der verfassungsgebende Staat）」、あるいは民主制的な「法治国家（Rechtsstaat）」と呼ばれるものの実態は、いわば形式的な〈法律国家（Gesetzesstaat）〉なのである。硬直し形骸化された「形式的法治国家（der formelle Rechtsstaat）」においては、「正当性」と「合法性」の概念的な区別と相関、そして「合法性システムにおける権力濫用」の可能性、これらが問題化・対自化されることがないからである。訳者が理解しえたかぎりでいえば、著者ベッカーの謂わんとするところの要諦は、次の点にある。すなわち、カール・シュミットとユルゲン・ハーバーマスは、その歴史的背景も、世界観・価値観もおよそ異なるが、そしてかれらが呈示した対案は正反対のものであるが、しかし、かれらは、こうした問題構制と問題意識を、基本的に共有している、という点に。

結語

シュミットもハーバーマスもきわめてポレーミッシュな性格を有していたが、両者が直接論争することはなかった。「ケネディ論争」を契機にして生起した、アーベントロートを介しての初期「ハーバーマスのシュミット受容」

という問題についていえば、この問題は、著者ベッカー自身がいうように、本著を以て決着がついている、と訳者にも思える。

けれども、人間のアイデンティティの基礎である主権国家の「政治的統一性」の確保に一貫して固執するリアリスト、シュミットは、ハーバーマスにおける、議会外の「市民的不服従」──これが「法秩序」そのものを否定しないにしても──も、また「支配から自由な討議」というユートピアも、認めないであろう。「近代の超克」を見据えるシュミットには、人間が人間である所以であるところのものを、相互主観的な「コミュニケーション的理性」に還元してしまうような試みは、受け入れがたいであろうから。

他方、「未完の近代（理性）というプロジェクト」、実践的・倫理的な課題としての「支配から自由な討議」に固執するハーバーマスには、非常事態における大統領への委任独裁──これが例外状態において憲政秩序の枠の中で限定的に遂行されるものであっても──といった提案は、認めがたいものであろう。ハーバーマスにとっては、すくなくとも近現代の共同主観的な意識水準（認識範型）においては、政治権力の正当化需要は、誰であれ、個人の（実存的・非合理的）決断（意思）によっては充たしえないであろうから。

ところで、カール・シュミットは、しばしば、反近代主義者、決断主義者、実存主義者、反法実証主義者、反自由主義者、反ユダヤ主義者、オポテュニスト、エタティスト、ファシスト、等々というレッテルが張り付けられてきた。こうしたシュミット理解の傾向は、ハーバーマスやその周辺の人たちだけでなく、シュミット研究者にも見られる。たしかに、シュミットの数多の法学的・政治的な著作の傾向は、規範主義、決断主義、具体的秩序思想、ファシズム、そして、そして新たな国際秩序思想へと変遷してきているようにも見える。しかし、シュミットが転変する内外の政治状況にひたすら適応しようとする単に無節操なオポテュニストではないとするなら、かれを単純な決断主義者、反法実証主義者、反自由主義者に還元するわけにはいかないようにも思える。かれにとって一貫して問題だったのは、大きく揺れ動く内外の政治状況の只中で、近現代ドイツの統一的主権国家の独立性と自律性を確保すること以外ではなかったように思えるからである。

たしかに、シュミットは、闘争、権力、支配、意思、神話、要するに「政治的なるもの」の廃棄を夢想するような、ユートピアを峻拒する。かれが議会主義、自由主義、法実証主義を激しく批判していることは見紛いようもない。しかし、だからと言って、かれは、国法学者（法理論家）として単純な決断主義者、政治理論家として単純な反自由主義者でもないであろう。『政治神学』（1923）の冒頭に掲げられたテーゼ「主権者とは、例外状態の決断者である」は、しばしば引用され、人口に膾炙している。長尾龍一教授が解釈されているように、この「例外状態の決断者（wer über den Ausnahmezustand entscheidet）」が「決断権者」であり、下される決断が単なる「無からの決定（definitio ex nihilo）」ではなく、現行の憲法律規定（Verfassungsgesetz）が停止された上でも、一定の憲政秩序（Verfassung）そのものが、あるいは何らかの法秩序（Rechtsordnung）が、前提とされた、そういう決断であるならば、この決断には、事後的であれ、言説による説明責任が伴うことになるであろうし、そうであれば、シュミットを単なる決断主義者、実存主義者とするわけにはいかないであろう。※

※参照、長尾龍一「シュミット再読――悪魔との取引？」『カール・シュミット著作集Ⅱ』（慈学社）所収、三三三頁以下。

このようなシュミット理解が可能であるならば、シュミットがナチ体制にコミットしてから出版された著作、『法学的思惟の三種類』（1934）によって、かれは「具体的秩序」思想に移行した、とされるようなシュミット理解は、果たして、かれ固有の法学的思惟からして、妥当なシュミット理解と言えるであろうか。そこでは、むしろ、決断主義的思惟と規範主義的思惟とが具体的秩序（具体的憲政秩序）の本質的な契機ないしエレメントとして捉え返されているのであり、このことは国法学者シュミットの法学的思惟の基底にもともとあったことではないのであろうか。

ところで、ハーバーマスは、シュミットと同様に、現代の形式的法治国家における議会主義あるいは議会制システムにおいて見極められうる、政治権力の「正当性と合法性」の乖離の可能性、「合法性システムにおける権力濫用」の可能性、これを指摘し、議会、議会外の社会的諸団体、そして、さらには、議会外の公共圏一般において、こうした「支配の正当化」をあくまでも「支配から自由な討議」を通じて果たそうとする。はじめに触れたように、ハーバーマスは、半世紀以上にわたり、アカデミズムのトポスで度重なる論争によって才気を発揮してきたが、その間、内外の政治的事件に際して、時務論的というよりジャーナリスティックな発言を公にすることを辞さなかった。Polemik にせよ、conflict にせよ、語源的には戦争ないし闘争を意味していたはずであるが、しばしば物議を醸してきた後者におけるような特殊政治的言説には、審議（deliberatio）というより実存的決断（definitio）が潜んでいなかったのであろうか。

ジョン・ロールズの正義論の出発点についても同様のことが言えようが、ハーバーマスにおける「支配から自由な討議」というような反事実的（kontrafaktisch）な想定という出発点は、論理的にも事実的にも、原因と結果が循環し、倒逆論法（prosteron-hysteron）に帰着せざるをえない。政治的判断の本質は、夙にローベルト・シュペーマンが述べていたように、審議（deliberatio）の中断としての決断（definitio）であるが故に、この点でマックス・ヴェーバーの意を戴（体）したシュミットが考えていたであろうように、特殊政治的な責任が成立するのである。ドイツ語の責任（Verantwortung）の原義は言葉で応答することであるが、特殊政治的な責任におけるこの応答は一回性（Einmaligkeit）を帯びざるをえないであろう。「社会的存在」でありながらも、なおかつ不可逆な時間の経過の中で実存的に生きざるをえない人間にとっては、この一回性は政治に限らないとしても、とりわけ政治について妥当するとはいえよう。だからこそ、単なる信条倫理（Gesinnungsethik）とは異なる責任倫理（Verantwortungsethik）が成立するのである。その時々の政治的状況に反応しようとした「政治のための職業政治家（Berufspolitiker für Politik）」ならざるシュミットとハーバーマスの態度には、〈きわどさ〉のみならず〈あざとさ〉のようなもの、あるいはシュミット自身の謂う「主観化された機会原因論」さえ、感じられるように思える。「政治的なるもの」に言説によって積極的に係わろうとする人間の宿命と言えようか。

シュミットとハーバーマスにおける議会主義批判・自由主義批判・近代批判に係わる議論が孕む諸含意を改めて考えてみると、西欧哲学史を貫く主知主義（Intellektualismus）と主意主義（Voluntarismus）の間の対立と関係というプロブレマティックが、近現代の法学、国法学、政治理論の土俵の上で再現されているように思われる。問題は、内外の政治的な具体的秩序総体の現代的諸条件において両契機の相互規定関係をいかに具体的に捉え返すか、ということであろう。

シュミットもハーバーマスも、ヴェーバーに従って、「世俗世界の合理化（脱呪術化）」が不可逆に進展する「近代」という認識から出発している。ハーバーマスは形而上学以後、意識哲学以後の相互主観性の認識パラダイムにおいて、全面的なシステム合理化を相対化し、正当化需要を自然言語によって充たしうるような、「生活世界（Lebenswelt）」における「コミュニケーション的理性」を掘り起こし、理性の廃棄ではなく、理性そのものの自己批判を通じて、「近代のプロジェクト」を完成させようとしている。これに対して、シュミットは、古典古代の形而上学（質料＝形相論）、存在論、西欧中世のキリスト教神学、西欧近代の意識哲学、これらを手放すことなく、西欧近代をいわばよりラディカルに乗り越えようとしている。おそらく、両者に欠けているのは、「合理化（Rationalisierung）」や「私人化（Privatisierung）」、そしてさらに「価値の多神教（Polytheismus der Werte）」が広がりつくし浸透しつくした現代の大衆社会・大衆民主制の只中にある「生活世界（Lebenswert）」において生活活動を営む諸個人の時間意識・歴史意識を、如何にして具体的に再建しうるか、という問題意識であろう。

＊

訳者は、カール・シュミットとユルゲン・ハーバーマスについて、かなり長きにわたって関心を抱き続けてきたので、全くの門外漢とは言えないかもしれないが、それぞれについて決していわゆる専門家ではない。両者については、現在、日本においても、あるいはとりわけ日本において――かつてマルクスやヴェーバーについてそうであったように――多くの専門家・研究者（哲学者、公法学者、社会学者、政治学者、等々）がおられるはずである。専門家の方々からみて、訳語や内容に関して、誤読・不適切と思われるところが数多残っているのではないか、と懸念している。お気づきの方があれば、忌憚なく指摘していただければ幸甚である。

今回も、ドイツ国家学やドイツ近現代政治史について豊富な知識と理解を持っておられるのみならず、シュミットやハーバーマスにも並々ならぬ関心を向けておられる、安 世舟先生に、訳文を通読していただき、さまざまな指摘やアドヴァイスをしていただいた。また、ご子息の安 章浩教授には、ご多忙のところ、ケネディ論文の訳稿を用意していただいた。国際比較政治研究所の研究班のメンバーである下村勝巳博士にはさまざまな資料を集めていただいた。

風行社の犬塚満さんと伊勢戸まゆみさんには、いつものように誠実な仕事をしていただいた。これらの方々にこころからの深謝の念を表しておきたい。

二〇一五年　葉月　小田原にて

〔文献表・人名索引〕

(アルファベット順)

アリストテレス (Aristoteles) 79, 243, 257, 317

── *Politik*, übersetzt und herausgegeben von Olof Gigon, 6. Auflage, Zürich und München 1986.

アルント (Arnt, Hans-Joachim) 156, 264, 286

── Buchbesprechung. Habermas, Jürgen: *Strukturwandel der Öffentlichkeit*, in: *Der Staat*, 3. Band, 1964, S. 335-345. Zitierweise: Besprechung *Strukturwandel*.

[Aussprache] zum Vorgang von Klaus Kröger; Bemerkungen zu Carl Schmitts "Römischer Katholizismus und politische Form", in: Quaritsch, Helmut (Hrsg.), *Complexio Oppositorum*, Berlin 1988, S. 167-180. Zitierweise: [Aussprache] zum Vortrag Römischer Katholizismus.

バドゥーラ (Badura, Peter) 76, 252, 254

── Die parlamentarische Demokratie, in: Isensee, Josef und Kirchhof, Paul (Hrsg.) *Handbuch des Staatsrecht der Bundesrepblik Deutschland*, Band I, Grundlagen von Staat und Verfassung, Heidelberg 1987, S. 953-986.

バジョット (Bagehot, Walter) 161, 255, 277

── *Die englische Verfassung*, übersetzt von Klaus Streifthau, Neuwied/Berlin 1971.

バムバッハ (Bambach, R.) 260

── Habermas, in Nida-Rümelin, Julian (Hrsg.), *Philosophie der Gegenwart in Einzeldarstellungen. Von Adorno bis v. Wright*, Stuttgart 1991, S. 210-217.

ベールマン (Behrmann, Günther C.) 151, 153, 273, 274

── *Eine Kritik der politischen Pädagogik*, Stuttgart usw. 1972.

ベンダースキー (Bendersky, J. W.) 231, 232

── *Theorist for the Reich*, Princeton 1983.

ベナイト (Beneyto, José Maria) 251

── *Politische Thologie als politische Theorie*, Berlin 1983.

ベルクフレート (Bergfleth, Gerd) 286

── Die zynische Aufklärung, in: Ders. (Hrsg.), *Zur Kritik der palavernden Aufklärung*, München 1984, S. 180-197.

バイメ (Beyme, Klaus von) 152, 260, 274, 279, 281

── *Die politischen Theorien der Gegenwart*, 6. Auflage, München 1986.

── *Das politische System der Bundesrepublik Deutschland nach der Vereinigung*, 6. Ausgabe, München 1991.

ブラッヒャー (Bracher, Karl Dietrich)

205, 258, 259

—— *Zeit der Ideologien. Eine Geschichte politischen Denkens im 20. Jahrhundert*, Stuttgart 1982.

—— Die Lektion von Weimar und die Aktualität des Widerstands-Problems, in: Streithofen, Basilius (Hrsg.), *Frieden im Lande*, Bergisch-Gradbach 1983, S. 77-95.

ブラント (Brandt, Hartwig) 289

—— *Landständische Repräsentation im deutschen Vormärz. Politisches Denken im Einflußfeld des monarchischen Prinzips*, Neuwied und Berlin 1968.

ダーレンドルフ (Dahrendorf, Ralf) 155, 275

—— *Gesellschaft und Demokratie in Deutschland*, München 1965.

デムラー (Demmler, Horst) 280

—— *Einführung in die Volkswissenschaftslehre*, München usw. 1990.

デューズ (Dews, Peter) 227, 287

—— *Autonomy and Solidarity. Interviews mit Jürgen Habermas*, London 1986.

ドゥビエル (Dubiel, Helmut) 271, 282

——Herrschaft oder Emanzipation?, in: Honneth, Axel, u.a. (Hrsg.), *Zwischebetrachtungen: Im Prozeß der Aufklärung. Jürgen Habermas zum 60. Geburtstag*, Frankfurt/M. 1989, S. 504-518.

エーダー (Eder, Klaus) 165, 260, 265, 277, 278

—— Politik und Kultur, in Honneth, Axel, u. a. (Hrsg.), *Zwischenbetrachtungen*, a.a.O., S. 519 -548.

エルト (Erd, Rainer) 295

—— Über die Zivilisierung der Streit- und Eßlust. Blick in sozialwissenschaftliche Zeitschriften, in: *Frankfurter Rundschau*, 17.1.1987, Zeit und Bild S. 2 Zitierweise: Zivilisierung der Streit- und Eßlust.

エシェンブルク (Eschenburg, Theodor) 257

——*Herrschaft der Verbände*, Stuttgart 1958.

フィヤルコフスキー (Fijalkowski, Jürgen) 98, 244, 248, 257-259, 285

——*Die Wendung zum Führerstaat. Ideologische Kommponenten in der politischen Philosophie Carl Schmitts*, Köln und Opladen 1958. Zitierweise: *Die Wendung zum Führerstaat.*

フレンケル (Fraenkel, Ernst) 84, 165, 254, 257, 279, 296, 345

——*Deutschland und die westlichen Demokratien*, Stuttgart 1964.

ジル (Gil, Thomas) 232-234, 255

—— Die gegenaufklärerische Grundperspektive der Rechts- und Staatsphilosohie C. Schmitts, in: *Archiev für Rechts- und Sozialphilosophie*, 74/1988, S. 521-530.

グランデラート (Granderath, Reinhard) 280, 281

—— Legalität und Legitimität. Entscheidungen im demokratischen Rechtsstaat, in: Böhme, Wolfgang (Hrsg.), *Ziviler Ungehorsam? Vom Eiderstandsrecht in der Demokratie*, Karlsruhe 1984, S. 30-44.

ハーバーマス (Habermas, Jürgen) 2, 3, 6-8, 10-15, 18-21, 101-222, 224-232, 249, 259-280, 282-300

—— Verwissenschaftliche Politik und öffentliche Meinung, in: Reich Richard (Hrsg.), *Humanität und politische Verantwortung*, Erlenbach - Zürich und Stuttgart 1964, S. 54-73.

—— *Strukturwandel der Öffentlichkeit. Untersuchungen zu einer Kategorie der bürgerlichen Gesellschaft*, 3. Auflage, Neuwied am Rhein und Berlin 1968, (1. Auflage 1962). Zitierweise: *Strukturwandel.*

—— *Protestbewegung und Hochschulreform*, Frankfurt/M. 1969.

——Die Utopie des guten Herrschers, in: Ders., *Kultur und Kritik. Verstreute Aufsätze*, Frankfurt/M. 1973, S. 378-388, (zuerst erschienen in Merkur, XXVI, Jahrgang, 1972).

—— *Legitimationsprobleme im Spätkapitalismus*, Frankfurt/M. 1973.

——Öffentlichkeit [ein Lexikonartikel] (1964), in: *Kultur und Kritik. Verstreute Aufsätze*, Frankfurt/M. 1973, S. 61-69, Zitierweise: Öffentlichkeit.

—— Zum Begriff der politischen Beteiligung, (1958), in: Ders., *Kultur und Kritik, Verstreute Aufsätze*, Frankfurt/M/ 1973, S. 9-60.

—— Legitimationsprobleme im modernen Staat, in: Kielmannsegg, Peter Graf (Hrsg.), Legimationsprobleme politischer Systeme, Politische Vierteljahrschrift, Sonderheft 7/1976, Opladen 1976, S. 39-61.

——Briefwechsel mit Kurt Sontheimer, in: Ders, *Kleine politische Schriften* (I-IV), Frankfurt/M. 1981, S. 367-406.

—— Theorie der Gesellschaft oder Sozialtechnologie? Eine Auseinandersetzung mit Niklas Luhmann, in: Habemas, Jürgen/ Luhmann, Niklas (Hrsg.), *Theorie der Gesellschaft oder Sozialtechnologie - Was leistet die Sozialforschung?*, Frankfur/M. 1982, S. 142-290, (Erstdruck 1971).

——Vorbereitende Bemerkungen zu einer Theorie der kommunikativen Kompetenz, a.a.O, S. 101-141.

——Die Krise des Wohlfahrtsstaates und die Erschöpfung utopischer Enegien, in: Ders, *Die neue Unübersichtlichkeit*, Frankfurt/M. 1985, S. 141-163. Zitierweise: Kirise des Wohlfahrtsstattes.

—— Recht und Gewalt - ein deutsches Trauma, in: Ders., *Die neue Unübersichtlichkeit*, Frankfurt/

M. 1985, S. 100-117. Zitierweise: Recht und Gewalt.

—— *Theorie des kommunikativen Handelns*, 2. Band, 3. Auflage, Frankfurt/M. 1985.

—— Ziviler Ungehorsam - Testfall für den demokratischen Rechtsstaat, in: Ders., *Die neue Unübersichlichkeit*, Frankfurt/M. 1985, S. 79-99, Ziterweise: Ziviler Ungehorsam.

—— *Der philosophische Diskurs der Moderne*, 3. Auflage, Frankfurt 1986.

—— Der Schrecken der Auotonomie. Zu zwei früheren Publikationen des deutschen Staatsrechtlers Carl Schmitt, in: *Babylon* - Beiträge zur jüdischen Gegewart. Heft 1/1986, S. 108-117.

—— Sovereighnty and the Führerdemokratie, in: *The London Times Literary Supplement*, 26.09.1986, S. 1053-1054.

—— Wie ist Legitimität durch Legalität möglich?, in: *Kritische Justiz*, 1987, S. 1-16.

—— Nachholende Revolution und linker Revisionsbedarf. Was heißt Sozialismus heute?, in: Ders., *Die nachholende Revolution. Kleine politische Schriften* VII, Frankfurt/M. 1990, S. 179-204.

—— Max Horkheimer. Die Frankfurter Schule in New York, in: Ders.(Hrsg.), *Philosophisch-politische Profile*, 2. Auflage, Frankfurt/M. 1991, S. 411-425,(1. Auflage 1987). Zitierweise: Frankfurter Schule in New York.

—— Vorwort zur Neuauflage 1990, in: Ders., *Strukturwandel der Öffentlichkeit. Untersuchungen zu einer Kotegorie der bürgerlichen Gesellschaft*, 2. Auflage, Frankfurt/M. 1991, S. 11-50,(1. Auflage 1990). Zitierweise: Vorwort 1990.

—— Zur Kritik an der Geschichtsphilosophie, in: Ders., (Hrsg.), *Philosophisch-politische Profile*, 2. Auflage, Frankfurt/M. 1991, S. 435-444,(1. Auflage 1987).

ハルトマン(Hartmann, Volker) 80, 237, 242, 253, 254, 290

—— *Repräsentation in der deutschen Theorie und Staatslehre in Deutschland*, Berlin 1979. Zitierweise: *Repräsentation.*

ハオンクス(Haungs, Peter) 211, 214, 283, 296, 298, 299

—— Diesseits oder jenseits von Carl Schmitt? Zu einer Kontroverse um die "Frankfurter Schule" und Jürgen Habermas: in Meier, Hans/ Matz, Ulrich/ Sontheimer, Kurt/ Weinacht, Paul-Ludwig(Hrsg.), *Politik, Philosophie, Praxis, Festschrift für Wilhelm Hennis zum 65. Geburtstag*, Stuttgart 1988, S. 526-544. Zitierweise: Diesseits oder jenseits von Carl Schmitt.

ヘラー(Heller, Hermann) 73, 74, 76, 91, 92, 269, 286,

—— *Staatslehre*, hrsg. von Gerhart Niemeyer, 3. Auflage, Leiden 1963, (1. Auflage 1934).

—— "Genie und Funktionäre" in der Politik, in: Ders., *Gesammelte Schriften*. Zweiter Band; Recht, Staat,

Macht; Leiden 1971, S. 611-623.
—— Politische Demokratie und soziale Homogenität (1928), in: Ders., *Gesammelte Schriften*, Zweiter Band; Recht, Staat, Macht; Leiden 1971, S. 421-433.

ヘンニース (Hennis, Wilhelm) 90, 170, 256, 280, 297, 295
—— *Verfassung und Verfassungswirklichkeit. Ein deutsches Problem*, Tübingen 1968.
—— Legitimität, in: Kielmannsegg, Peter Graf (Hrsg.), Legitimationsprobleme politischer Systeme, Politische Vierteljahresschrift, Sonderheft 7/1979, S. 9-38.

ヒルシュベルガー (Hirschberger, Johannes) 276
—— *Geschichte der Philosophie, II. Teil*, Neuwied und Gegenwart, 13. Auflage, Freiburg usw. 1988.

ヘーファー (Höfer, Max A.) 286, 287
—— Auch Habermas lieh bei ihm aus, in: *Rheinischer Merkur/Christ und Welt*, Nr. 28, 08.07.1988, S. 3.

ホフマン (Hoffmann, Hasso) 3, 6, 7, 11, 80, 84, 239, 241
—— *Legitimität und Legalität*, Neuwied und Berlin 1964.
—— Carl Schmitt oder: Die eigene Frage als Gestalt, in: *Zeitschrift für neuere Rechtsgeschichte*, 1985, S. 64-68.

フーバー (Huber, Ernst Rudolf) 6, 234
—— Carl Schmitt in der Reichskrise der Weimarer Endzeit, in: Quaritsch, Helmut (Hrsg.), *Complexio Oppositorum*, Berlin 1988, S. 33-50. Zitierweise: Reichskrise.

イーゼンゼー (Isensee, Josef) 180, 181, 227, 252, 256, 257, 275, 278, 281-283
—— Ein Grundrecht auf Ungehorsam gegen das demokratische Gesetz?, in: Streithofen, Basilius (Hrsg.), *Frieden im Lande*, Bergisch Gladbach 1983, S. 155-173. Zitierweise: Grundrecht auf Ungehorsam.
—— Bürgerfreiheit und Bürgertugend – Der Lebensbedarf des freiheitlichen Gemeinwesens, in: Zöller, Michael (Hrsg.), *Symposium: Der Preis der Freiheit. Grundlagen, aktuelle Gefährdungen und Chancen der offenen Gesellschaft*, Köln 1988, S. 19-31. Zitierweise: Bürgerfreiheit und Bürgertugend.

イェーガー (Jäger, Wolfgang) 102, 150, 152, 156, 159, 183, 191, 201, 206, 255, 259, 260, 269, 273-280, 284, 289, 293, 294, 296
—— *Öffentlichkeit und Parlamentarismus. Eine Kritik an Jürgen Habermas*, Stuttgart usw. 1973.
—— Repräsentative Demokratie oder Gelehrtenrepblik, in: Oberndörfer, Dieter/ Jäger, Wolfgang (Hrsg.), *Die neue Elite. Eine Kritik der kritischen Demokratietheorie*, Freiburg 1975, S. 45-58.

ヤキモヴィッチ (Jakimowitsch,

Alexander) 237
——Die große Unordnung im Osten, in: *Die Zeit*, Nr. 51, 11.12.1992, S. 55.

ジェイ (Jay, Martin) 12, 196, 201, 210, 283-285, 291-293, 297, 298,
—— *Dialektische Phantasie. Die Geschichte der Frankfurter Schule und des Instituts für Sozialforschung 1923-1952*, Frankfurt/M. 1976.
——Les extrême ne se touchent pas. Eine Erwiderung auf E. Kennedy, in *Geschichte und Gesellschaft*, Bd. 13, 1987, S. 542-558.

カイザー (Kaiser, Josef H.) 60, 79, 253
——Die Dialektik der Repräsentation, in: Barion, Hans/ Forsthoff, Ernst/ Weber, Werner (Hrsg.), *Festschrift für Carl Schmitt zum 70. Geburtstag dargebracht von Freunden und Schülern*, Berlin 1959, S. 71-80.

カウフマン (Kaufmann, Erich) 232, 251, 255
——Carl Schmitt und seine Schule, in: *Deusche Rundschau*, Jg. 84, 1958, S. 1013-1015.

ケルゼン (Kelsen, Hans) 5, 73, 235
—— *Vom Wesen und Wert der Demokratie*, 2. Neudruck der 2. Auflage, Tübingen 1929, Aalen 1981.

ケネディ (Kennedy, Ellen) 2, 6, 8, 10, 12, 13, 16, 18, 182-184, 188, 190, 194, 196-205, 207-214, 221, 226, 227, 229, 258, 283, 284, 288, 290-292, 294-299
—— Introduction: C. Schmitts Parlamentarismus in Its Historical Context, in: *C. Schmitt, The Crisis of Parliamentary Democracy*, Cambridge/Mass, 1985, XIII-L, Zitierweise: Introduction.
—— Carl Schmitt und die "Frankfurter Schule". Deutsche Leberalismuskritik im 20. Jahrhundert, in: *Geschichte und Gesellschaft*, Jg. 12, 1986, S. 380-419.

クラマー (Kramer, Helmut)
—— *Fraktionsbindungen in den deutschen Volksvertretungen 1819-1849*, Berlin 1968.

クリーレ (Kriele, Martin) 281
—— Widerstandsrecht in der Demokratie? – Über die Legitimität der Staatsgewalt, in: Streithofen, Basilius (Hrsg.), *Frieden im Lande*, Bergisch Gladbach 1983, S. 139-159. Zitierweise: Widerstansrecht.

クロコフ (Krockow, Christian Graf von) 74, 86, 96, 231, 243, 251, 252, 255, 258, 270, 287
—— Zur Analyse autoritärer Parlamentarismuskritik, in: *Aus Politik und Zeitgeschehen*, B 49/ 1969, S. 39-47.
—— Freund oder Feind. Parlamentarismus oder Diktatur, in: *Die Zeit*, Nr. 46, 11.11.1983, S. 15 (Politisches Buch).
—— *Die Entscheidung. Eine Untersuchung über Ernst Jünger, Carl Schmitt, Martin Heidegger*, Frankfurt/M. und New York 1990, (Erstdruck Stuttgart 1958).

クレーガー (Kröger, Klaus) 233, 235, 240, 241, 253, 255, 281, 282
—— Bürgerprotest zwischen

Friedenspflicht und Widerstand, in: Krems, Gerhard (Hrsg.), Veröffentlichugen der Kathorischen Akademie Schwerte, Akademie-Vorträge 14, Rechtsfrieden im Rechtsstaat, Schwerte 1984, S. 47-61.

——Bemerkungen zu Carl Schmitts "Römischer Katholizismus und politische Form", in: Quaritsch, Helmut (Hrsg.), *Complexio Oppositorum*, Berlin 1988, S. 159-165.

—— *Einführung in die jüngere deutsche Verfassungsgeschichte* (*1806-1933*), München 1988

ライプホルツ (Leibholz, Gerhard)　96, 98, 193, 250, 252, 290, 294, 295

—— *Die Auflösung der liberalen Demokratie in Deutschland und das autoritäre Staatsbild*, München 1933. Zitierweise: *Auflösung*.

——*Strukturprobleme der modernen Demokratie*, Karlsruhe 1958.

ライヒト (Leicht, Robert)　25, 233, 237, 252

——Ein Staatsrecht ohne das Recht. Über Carl Schmitt (1978), in: Ders. (Hrsg.), *Aufbruch zur politischen Vernunft, Die Herausforderungen des deutschen Parlamentarismus*, München 1983, S. 109-117.

—— Die unseelige Lust an der Ausnahme, in: *Süddeutsche Zeitung*, 11.04.1985, S. 11.

レンク (Lenk, Kurt)　257, 271, 294

—— *Wie demokratisch ist der Parlamentarismus. Grundpositionen einer Kontroverse*, Stuttgart usw. 1972.

リンダー (Linder, Christian)　259, 284

—— Philosophie ohne Pathos. Zu einem Symposium über die "Frankfurter Schule und ihre Folgen", in: *Süüddeutsche Zeitung* vom 29./30.12.1984, S. 15.

レーヴェンシュタイン (Loewenstein, Karl)　161, 255, 277

——*Der britische Parlamentarismus. Entscheidung und Gestalt*, Hamburg 1964.

レーヴェンタール (Löwenthal, R.)　170, 273, 279-281

——Gesellschaftliche Transformation und demokratische Legitimität, in: Schulenberg. W. (Hrsg.), *Reform und Demokratie* 1975, S. 25-45.

レーヴィット (Löwith, Karl)　73, 250

——Der okkasionelle Dezisionismus von Carl Schmitt, in Ders. (Hrsg.), *Gesammelte Abhandlungen – zur Kritik der geschichtlichen Existenz*, Stuttgart 1960, S. 93-126.

ルーマン (Luhmann, Niklas)　150, 157, 168, 270, 273, 276, 279, 297

—— Öffentliche Meinung, in *Politische Vierteljahresschrift*, jr. 11, 1970, S. 2-28.

—— Systemtheoretische Argumentationen. Eine Entgegnung auf Jürgen Habermas, in: Habermas, Jürgen/ Luhmann, Niklas (Hrsg.), *Theorie der Gesellschaft oder Sozialtechnologie – Was leistet die Systemforschung?*, Frankfurt/M.

1982, S. 291-405, (Erstdruck 1971). Zitierweise: Systemtheoretische Argmentationen.

マン (Mann, Golo)　99, 164, 278
—— *Deutsche Geschichte des neunzehnten und zwanzigsten Jahrhunderts*, Frankfurt/M. 1958.

マルクーゼ (Marcuse, Herbert)　182, 183, 187, 251, 252, 283, 287
—— Der Kampf gegen den Liberalismus in der totalitären Staatsauffassung, in: Ders (Hrsg.), *Kultur und Gesellschaft*, 1. Band, Frankfurt/M. 1965, S. 17-55, (zuerst in: *Zeitschrift für Sozialforschung*, 3, 1934, S. 161-195).

マルクァルト (Marquard, Odo)　173, 233, 281-283
—— Theodizeemotive in der neuzeitlichen Philosophie, in: Ders., *Apologie des Zufälligen*, Suttgart 1986, S. 11-32.
—— Abschied vom Prinzipiellen, in: Ders., *Abschied vom Prinzipiellen*, Stuttgart 1987, S. 4-22.
—— Neuzeit vor der Neuzeit? Zur Entdramatisierung der Mittelalter-Neuzeit-Zäsur, in: Beckmann, Jan P./ Honnefelder, Ludger/ Schrimpf, Gangolf/ Wieland, Georg (Hrsg.), *Philosophie im Mittelalter, Entwicklungslinien und Paradigmen*, Hamburg 1987, S. 369-373. Zitierweise: Neuzeit vor der Neuzeit.

マシュケ (Maschke, Günther)　14, 70, 187, 189, 222, 229, 230, 233, 247, 249-251, 273, 274, 276, 282, 285-288, 290, 293, 294, 300
—— Ein Gefangener der Dialektik. Leviathan oder Behemoth, in: *FAZ*, 12.7.1983, S. 21.
—— *Der Tod des Carl Schmitt. Apologie und Polemik*, Wien 1987.

マッツ (Matz, Ulrich)　231, 253, 275, 279-283
—— Nachwort, in: Thomas von Aquin, *Über die Herrschaft der Fürsten*, übersetzt von Friedrich Schreyvogl, Stuttgart 1987, S. 73-89.
—— Herrschaft durch Widerstand? – Über die Anmaßung neuer Eliten, in: Zöller, Michael (Hrsg.), *Symposium: Der Preis der Freiheit. Grndlagen, aktuelle Gefährdungen und Chancen der offenen Gesellschaft*, Köln 1988, S. 32-40.

マウス (Maus, Ingeborg)　78, 253
—— *Bürgerliche Rechtstheorie und Faschismus – Zur sozialen Funktion und der aktuellen Wirkung der Theorie Carl Schmitts*, 2. Auflage, München 1980, (1. Auflage 1976).

メルテン (Merten, Detlef)　256
—— Gewaltmonopol im Rechtsstaat. Überlegungen zur Krise des Rechtsstaates, in: Krems, Gerhard (Hrsg.), Veröffentlichungen der Katholischen Akademie Schwerte, Akademie-Vorträge 14, Rechtsfrieden im Rechtsstaat, Schwerte 1984, S. 33-46. Zitierweise: Gewaltmonopol im Rechtsstaat.

ミュラー＝ディーツ (Müller-Dietz, Heinz)　282

—— Was ist Gewalt im strafrechtlichen Sinn? Was ist gewaltfrei?, in: Böhme, Wolfgang (Hrsg.), *Ziviler Ungehorsam? Vom Widerstandsrecht in der Demokratie*, Karlsruhe 1984, S. 16-29. Zitierweise: Gewalt im strafrechtlichen Sinn.

ムスクヌーク (Mußgnug, Reinhard) 90, 94, 256-258, 287

—— Carl Schmitts verfassungsrechtliches Werk und sein Fortwirken im Staatsrecht der Bundesrepublik Deutschland, in: Quaritsch, Helmut (Hrsg.), *Complexio Oppositorum*, Berlin 1988, S. 517-528.

ナシュホルト (Naschhold, Frieder) 279

—— *Organisation und Demokratie*, Stuttgart usw. 1969.

ノイマン (Neumann, Volker) 295

—— Rechts- und Verfassungstheoretische Positionen der staatsrechtlichen Linken, in: *Der Staat*, Bd. 21, 1982, S. 551-575.

ニコレッチ (Nicoletti, Michele) 233

—— Die Ursprünge von Carl Schmitts "Politischer Theologie", in: Quaritsch, Helmut (Hrsg.), *Complexio Oppositorum*, Berlin 1988, S. 109-128.

[Plenumsdiskussion] zu den Beiträge von Isensee und Matz; Leitung: Hermann Rudolf, in: Zöller, Michael (Hrsg.), *Der Preis der Freiheit. Grundlagen, aktuelle Gefährdungen und Chancen der offenen Gesellschaft*, Köln 1988, S. 41-63. Zitierweise: [Plenumsdiskussion] Beiträge von Isensee und Matz.

プロイス (Preuß, Ulrich K.) 12, 193, 198, 199, 202, 204, 206, 208, 210, 284, 286, 290, 291-298

—— Die latent Diktatur im Verfassungsstaat, in: *taz* 12.07.1983, S. 9

—— Carl Schmitt und die Frankfurter Schule: Deutsche Liberalismuskritik im 20. Jahrhundert. Anmerkungen zu dem Aufsatz vo Ellen Kennedy, in: *Geschichte und Gesellschaft*, Jg. 13, 1987, S. 400-418.

プリース (Pries, Christine) 251

—— "Phänomen" oder "böser, dummer Mensch", in: *taz*, 05.04.1986, S. 11.

[Provokativ]; *Die Linke antwortet Jürgen Habermas*, Frankfurt/M. 1968.

クヴァーリチュ (Quaritsch, Helmut) 25, 69, 223, 230-233, 240, 249, 253, 256

—— *Positionen und Begriffe Carl Schmitts*, Berlin 1989.

ラムシュテット (Rammstedt, Ottheim) 280

—— Zum Legitimationsverlust von Legitimität, in: Kielmannsegg, Peter Graf (Hrsg.), Legitimationsprobleme politischer Systeme, *Politische Vierteljahresschrift*, Sonderheft 7/1976, Opladen 1976, S. 108-122.

ロールズ (Rawls, John) 2, 140, 210, 212, 272, 298

—— *Theorie der Gerechtigkeit*, übetsetzt von Hermann Vetter, Frankfurt/M. 1975.

ローンハイマー（Rhonheimer, Martin） 214, 231, 255, 256, 277, 278, 292-294, 298-300

—— *Politisierung und Legitimitätsentzug. Totalitäre Kritik der parlamentarischen Demokratie in Deutschland*, Freiburg/München 1979.

リッター（Ritter, Gerhard） 252, 253, 274, 277, 279, 293, 294, 296

—— Der Antiparlamentarismus und Antipluralismus der Rechts- und Linksradikalen, in: Sontheimer, Kurt, u.a. (Hrsg.), *Der Überdruß an der Demokratie. Neue Linke und alte Rechte – Unterschiede und Gemeinsamkeiten*, Köln 1970, S. 43-91.

ルツィオ（Rudzio, Wolfgang） 282

—— *Das politische System der Bundesrepublik Deutschland*, 3. Auflage, Opladen 1991.

ルムプ（Rumpf, Helmut） 235

—— *Carl Schmitt und Thomas Hobbes. Ideelle Beziehungen und aktuelle Bedeutung mit einer Abhandlung über: Die Frühschriften Carl Schmitts*, Berlin 1972.

ルップ（Rupp, Heinrich） 257, 278

—— Die Unterscheidung von Staat und Gesellschaft, in: Isensee, Josef und Kirchhof, Paul (Hrsg.), *Handbuch des Staatsrechts der Bundesrepublik Deutschland*, Band I, Grundlagen von Staat und Verfassung. Heidelberg 1987, S. 1187-1223.

シェーファー（Schäfer, Albert） 291, 296

—— Ein Traum, in: *FAZ*, Nr. 41, 18. 02.1987, S. 33.

ショイナー（Scheuner, Ulrich） 234

—— Das Wesen des Staates und der Begriff des Politischen in der neueren Staatslehre, in: Hesse, Konrad/ Reicke, Siegfried/ Scheiner, Ulrich (Hrsg.), *Staatsverfassung und Kirchenordnung, Festgabe für Rudolf Smend*, Tübingen 1962, S. 225-260.

シュミット（Schmidt, Reiner） 280

—— Lebensgefühl und Legitimation, in: *Zeitschrift für Parlamentsfragen*, Jg. 8, 1977, S. 232-241.

シュミット＝アスマン（Schmidt-Aßmann, Ebenhard） 256

—— Der Rechtsstaat, in: Isensee, Josef und Kirschhof, Paul (Hrsg.), *Handbuch des Staatsrechts der Bundesrepublik Deutschland*, Band I, Grundlagen von Staat und Verfassung, Heidelberg 1987, S. 987-1043.

シュミットヒェン（Schmidtchen, Gerhard） 280

—— Ist Legitimität meßbar?, in: *Zeitschrift für Parlamentsfragen*, Jg. 8, 1977, S. 232-241.

シュミット（Schmitt, Carl） 1-8, 11, 13-16, 18-27, 224, 226, 228, 230-258, 261-263, 269, 270, 272, 273, 280, 283-300

—— Wesen und Werden des

fascistischen Staates (Rezension zu Beckeraths gleichnamiger Schrift), in: *Schmollers Jahrbuch*, Band 53, 1929, S. 107-113.
—— *Politische Theologie*, 2. Auflage, München und Leipzig 1934, (1. Auflage 1922).
—— Der Führer schützt das Recht (1934). Zur Reichstagsrede Adolf Hitlers vom 13. Juli 1934, in: Ders., *Positionen und Begriffe im Kampf mit Weimarer-Genf-Versailles 1923-1939*, Hamburg 1940, S. 199-203. Zitierweise: Der Führer schützt das Recht.
——Die Wendung zum totalen Staat, in: Ders., *Positionen und Begriffe im Kampf mit Weimar-Genf-Versailles 1923-1939*, Hamburg 1940, S. 146-157.
—— Schlußrede vor dem Staatsgerichtshof in Leibzig (1932), in: Ders., *Positionen und Begriffe im Kampf mit Weimar-Genf-Versailles 1923-1939*, Hamburg 1940, S. 180-184. Zitierweise: Schlußrede.
—— Weiterentwicklung des totalen Staates in Deutschland (Januar 1933), in: *Positionen und Begriffe*, a.a.O., S. 185-190. Zitierweise: Weiterentwicklung des totalen Staates.
—— Das Reichsgericht als Hüter der Verfassung (1929), in: Ders., *Verfassungsrechtliche Aufsätze aus den Jahren 1924-1954*, Berlin 1958, S. 63-109.
—— *Die Diktatur. Von den Anfängen des modernen Souveränitätsgedankens bis zum proletarischen Klassenkampf*, 2. Auflage 1964, (1. Auflage 1928).
—— *Hüter der Verfassung*, 2. Auflage, Berlin 1969, (1. Auflage 1931).
—— Die legale Weltrevolution – Politischer Mehrwert als Prämie auf juristische Legalität und Superlegalität, in: *Der Staat*, 3/1978, S. 321-339. Zitierweise: Die legale Weltrevolution.
—— *Römischer Katholizismus und politische Form*, 2. Auflage von 1925, Stuttgart 1984, (1. Auflage 1923).
—— *Der Begriff des Politischen*, unveränderter Nachdruck der 1963 erschienen Auflage, Berlin 1987, (1. Auflage 1932; in kürzer Aufsatzfassung bereits 1927 im Archiv für Sozialwissenschaft und Sozialpolitik, Tübingen usw., Band 58, S. 1-33 erschienen).
—— *Legalität und Legitimität*, 4. Auflage, Berlin 1988, (1. Auflage 1932).
—— *Verfassungslehre*, 7. Auflage, Berlin 1989, (1. Auflage 1928).
—— *Die geistesgeschichtliche Lage des heutigen Parlamentarismus*, 7. Auflage, Berlin 1991, (1. Auflage 1923). Zitierweise: *Parlamentarismus*.

シュナイダー (Schneider, Franz) 68, 72, 158, 234, 240, 251, 276
—— *Pressefreiheit und politische Öffentlichkeit*, Neuwied am Rhein und Berlin 1966.

シュナイダー（Schneider , Peter） 68, 72, 158, 234, 240, 242, 246, 248, 249, 250, 251, 253, 258

—— *Ausnahmezustand und Norm*, Stuttgart 1957.

シュレーダー（Schröder, Heinrich Josef） 258

—— *Gesetzgebung und Verbände*, Berlin 1976.

シュムペーター（Schumpeter, Josef A.） 214, 298

—— *Kapitalismus, Sozialismus und Demokratie*, München 1950.

シュワーブ（Schwab, George） 75, 252

—— *The Challenge of the Exception. A, Introduction to Political Ideas of C. Schmitt between 1021 and 1931*, Berlin 1970. Zitierweise: *Challenge of the Exception.*

スメント（Smend, Rudolf） 6, 79, 84, 89, 98, 252-254, 256, 275

—— Verfassung und Verfassungsrecht, in: Ders., *Staatsrechtliche Abhandlungen und andere Aufsätze*, Berlin 1955, S. 119-276.

ゼルナー（Söllner, Alfons） 12, 199, 202, 203, 205, 208, 210, 214, 215, 283, 284, 292, 294- 299

—— Jenseits von Carl Schmitt. Wissenschaftsgeschichtliche Richtigstellungen zur politische Theorie im Umkreis der "Frankfurter Schule", in: *Geschichte und Gesellschaft*, 12, 1986, S. 502-529.

ゾントハイマー（Sontheimer, Kurt） 91, 231, 251, 252, 255-258

—— *Antidemokratisches Denken in der Weimarer Republik*, 4. Auflage, München 1967,（1. Auflage 1962）.

シュペーマン（Spaemann, Robert） 150-152, 238, 274

—— Die Utopie der Herrschaftsfreiheit, in: *Merkur*, XXVI. Jahrgang, 1972, S. 735-752.

シュペーマン／ハーバーマス（Spaemann, Robert/ Habermas, Jürgen） 274

—— Die Utopie des guten Herrschers. Eine Diskussion zwischen Jürgen Habermas und Robert Spaemann, in: *Merkur*, XXVI. Jahrgang, 1972, S. 1266-1278.

シュタイガー（Steiger, Heinhard） 241, 252

—— *Organisatorisch Grundlagen des parlamentarischen Regierungssystems*, Berlin 1973.

シュテルン（Stern, Klaus） 253, 256

—— *Das Staatsrecht der Bundesrepublik Deutschland*, Band I, 2. Auflage. München 1984.

シュテルンベルガー（Sternberger, Dolf） 85, 88, 255

—— Irrtümer Carl Schmitts – Bemerkungen zu einigen seiner Hauptschriften, in: *FAZ*, 01.06.1985, Rubrik "Bilder und Zeiten", ohne Seitenangabe. Zitierweise: Irrtümer Carl Schmitts.

シュトライフタウ（Streifthau, Klaus） 85, 255

—— Einleitung, in: Badgehot, Walter, *Die englische Verfassung*, übersetzt von Klaus Streifthau, Neuwied und Berlin 1971, S. 9-44.

タウベス（Taubes, Jacob） 233
—— Carl Schmitt – ein Apokalyptiker der Gegenrevolution, in: *taz*, 20.07.1985, S. 10-11.

トーマ（Thoma, Richard） 82-85, 98, 100, 250, 252, 254, 259
—— Zur Ideologie des Parlamentarismus und der Diktatur, in: *Archiv für Sozialwissenschaft und Sozialpolitik*, Band 53, 1925, S. 212-217.

ウルメン（Ulmen, G. L.） 240
—— Politische Theologie und politische Ökonomie – über Carl Schmitt und Max Weber, in: Quaritsch, Helmut（Hrsg.）, *Complexio Oppositorum*, Berlin 1988, S. 341-365. Zitierwese: Politische Theologie.

ヴェルシュタイル（Versteyl, Ludger Anselm） 258
—— *Der Einfluß der Verbände auf die Gesetzgebung*, Kleve 1972.

ヴァッサーマン（Wassermann, Rudolf） 177, 281-283
—— Gibt es ein Recht auf zivilen Ungehorsam?, in: *Zeitschrift für Politik*, 30. Jahrgang, 1983, S. 343-348.

ヴェーバー（Weber, Werner） 8, 98, 204, 214, 253, 258, 265, 267, 295
—— Die Teilung der Gewalten als Gegenwartsproblem, in: Barion, Hans/ Forsthoff, Ernst/ Weber, Werner（Hrsg.）, *Festschrift für Carl Schmitt zum 70. Geburtstag dargebracht von Freunden und Schülern*, Berlin 1959, S. 253-272.

ヴァインリヒ（Weinrich, Harald） 274, 276
—— Diskurs oder die Diktatur des Sitzfleisches, in: *Merkur*, XXVI, Jahrgang, 1972, S. 801-812.

ヴェルマー（Wellmer, Albrecht） 273
—— *Praktische Philosophie und Theorie der Gesellschaft. Zum Problem der normativen Grundlagen einer kritischen Sozialwissenschaft*, Konstanz 1979, Zitierweise: *Praktische Philosophie*.

ヴィーラント（Wieland, Claus-Dietrich） 231, 232
—— Die Linke und Carl Schmitt, in: *Recht und Politik*, 2, 1985, S. 107-113.

ヴィッガーハウス（Wiggerhaus, Rolf） 101, 214, 259, 260, 299
—— *Die Frankfurter Schule. Geschichte, Theoretische Entwicklung, Politische Bedeutung*, 2. Auflage, München und Wien 1987.

ヴィルムス（Willms, Bernard） 274
—— *Kritik und Politik. Jürgen Habermas oder das politische Defizit der "kritischen Theorie"*, Frankfurt/M. 1973.

ヴィッティッヒ（Wittich, Werner） 261
—— Der soziale Gehalt von Goethes Roman "Wilhelm Meisters Lehrjahre", in: *Erinnerungsgabe für Max Weber*, Band II, S. 278-306.

ヴェルデホフ（Wördehoff, Bernhard）

259
—— Geschaute Vergangenheit, in: *Die Zeit*, Nr. 52, 18.12.1992, S. 17.
ヴュルテンベルガー（Würtenberger, Thomas） 280, 281
—— Legalität und Legitimität, in: Görres-Gesellschaft (Hrsg.), *Staatslexikon*, 3. Band, 7. Auflage, Freiburg usw. 1987, S. 873-878.

ツァッハー（Zacher, Hans） 278, 279
—— Das soziale Staatsziel, in: Isensee, Josef und Kirchhof, Paul (Hrsg.), *Handbuch des Staatsrechts der Bundesrepublik Deutschland*, Band I, Grundlagen von Staat und Verfassung, Heidelberg 1987, S. 1945-1111.
ツィーグラー（Ziegler, Heinz O.） 248, 300
—— *Autoritärer oder totaler Staat*, Tübingen 1932.

〔事項索引〕
(五十音順)

＊項目名とまったく同じ言葉ではなくても、
意味を考慮して頁を採択しているケースもある。

[あ]

依存する法(権利)(Situationsrecht)　27
一時的形式的妥協(dilatorishe Formellkompromissse)　65
一般意思(Volonté générale)　34, 35, 46, 76, 77, 115, 154, 237, 238, 263
異論を抱く者(Dissident)　132, 137, 141, 169, 181
永久保障(Ewigkeitsgarantie)　94
影響史(Wirkungsgeschichte)　10, 11, 18

[か]

仮象の妥協(Scheinkompromisse)　135, 154
喝采(Akklamation)　36, 38, 77, 114, 123, 156, 167, 195, 200, 210, 290, 291, 293
可謬性(Fallibilität)　142
議会主義(Parlamentarismus)　7, 17, 18, 26, 40, 42-47, 60, 62, 63, 65, 82-88, 103, 111, 124, 131, 144, 146, 160-163, 165, 166, 191, 192, 194, 195, 200, 203-207, 217, 219, 221, 227, 236, 241, 242, 247, 251, 254, 258, 259, 262, 267, 269, 270, 279, 286, 288-290, 294
議会主義批判(Parlamentarismuskritik)　4, 7, 10, 11, 14, 18-20, 25, 26, 204, 226, 227, 231, 238, 255, 258
議会制的統治システム(parlamentarisches Regierungssystem)　166, 207
急進民主制的土台に基づく正当化の基礎(Legitimationsgrundlage auf radikaldemokratischer Basis)　132
極限事例(Extremfall)　179, 180
決断(決定)(Dezision)　27, 29, 48, 86, 91, 92, 133, 135
決断主義(Dezisionismus)　4, 74, 144, 151, 172, 187, 208, 225, 234, 243, 250, 251, 270, 274, 287
決定権力(Definitionsgewalt)　138
決定(定義)支配(Definitionsherrschaft)　177
ケネディ論争(Kennedy-Kontroverse)　2, 6, 10, 12, 16, 197
憲法突破(憲法破壊)(Verfassungsbruch)　258
憲法の番人(Hüter der Verfassung)　2, 55, 66, 98, 99, 143, 211, 248, 258
権力(権能)(Macht)　24, 29, 33, 37, 45, 47, 48, 53, 54, 56, 62, 63, 69, 74, 78, 80, 91, 95, 112, 117, 121, 132, 133, 137, 145, 148, 157, 166, 187, 188, 204, 234, 241, 244, 254, 255, 263, 278, 280, 286, 291
権力(暴力)の独占(Gewaltmonopol)　137, 186, 256
公開制 → 公共性(公開性)(Öffentlichkeit, Publizität)
抗議諸形態(Protestformen)　137, 140, 177
公共性(公開性)(Öffentlichkeit, Publizität)　6, 8, 36, 41, 45, 46, 52, 63, 79, 83, 85, 103-123, 125, 139, 147, 148, 152-162, 164, 166, 168, 169, 184,

190-196, 199-201, 204, 206, 216, 220, 221, 227, 228, 262
合法性（Legalität） 21, 26, 49, 50, 52-55, 58, 59, 62, 89-91, 134, 135, 138, 141-143, 170-172, 174, 175, 207-209, 211, 212, 232, 241, 244, 245, 253, 270, 272, 280, 281, 284, 298, 299
合法性システム（Legalitätssystem） 49, 51, 53-56, 59, 64, 67, 91, 93, 95, 135, 138, 143, 145, 151, 170, 173-175, 180, 207, 209, 210, 212, 219, 220, 245, 287
合法性信仰（Legalitätsglaube） 134
合法性表象（Legalitätsvotstellung） 52, 241

［さ］

再現前（代表）（Repräsentation） 4, 39, 40-43, 58, 79-82, 85, 107-110, 116, 122, 123, 143, 156, 157, 168, 190-194, 204, 221, 225, 253
再現前（代表）原理（Repräsentationsprinzip） → 再現前思想（思惟範疇）（Repräsentationsgedanken）
再現前思想（思惟範疇）（Repräsen tationsgedanke） 62, 79-82, 192
左派シュミット主義（Links-Schmittianismus） 18, 221, 230, 296
左派ファシズム（Links-Faschismus） 102
自己組織化（Selbstorganisation） 96, 133, 268
自己同一性観（Identitätsauffassung） → （自己）同一性（Identität）
自己同一的民主制（identitäre Demokratie） 68, 199-201
実質的価値倫理（material Wertethik） 78
実証主義批判（Positivismuskritik） 103
支配から自由な討議（herrschaftsfreier Diskurs） → 討議（Diskurs）
資本主義批判（Kapitalismuskritik） 164
市民的不服従（ziviler Ungehorsam） 104, 136, 140-143, 175, 176, 178-181, 189, 207, 209, 210, 221, 286, 293, 298
社会契約論（Contra social） 34, 115
社会国家（Sozialstaat） 96, 121, 128-130, 132, 163, 166, 169, 214, 215, 217, 221, 263, 267, 269
社会的民主化（gesellschaftliche Demokratisierung） 140
主権（Souveränität） 27, 29, 67, 144, 145
主権概念（Souveränitätsbegriff） 26, 29, 71, 112, 144, 145, 154, 187-189, 233, 286
主権者（Souverän） 27, 114, 142, 188, 189, 208, 209, 250, 291
シュミット受容（Schmitt-Rezeption） 6-8, 15, 16, 18, 21, 182-184, 193, 196, 205, 208-210, 221-223
少数者保護（Minderheitenschutz） 237
少数派支配（Minderheitenherrschaft） 173
諸対立の複合（Complexio Oppositorum） 39, 223, 230, 233, 234, 240, 253, 256
審議（Deliberation） 47, 48, 86, 124, 187, 201
政治的なもの（Politikum） 16, 287
精神史的基礎（geistesgeschichtliche Grundlagen） 40, 82, 88, 102
正当化（Legitimation, Legitimierung） 4, 5, 24, 30, 40, 42, 49, 66, 67, 82, 83, 85, 233, 241, 249, 280, 281, 295
正当性（Legitimität） 26, 48-50, 52, 58, 60, 62, 83, 89, 90, 94, 98, 132, 134, 135, 138, 141-143, 169-173, 175, 180, 207-209, 211, 232, 241, 253, 256, 270, 272,

273, 279-281, 287, 288, 297-299
正当性概念（Legitimitätsbegriff） 48, 50, 89, 104, 112, 169, 170, 207, 210, 280
世俗化過程（Säkularisierungsprzeß） 25, 145
絶対主義（Absolutismus） 43, 46, 72, 107, 110, 115, 120, 156, 162, 179, 190
全体国家（totaler Staat） 26, 60, 61, 64, 65, 69, 95, 146, 217, 219

［た］

大衆政党（Massenpartei） 123, 277
大衆忠誠（Massenloyalität） 123, 132, 136, 170, 192, 221, 266, 290, 291
大衆民主制（Massendemokratie） 62, 87, 121, 126, 145, 196, 204, 213, 214, 254, 263, 294
多元主義（Pluralismus） 61, 67, 167, 216, 257
多数決（Majoritätsentscheidung） → 多数決原理（Majoritätsprinzip）
多数決原理（Majoritätsprinzip） 30, 38, 56, 58, 93, 176, 179, 221, 253, 286, 298
超合法性（Superlegalität） 57, 58, 245
抵抗権（Widerstandsrecht） 51, 54, 137, 138, 175, 178, 212, 281
敵（Feind） 185-187, 249, 253, 270, 285, 287
手続き的正当性（Verfahrenslegitimität） 170, 287
ドイツの君主論（deutscher Il Principe） 70, 233
（自己）同一性（Identität） 15, 30, 34-36, 38, 41, 43, 44, 77, 79, 80, 82, 153, 154, 192, 197-200, 238
討議（Diskurs） 108, 150, 151, 153, 155, 157, 165, 191, 273, 274, 276, 286
同質性（Homogenität） 32-34, 38, 53, 76, 77, 80, 93, 198, 200, 236, 237, 239, 240, 244, 246, 252, 253, 287
同質性概念（Homogenitätsbegriff） 33, 75, 76, 77, 201
討論（Diskussion） 29, 41, 45-47, 62-64, 75, 77, 83, 85, 86, 109-111, 113, 115, 116, 122, 124, 137, 147, 151, 161, 166, 194-196, 204, 273, 291
独裁（制）（Diktatur） 14, 37, 47, 60, 66, 78, 152, 239, 246, 252, 254, 259, 270, 274, 276
友と敵（Freund und Feind） 7, 11, 69, 76, 116, 234, 239, 246, 249, 283, 286, 287, 299

［な］

内乱（市民戦争）（Bürgerkrieg） 96, 145

［は］

反革命（Gegenrevolution） 25, 144, 186, 233
比較的同質的な利益（利害関心）の基礎（Basis verhältmäßig homogener Interessen） 161
非合法性（違法性）（Illegalität） 55
密かな受容（Rezeption im Verborgen） 183
批判（的）理論（kritische Theorie） 2, 11, 102, 149
平等概念（Gleichheitsbegriff） 31-33, 236
平等原則（Gleichheitsgrundsatz） 31
フランクフルト学派（Frankfurter Schule） 18, 101, 102, 149, 182, 183, 201, 259, 283, 284, 286-293, 295, 297, 298
文化消費（Kulturkonsum） 119
文化批判（Kulturkritik） 148, 165, 168,

263
平和運動（Friedensbewegung） 136, 137, 141, 175
妨害（阻止）（Obstruktion） 179
法実証主義（Rechtspositivismus） 4, 28, 29, 37, 55, 73, 75, 78, 87, 90, 102, 137, 171, 172, 189, 256
法治国家（Rechtsstaat） 30, 31, 50, 78, 89-91, 96, 99, 103, 104, 111, 112, 118, 120, 127, 128, 129, 138, 141-143, 148, 158, 163, 164, 166, 171, 172, 176, 178-180, 205, 209, 213-215, 217, 256, 257, 262, 264, 268, 270, 272, 278, 280, 281, 284, 299
法律概念（Gesetzesbegriff） 50, 52, 60, 91, 112, 213, 256
ポスト・モダン（Postmoderne） 186
ホッブズ主義（Hobbismus） 137, 272, 285
ホッブズ的思惟（Hobbessches Denken） 186

［ま］

民主制（Demokratie） 14, 15, 30-34, 37, 38, 41-43, 60, 65, 76-78, 81, 99, 136, 146, 147, 155, 166, 167, 170, 174, 189, 193, 197, 198, 206, 208, 225, 227-229, 235, 243, 252, 254, 264, 267, 268, 273, 274, 276, 279, 281, 284, 290, 293-296, 298
民主制概念（Demokratiebegriff） 15, 26, 30, 31, 36, 75, 292
民主制理解（Demokratieverständnis） 8, 34, 35, 75, 197, 198, 200, 203, 238
民主制理論（Demokratietheorie） 4, 18, 35, 147, 199, 200, 246, 248
名望家議会（Honoratiorenparlament） 81, 87
名望家政党（Honorationrenpartei） 62, 277
名望家内閣（Honoratiorenkabinett） 107

［や］

ユートピア（Utopie） 133, 152, 206, 238, 269, 270, 274, 280, 285, 292
ユートピア喪失（Utopieverlust） 130

［ら］

理性的論議（批判）（Räsonnement） 105, 109, 110, 112, 114, 115, 119, 120, 122, 123, 125, 155, 164, 166, 192, 194, 195, 201, 277
理想的発話状況（ideale Sprechsituation） 150
立法国家（Gesetzgebungsstaat） 26, 49, 50, 52, 54-56, 60, 91, 212, 243, 244
例外状況（Ausnahmesituation） → 例外状態（Ausnahmezustand）
例外状態（Ausnahmezustand） 26-28, 59, 66-68, 71, 72, 142, 181, 188, 230, 234, 250, 251, 281
歴史家論争（Historikerstreit） 12, 101, 103, 224

【訳者紹介】

永 井 健 晴（ながい たけはる）

現在、大東文化大学法学部政治学科教授、フランクフルト大学哲学博士。

主な著訳書

Natur und Geschichte — Die Sozialphilosophie Max Horkheimers（Dissertation, Goethe — Univ. Frankfurt a.M., 1982）、ヘーゲル『法権利の哲学』（共訳、1991年、未知谷）、L. ゴルドマン『啓蒙精神と弁証法的批判』（2000年、文化書房博文社）、C. ソーンヒル『現代ドイツの政治思想家』（共訳、2004年、岩波書店）、R. マオラー『プラトンの政治哲学』（2005年、風行社）、『プラトン政治哲学批判序説——人間と政治』（2008年、風行社）、『社会哲学のアクチュアリティ』（共著、2009年、未知谷）、M. B. フォスター『プラトンとヘーゲルの政治哲学』（2010年、風行社）、C. ソーンヒル『ドイツ政治哲学——法の形而上学』（共訳2012年、風行社）、H. ヘラー『ヘーゲルと国民的権力国家思想』（2013年、風行社）、学術論文に、「ハーバーマスの政治理論」（2002年、日本政治学会年報、岩波書店）など。

シュミットとハーバーマスにおける議会主義批判

2015年11月15日　初版第1刷発行

著　者　ハルトムート・ベッカー

訳　者　永　井　健　晴

発行者　犬　塚　　満

発行所　株式会社 風 行 社

〒101-0052 東京都千代田区神田小川町3－26－20

Tel. & Fax. 03-6672-4001

振替 00190-1-537252

印刷・製本　中央精版印刷株式会社

ISBN978-4-86258-095-5